SOCIAL GOVERNANCE UNDER THE NEW NORMAL

经济新常态下
社会治理研究

陆卫明　郑冬芳　宋永平　等／著

社会科学文献出版社
SOCIAL SCIENCES ACADEMIC PRESS (CHINA)

序 学习习近平总书记系列讲话精神 开创中国发展新境界

王宏波*

党的十八大以来，习近平总书记发表了一系列讲话，其中多次讲到坚持马克思主义和发展马克思主义问题，并应用马克思主义的立场观点和方法回答了中国发展中的一系列重要问题。特别是对坚持"四个自信"，坚持以人民为中心的发展思想，坚持马克思主义的改革方法论思想，做了非常深刻的阐述。这些思想是在新的世界格局和中国发展的新的阶段上，进一步开创中国发展新境界的重要思想，深入理解这些思想，对于理解十八大以来的一系列新思想、新战略、新理念有十分重要的意义，对于在新的历史阶段上开创中国发展的新境界具有十分重要的指导意义。

一 深刻理解"四个自信"的思想，开创理论研究新境界

1. 坚定理想信念，推进马克思主义中国化新发展

习近平总书记的"七一"讲话明确要求全党要坚定道路自信、理论自信、制度自信、文化自信，并且指出，当今世界，要说哪个政党、哪个国家、哪个民族能够自信的话，那中国共产党、中华人民共和国、中华民族是最有理由自信的。习近平总书记进一步指出，有了"自信人生二百年，会当水击三千里"的勇气，我们就能毫无畏惧地面对一切困难和挑战，就能坚定不移地开辟新天地、创造新奇迹。西方有些学者依据苏联解体的事实，错误地得出共产主义运动的历史终结论，并且广泛散布、蛊惑人心。习近平总书记告诫全党同志，中

---

* 王宏波，西安交通大学马克思主义学院院长。

国发展成就、中国经验证明中国坚持的是中国特色社会主义，而不是其他什么主义。历史没有终结，也不可能被终结。中国特色社会主义是不是好，要看事实，要看中国人民的判断，而不是看那些戴着有色眼镜的人的主观臆断。中国共产党人和中国人民完全有信心为人类对更好的社会制度的探索提供中国方案。按照习近平总书记的要求，我们一定要坚定中国共产党人的理想信念，从理论和实践的结合上深入理解，深入研究，说清说透"四个自信"，推动马克思主义中国化、时代化、大众化研究，阐释好中国经验和中国方案的世界意义，努力开创马克思主义理论研究新境界。

开创马克思主义理论研究新境界，必须坚定理想信念，坚持把马克思主义基本原理同当代中国实际和时代特点紧密结合起来，推进理论创新、实践创新，不断把马克思主义中国化推向前进。95 年来，中国共产党之所以能够完成近代以来各种政治力量不可能完成的艰巨任务，就在于中国共产党始终把马克思主义这一科学理论作为自己的行动指南，并坚持在实践中不断丰富和发展马克思主义。这使我们党得以摆脱以往一切政治力量追求自身特殊利益的局限，以唯物辩证的科学精神、无私无畏的博大胸怀领导和推动中国的革命、建设、改革，不断坚持真理、修正错误。无论是处于顺境还是处于逆境，我们党从未动摇对马克思主义的信仰。根据我们的体会，总书记的分析总结十分深刻，现实性也十分强。研究、宣传、坚持、践行、信仰马克思主义，在顺境的时候比较容易做到，但在逆境的时候就比较困难。我们要继承和学习革命前辈的革命精神，像总书记要求的那样，在顺境时不骄傲，在困境中不消沉、不动摇。现在，我们是处于顺境但有挑战，不是逆境却有交锋，不是困境却有困惑。我们搞理论工作的，一定要始终保持坚定的理想信念，保持清醒的理论意识，做到理论上清楚、政治上坚定，从社会历史发展规律的深度把握中国特色的社会主义事业，做坚定的马克思主义者，做中国特色社会主义理论研究和创新的工作者，做政治上坚定、理论上清楚、行动上自觉地研究和宣传、践行马克思主义的合格的共产党员。

开创马克思主义理论研究新境界，必须深入学习研究马克思主义中国化的最新理论成果，坚定不移地走中国特色的社会主义道路，发展和完善中国特色的社会主义制度。习近平总书记强调，马克思主义是我们立党立国的根本指导思想。背离或放弃马克思主义，我们党就会失去灵魂、迷失方向。在坚持马克思主义指导地位这一根本问题上，我们必须坚定不移，任何时候任何情况下都不能有丝毫动摇。我们今天坚持的中国特色社会主义，必须走改革开放的道路。我们的改革必须坚持正确方向，既不走封闭僵化的老路，也不走改旗易帜的邪路。我们要把完善和发展中国特色社会主义制度、推进国家治理体系和治理能力现代化作为全面深化改革的总目标，勇于推进理论创新、实践创新、制度创新以及其他各方面创新，让制度更加成熟定型，让发展更有质量，让治理更有水平，让人民更有获得感。

开创马克思主义理论研究新境界，必须坚持人民立场和以人民为中心的发展思想。人民立场是中国共产党的根本政治立场，是马克思主义政党区别于其他政党的显著标志。党与人民风雨同舟、生死与共，始终保持血肉联系，是党战胜一切困难和风险的根本保证。坚持人民立场不仅是我们治国理政的根本立场，更是党的理论研究和宣传的根本立场。我们在理论研究和宣传中，一定要像习近平总书记要求的那样，把人民放在心中最高位置，坚持全心全意为人民服务的根本宗旨，为了人民进行理论研究和宣传。理论研究和宣传也要把实现好、维护好、发展好最广大人民根本利益，把人民拥护不拥护、赞成不赞成、高兴不高兴、答应不答应作为理论工作的根本标准，理论研究要反映人民创造幸福生活的丰富实践，要从人民群众火热的生活实践中汲取丰富的精神资源。理论研究的主题，要反映我们人民群众对美好生活的向往的要求，反映以人民为中心的发展实践，研究全体人民实现共同富裕的实践经验，只有这样，理论才能丰富和发展，才能满足中国发展的需要，才能适应中国马克思主义发展的需要，也才能贡献我们理论工作者的智慧和力量。

2. 坚定马克思主义的科学信念，推进马克思主义理论学术创新

在全国哲学社会科学座谈会上，习近平总书记就发展和繁荣哲学社会科学发表了极其重要的讲话，分析了哲学社会科学发展的大好形势，指明了繁荣现当代中国哲学社会科学的方向，明确了发展方针，这对广大哲学社会科学工作者是极大的精神鼓舞。习近平总书记指出，一个没有发达的自然科学的国家不可能走在世界前列，一个没有繁荣的哲学社会科学的国家也不可能走在世界前列。坚持和发展中国特色社会主义，哲学社会科学具有不可替代的重要地位，哲学社会科学工作者具有不可替代的重要作用。习近平总书记要求广大哲学社会科学工作者，一定要有理想、有抱负，要立时代之潮头、通古今之变化、发思想之先声，积极为党和人民述学立论、建言献策，担负起历史赋予的光荣使命。这对我们是极大的鼓舞，是指导我们工作的纲领性文件，我们必须积极响应，认真学习，深刻领会，自觉实践，为繁荣和发展中国哲学社会科学做出应有的贡献。

习近平总书记强调，繁荣和发展哲学社会科学，推动学术创新，必须坚持以马克思主义为指导。马克思主义是科学的世界观和方法论，是科学地认识世界和改造世界的思想武器，是中国哲学社会科学研究的指导思想。他指出，马克思主义是当代中国哲学社会科学区别于其他哲学社会科学的根本标志，必须旗帜鲜明地加以坚持。这就给我们指明了哲学社会科学研究的原则，揭示了它的研究特色。我们一定要自觉坚持以马克思主义为指导，自觉把中国特色社会主义理论体系贯穿到研究和教学的全过程，进而转化为清醒的理论自觉、坚定的政治信念、科学的思维方法，推动哲学社会科学的学术创新。

马克思主义要发挥指导作用，首先要实现自身的繁荣和发展。习近平总书记指出，当前对马克思主义的研究存在理解不深、理解不透的现象，在运用马克思主义的立场、观点、方法上存在功力不深、高水平成果不多的情况，甚至有人认为马克思主义只是一种意识形态，没有学术上的学理性和系统性。在某些领域的实际工作中，马克思主义还面临被边缘化、空泛化和标签化的倾向，在一些学科中"失语"、教材中"失踪"、论坛上"失声"。从我们所接触到的现象看，这种情况确实存在，有时候还特别突出。在学术界确实有人认为马克思主义是意识形态不是科学，这种认识还有相当的市场。我们不否认马克思主义是一种意识形态，但与此同时，其更是一种重要的科学理论与学术体系。其实任何一种社会科学都具有意识形态的功能，都是从理论形态上对社会存在的反映，都具有特定的社会价值倾向。对此，习近平总书记有深刻的论述，他说，世界上没有纯而又纯的哲学社会科学。世界上伟大的哲学社会科学成果都是在回答和解决人与社会面临的重大问题中创造出来的。研究者生活在社会现实中，其研究什么、主张什么，都会打上社会烙印。所以，问题不在于有没有意识形态因素，而是具有什么样的意识形态因素。改革开放以来，社会科学的发展，是以引进西方实证社会科学的理论和方法为发展特点的，这无疑是十分必要的，也是富有成效的。但是，某些专业与学科几乎是以西方的理论范式为主导的，有的甚至排挤了以马克思主义为特色的课程和教材，还提出了与西方理论完全接轨的口号，忽视和削弱了专业领域内对马克思主义基本理论的研究、教育和宣传，有些学科与专业的教材和课堂被渗透着西方价值观的实证社会科学的理论和方法所占据，挤掉了马克思主义理论的应用和研究空间，在客观上排斥了马克思主义的指导作用的发挥，也堵塞了马克思主义研究和各种实证社会科学研究相结合的道路，既使马克思主义的发展失去了来自其他哲学社会科学的滋养，也使哲学社会科学研究领域出现了各种各样的问题，更使人们对马克思主义理论的学术性形成了不少误解，甚至有的从事马克思主义研究的工作者也认为自己从事的学科不是学问，丧失了学科自信和理论自信。不少学术论文借用西方发明的学术概念来解读中国的本土问题，通过裁剪中国现实不断地重复论证西方概念的正确性，客观上强化了西方文化的中心地位，或者曲解了中国问题的特殊性质，客观上封闭了学术创新的理论空间。

　　坚定马克思主义的科学信念，必须要把坚持马克思主义和发展马克思主义统一起来，这应当是马克思主义学科建设的根本要求。对待马克思主义不能采取教条主义的态度，也不能采取实用主义的态度；研究马克思主义既要有世界视野，也要有中国立场，面向中国实践。习近平总书记强调，中国的改革实践，既不是简单地延续我国历史文化的母版，也不是简单套用马克思主义经典作家设想的模板，还不是其他国家社会主义的再版，更不是国外现代化发展的翻版，不可能找到现成的教科书。习近平总书记还进一步指出，对人类创造的有益的理论观点和学术成果我们应当吸收借鉴，但不能把一种理论观点和学术成果当成唯一准则，不能企图用一种模式来改造整个世界，不能用一种理论观点生套在各国各民族的头上，用它来对人类生活进行格式化，并以此为裁判，这是非常荒谬的。总书记的这些观点澄清了很多理论是非和方法论误区，这对马克思主义的研究来说是极其重要的方法论思想，我们一定要充分认识世界历史和中国实践给予我们的历史恩惠，坚持问题导向，面向实践，提炼出有学理性的新理论，概括出新实践的新规律，为推动马克思主义的理论创新添砖加瓦，恪尽绵薄之力。

　　坚定马克思主义的科学性，根本上是要解决真懂真信的问题。只有真正懂得马克思主义，才能真信马克思主义。只有真信马克思主义，才能真正用马克思主义指导我们的研究。所以，我们要认真学习马克思主义，研究马克思主义，从理论与现实的结合上，从基本原理和理论发展历史的结合上学通马克思主义。现在不少人对马克思主义的理解停留在马克思主义的基本常识上。中国社会发展的复杂性、系统性和综合性要求我们对马克思主义的理解要有系统性和深刻性，要在坚持马克思主义和发展马克思主义的统一中去理解马克思主义，所以，今天不能再靠马克思主义的"ABC"过日子，而要在马克思主义的理论发展和中国社会实践发展的统一上理解马克思主义，只有这样，才能真懂马克思主义，做到真信马克思主义。如果在今天还靠马克思主义的"ABC"过日子，就难以解释复杂的社会现实，难以科学地预见社会的发展走向，也就不能做到真懂真信马克思主义。习近平总书记指出，对马克思主义的学习和研究，不能采取浅尝辄止、蜻蜓点水的态度，并进一步指出，有的人马克思主义的经典著作没读几本，一知半解就哇啦哇啦发表意见，这是一种不负责任的态度，也有悖科学精神。在学习马克思主义的问题上，我们要努力避免总书记批评的这种现象。

　　坚持马克思主义的科学性必须和坚持马克思主义的价值性统一起来。马克思主义的科学性是其价值性的基础，马克思主义的价值性是其科学性的应用指向。这两者相统一的核心环节在于解决好为什么人的问题。人民群众是社会历史的创造者，是推动社会进步的根本力量。人民群众创造历史的活动是哲学社会科学创新的源泉。脱离了人民，马克思主义理论就不再有吸引力、感召力、影响力、生命力。同样，要建构具有中国特色的哲学社会科学的学科体系、学术体系、话语体系，也必须根植于中国特色社会主义建设的实践中，坚持以人民为中心的研究导向，总结人民群众改革、发展、建设的鲜活经验，总结社会实践发展的新规律。只有坚持以人民为中心的研究导向，才能把坚持马克思主义和发展马克思主义统一起来，结合新的实践不断做出新的理论概括。我们一定要像习近平总书记要求的那样，树立为人民做学问的理想，尊重人民主体地位，聚焦人民实践创造，自觉把个人学术追求同国家和民族发展紧紧联系在一起，努力多出经得起实践、人民、历史检验的研究成果。

　　坚持马克思主义的科学性是推进马克思主义理论创新的思想前提，推进马克思主义理论创新的关键在于运用马克思主义指导社会实践和从社会实践中总结和概括出新思想。首先，研究目的的设定必须是推进中国特色的社会主义建设，完善和发展中国特色社会主义制度，促进国家治理体系和治理能力现代化，使马克思主义研究推动中国发展和满足中国需求。其次，要坚持问题导向的原则，从实践中确立研究题目，不是从书本到书本，在故纸堆里找题目，而是要从人民群众的实践出发，从中国的实际问题出发，研究实践的新规律。此外，更要坚持马克思主义的方法论原则，运用辩证唯物主义和历史唯物主义的世界观和方法论，分析问题和解决问题，在解决问题的过程中，按照立足中国、借鉴国外，挖掘历史、把握当代，关怀人类、面向未来的思路，着力推动马克思主义的学术创新，为努力建构在学科体系、学术体系、话语体系等方面充分体现中国特色、中国风格、中国气派的当代中国马克思主义而努力。

二　深刻领会"以人民为中心"的发展思想，开创改革发展新境界

　　"人民对美好生活的向往，就是我们的奋斗目标。""中国梦归根到底是人民的梦，必须紧紧依靠人民来实现，必须不断为人民造福。""人民群众中蕴藏着治国理政、管党治党的智慧和力量，从严治党必须依靠人民"……党的十八大以来，习近平总书记在很多场合发表的重要讲话中多次强调"人

民"，形成了以人民为中心的发展思想，体现了中国共产党坚持人民利益至上的根本立场和目标导向，提升了中国共产党治国理政的精神境界和价值追求，丰富了中国特色社会主义的发展思想和执政理念，为实现"两个一百年"奋斗目标和中华民族伟大复兴的"中国梦"提供了根本指导思想。党的十八届五中全会精神、"十三五"时期的规划建议，都充分地体现和凝结着这个思想，理解和领会这个思想，对于实现全面建成小康社会的伟大目标具有思想导向的作用。我们一定要深刻领会和贯彻落实以人民为中心的发展思想，增强工作的自觉性。

1. 以人民为中心的发展思想是中国共产党全心全意为人民服务根本宗旨和人民当家做主国家性质的集中体现

中国共产党始终代表中国最广大人民的根本利益，党的性质决定了党的根本宗旨是全心全意为人民服务。中国共产党从诞生之日起就把全心全意为人民服务作为根本宗旨和最高价值，这是无产阶级政党区别于其他政党的根本标志。中国共产党90多年来带领全国各族人民浴血奋战、艰苦奋斗，不断取得革命、建设和改革伟大胜利所得出的基本经验，就是要始终坚持全心全意为人民服务的根本宗旨。只有紧紧地依靠人民，全心全意为人民服务，才能不断从人民群众中汲取前进的不竭动力，才能永葆党的先进性，不断增强党的创造力、凝聚力和战斗力。

在新的历史时期，在改革发展的关键时期，以习近平同志为核心的党中央提出以人民为中心的发展思想，这既是中国共产党全心全意为人民服务根本宗旨的集中体现，又是对中国共产党根本宗旨认识的不断深化和发展。以人民为中心的发展思想集中体现了我国人民当家做主的国家性质，体现了国家治理体系现代化和治理能力现代化的根本要求。习近平总书记强调，"中国特色社会主义是亿万人民自己的事业，所以必须发挥人民主人翁精神，更好保证人民当家做主"。人民性是中国特色社会主义国家的根本特性，人民是国家和社会的主人，国家权力源于人民，改革为了人民，发展成果为人民共享。以人民为中心的发展思想就是要把人民当作发展的主体，把满足人民的需要和全体人民的发展当作发展的目的，把人民群众满意不满意当作衡量发展的标准。以人民为中心的发展思想是社会主义国家本质在发展问题上的集中体现。

2. 以人民为中心的发展思想是对我国改革发展历史经验的科学总结

马克思说："理论在一个国家实现的程度，总是决定于理论满足这个国家的需要的程度。"新的发展阶段、新的发展实践需要新的发展思想和发展理念。以人民为中心的发展思想是在新的实践基础上对我国以往改革发展历史经验的科学总结，更是对改革开放以来发展思想、发展理念的深化和提升。

强调以经济建设为中心是邓小平发展思想的主要特征，也是以人民为中心的发展思想的经济表现。我国改革开放初期，中国人民最急切的要求就是改变经济发展不足的困境。长期以来，我国国内建设的指导思想以"阶级斗争"为纲，影响了生产力的发展，尤其是 20 世纪 60~70 年代的十年"文革"，使我国经济发展大大落后于周边国家，更加拉开了和世界先进国家的差距，人民生活水平亟须改善和提高。邓小平敏锐地指出，"发展才是硬道理"，"社会主义的根本任务是发展生产力"，"贫穷不是社会主义，社会主义要消灭贫穷"，"发展太慢也不是社会主义"。邓小平强调以经济建设为中心、推动生产力的发展思想是在特定的社会历史条件下形成和发展起来的，就是当时中国人民的最大需求。十一届三中全会把党和国家工作中心从"以阶级斗争为纲"转移到经济建设上来，十三大确立了以经济建设为中心的基本路线，并明确提出"三步走"的发展战略。邓小平强调以经济建设为中心的发展思想，在当时中国经济比较落后的情况下，对中国经济发展、国力增强起到了重大作用，改变了中国贫穷落后的面貌，取得了中国经济发展的奇迹，在短时间内解决了物质短缺问题，实现了中国人民迫切要求改变经济面貌的要求，是以人民为中心的发展思想的基本体现。

从 20 世纪 90 年代开始，随着改革开放的深入推进和全方位展开，中国社会面临很多新情况、新问题、新挑战，尤其是经济、政治、社会、文化等方面发展的不协调性问题逐渐凸显，协调发展的理念应时而出。改革开放把人民群众追求美好生活的希望从经济领域拓展到其他领域，并注意调动和满足不同区域人民群众的发展要求。因此，在党的十三届五中全会上，江泽民同志提出要牢固树立国民经济持续稳定协调发展的指导思想。在强调发展的同时，更加强调要正确处理改革、发展、稳定的辩证关系，更加强调物质文明和精神文明协调发展，区域经济协调发展，经济和社会协调发展，人口、资源、环境协调发展。协调发展的理念是改革开放全方位展开、各个层面深入发展阶段，人民群众的发展利益综合协调的要求。

进入 21 世纪，我国社会发展呈现一些新的阶段性特征，从重视经济增长转变到对人自身状态的关注和对生态环境保护的重视。发展的重点转变到以人为核心的理念上来。在这种形势下，胡锦涛同志在党的十六届三中全会上提出了科学发展观，深刻阐述了科学发展观的内涵，强调科学发展观，"第一要务是发展，核心是以人为本，基本要求是全面协调可持续发展，根本方法是统筹兼顾"。科学发展观强调在以人为本的发展观念指导下的全面发展、协调发展和可持续发展；强调发展要在以人为核心的原则下，有效应对中国经济社会发展的不平衡性、不协调性和不可持续性，更加强调发展的科学性。这种以人为本的发展观指的就是以人民为本的发展，是发展向以人民为本的指向和定位，深刻地揭示了科学发展观的发展目的和发展本质。

我们党曾经与时俱进地提出了以经济建设为中心、协调发展和科学发展的发展理念，这些都是以人民为中心的发展思想在中国社会改革与发展的不同阶段上，所表现的不同的发展重点和发展内容。在"十二五"收官和"十三五"布局的关键之年，以习近平同志为核心的党中央面对错综复杂的国际环境和艰巨繁重的国内改革发展稳定任务，明确地提出了以人民为中心的发展思想。这是以习近平同志为核心的中央领导集体在科学总结以往改革发展历史经验的基础上，对以往发展思想、发展理念的深化和完善，是全党集体智慧的结晶，是时代的要求，更是现实的需要。他在新的思想高度上重新界定了我们党领导中国改革开放的发展思想，更加充分和全面地体现了马克思主义的思想精髓，是中国发展理论的新境界，是中国特色社会主义理论体系的新内容，他更加强调人民作为改革发展的主体地位和历史归宿，强调人民群众在中国改革发展过程中的重要地位和作用。他进一步从基本理论和指导思想上把以人民为中心的发展思想作为建设和完善国家治理体系与治理能力现代化的基本立场，更加坚定和旗帜鲜明地坚持马克思主义关于人民群众是历史的创造者基本原理在建设中国特色社会主义事业中的指导地位和领航作用。

3. 以人民为中心的发展思想是实现中国梦和推进改革开放、社会治理各种行动原则的核心思想

坚持以人民为中心的发展思想，是党的十八大以来，以习近平同志为核心的党中央新形成的一系列治国理政新理念新思想新战略的核心思想。我们要深刻领会这个思想的重大意义，自觉贯彻这个核心思想，把以人民为中心的发展思想贯彻到全面建成小康社会的目标和过程中去，把它落实到改革开放、治国理政的行动原则中去，保证全面建成小康社会目标顺利实现。

坚持以人民为中心的发展思想要落实和体现在坚持人民主体地位的原则上。坚持人民主体地位的原则，就是要把人民利益放在第一位，把实现好、维护好、发展好最广大人民根本利益作为根本目的，把增进人民福祉、促进人的全面发展作为发展的落脚点和出发点，发展人民民主，维护社会公平正义，保障人民平等参与、平等发展的权利，充分调动人民积极性、主动性、创造性，依靠和调动人民的力量实现人民群众自己的利益。这些是我们的各项工作都必须坚持的原则和要求。离开了这些原则和要求就偏离了以人民为中心的发展思想，我们的改革开放就会偏离社会主义方向，治国理政就会失去人民的支持，这是须臾不可轻视的根本问题。

只有以以人民为中心的发展思想为指导，才能真正落实科学发展的原则。人民是社会生产力的主体，是各种生产关系和社会关系的真实承载者。人民群众自身全面发展的要求和所面临的各种经济政治文化条件状况，就是我国社会主义初级阶段和基本国情的客观内容。人民群众自身的全面发展和社会各方面的协调发展是一致的。坚持科学发展就是要以提高发展质量和效益为中心，加快形成引领经济发展新常态的体制机制和发展方式，统筹推进经济建设、政治建设、文化建设、社会建设、生态文明建设和党的建设；就是要根据人民群众日益发展的要求，不断完善我们的发展理念，破解发展难题，厚置发展优势，牢固树立创新、协调、绿色、开放、共享的发展理念。

只有以以人民为中心的发展思想为指导，坚持全面深化改革，才能保证改革的正确方向，坚持正确的改革方法论，保证改革的不断成功。习近平总书记指出："我们要紧紧依靠人民，从人民中吸取智慧，从人民中凝聚力量"，"把改革方案的含金量充分展示出来，让人民群众有更多获得感。"人民是全面深化改革的最终依靠和根本归宿，全面深化改革是全国人民共同的事业，只有充分调动人民的积极性、主动性、创造性，紧紧依靠人民推动改革，改革才能真正得到人民的拥护和支持，改革发展的成果才能更多更公平地惠及人民，人民群众才能真正有更多的获得感。

只有以以人民为中心的发展思想为指导，坚持全面依法治国，才能坚定不移地走中国特色社会主义的法治道路，加快建设中国特色社会主义的法治体系，建成社会主义法治国家。在我国，法是全体人民根本意志的集中体现，依法治国就是依照体现人民意志的法律治理国家，保证人民当家做主，维护人民根本权益。人民是依法治国的主体和力量源泉。坚持以人民为中心、全面依法治国和坚持党的领导具有内在的统一性，党领导的法治建设必须为了人民、依靠人民、造福人民、保护人民，以保障人民根本权益作为出发点和落脚点，保证人民依法享有广泛的权利和自由、承担应尽的义务，维护社会公平正义，促进共同富裕，从而构建中国特色的社会主义法治体系，为人类法治文明史贡献中国人民的实践和智慧。

只有以以人民为中心的发展思想为指导，才能更好地统筹国际国内两个大局，更好地利用两个市场、两种资源，推动互利共赢、共同发展。我们必须清楚，世界人民的根本利益是一致的。中国人民离不开世界，世界人民需要中国人民。在经济全球化、社会信息化的条件下，封闭不可能发展，只有在全球范围内开展交换与合作，才是现时条件下各国必要而又重要的发展方式。在世界性的交往中，我们要秉承人类是一个命运共同体的理念，推动互帮互助、互惠互利、彼此借鉴、和谐共存，坚定地走和平发展道路，走共同发展道路，参与世界发展进程，推动中国发展。

三 深刻理解改革方法论思想，开创改革开放新境界

党的十八大以来，习近平总书记多次论述改革的方法论问题，尤其是在中央政治局第二次集体学习时提出改革要坚持正确的方向，要坚持正确的方法论。此后，习近平总书记在不同的场合都强调和深刻论述改革的方法论问题。这说明，在全面深入推进改革的新阶段，改革方法论的问题极其重要，它反映了新的发展阶段改革推进的基本特点，揭示了新的改革阶段认识论特点和方法论特点。所以，深刻理解习近平总书记关于改革方法论的思想，对进一步提高全面深入地推进改革开放的自觉性、增强科学性，有极其重要的意义。

初步学习习近平总书记关于改革方法论的相关论述，我觉得背景信息十分深厚，哲学理念十分前沿，问题指向十分明确，涵盖内容十分丰富，这些论述充分体现了哲学思考与改革实践紧密结合的特点，也体现了党中央对于指导全面深化改革的总体思路。对习近平总书记关于改革方法论的系列论述的理解和把握，可以从不同角度、不同领域、不同层面以及所针对的不同问题等方面进行，我这里仅从方法论特点的角度谈谈个人理解。

1. 习近平总书记强调改革必须坚持正确的方法论，深度解释了"摸着石头过河"的方法论思想的新内涵，提出了"摸着石头过河"与顶层设计相统一的方法论要求

习近平总书记说，"摸着石头过河就是摸规律"，他强调，实行改革开放，发展社会主义市场经济，我们的老祖宗没有讲过，其他社会主义国家也没有干过，只能通过实践、认识、再实践、再认识的反复过程，从实践中获得真知，先试验，后总结，再推广，就是这种认识论的体现。改革初期需要"摸着石头过河"，今天仍然需要坚持"摸着石头过河"，但是今天我们不仅要探索具体的改革方案，更要摸改革的规律，要不断深化对改革规律的认识。他强调指出，治大国若烹小鲜，我国是一个大国，绝不能在根本问题上出现颠覆性错误，他还进一步指出，现阶段推进改革，必须识得水性、把握大局、稳中求进。他要求我们的政策措施在出台之前必须要经过反复论证和科学评估，力求切合实际、行之有效、行之久远，不能随便"翻烧饼"。他还强调，摸着石头过河，是富有中国智慧的方法，也是符合马克思主义认识论和实践论的方法。

在实践中，对不许取得突破但一时还不是那么有把握的改革，就采取试点探索、投石问路的方法。他还指出，有些国家搞所谓的"休克疗法"，教训是深刻的。要切实地做到保证改革健康推进，我们必须像习近平总书记所要求的那样，从探索改革方案深入探索改革规律，增强改革的科学性。所以，摸着石头过河仍然是推进改革的重要方法，但是，今天的"石头"已不仅仅是某项改革的具体方案，而且是改革过程的具体规律。今天我们要摸的"石头"是"方案＋规律"。

中国改革30多年的历史，是一个渐进式改革的历史，中国积累了丰富的经验，取得了巨大的成就，今天已经进入全面深化改革的阶段，但仍然是一个在探索中进步的阶段，仍然需要坚持"摸着石头过河"的方法。但是，"石头"的性质和特点及其存在方式，已今非昔比，它承载着更多的复杂性、系统性和协同性。习近平总书记强调，不谋全局者，不足谋一域，全面深化改革需要加强顶层设计和总体规划，需要把"摸着石头过河"与顶层设计密切结合起来。习近平总书记进一步强调指出，"摸着石头过河"与加强顶层设计是辩证统一的，推进局部的阶段性改革开放要在加强顶层设计的前提下进行，加强顶层设计要在推进局部的阶段性改革开放的基础上来谋划。我们需要认真地体会和把握这一思想，努力地实践这一思想，在新的社会历史条件下进行新的探索，推进改革开放的新局面。

2. 习近平总书记所阐发的改革方法论思想体现了系统思维和辩证思维的密切结合，提出全面深化改革的新要求

习近平总书记指出："全面深化改革是一项复杂的系统工程，需要加强顶层设计和整体谋划，加强各项改革关联性、系统性、可行性研究。我们要在基本确定主要改革举措的基础上，深入研究各领域改革关联性和各项改革举措耦合性，深入论证改革举措可行性，把握好全面深化改革的重大关系，使各项改革举措在政策取向上相互配合、在实施过程中相互促进、在实际成效上相得益彰。"

当前我国发展进入新阶段，改革进入攻坚期和深水区，改革难度、复杂程度空前。伴随30多年经济的持续增长，我国实际上已经进入一个所谓的"中等收入陷阱"或"发展陷阱"的新阶段，在这个阶段，各种矛盾和风险凸显，历史遗留的问题、发展以后的问题、转型升级的问题、公平正义的问题、保护环境的问题，诸多问题交织叠加、错综复杂，既相互关联，也相互制约，牵一发而动全身，每一项改革都会对其他改革产生重要影响，每一项改革又都需要其他改革协同配合。因此，要解决这些问题，首先要深刻分析和认识当前全面深化改革的系统性要求，从改革的系统性、整体性、协同性，从全局和整体上谋划，从统筹和整体上推进，从更高层次上协调和督促落实，才能做好全面深化改革的任务。

习近平总书记强调改革是一项复杂的系统工程，要倡导系统思维，就是要求我们正确处理各领域改革的关联性和各项改革举措的耦合性问题。经济、政治、文化、社会、生态文明各领域改革和党的建设改革紧密联系、相互交融，任何一个领域的改革都会牵动其他领域，同时也需要与其他领域改革密切配合。如果各领域改革不配套，各方面改革措施相互牵扯，全面深化改革就很难推进下去，即使勉强推进，效果也会大打折扣。党的十八大也提出了深化经济体制改革、政治体制改革、文化体制改革、社会体制改革、生态体制改革的要求，明确提出了深化改革的具体任务。因此，分析各领域改革的关联性和各项改革举措的耦合性，更加注重各项改革的相互促进、良性互动，整体推进、重点突破，形成推进改革开放的强大合力，对全面深化改革具有重要意义。

习近平总书记强调系统思维，也强调辩证思维，尤其是系统思维中的辩证思维，辩证思维中的系统思维。例如，他在很多场合都论述整体推进和重点突破的关系。他在强调"坚持整体推进，加强不同时期、不同方面改革配套和衔接，注重改革措施整体效果，防止畸重畸轻、单兵突进、顾此失彼"的问题时，还同时强调在整体推进中运用辩证法思想。他说，"整体推进不是平均用力、齐头并进，而是要抓住主要矛盾和矛盾的主要方面，注重抓重要领域和关键环节，努力做到全局和局部相配套、治本和治标相结合、渐进和突破相结合，实现整体推进和重点突破相结合"。所以，把系统思维和辩证思维统一起来，是习近平总书记改革思维的新特点，我们应当深刻理解、重点领会、努力实践，提高改革的自觉性。

3. 方向性思维、共识凝聚与底线思维的统一，是习近平总书记把握改革大局的方法论思想

习近平总书记说，改革开放是一场深刻的革命，必须坚持正确的方向，沿着正确的道路前进。他强调说，"方向决定道路，道路决定命运"，"改革开放是有方向、有立场、有原则的"，"我们的改革是在中国特色社会主义道路上不断前进的改革，既不走封闭僵化的老路，也不走改旗易帜的邪路"。时刻把握改革正确方向是习近平把握改革大局的首要特征。他善于把改革的总体方向与改革的具体问题紧密地结合起来。他针对推进国家治理体系和治理能力现代化问题指出，完善和发展中国特色社会主义制度、推进国家治理体系和治理能力现代化是统一的。前一句，规定了根本方向，我们的方向就是中国特色社会主义道路。后一句规定了在根本方向指引下完善和发展中国特色社会主义制度的鲜明指向；他针对社会上关于改革的各种思潮，鲜明指出，"世界在发展，社会在进步，不实行改革开放死路一条，搞否定社会主义方向的'改革开放'也是死路一条"。在经济体制的改革问题上，习近平明确指出，"坚持社会主义市场经济改革方向，不仅是经济体制改革的基本遵循，也是全面深化改革的基本依托"；针对司法体制的改革，他指出，"深化司法体制改革，是要更好地坚持党的领导、更好地发挥我国司法制度的特色、更好地促进社会的公平正义。凡是符合这个方向、应该改又能够改的，就要坚决改；凡是不符合这个方向、不应该改的，就决不能改"。仅举几例，足以说明习近平总书记方向意识和方向性思维是极其鲜明和坚定的，并且体现在各个重要领域和重大问题上。

习近平在不断强调改革的方向性的同时，强调沿着改革的正确方向形成合力，并且认为凝聚共识就是形成合力的重要方法。他说，凝聚共识很重要，是改革顺利推进和全面成功的必要条件，并且强调"从历史经验上看，凝聚共识对改革能否成功至关重要"。他指出，现在，社会结构深刻变动，利益格局深刻调整，思想观念深刻变化，凝聚改革共识难度加大，统筹兼顾各方利益任务艰巨，更要下功夫去做凝聚共识的工作，提出越是思想认识不统一就越要善于寻找最大公约数。他还指出，在凝聚共识过程中要强调群众观点。他说，"在全面深化改革进程中，遇到关系复杂，难以权衡的利益问题，要认真地想一想群众的实际情况究竟怎样？群众到底在期待什么？群众利益如何保障？群众对我们的改革是否满意"，要"广泛听取群众的意见和建议，把最广大人民的智慧和力量凝聚到改革上来，同人民一道把改革推向前进"。

为了保证改革的正确方向，推动凝聚共识、形成改革的合力，习近平总书记提出了底线思维的改革方法论思想。所谓底线思维，就是为改革设置不可逾越的底线。推进改革的目的是不断推进我国社会主义制度的自我完善和发展，赋予社会主义新的生机活力。他强调说，我们党领导的改革历来是全面改革。问题的实质是改什么、不改什么，有些不能改的，再过多长时间也是不改，不能把这说成不改革。习近平说，"治大国若烹小鲜，我国是一个大国，绝不能在根本问题上出现颠覆性错误"。这个根本性问题就是改革的底线。习近平总书记的底线思维不仅体现在全局性的改革问题上，也体现在具体领域的改革问题上。他在谈到农村土地制度改革的时候就指出，"不管怎么改，不能把农村土地集体所有制改垮了，不能把耕地改少了，不能把粮食产量改下去了，不能把农民利益损害了"。

　　底线思维的方法论要求已经体现在改革的具体推进中。例如，国际贸易管理中的"负面清单管理模式"，是指政府规定哪些经济领域不开放，除了清单上的禁区，其他行业、领域和经济活动都许可。这实际上是一种底线思维管理模式。在制定负面清单的基础上，各类市场主体可依法平等进入清单之外的领域。还例如，社会治理中的民生底线，农地管理中的耕地红线，金融领域中的风险底线等。习近平总书记把方向性思维、凝聚共识思维和底线思维，紧密地结合起来，为我们处理各种复杂的改革问题提供了一个方法论原则，这对于进一步解放思想、实事求是、开拓创新、不断进取，为全面深化改革的成功起到了思想指导的作用。

前　言

"新常态"体现了以习近平同志为核心的党中央对全面深化改革新时期我国经济发展状况的综合战略判断，体现了党中央治国理政的新理念和新思维，是当前中国经济社会发展的总基调。

"新常态"首要指向的是经济新常态，强调结构稳增长的经济，而不是总量经济，着眼于经济结构的对称态及在对称态基础上的可持续发展，而不仅仅是 GDP、人均 GDP 增长与经济规模最大化。

"新常态"首要指向的是经济，但经济发展与包括政治、社会、生态等在内的整个社会发展是密切相关的，经济发展是政治发展、社会发展的基础，经济的调整和变动必然影响和扩展到其他维度，经济新常态也必然影响到社会发展的态势。

进入新常态，以习近平同志为核心的党领导集体形成了"国家治理现代化"思想，致力于推进国家治理体系和治理能力现代化。推进国家治理体系和治理能力现代化，是继"工业现代化、农业现代化、国防现代化、科学技术现代化"后的第五个现代化，它的提出开启了当代中国国家治理的全新阶段，体现了我们党对执政规律、社会主义建设规律、人类社会发展规律的新认识。国家治理现代化从目标、路径、过程方面实现了意识形态到实际操作的思想转变。

为了主动把握和积极适应新常态，推进国家治理现代化，我国实施了"四个全面"的战略布局，协调推进"全面建成小康社会、全面深化改革、全面依法治国、全面从严治党"，推动改革开放和社会主义现代化建设迈上新台阶。

"四个全面"战略布局是相辅相成、相互促进的有机整体。"全面建成小康社会"是战略目标，"全面深化改革、全面依法治国、全面从严治党"是战略举措。习近平指出，"不全面深化改革，发展就缺少动力，社会就没有活力。不全面依法治国，国家生活和社会生活就不能有序运行，就难以实现社会和谐稳定。不全面从严治党，党就做不到'打铁还需自身硬'，也就难以发挥好领导核心作用"。"全面深化改革和全面依法治国"，"如鸟之两翼，车之双轮，推动全面建成小康社会的目标如期实现"。

实现"四个全面"战略布局，保持经济社会持续健康发展，必须坚持正确的发展理念，因而，党中央提出必须牢固树立并切实贯彻"创新、协调、绿色、开放、共享"的发展理念。创新是发展的动力源泉，是解决发展问题的根本途径，在"五大发展理念"中处于核心地位；协调是发展的内在要求；绿色是必须坚持的发展道路；开放是国家繁荣发展的必由之路；共享是发展的基本保证。

"四个全面"确立了新形势下党和国家各项工作的战略目标和战略举措，"五大发展理念"则为"四个全面"具体推进指明了思路和方向，是"四个全面"战略布局的路径展开，"破解了发展难题、增强了发展动力、厚植了发展优势"。

新常态下的社会治理和社会发展，涉及中国社会的方方面面，既有城市问题，又有农村问题；既有政治、经济问题，也有文化、价值观问题，还有社会、生态问题；既有国内问题，也有国际问题；等等。社会治理和社会发展是一个系统工程，我们既需要对系统中每一个问题进行研究，也需要对系统的整体进行研究。

自鸦片战争之后，怀揣复兴中华、重振国威的仁人志士开始探索寻求一条适合中国发展的道路。但从洋务运动到戊戌变法、从太平天国到辛亥革命，均以失败而告终。毛泽东说，"中国人向西方学得很不少，但是行不通，理想总是不能实现。多次奋斗，包括辛亥革命那样全国规模的运动，都失败了。国家的情况一天一天坏，环境迫使人们活不下去"。十月革命一声炮响，给我们送来了马克思主义。走上社会主义道路使国家命运有了根本转机。回顾历史，我们能够取得今天举世瞩目的成就，正是因为我们找到了一条适合中国国情的发展道路，也就是中国特色社会主义道路。今天党和国家对社会治理、社会发展的探索和实践，就是马克思主义和中国当代实际相结合的产物，虽然在前进的路上我们还会遇到这样那样的困难和挫折，但我们坚信在中国共产党的领导下，在全国各族人民的共同努力下，伟大中华民族复兴的"中国梦"一定能实现。

作　者

2016 年 10 月

目　录

第一编　经济新常态呼唤治理新思维

第二编　"四个全面"战略布局

第一编
经济新常态呼唤治理新思维

第一章　新常态对社会发展的影响

　　2014 年 10 月，习近平总书记在 APEC 会议上首次系统阐释"新常态"，他认为"新常态将给中国带来新的发展机遇"。"新常态"体现了习近平总书记对全面深化改革新时期国家经济发展状况的综合战略判断，体现了党中央治国理政的新理念和新思维，成为当前中国经济社会发展的总基调。2014 年 12 月结束的中央经济工作会议更是要求各项工作要主动适应经济发展新常态。"新常态"首要指向的是经济发展，但是经济发展与包括政治、生态等在内的整个的社会发展都是密切相关的，经济发展是政治发展、社会发展的基础，经济的调整和变动必然影响和扩展到其他维度。经济的"新常态"也必然会影响到社会发展的态势，在经济发展新常态下，社会发展将处于什么样的总体态势，又应该如何推动社会治理创新，是本研究要重点回答的问题。

一　新常态的内涵

　　党的十八大之后，在习近平总书记的公开文章和讲话中，"新常态"被提及了 160 余次。2014 年 11 月 9 日习近平在 2014 年亚太经合组织（APEC）工商领导人峰会上的主旨演讲中认为，中国经济呈现新常态，并全面阐述了新常态的特点、机遇和挑战。2015 年 5 月，习近平在浙江调研时指出，我国经济发展已经进入新常态，如何适应和引领新常态，需要广泛探索。6 月，习近平在贵州调研时认为新常态是当前和今后一个时期经济发展的大逻辑。8 月，在中南海党外人士座谈会上，习近平强调新常态是"十三五"时期最主要的新问题，适应新常态、把握新常态、引领新常态，保持经济社会持续健康发展，必须坚持正确的发展理念。2016 年 1 月，习近平在重庆调研时指出，党的十八届五中全会提出创新、协调、绿色、开放、共享的发展理念，是针对我国经济发展进入新常态、世界经济复苏低迷开出的药方。因此，深刻理解新常态的哲学内涵、新常态的发展过程、新常态的社会影响是研究当前经济社会发展的重要前提。

从哲学意义上来讲，常态是指正常状态或者事物固有的状态，常态显示了事物所具有的合乎规律性和发展必然性的一种状态，是事物发展应有的状态。非正常态则是偏离事物发展规律和必然性的，已经脱离事物固有的性质，是一种不可持续的状态。人类社会的发展过程就是经历从常态到非常态再到新常态的否定之否定的过程。"常态－非常态－新常态"发展的主线，是事物发展的本质与规律。从辩证法的视角看，人类总是在经历事物的正反面发展、总结反面经验，经过感性－知性－理性、具体－抽象－具体的否定之否定后，才对事物有一个完整的认识，才能认识事物的规律与本质。

新常态，"新"就是"有异于旧质"，是对事物发展非常态的纠正，更是对过去事物否定之否定后的发展和超越，新常态本质上是事物经历正反面发展后，符合事物规律和本质的一种发展状态。例如，"经济新常态"，由于有一个"新"字，那就一定是相对于"上个时期或阶段"经济运行的状态而言的，或者是相对于"历史时期或阶段"经济运行的状态而言的，意味着我国经济发展速度从以往不可长期持续的高速增长转为可持续的中高速增长，经济发展结构由以往不平衡向质量更好、结构更优的方向发展，经济发展动力从要素驱动、投资驱动转向创新驱动。

从非常态向新常态的转变，要建立的一定要是合乎规律的、有必然性的、符合国家和人民根本利益的、代表中国未来的状态。非常态向新常态转变是非常艰难的，中国30多年的改革已经把相当一些非常态的东西固化为常态，像经济领域以追求速度为核心，以粗放发展为手段，以投资要素驱动为动力，以及社会领域的潜规则、权钱交易、官员腐败等都已成为常态。在此种情况下，新常态就必然是一个将以往非常态、不正常的东西加以纠正，并逐渐转向合乎规律的、有必然性的、符合国家和人民根本利益的、代表中国未来的发展状态。

从经济发展角度讲，经济新常态是强调结构稳增长的经济，而不是总量经济；着眼于经济结构的对称态及在对称态基础上的可持续发展，而不仅仅是GDP、人均GDP增长与经济规模最大化。经济新常态就是用增长促发展，用发展促增长。经济新常态不是不需要经济增长，而是把GDP增长放在发展模式中定位，使GDP增长成为再生型增长方式和生产力发展模式的组成部分。习近平总书记指出中国经济呈现新常态的主要特征：一是从高速增长转为中高速增长；二是经济结构不断优化升级，第三产业消费需求逐步成为主体，城乡区域差距逐步缩小，居民收入占比上升，发展成果惠及更广大民众；三是从要素驱动、投资驱动转向创新驱动。

同时，在经济发展进入新常态的情境下，经济发展将会不同程度地影响我国政治、社会、文化的发展，毕竟经济发展与政治、社会、文化等是密切结合的，经济发展是中轴维度，经济发展的调整和变动也必然影响和扩展到其他维度。2016 年 1 月 18 日，习近平总书记在省部级主要领导干部学习贯彻十八届五中全会精神专题研讨班开班式上就指出，谋划和推动"十三五"时期我国经济社会发展，就要把适应新常态、把握新常态、引领新常态作为贯穿发展全局和全过程的大逻辑。

二　习近平关于社会治理的新阐述

从十八届三中全会党中央提出创新社会治理，最大限度地增加和谐因素，增强社会发展活力，提高社会治理水平，全面推进平安中国建设，确保人民安居乐业、社会安定有序的重大决策以来，习近平总书记对当前社会发展也做出了新的判断，并提出了新的发展思路。因此，深刻学习领会习近平总书记关于创新社会治理的新论断、新思路，对于推进新常态下社会建设的发展具有重要的意义。

（一）坚持以人为核心的新型城镇化发展战略

2015 年 12 月，习近平在中央城市工作会议上指出，我国城市发展已经进入新的发展时期，并将城市发展与城市建设提高到当前国家工作全局的位置上。改革开放以来，我国经历了世界历史上规模最大、速度最快的城镇化进程，城市发展波澜壮阔，取得了举世瞩目的成就。城市发展带动了整个经济社会发展，城市建设成为现代化建设的重要引擎。城市是我国经济、政治、文化、社会等方面活动的中心，在党和国家工作全局中具有举足轻重的地位。同时习近平在《关于〈中共中央关于制定国民经济和社会发展第十三个五年规划的建议〉的说明》中也指出，2015 年我国城镇化率已经接近 55%，城镇常住人口达到 7.5 亿人，但问题是这 7.5 亿人口中包括 2.5 亿的以农民工为主体的外来常住人口，他们在城镇还不能平等享受教育、就业、社会保障、医疗、保障性住房等方面的公共服务，这带来一些复杂的经济社会问题。

因此，习近平在"十三五"规划的建议中提出，要坚持以人为本，推进以人为核心的新型城镇化，尊重城市发展规律，并且贯彻创新、协调、绿色、开放、共享的发展理念，科学发展、改革创新、依法治市，转变城市发展方式，完善城市治理体系，提高城市治理能力，着力解决城市病等突出问题，不断提升城市环境质量、人民生活质量、城市竞争力，建设和谐宜居、富有活力、各具特色的现代化城市，提高新型城镇化水平，走出一条中国特色城市发展道路。与此同时，做好城市工作，要顺应城市工作新形势、改革发展新要求、人民群众新期待，坚持以人民为中心的发展思想，坚持人民城市为人民。

（二）强化基层社会治理

2014 年 3 月 5 日，习近平总书记在参加十二届全国人大二次会议上海代表团的审议，谈到加强和创新社会治理时强调，治理和管理一字之差，体现的是系统治理、依法治理、源头治理、综合施策。社会治理的重心必须落到城乡社区，社区服务和管理能力强了，社会治理的基础就实了。要深入调研治理体制问题，深化拓展网格化管理，尽可能把资源、服务、管理放到基层，使基层有职有权有物，更好地为群众提供精准有效的服务和管理。要加强城市常态化管理，聚焦群众反映强烈的突出问题，狠抓城市管理顽症治理。

2015 年 12 月 14 日，习近平在主持召开中共中央政治局会议时强调，要改革城市管理体制，理顺各部门职责分工，提高城市管理水平，落实责任主体。并提出要提高城市管理水平，落实城市管理主体责任，改革城市管理体制，理顺各部门职责分工的要求。除此之外，城市基层治理还应该统筹政府、社会、市民三大主体，提高各方推动城市发展的积极性，坚持协调协同，尽最大可能推动政府、社会、市民同心同向行动，使政府有形之手、市场无形之手、市民勤劳之手同向发力。要提高市民文明素质，尊重市民对城市发展决策的知情权、参与权、监督权，鼓励企业和市民通过各种方式参与城市建设、管理，真正实现城市共治共管、共建共享。

（三）推进法治社会建设

面对当前社会矛盾形势依然严峻的状况，2014 年 1 月 7 日，习近平总书记在《坚持严格执法公正司法深化改革促进社会公平正义保障人民安居乐业》讲话中强调，要处理好维稳和维权的关系，要把群众合理合法的利益诉求解决好，完善对维护群众切身利益具有重大作用的制度，强化法律在化解矛盾中的权威地位，使群众由衷地感到权益受到了公平对待、利益得到了有效维护。要处理好活力和秩序的关系，坚持系统治理、依法治理、综合治理、源头治理，发动全社会一起来做好维护社会稳定工作。

十八届四中全会关于全面推进依法治国若干重大问题的决定，更是提出要推进多层次、多领域依法治理，提高社会治理法治化水平，建设法治社会，并且从四个方面提出了法治社会建设的途径。首先，健全依法维权和化解纠纷机制。强化法律在维护群众权益、化解社会矛盾中的权威地位，引导和支持人们理性表达诉求、依法维护权益，解决好群众最关心、最直接、最现实的利益问题。其次，构建对维护群众利益具有重大作用的制度体系，建立健全社会矛盾预警机制、利益表达机制、协商沟通机制、救济救助机制，畅通群众利益协调、权益保障法律渠道。再次，健全社会矛盾纠纷预防化解机制，完善调解、仲裁、行政裁决、行政复议、诉讼等有机衔接、相互协调的多元化纠纷解决机制。最后，深入推进社会治安综合治理，完善立体化社会治安防控体系，有效防范化解管控影响社会安定的问题，保障人民生命财产安全。

（四）重视民生问题，推进社会事业发展

全面建成小康社会是"十三五"规划的最大任务，也是"十三五"时期必须完成的硬任务。因此，保民生、促民生，推进社会事业发展是这个关键时期关键规划的关键课题。习近平指出："'十三五'时期经济社会发展要努力在保障和改善民生、推进扶贫开发等方面取得明显突破。"早在2012年习近平在广东考察工作时就指出：就业，牵动着千家万户的生活。当前，我国就业工作面临总体就业压力大和结构性劳动力短缺、人才匮乏的突出矛盾。我国劳动人口众多，又面临经济下行压力，如果就业问题处理不好，就会造成严重社会问题。2013年，习近平在主持十八届中央政治局第十次集体学习时又针对住房问题做出指示，"住房问题既是民生问题也是发展问题，关系千家万户切身利益，关系人民安居乐业，关系经济社会发展全局，关系社会和谐稳定"。

2015年11月，习近平在中央扶贫开发工作会议上又针对当前贫困问题提出了新的要求。他指出，截至2014年底，全国仍有7000多万农村贫困人口。脱贫攻坚已经到啃硬骨头、攻坚拔寨的冲刺阶段，必须以更大的决心、更明确的思路、更精准的举措、超常规的力度，众志成城实现脱贫攻坚目标，决不能落下一个贫困地区、一个贫困群众。并提出了扶贫攻坚工作实施精准扶贫方略，增加扶贫投入，出台优惠政策措施，坚持中国制度优势，注重六个精准，坚持分类施策，因人因地施策，因贫困原因施策，因贫困类型施策，通过扶持生产和就业发展一批，通过易地搬迁安置一批，通过生态保护脱贫一批，通过教育扶贫脱贫一批，通过低保政策兜底一批，广泛动员全社会力量参与扶贫等一系列措施。

三 经济发展新常态下社会发展的总体态势

"新常态"首要指向的是经济发展，但是经济发展与政治、社会、生态等整个社会发展都是密切相关的，经济发展是政治发展、社会发展的基础，经济的调整和变动必然影响和扩展到其他维度。对社会发展而言，经济的"新常态"也必然会影响到社会发展的态势上。因此，厘清经济发展新常态下社会发展的总体态势，对于推进社会治理创新具有重要的理论和现实意义。

（一）城镇化由空间扩张型向以人为核心的新型城镇化转变

改革开放以来，我国经历了世界历史上规模最大、速度最快的城镇化进程，城市发展波澜壮阔，取得了举世瞩目的成就。改革开放的推进，带动了城镇化建设的快速发展，大、中、小城市规模不断扩张，城镇人口不断增加。根据图 1 的统计数据，2000 年我国城镇化率只有 36.2%，而截至 2014 年 12 月，我国城镇化率已经达到 54.7%，拥有 7.5 亿城镇人口，15 年间我国城镇化率水平上升了 18.5 个百分点。随着我国城镇化的不断发展，越来越多的农村人口转变为城镇人口，农村地区转变为城镇地区。可以说，城市发展带动了整个经济社会发展，城市建设已经成为现代化建设的重要引擎。

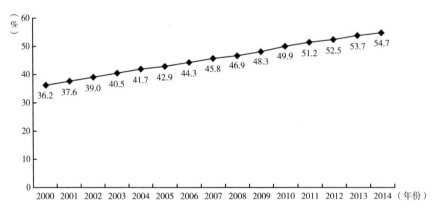

图 1 我国城镇化率

资料来源：国家统计局统计年鉴。

我国城镇化在快速发展的同时却暗藏着未来城镇化发展的隐忧。根据国务院城乡规划主管部门会同国务院有关部门组织编制的全国城镇体系规划中一个关于 12 个省会城市和 144 个地级市的调查，一个省会平均规划 4.6 个新城

（区），地级市约 1.5 个，全国新城新区规划人口达 34 亿人，严重失控。① 这也与近年来鄂尔多斯、常州以及营口爆出的"鬼城""空城"现象不谋而合。新城新区建设与扩张，是城市发展的需求支撑，也是推动我国城镇化的重要手段。但是发热的新城新区建设却存在严重的"超前"问题。一方面，新城新区的空心化严重，在中国数百个城市新城新区中，绝大多数新城新区的人口规模属于几十万人的级别，部分新城新区人口不足十万人，甚至低于一万人，这不仅导致基础设施的浪费，而且难以形成持续的消费与服务需求生态。另一方面，新城新区普遍产业基础薄弱，没有有效的发展方案，短期内难以形成有竞争力的产业体系，再加上依靠"招商引资"实现经济发展的时代渐远，没有产业活力的新城区就成了闲置的样板房。

面对快速的城镇化进程带来的问题，中央城市工作会议提出要转变城镇化发展的思路，尊重城市发展规律，由以往注重新区规划以房地产拉动的数量型发展方式，向坚持以人民为中心的发展思想，坚持人民城市为人民的质量型、可持续性、宜居性城镇化模式转变，形成城镇化发展的新局面。城市发展是一个自然历史过程，有其自身规律。城镇化发展的过程必然是对城市空间结构、城市社会结构进行重构的过程，在这一过程中，城市的基础设施建设，城市的资源配置，城市社会成员的就业、居住、生活质量等方面都会受到城镇化带来的影响，尤其是在快速城镇化的情况下，城市空间结构、城市社会结构迅速转变，产生的社会问题、环境问题也日趋凸显。因此，城镇化的推进必须认识、尊重、顺应城市发展规律，城市发展需要依靠改革、科技、文化三轮驱动，增强城市持续发展能力；要把握好生产空间、生活空间、生态空间的内在联系，实现生产空间集约高效、生活空间宜居适度、生态空间山清水秀；要树立系统思维，从构成城市诸多要素、结构、功能等方面入手，对事关城市发展的重大问题进行深入研究和周密部署，系统推进各方面工作。城市和经济发展两者相辅相成、相互促进。

（二）基层治理由碎片化管理向系统性治理转变

党的十八届三中全会提出创新社会治理体制，并将其作为全面推进国家治理体系与治理能力现代化的重要内容，习近平总书记则进一步强调加强和创新社会治理重心必须落到城乡社区，社区服务和管理能力强了，社会治理的基础

---

① 《全国新城新区规划人口达 34 亿　严重失控》，http://finance.ifeng.com/a/20150922/13987306_0.shtml。

就实了，并且要深入调研治理体制问题，深化拓展网格化管理，尽可能把资源、服务、管理放到基层，使基层有职有权有物，更好地为群众提供精准有效的服务。因此，考察我国城市和农村基层的治理问题，是推进国家治理体系和治理能力现代化的基础和前提。

基层治理的碎片化问题主要体现在三个方面，一是组织体系的碎片化，传统社会管理带有浓厚的行政主导色彩，是党委和政府主导的行政型社会管控，治理结构是以党委和政府为主体的单中心治理，缺乏多元主体共治。治理主体呈现单一化特征，压缩了其他力量参与的空间。二是治理制度体系的碎片化问题，以往社会管理相关制度建设存在内容性缺失和功能性缺失问题，即停留在社会管控的基础上，追求效率至上的顶层设计，忽视了对人的管理与服务的制度建设。三是社会管理方法体系碎片化，传统社会管理以党委和政府为主体的单中心治理，使社会管理过分依赖行政方法；社会管理方面过多使用行政命令、指示和规定等行政手段，行政主导特征明显，而忽视了社会管理的经济、法律方法的运用，大大降低了社会管理的效率和效益。

针对城市社区而言，碎片化问题主要体现在社区管理的条块分割上。20世纪90年代中后期，在民政部的推动下，国家将北京、上海、武汉、青岛等城市作为"全国社区建设实验区"，并形成了以"上海模式""沈阳模式""武汉模式"等为代表的城市社区治理模式。但这些模式本质上仍是行政主导的社区治理模式。一方面，在社区管理组织即街道办事处和社区居委会的结构中，社区管理手段仍是强制性的行政方式，社区居委会被视为政府机构的延伸，地方政府基本上将社区作为最基层的行政机构，认为两者是行政上的领导与被领导关系。另一方面，在政府其他管理组织与社区管理组织，即"条"上各政府职能机构派出的组织与社区内其他社会组织，包括国家、事业单位和企业单位的关系中，"块"起着协调作用。辖区内所有的政府职能部门和机构、各个单位、各种社会团体和居民自治组织都必须接受街道办事处和社区居委会的领导。虽然以往形成了"以条为主，块做配合"的管理体系，但一个辖区内既有"条"的体系又有"块"的管理，很容易造成条块分割的现象，割裂了社区管理。与此同时，面对单位制、老旧小区的公共需求问题，原有的行政治理可以发挥比较好的作用，但是面对商品房小区出现的物业纠纷等问题，行政治理方式不但无法发挥作用，甚至还起到反作用。这就造成行政治理与自主治理两种治理方式的分离、冲突。因此，社区碎片化的管理，促使我们对社区治理的模式进行反思，以建构行政治理与自主治理相融合的社区治理模式。

对农村社区而言，碎片化的管理主要体现在基层政府与村民自治之间的割裂上。一方面，乡镇政府与村民自治组织关系扭曲。尽管《村民委员会组织法》第4条规定，"乡、民族乡、镇的人民政府对村民委员会的工作给予指导、支持和帮助，但是不得干预依法属于村民自治范围内的事项，村民委员会协助乡、民族乡、镇的人民政府开展工作"，明确规定了乡镇政府与村民自治组织之间是指导与被指导的关系，但由于各种历史原因，在很多情况下，乡镇政府仍然习惯于传统的命令式的管理方式，对村民委员会从产生到日常工作进行干预和控制，把村委会视同自己的行政下级或派出性机构，变"指导"为事实上的"领导"。另一方面，村民自治选举制度存在问题。民主选举是村民自治的重要组成部分之一，它不仅使村民真正实现了当家做主的愿望，还保证了村民民主权利的实施。但具体操作过程还存在很多缺陷。如关于候选人提名的程序不够具体、不够科学合理。有些地方由村党组织进行民主选举时，暗箱操作，不召开村民选举会议，直接由乡镇党委、政府、村党组织提出候选人，也不搞选民登记，只设投票站和流动票箱。选举的民主客观性、公正性不高。一些村的换届选举经常会出现宗族势力或黑势力把持或操纵选举的现象。

针对以往基层社会出现的碎片化管理的现象，十八届三中全会就提出了创新社会治理体制的要求。创新社会治理体制，对于社区层面的治理有两重意义：一是原有的治理模式已经不适应今天的局面，目前要有在社区层面创新的治理模式；二是治理方式的重大变化，社区治理将更加强调系统治理、源头治理和多方参与治理。为了弥合社区内部和外部的碎片化，政府也提出了相应的治理策略。首先，激发社会组织活力，这也是党的十八届三中全会提出的重要观点，在社区层面上，社会组织有巨大发展潜力。其次，推进社区参与，社区的整合需要社区成员和多方面社会力量的参与，居民对于改善社区环境有着巨大需求，创建新的机制使社区居民能够真正广泛参与社区建设。最后，整合社区基层组织，表面上看，目前的社区基层组织有着统一的以社区党支部为核心的治理架构，实际上由于缺乏总体性的制度规范、明晰的权责匹配和充足的资金保障，现行的城市社区基层组织在实际运行过程中往往遇到权力结构碎片化所带来的治理效率低下的问题，应该在社区居民自治制度的框架下，从体制和财税两个方面进一步整合多元的社区基层组织。

（三）社会矛盾由高发期向平稳期过渡，法治社会建设持续推进

经济发展新常态意味着中国经济已进入一个与过去30多年高速增长期不同的新阶段，经济发展的速度将趋向放缓，而更加注重经济质量的提升，可以将其称为经济发展的再转型。我国 GDP 增速从 2012 年开始回落，2012～2014 年增速分别为 7.7%、7.7%、7.4%，这是经济增长阶段的根本性转换，中国告别过去 30 多年平均 10% 左右的高速增长。通常情况下，经济发展的转型将会面临短时间的阵痛，经济发展速度放缓，失业率上升，社会矛盾形势严峻。过去，我国经济与社会已经形成了"高增长依赖症"，经济增长成为缓解各类社会矛盾和维护社会稳定的重要方式，经济增长放缓可能将削弱社会的稳定性，社会矛盾形势可能依然严峻。

为了能够较为准确地掌握全国社会矛盾的总体状况和演变态势，笔者通过对《中国法律年鉴》的整理分析，研究社会矛盾发展演变的总趋势。刑事案件和群体性事件作为较激烈的社会矛盾形式，是衡量一个社会稳定性的重要标志。

从公安机关立案的刑事案件总量来看，2000～2013 年，全国刑事案件总量呈上升态势。从 363.7307 万起上升到 659.8247 万起，年均增长速度为 4.69%。但从总体的增长态势上看，虽然刑事案件一直处于增长趋势，但增长的速度逐渐趋缓。

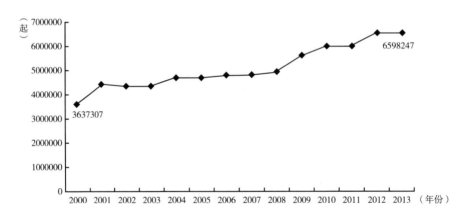

图 2　中国公安机关立案的刑事案件

资料来源：国家统计局法律年鉴。

近 13 年间，百人以上群体性事件有 871 起，其中，2010 年、2011 年和 2012 年是群体性事件的高发期。2010 年、2011 年群体性事件都在 170 起左右，2012 年则飙升至 209 起。其中参与者规模在 100～1000 人的有 590 起，占 67.7%；1001～10000 人的有 271 起，占 31.1%；10001 人及以上的有 10 起，占 1.1%。由此可见，近年来，群体性事件的发生频率逐年升高，但 2013 年群

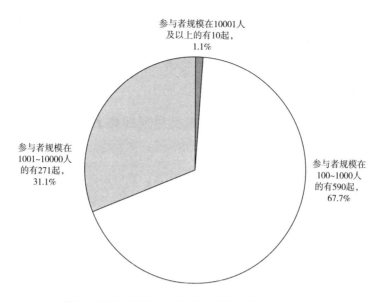

图 3　2000～2013 年 100 人以上的群体性事件状况

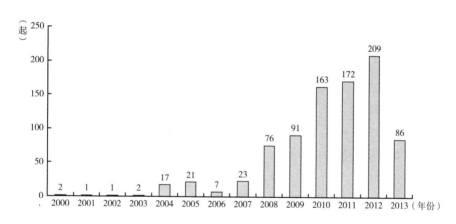

图 4　2000～2013 年中国境内群体性事件的时间分布

资料来源：《14 年间百人以上群体事件发生 871 起》，http：//www. bjnews. com. cn/graphic/2014/02/24/306216. html。

体性事件的数量却下降了一半多。因此，群体性事件的发展趋势已经由高发期向平稳期过渡。

对 2000 年以来全国社会矛盾的定量研究发现，当前社会矛盾正在由高发期向平稳期过渡。尤其是十八届四中全会提出全面依法治国的决定后，完备的法律规范体系、高效的法治实施体系、严密的法治监督体系、有力的法治保障体系正在逐渐形成，这将更好地统筹社会力量、平衡社会利益、调节社会关系、规范社会行为、缓解社会矛盾，使我国社会在深刻变革中既生机勃勃又井然有序。除此之外，坚持依法治国、依法执政、依法行政共同推进，以及坚持法治国家、法治政府、法治社会一体建设等一系列措施，将实现科学立法、严格执法、公正司法、全民守法，以及形成新的法治环境。

（四）教育、医疗、社会保障等民生问题得到逐步解决，但形势依旧严峻

在经济发展新常态下，经济发展趋向回落，政府财政收入增速放缓，民生问题的解决将面临更大的挑战。民生问题是事关改革发展全局和构建社会主义和谐社会的重大问题。习近平同志讲"民为邦本，本固邦宁"。经济的快速发展一方面为解决民生问题奠定了物质基础，另一方面却又引起了贫富两极分化、教育资源分配不均、城乡差距加大、生存环境恶化等一系列民生问题，成为社会发展中不得不关注的焦点。因此，解决民生问题成为我国社会主义建设的重中之重。

我国民生问题主要表现在以下几方面。第一，医疗保障问题。从总体上讲，我国医疗卫生事业发展滞后于经济和其他社会事业发展，医疗卫生事业发展存在资源分布不均、不协调的问题。有关统计显示，占世界人口 22% 的中国，医疗卫生资源仅占世界的 2%，其中 80% 的在城市，20% 的在农村，医疗资源分配不均问题依然严重，"看病难、看病贵"现象十分突出。第二，教育公平问题。从目前的状况来看，我国的教育还存在诸多问题，其中核心问题就是教育不公平。如城市教育与农村教育的不公平、区域教育之间的不公平、学校教育之间的不公平、不同社会群体教育的不公平。可见，解决教育公平问题已经刻不容缓。第三，就业问题。就业是民生之本，我国是一个人口大国，人力资源十分丰富，在当前加快工业化、城镇化和现代化进程中，劳动力供求总量矛盾与结构性矛盾并存，城镇就业压力加大与农村富余劳动力转移速度加快同时出现，新增劳动力的就业与失业人员再就业问题相互交织。近年来，大学毕业生的就业问题越来越严峻，剩余劳动力越来越多，以上诸多问题还未得到很好的解决。第四，社会保障问题。我国人口众多，尤其是农村人口众多的现实，决定了我国建立覆盖城乡居民的社会保障体系的任务比世界上任何一个国家都更加艰巨，同时面临一系列问题，如社会保障的覆盖面还不够广，社会保障资金的投入比例仍然不足，许多保障措施尚未包括农村人口，社会保险筹资渠道依然单一，养老基金收不抵支状况日益加重，城乡低收入群体看病难，特大病患者的医疗救助尚未找到妥善解决办法等。

新常态下的民生问题必须着眼于维护最广大人民群众的现实利益，实现经济发展和改善民生的良性循环。根据财政部 2014 年和 2015 年的财政状况统计，2014 年，教育支出 22906 亿元，增长 4.1%；文化体育与传媒支出 2683 亿元，增长 5.5%；医疗卫生与计划生育支出 10086 亿元，增长 9.8%；社会保障和就业支出 15913 亿元，增长 9.8%；住房保障支出 4968 亿元，增长 10.9%。[①] 2015 年，教育支出 26205 亿元，增长 8.4%；文化体育与传媒支出 3067 亿元，增长 9.3%；医疗卫生与计划生育支出 11916 亿元，增长 17.1%；社会保障和就业支出 19001 亿元，增长 16.9%。[②] 由此可见，中国政府正在努力推进教育、医疗、住房、养老等基本公共服务的全覆盖和均等化，公共财政体制正在实现从重经济建设向重公共服务转型，公共财政正更多地关注公共教育、公共卫生、公共救济、公共住房、社会保障等社会公共领域。与此同时，党中央提出的施行精准扶贫战略，也正在惠及特殊困难人群，兜住民众生活的底线。因此，在经济发展新常态下，民生问题的有效化解，要在政府的主导下，制定切实可行的政策和措施，发挥政府的服务作用，调动人民群众的主体作用，解放和发展社会生产力，寻求有效的解决路径。

四　经济新常态下的社会治理创新

新常态思维为社会领域的治理创新提供了动力和机遇。新常态表明中国经济社会的发展进入了一个全面、持久、变革的新时期，这是习近平总书记和党中央对当下和未来中国发展新阶段、新方式、新趋势的全面总结和判断。新常态思维意味着从中央层面对坚持唯 GDP 主义发展方式的纠正，未来发展要转向中高速增长，注重质量和持续性。加之，我国当前在城镇化、社会矛盾、社会组织、城乡基层治理、民生等方面所面临的问题和机遇，这些必然要求社会治理在治理主体、治理方式、治理机制、治理体系和治理模式上进行创新。

（一）政府主导，重视发挥社会组织作用，发挥多元治理主体合力

现代社会治理要求在坚持党政主导的前提下，更加注重培育、支持和引导多元主体参与社会治理。党的十八届三中全会提出，建立科学有效的社会治理

---

① 财政部：《2014 年财政收支情况》，http://gks.mof.gov.cn/zhengfuxinxi/tongjishuju/201501/t20150130_1186487.html。

② 财政部：《2015 年财政收支情况》，http://gks.mof.gov.cn/zhengfuxinxi/tongjishuju/201601/t20160129_1661457.html。

体制，要加强党委领导，发挥政府主导作用，鼓励和支持社会各方面参与，努力实现政府治理和社会自我调节、居民自治良性互动。人民团体是党领导下的群众组织，是党联系人民群众的桥梁和纽带，它们在社会治理中肩负着重要责任。在党的领导下，教育和组织团体成员和所联系群众依照宪法和法律的规定，通过各种途径和形式参与管理国家事务，管理社会事务。社会组织是政府与市场之间、政府与社会之间、政府与公民之间的桥梁和纽带，是社会治理新的重要主体。

根据民政部的统计结果，截至2012年，全国有各类社会组织49.9万多个，在社会服务、社会救助、居民自治、慈善帮扶、社区服务等方面发挥了重要作用。但当前我国社会组织在组织规模和组织结构上仍存在较大问题，发达国家每十万人口拥有的社会组织成百上千个，而2012年我国每十万人口拥有的注册登记社会组织不到38个，并且在关乎社会服务、促进民生、维护社会成员权益等方面的社会组织建设迟缓，未能发挥社会组织应有的作用。因此，要激发社会组织活力，清理和规范现有社会组织，改变"吃财政饭、当二政府"的现象；鼓励和支持行业协业商会类社会组织、科技类社会组织、公益慈善类社会组织以及城乡社区服务类社会组织大力发展；转变政府职能，建立健全政府购买社会组织服务机制，把适合由社会组织提供的公共服务和解决的事项交由社会组织承担，建立健全社会组织发挥作用的机制和制度化渠道；完善社会组织管理相关法律法规，构建法律规制、政府监管、社会监督有机结合的监管体系，完善社会组织内部治理结构，提高自我管理、自我约束能力，确保社会组织有序发展、规范运行。

（二）加强城乡社区治理，优化城乡社区治理体制

习近平总书记在参加十二届全国人大二次会议上海代表团会议上，谈到加强和创新社会治理时强调，社会治理的重心必须落到城乡社区上。面对城镇化和社会转型给城乡社区带来的单位制瓦解、社区类型多样化、社区管理体制碎片化等诸多问题，各地根据自身的实际探索了不同的社区治理模式——行政主导型模式、居民自治型模式、混合型模式、网格型模式等，为我国城乡社区治理的发展提供了有益探索。但面对业主、业主委员会、物业管理公司等城市新兴群体、社区组织的出现以及乡村社会衰落等问题，以往的社区治理模式显得"心有余而力不足"，亟待优化城乡社区治理模式，推进社会治理体制创新。

基层治理是社会治理的重要组成部分，是社会治理的重点和难点所在。在工业化、城市化和市场化过程中，我国社会的组织方式发生了重大变化，城乡

社区已经取代传统的"单位制"和"人民公社"，成为基层社会治理的主要形式。习近平总书记多次到社区进行考察，并发表了一系列重要讲话。他在福州军门社区考察时指出，"社区虽小，但连着千家万户，做好社区工作十分重要"。近年来，各地对基层社会治理进行了积极探索，积累了不少有益的经验，取得了良好的成效。但是，总体来看，基层社会治理体系还不能够适应形势发展变化的需要，基层群众生产生活诸多难题不能得到很好的解决，社会矛盾和不稳定因素大量存在，基层干群关系不够和谐，各种矛盾和纠纷不能及时得到有效解决。基层治理体制存在"头重脚轻"现象，如人力、物力和财力集中在上面，而工作却要基层干，上面千条线下面一根针，事权和能力的不匹配、权责不对称，社区承担了过多不该干、干不了也干不好的工作。社区治理存在诸多问题，社区定位不够准确。社区的本质是"共同体"，即人们在一个共同地域范围内经常交流互动，是共同的利益和兴趣爱好把大家团结在一起的"小社会"。十八届三中全会提出，以网格化管理、社会化服务为方向，健全基层综合服务管理平台，及时反映和协调人民群众各方面各层次利益诉求。基层社会治理的体制机制、人才队伍、资源保障、工作方法等问题得到重视，社区居民自治将会深入推进，政社良性互动成为基层治理努力的方向。

（三）形成法治与德治相得益彰的治理方式

党的十八届四中全会对全面推进依法治国进行了新的部署，要求推进多层次多领域依法治理，提高社会治理法治化水平。法律是治国之重器，法治是国家治理体系和治理能力的重要依托。习近平总书记讲，善于运用法治思维和法治方式解决涉及群众切身利益的矛盾和问题。同样，社会治理创新需要运用法治思维和法治方式，做到科学立法、严格执法、公正司法、全民守法，在建设法治国家、法治政府和法治社会中促进社会既充满活力又和谐有序。根据十八届四中全会精神，社会领域的立法工作力度将会进一步加大，法治政府建设力度将会进一步加大，普法教育和全社会的法治意识将会进一步得到加强。一方面，更加强调国家机关工作人员严格执法和公正司法，严守法治底线，坚决纠正"摆平就是水平、搞定就是稳定、不出事就是本事"的错误做法。另一方面，引导群众依法理性表达诉求，依照法律、按照程序维护自己的合法权益。2013年以来，为了保障信访群众的合法权益，维护信访秩序，国家对信访制度进行了改革，鼓励群众利用现代信息技术手段和互联网"多上网、少上访"，引导和规范群众逐级上访，坚持就近、依法、及时表达诉求、解决问题，把涉法涉诉信访事项纳入法治化解决轨道，坚持诉访分离，改革和完善信访考核办法等，推动信访工作步入法治化轨道。

同时，在以法治引领社会治理过程中，也要注意发挥社会规范和道德习惯等规范对基层社会治理的作用。十八届四中全会提出，坚持依法治国和以德治国相结合是我们实现依法治国目标的基本原则。不仅要推进各级政府事权的规范化、法律化，还要发挥市民公约、乡规民约、行业规章、团体章程等社会规范在社会治理中的积极作用。对居民的日常生活实际起作用更大的是传统、习惯、道德、约定等非正式规范，这些非正式规范对形成基层社会秩序、规范社会生活非常重要。特别是要大力弘扬社会主义核心价值观，弘扬中华传统美德，培育社会公德、职业道德、家庭美德、个人品德，既重视发挥法律的规范作用，又重视发挥道德的教化作用，以法治体现理念、强化法律对道德建设的促进作用，以道德滋养法治精神、强化道德对法治文化的支撑作用，实现法律和道德相辅相成、法治和德治相得益彰，既有道德约束又有法律规范。

（四）重视多种治理手段的运用，形成架构合理的社会治理体系

以维护社会稳定为目的、以自上而下进行控制的方式，决定了社会管理手段的单一性，即主要依靠政府的行政手段；而社会治理则更加强调法治方式与德治方式相结合，协商、谈判等非制度化手段综合运用在化解社会矛盾中的作用。近年来，维稳工作进入"投入越大，群体性事件越发严重"的怪圈，这与政府以行政手段为主解决社会问题的方式有直接联系，以"不出事"为目的，不针对问题发生的根源，结果是解决一个问题引出更多的问题。要缓解社会矛盾，解决社会问题必须运用综合手段，通过协商、谈判的方式缓和矛盾，通过法治化、制度化的方式解决矛盾，并且通过强化道德约束、提高社会成员自身的道德素质，进一步规范社会行为、协调社会关系，实现社会问题的有效解决。社会治理手段的综合运用使社会问题从根源上得以消解，实现和谐有序的社会局面。

社会治理需要运用多种规则体系。现代社会纷繁复杂，社会治理规则体系也不是单一、同质的，而是由不同类别、不同层级、不同效力社会规范构成的集合体，除国家法律法规外，市民公约、乡规民约、行业规章、团体章程等多种形式的社会规范，对其效力所及的组织和成员个人具有重要的规范、指引和约束作用。因此，在社会治理创新中应更加重视运用其他社会规范，引导和支持不同方面的群众通过制定完善市民公约、乡规民约、行业规章、团体规章，进行自我约束、自我管理，规范成员行为，发挥多种社会规范的积极作用。化解社会纠纷和社会矛盾，要坚持调处结合、调判结合，能调则调，当处则处，

该判则判，健全完善人民调解、行政调解、司法调解联动工作体系，建立矛盾纠纷调解衔接配合机制，充分发挥调解这一具有中国特色的纠纷解决机制的独特作用，依法妥善化解矛盾纠纷。

（五）建构党委领导、政府主导、各方参与协同共治的社会治理模式

从社会管理到社会治理的转变，不仅是中国共产党执政理念的变化，更是对社会治理模式的新探索。在过去的 30 多年中，中国的社会治理体制机制一直处在不断变化发展中，当前中国的社会治理尚无成熟模式可言，亟待建构和发展具有中国特色的社会治理模式。中国的社会治理既区别于西方社会的治理，也同传统的社会管理相区分，中国社会治理模式的建构必须研究当前社会治理中的现实性问题和以往社会管理体制中的问题，坚持以马克思主义理论为指导，建构新型治理架构和运行机制，形成多元社会主体自主管理、自我运行的机制，搭建新的社会治理体系结构，以实现社会良性运行与和谐发展。

社会治理模式是社会治理的核心环节，通过实施各类社会治理模式，创新、修正已有治理政策和体制中的缺陷，促进社会治理取得真切实效。社会工程研究强调"在问题指向和价值定位下，综合协调规律、价值、情境三类变量进行社会模式设计与实施"的模式设计方法，为搭建社会治理体系结构、建构社会治理模式提供方法论支持。社会治理模式对社会治理中重大现实性问题的对策性回应，应该不违背相关规律性条件，系统把握各方面要求。因此，社会治理创新，要坚持党委领导，发挥政府主导作用，鼓励社会各方参与，实现政府治理和社会自我调节、居民自治的良性互动。尤其是要理顺政府和社会之间的关系，激发社会组织活力，引导和培育社会组织成长，发挥社会组织的作用，协调社会治理矛盾和问题，形成多元治理主体协同共治的局面。各类社会组织平台的构建，既能扩大就业，吸收社会公众参与公共事务，从而培育公民意识、公共道德，增强民众对基层社会的认同和社区的凝聚力与归属感；也能让政府降低管理成本，提高效率，增强政府公信力。

（撰稿人：西安交通大学马克思主义学院博士生张振；西安交通大学
马克思主义学院孙宝玉）

第二章 习近平社会治理思想新内涵

党的十八大以来，我国经济社会面临新挑战，经济发展出现新常态，习近平总书记围绕新时期经济转轨、社会转型的形势要求和人民群众的期待，提出了一系列治国理政的新要求新观点新论断，呈现了一套脉络清晰的社会治理思想。党的三中全会首次明确提出"社会治理"理念，指出"创新社会治理，必须着眼于维护最广大人民根本利益，最大限度增加和谐因素，增强社会发展活力，提高社会治理水平"。社会治理理念的提出与"完善和发展中国特色社会主义制度，推进国家治理体系和治理能力现代化"的全面深化改革总目标相呼应，是我们党适应时代发展要求，在总结长期实践经验的基础上，对社会建设和社会管理理论的重大创新，体现了我们党对执政规律、社会主义建设规律、人类社会发展规律的新认识，是我国从传统社会管理迈向现代社会治理的重要标志。

一 习近平社会治理思想的蕴涵

（一）社会治理的现实需求：治理现代化

我国正处在社会转型的关键时期，所谓的社会转型是指社会各领域全方位的、成系统的、同步的变迁，意味着社会不同群体之间相互关系的整体变化。这种整体变化的核心是指每一位社会成员在这样的变化过程中，或主动或被动地都可能被裹挟其中，其利益会受到影响。因此，社会转型期也往往是社会矛盾的多发期和社会冲突的集中爆发期，应当引起全社会关注并集中精力去应对。正因为这样，十八届三中全会明确提出"经济体制改革是全面深化改革的重点，使市场在资源配置中起决定性作用，更好地发挥政府作用"，"要改进社会治理方式，激发社会组织活力，创新有效预防和化解社会矛盾体制，健全公共安全体系"等。十八届五中全会又提出，"加强和创新社会治理，推进社会治理精细化，构建全民共建共享的社会治理格局"，通过社会治理达到国民素质和社会文明程度显著提高的目标。

治理来源于失效。社会治理是指建立一套立足于中国国情及改革开放的行之有效的实践体系和体现人类共同价值追求的价值体系。在我国历史上，诸子百家对于社会如何发展，国家如何治理提出了各种各样的论述，比如儒家提出德治，道家主张无为而治，法家推崇法理至上等。虽然以上思想蕴含了丰富的辩证治理思想，但是并没有明确定义社会治理，在转型期，经济面临新常态，社会治理也需要现代化，习近平总书记治国理政以来，明确提出"国家治理现代化"，这是继"四化"之后提出的"第五化"，具有重要意义，加深了我们对现代化的认识。

习近平总书记国家治理现代化植根于中国优秀的传统文化，几千年的文明积淀是国家治理现代化的内生力量。习近平总书记强调，我们国家现行的国家治理是由我国特有的传统文化、历史延续、经济水平综合演变而来的，具有现实指导意义，但是在社会转型过程中，国家治理理念也要符合发展的题中之意，怎么改进，如何完善，不仅需要政府力量，更要提倡善治，结合民间资源，大胆革新，坚定信念。

国家治理能力和治理体系现代化的提出具有重要意义。社会治理是国家治理的重要体现，提出国家治理现代化的阶段是执政的新阶段，是对现代化的新认识，涵盖了各个领域，在思想方面，要弘扬核心价值观，同时重视我国的传统文化，两者相结合，正如朱熹所言，"然禀有厚薄，感有浅深，又'齐之以礼'，使之有规矩准绳之可守，则民耻于不善，而有以至于善"。在生态建设方面，习近平指出，"牢固树立保护生态环境就是保护生产力、改善生态环境就是发展生产力的理念"。在习近平看来，"良好生态环境是最公平的公共产品，是最普惠的民生福祉"。目前，中国的生态环境面临严峻的形势，不容乐观，习近平提出"绿色发展"新理念，他说"让居民望得见山、看得见水、记得住乡愁"。以上关于国家治理现代化的理论是习近平提出的时代强音，是社会治理的创新之举。

（二）社会治理的手段：依法治国

习近平总书记围绕全面推进依法治国、努力建设法治中国，提出了一系列新思想、新观点，丰富和发展了中国特色社会主义法治理论。党的十八大提出了全面依法治国、全面从严治党的战略布局。2014年10月20日，在中共十八届四中全会第一次全体会议上，习近平强调，依法治国是坚持和发展中国特色社会主义的本质要求和重要保障，是实现国家治理体系和治理能力现代化的必然要求。我们要实现经济发展、政治清明、文化昌盛、社会公正、生态良好，必须更好地发挥法治引领和规范作用。

韩非子认为，"奉法者强则国强，奉法者弱则国弱"，"道私者乱，道法者治"，强调了法制的重要性；《淮南子》一文说，"治国有常，而利民为本，政教有经，而令行为上"，强调以利民为治理国家的尺度，以法律秩序为治理国家的准绳。习近平主持国家工作以来，奉行依法治国、从严治党的理念，社会治理过程中体现着强烈的政府意志。几千年来，我国的社会治理从人治逐渐过渡到法治，但是由于积重难返，社会治理过程中一直是"人情"与"法治"并存，导致法律的效用落不到实处，社会治理呈现混乱状态，习近平强调："法律是治国之重器，法治是国家治理体系和治理能力的重要依托。"

目前我国处于改革攻坚期，2016 年也是习近平总书记提出社会治理思想的第一年，要落实治理的现代化，必须将依法治国放在至关重要的地位。习近平总书记亲任起草组组长，对国家治理现代化的核心问题及其内容进行了系统阐述，源于马克思主义，植根于中国传统文化，结合实践经验，借他山之石，应时代要求，从而形成了完整的国家治理现代化思想，这也成为以习近平为总书记的党中央执政的重要理念。这一思想在坚持中国特色社会主义道路的基础上，也体现了社会主义现代化的应有之义。共产党执政以来，经历三个阶段，随着习近平治理现代化思想的提出，进入新阶段，长久以来，我们党为了大力发展生产力，解决人民温饱问题，提倡"工业现代化、农业现代化、国防现代化、科学技术现代化"四个现代化，"国家治理体系和治理能力现代化"是第五个现代化。第五个现代化是在四个现代化基础上提出的，是上层建筑为了清除发展道路上的障碍而提出的，这就要求我们党在不断提升执政能力的过程中，必须坚持依法治国。国家治理现代化，从根本意义上说就是彻底摒弃人治，实施依法治国。法治是以公平正义的方式解决改革道路上的困难和矛盾，是我们党在现代化道路上不断求解的结果。

依法治国不仅体现在上层建筑的不懈努力上，内化于民心的法治观念也至关重要。习近平总书记指出："人们没有法治精神，社会没有法治风尚，法治只能是无本之木、无根之花、无源之水。"要将法律落到实处，必须大力弘扬法治精神，人人遵纪守法，社会才能长治久安，和谐社会才能维持。我们党在不断探索与借鉴中，已经基本形成了较为完备的法律体系，用法律这一理性的手段解决社会矛盾、维护社会和谐是非常科学的方式，这就更需要法治精神的配合。

党的十八大以来，坚决贯彻执行"党要管党，从严治党"的决心，在廉政建设和反腐斗争中，敢于亮剑，"老虎苍蝇一起打"，从中央到地方的一系列实干举措，彰显了法律意识存在于普通民众心中，广大的党员干部更应该以此为准绳，约束自己的行为，法不阿贵，法内无情。《三国志·蜀志·诸葛亮传》中记载："至於吏不容奸，人怀自厉，道不拾遗，强不侵弱，风化肃然也。"习近平廉政建设的结果是努力将"清风两袖朝天去，不带江南一寸棉"的信念植根于官员的内心。习近平总书记大刀阔斧的反腐措施，时时刻刻地提醒着广大的党员干部要以人民公仆为标准，严格遵法、守法、依法。

（三）社会治理的参与主体：以人为本

世界银行报告提出："中国在向成熟的市场经济转变的过程中所面临的挑战是通过保持人们平等享有社会服务，增强劳动力的流动性以及建立保护穷人和易受伤害的人的方案，使社会上人人都分享到增长带来的好处。"在新的历史条件下，党开展一切社会工作都要坚持群众基础，习近平认为，创新社会治理必须着眼于维护最广大人民群众的根本利益，始终将党的群众路线贯穿社会治理各项工作的全过程，最大限度地增加和谐因素，增强社会发展活力，不断提高社会治理现代化水平。坚定不移地走群众路线，群众是我党基业的坚实力量，必须放在首要位置。当前，信任危机已经渗透到社会领域的各个层面，尤其是在网络空间，广大网民的口诛笔伐堪称杀人于无形。"知政失者在草野，知屋漏者在宇下"，群众是一面镜子，折射出当前社会运行的样态。所以，习近平总书记提出坚定不移地坚持群众路线，我国社会主义事业的发展离不开群众，发展成果由群众共享，只有人与人和谐相处，社会才能有序运行，关注公众意愿与要求，是群众路线的具体体现。

以人为本，不仅体现在党的路线上，还体现在实实在在的行动中。习近平社会治理思想的创新之一在于对基层社区治理的重视，习近平提出要科学治理，要善治。由于我国特殊的国情，基层社区治理是社会治理的基础。社会学家涂尔干认为社会团结分为机械团结和有机团结，就当下而言，基层社区的建设关系到社会团结的程度，基层资源分配合理，人员各司其职，所谓孤脚难行，孤掌难鸣，在各社会成员的团结协作下，基层社区也会不治而治，社会治理的基础就会更加坚固。在具体实施上，要建立健全基层舆情汇集分析机制，完善矛盾纠纷排查调处制度，综合运用法律、政策、经济、行政等手段和教育、协商、疏导等办法，加强基层社区建设，尊重广大普通群众的生存权利，加强公共参与，赋予基层人民发言权，拓宽群众议政的渠道，只有这样，社会治理的第一道防线才能牢固建立。

无论是群众路线的确立，还是对基层社区的大力建设，都体现了习近平总书记人民本位的思想，最终目的都是实施科学治理、民主治理。而参与型治理模式是善治的新模式。"履不必同，期于适足。治不必同，期于利民。"在社会治理新常态下，探索适应当下的治理模式十分必要。长期以来，自上而下的社会管理已经不适合多元发展的社会现状，随着民主政治的发展，社会公平正义的呼唤，公民参与的社会治理模式成为必然。

二 习近平社会治理思想与公共精神的建构

（一）国家治理现代化需要公共参与

国家治理现代化是一个宏大的治理体系和理论建构。而社会治理是国家治理的重要方面。社会治理需要社会组织的参与，当前中国的社会组织众多，真正发挥效用的却不多，究其原因，一是政府放权不足，社会组织没有制度依靠；二是公民的参与意识薄弱。社会组织发挥的最大作用在于公民自治的实现。不论是安娜·阿伦特的公共领域概念还是哈贝马斯的生活世界，都强调公共性，即超越利己主义的责任个体。鼓励个体跳出个人狭隘主义，积极关注并投身公共领域事务，从而促使个体和公共领域的共同发展是公共性概念的核心内涵。哈贝马斯认为人们的意识在对公共事务的表达中才能实现，从而形成公共精神，借用康德更加令人印象深刻的说法，人们"作为世界公民社会的一员"而"面向世界"。在现代化进程中，社会管理早已不符合现实需要，公民参与的社会治理新模式才是时代的要求。埃德蒙·柏克认为，"丑恶能够肆意妄为的唯一条件，是善良的人们无所作为"，只有人人都对社会事务抱以热情和责任，社会生活才可能正常，这就需要公共精神的引导与塑造。

（二）法律约束中的公共精神

"能去私曲就公法者，民安而国治；能去私行行公法者，则兵强而敌弱。"无论是民间活动还是国际交往，都有一定的规则，在当今的社会活动中，表现为法律的约束。社会治理的目的是努力创造一个公平正义的公共领域，以此来培育公共精神，引导公共生活。公平正义又来源于理性的法律约束。所以，公共精神的构建必须通过法律实现，社会主义国家的法律体现公民的意志，代表公民的利益，公民有遵守法律的义务。在构建公共精神的过程中，我们应该首先明白，法治是手段，法律是准绳。一方面，国家通过法律约束公共精神的宣传，另一方面，公民在构建公共精神的过程中不得凌驾于法律之上。互联网的发展催生了所谓互联网思维，在对社会热点问题的讨论中，有网民肆意诋毁他人，造成恶劣影响。网络空间不是法外之地，国家必须坚持依法办网、依法上网、依法治网，提高网络管理法治化水平，规范网络舆论传播。习近平在其重要讲话中强调："做好网上舆论工作是一项长期任务，要创新改进网上宣传，运用网络传播规律，弘扬主旋律，激发正能量。""把握好网上舆论引导的时、度、效，使网络空间清朗起来。"对网络空间的依法治理，向公众树立了良好的公共精神，如果没有法律的介入，恐怕公共精神的内涵会陷入一片泥沼。

遵纪守法是每个公民应尽的义务，学习法律知识，懂法守法，坚决与不符合社会主义价值观的行为做斗争，自觉抵制不道德行为，在法律约束下，创造一个良好理性的社会环境，只有这样，公共精神才能普及。

（三）公共精神的构建

公共精神来源于平等民主的精神，表现为对所处环境的忧患意识，假如人人都只关注自己的岁月静好，现世安稳，而对"他人瓦上霜"冷漠对待，公共精神就永远无法深入人心。在经济新常态下，很多失范越轨行为出现了，这些行为的产生一是狭隘的个人意识作祟，二是缺乏参与公共事务的途径。在这样的情况下，构建公共精神首先要创新社会治理方式，正如习近平总书记所指出的，"治理和管理一字之差，体现的是系统治理、依法治理、源头治理、综合施策"。在封闭的传统社会，人们习惯于"鸡犬之声相闻，老死不相往来"的生活方式，而缺乏对公共领域的关注，现代社会恰恰需要个人对公共领域的关注，这是现代社会构建公共精神的必要性。

尤西林认为，"公德的本意，实际是一种公共关怀，是一种公共精神，是超出个人的界限，关怀超出个人利益以外的公共领域的事情"。公共精神在社会治理过程中表现为对公共事物的参与意识。习近平强调在创新社会治理模式的过程中，首先应高度关注公众参与的有效性，使公众参与发挥实际作用，用心倾听并分析采纳公共意见，坚决避免公共参与变成走形式。其次，在提倡公众参与的过程中，要防止特权阶级的出现，更应该避免由利益博弈产生的不公平对待，以及利用其优势地位决定公共决策的行为。最后，要注重社会组织的作用，充分发挥社会组织在基层建设以及城乡发展过程中的力量，集合众人之力，变"为民做主"为"让民做主"，最终走向"由民自主"。协商民主是我党的执政理念，而社会组织恰恰是群众声音与上层决策之间的桥梁。要发扬公共精神，必须提供群众发声的渠道，社会组织的存在便成为重要的沟通载体。"鼓励和支持社会各方面参与"，"重点培育和优先发展行业协会商会类、科技类、公益慈善类、城乡社区服务类社会组织"等措施都在引导社会组织沿着正确的方向健康发展。构建公共精神是社会治理的创新之处，同时也激发了社会活力，是实现公平正义、民主自治的重要方面。

由此可见，习近平所强调的社会治理思想，包括两条路径——依法治国和公共精神构建。依法治国是一种刚性治理，包括行政部门要依法行政，公民要遵纪守法。而公共精神构建则是一种软性治理（软实力），通过公民提高道德自律，来营造和谐有序的社会氛围。如果说依法治国可以保障公民基本权利不受侵犯，是社会治理的底线；而公共精神构建则可以保障公民享有尊严地生活的权利，是社会治理的上限目标。一个社会如果跌落底线，社会将进入野蛮状态，但如果一个社会只摆脱野蛮状态，该社会还不够真正文明。"公共精神"犹如社会的营养液，它既可以涵养社会，营造社会文明生态；同时也可以让公民浸渍其中，塑造负责任的主体。在依法治理和公共精神充分的社会里，政府和公民都会心存敬畏，也会理直气壮。

三　小结

本文围绕新常态下习近平社会治理思想进行了研究。虽然"新常态"这一概念是针对我国经济发展面临"大体量的小步快跑"的特点而提出的，但是习近平的"新常态论"实际上已经远远超出经济的范畴，具有更全面深刻的意涵，反映了习近平社会治理的理念及思想。通过梳理和研究，我们发现，习近平总书记的社会治理思想内涵不断丰富，体系不断完善，为我国在转型期的攻坚克难提供了思想武器。这一重要思想的创新之处就在于把握住了时代脉搏，开创性地提出了国家治理现代化的思想，是漫长的社会治理过程中的里程碑式的理论；习近平总书记强调维护社会公正、坚持依法治理、强化基层治理、加强互联网治理、重视公共安全和应急管理以及发挥人民团体和社会组织的作用，强调善治的重要性，认为公众参与是社会治理的必要方式等。这些都充分体现了习近平总书记社会治理思想的深邃，也意味着中国社会改革有了全新的理念，如前所述，2016 年，社会治理创新蓝图已经绘就，中国梦需要全民的共同努力。

习近平总书记的社会治理思想不仅符合马克思主义理论的发展脉络，也体现出浓厚的中国传统文化的韵味，更重要的是，这一思想与公共精神的相关理论十分契合，正如习总书记强调的，从管理到治理，依靠的是人民群众，人民群众参与的政治才是民主政治，而人民群众参与公共事物的热情就是社会所需的公共精神。古代有"兼相爱，交相利"的大同社会理想，然而到了近代，由于公众缺乏社会责任感，以及对公共事务的冷漠，公共精神休眠。诚然，法治社会是理性且公平正义的，但是单靠法律难以聚民心，社会治理不能脱离群众，所以，在依法治国的同时更应该唤醒公共精神，强调公众对公共领域的贡献，对公共事物的参与。只有这样，社会和谐、法制健全、国家富裕强盛、人民安居乐业的百年奋斗目标才能够真正实现。

（撰稿人：西安交通大学人文社会科学学院副院长、教授李黎明；西安交通大学人文社会科学学院博士生王桂芸）

第三章　习近平治国理政思想新特色

党的十八大以来，习近平总书记在国内外各种不同场合发表了一系列重要讲话，涉及内政、外交、国防、改革、发展、稳定、经济、政治、文化、社会、生态、党建等方方面面，这些讲话从世情、国情、党情出发，紧密结合我们所做的中心工作，深刻阐述了党和国家发展的重大理论和实践问题，宣示了新一代中央领导集体的内政外交战略与治国理政的施政纲领，成为指导改革发展、实现中华民族伟大复兴中国梦的科学指南，认真学习领会并系统梳理习近平总书记的这些重要讲话精神，可以概括出习近平治国理政思想的七大特色。

一　鲜明的人民立场，彰显出马克思主义政党的人民主体论价值观

习近平总书记在参观"复兴之路"展览等一系列重要讲话中，以朴实、生动、真诚的语言表达了人民是我们国家和社会的主人，我们党坚持和巩固人民主体地位，亲民爱民、以人为本、服务于人民的鲜明价值立场。习近平总书记说，"人民对美好生活的向往，就是我们的奋斗目标"，[1] "一个国家的发展道路合不合适，只有这个国家的人民才最有发言权"，[2] "实现我们的奋斗目标，开创我们的美好未来，必须紧紧依靠人民，始终为了人民"。[3] "中国共产党在中国执政，就是要带领人民把国家建设得更好，让人民生活得更好"。[4] 习近平总书记在《切实把思想统一到党的十八届三中全会精神上来》一文中指出："推进任何一项重大改革，都要站在人民立场上，把握和处理好涉及改

---

① 习近平：《人民对美好生活的向往就是我们的奋斗目标》，《文摘报》2012年11月17日。
② 习近平：《顺应时代前进潮流，促进世界和平发展》，《人民日报》2013年3月24日。
③ 习近平：《在同全国劳动模范代表座谈时的讲话》，《人民日报》2013年4月29日。
④ 习近平：《在接受金砖国家媒体联合采访时的讲话》，《人民日报》2013年3月26日。

革的重大问题，都要从人民利益出发谋划改革思路，制定改革举措。"① 在纪念毛泽东同志诞辰 120 周年座谈会上的讲话中，习近平指出："坚持人民主体地位，充分调动人民积极性始终是我们党立于不败之地的强大根基。"② 习近平还指出："我们党的执政水平和执政成效都不是自己说了算，必须而且只能由人民来评判。人民是我们党的工作的最终裁决者和最终评判者。"③ 这些思想深刻阐明了人民的主体地位，阐明了人民是我们党的执政之基、动力之源、根本力量的马克思主义群众史观思想，阐明了中国道路是为了人民、依靠人民的道路，揭示了最广大人民群众既是中国道路的创造主体、利益主体、支持主体，又是实践主体、价值主体、评价主体的深刻思想，为历史唯物主义赋予了新的时代内涵。在《党的十八届三中全会第二次全体会议上的讲话》中，习近平指出："为人民服务是我们党的根本宗旨，也是各级政府的根本宗旨，不论政府职能怎么转，为人民服务的宗旨都不能变。"④ 习近平还指出："人民是历史的创造者，群众是真正的英雄。人民群众是我们力量的源泉。"⑤ 这就深刻地揭示了党和政府以人为本、以民为本的根本价值立场，阐明了执政为民、全心全意为人民服务的宗旨，彰显了中国共产党鲜明的人民主体立场。

二 始终维护最广大人民群众根本利益的价值取向

所谓价值取向，就是指人们所确立的价值活动的方向。价值取向通常由人们的价值追求决定。我们党是来自人民的马克思主义政党，是中国最广大人民群众根本利益的代表，我们党的根本宗旨是全心全意为人民服务，这就决定了维护人民群众根本利益是我们党的价值取向。习近平总书记系列重要讲话始终贯穿维护和发展最广大人民根本利益这一价值取向。在中央政治局专门会议上，习近平强调："中央政治局的同志必须有天下为公的宽阔胸襟，摒弃任何私心杂念，把为全中国人民谋利益作为自己唯一的追求，为党的事业和人民利

① 习近平：《切实把思想统一到党的十八届三中全会精神上来》，《人民日报》2014 年 1 月 1 日。
② 习近平：《在纪念毛泽东同志诞辰 120 周年座谈会上的讲话》，《人民日报》2013 年 12 月 27 日。
③ 习近平：《在接受金砖国家媒体联合采访时的讲话》，《人民日报》2013 年 3 月 26 日。
④ 习近平：《在党的十八届二中全会第二次全体会议上的讲话》，《人民日报》2013 年 3 月 1 日。
⑤ 习近平：《人民对美好生活的向往就是我们的奋斗目标》，《文摘报》2012 年 11 月 17 日。

益鞠躬尽瘁。"① 在中共中央政治局第七次集体学习时，习近平指出："我们党之所以得到人民拥护和支持，从根本上说，就是因为能始终代表最广大人民根本利益，我们始终坚持人民利益高于一切，紧紧依靠人民，全心全意为人民服务，尊重人民首创精神，最广泛动员和组织人民投身到党领导的伟大事业中来。"② 习近平在十二届全国人民代表大会第一次会议上的讲话中还说："我们要随时随地倾听人民呼声，回应人民期待，保证人民平等参与、平等发展权利，维护社会公平正义，在学有所教、劳有所得、病有所医、老有所养、住有所居上持续取得新进展，不断实现好、维护好、发展好最广大人民根本利益，使发展成果更多更公平惠及全体人民，在经济社会不断发展的基础上，朝着共同富裕方向稳步前进。"③ 习近平在中共中央政治局第十一次集体学习时又强调："要学习和掌握人民群众是历史创造者的观点，紧紧依靠人民推进改革。人民是历史的创造者。要坚持把实现好、维护好、发展好最广大人民根本利益作为推进改革的出发点和落脚点，让发展成果更多更公平惠及全体人民，唯有如此改革才能大有作为。"④ 在全国宣传思想工作会议上，习近平又指出："党性和人民性从来都是一致的、统一的。坚持人民性，就是要把实现好、维护好、发展好最广大人民根本利益作为出发点和落脚点，坚持以民为本、以人为本。"⑤ 在《切实把思想统一到党的十八届三中全会精神上来》一文中，习近平进一步指出："这次全会决定强调，全面深化改革必须以促进社会公平正义、增进人民福祉为出发点和落脚点，这是坚持我们党全心全意为人民服务根本宗旨的必然要求。"⑥ 这些思想，深刻地说明维护和发展最广大人民群众的根本利益，是我们党的一切工作的根本价值取向，从而体现出人民利益至上、一切为了人民的真挚的亲民为民情怀。

习近平在纪念毛泽东同志诞辰 120 周年座谈会上的讲话中进一步指出："党的一切工作必须以最广大人民根本利益为最高标准。检验我们一切工作的

---

① 习近平：《在中共中央政治局专门会议上的讲话》，《人民日报》2013 年 6 月 26 日。
② 习近平：《在十八届中共中央政治局第七次学习时的讲话》，《人民日报》2013 年 6 月 27 日。
③ 习近平：《在十二届全国人民代表大会第一次全体会议上的讲话》，《人民日报》2013 年 3 月 17 日。
④ 习近平：《推动全党学习和掌握历史唯物主义更好认识规律更加能动地推动工作》，《人民日报》2013 年 12 月 5 日。
⑤ 习近平：《在全国宣传思想工作会议上强调胸怀全局把握大势着眼大事努力把宣传思想工作做得更好》，《中国社会科学报》2013 年 8 月 21 日。
⑥ 习近平：《切实把思想统一到党的十八届三中全会精神上来》，《人民日报》2014 年 1 月 1 日。

成效，最终要看人民是否得到了实惠，人民生活是否真正得到改善，人民权益是否得到了保障。面对人民过上更好生活的期待，我们不能有丝毫自满与懈怠，必须再接再厉使发展成果更多更公平惠及全体人民，朝着共同富裕目标稳步前进。"① 这些论述进一步深刻地阐明了人民群众的根本利益是检验党的一切工作的最高标准与价值尺度，彰显了我们党以人民利益为指向的鲜明价值追求，折射出"为人民"是党始终不渝的价值旨趣，"人民性"是党的一切工作永恒的价值底色，也反映了以人民为中心的发展思想。这一价值追求，深刻地体现了习近平总书记治国理政的基本理念——实现人民幸福，也体现了我们党的群众观点，即一切依靠人民，一切为了人民，一切尊重人民。

三　坚持和发展中国特色社会主义的坚定理想信念

理想信念至关重要，它构成我们的主心骨，关乎社会主义的前途与命运。习近平总书记运用马克思主义立场观点方法，在一系列重要讲话中对中国特色社会主义的重大理论与实践问题做出了重要阐述，彰显出我们党坚持和发展中国特色社会主义的坚定理想信念和"四个自信"。新一届中央领导集体产生以后，世人最关心的问题就是举什么旗，走什么路，坚持什么主义。这是因为，道路决定成功与否，主义决定命运，主义就是旗帜。于是，习近平在主持中央政治局第一次集体学习时，就以学习贯彻宣传党的十八大精神来开局。习近平总书记指出，贯彻十八大的一条主线就是坚持和发展中国特色社会主义，我们学习和贯彻十八大的精神要聚焦到落实坚持和发展中国特色社会主义上来。这样就鲜明而坚定地亮出了新一届中央领导的精神旗帜——坚持和发展中国特色社会主义。习近平在新进中央委员会的委员、候补委员学习贯彻党的十八大精神研讨班开班式上发表重要讲话时又强调："道路问题是关系党和国家兴衰成败第一位的问题，道路就是党的生命。中国特色社会主义，是科学社会主义理论逻辑和中国社会发展历史逻辑的辩证统一，是植根于中国大地、反映中国人民意愿、适应中国和时代发展进步要求的科学社会主义。"② 这就从马克思主义关于历史与逻辑相统一的辩证思想基础上阐明了中国特色社会主义的逻辑必然性与现实正当性（合法性）问题，阐明了中国特色社会主义的历史必然性

---

① 习近平:《在纪念毛泽东同志诞辰 120 周年座谈会上的讲话》,《人民日报》2013 年 12 月 27 日。

② 习近平:《毫不动摇坚持和发展中国特色社会主义在实践中不断有所发现有所创造有所前进》,《光明日报》2013 年 1 月 6 日。

与价值合理性，阐明了中国特色社会主义与科学社会主义的一脉相承性与创新发展性，从而对中国特色社会主义给予了科学的理论定位。习近平强调："中国特色社会主义是社会主义而不是其他什么主义，科学社会主义基本原则不能丢，丢了就不是社会主义。一个国家实行什么样的主义，关键是要看这个主义能否解决这个国家面临的历史性课题。历史和现实都告诉我们，只有社会主义才能救中国，只有中国特色社会主义才能发展中国，这是历史的结论，人民的选择。"① 这就立足于马克思主义的实践观，从历史观与价值观高度统一的角度，从历史、现实与未来相互贯通与联结的高度，阐明了中国特色社会主义的性质、原则、独特优势，深刻揭示了中国特色社会主义是一个合规律性与合目的性相统一的正确道路。

习近平在中央政治局第七次集体学习时指出，"道路决定命运"，"无论搞革命、搞建设、搞改革，道路问题都是最根本的问题。30 多年来，我们能够创造出人类历史上前无古人的发展成就，走出了正确道路是根本原因。现在最关键的是坚定不移走这条道路，与时俱进拓展这条道路，推动中国特色社会主义道路越走越宽广"。② 这就从对改革开放历史经验的深刻总结与现实实践的深刻反思中阐明了坚持和发展中国特色社会主义的必要性与重要性。在纪念毛泽东同志诞辰 120 周年座谈会上的讲话中，习近平又指出："我们要增强政治定力，增强道路自信、理论自信、制度自信。我们要根据形势任务发展变化，通过全面深化改革，不断拓展中国特色社会主义道路，不断丰富中国特色社会主义理论体系，不断完善中国特色社会主义制度。"③ 这就从维护政治大局、保持战略定力的高度深刻地阐明了社会主义在开拓探索中前进的深刻道理与发展趋势，阐明了坚定社会主义理想信念、增强三个自信、在实践中不断创新和发展中国特色社会主义的理想信仰与价值追求，为我们指明了发展中国特色社会主义的根本思想方法。

习近平总书记不仅在多种场合旗帜鲜明地表达了坚持中国特色社会主义的坚定理想信念，而且直面中国现代化建设的重大现实问题，站在时代发展的战略高度，以马克思主义哲学的理论思维分析、研究和解决中国问题，提出了一

---

① 习近平：《毫不动摇坚持和发展中国特色社会主义在实践中不断有所发现有所创造有所前进》，《光明日报》2013 年 1 月 6 日。
② 习近平：《在十八届中共中央政治局第七次学习时的讲话》，《人民日报》2013 年 6 月 27 日。
③ 习近平：《在纪念毛泽东同志诞辰 120 周年座谈会上的讲话》，《人民日报》2013 年 12 月 27 日。

些新的论断，发展了中国特色社会主义。这主要体现在如下三个方面。

一是提出了公平正义的社会主义改革思想。习近平总书记讲的改革是涉及经济、政治、文化、社会、生态、党的制度建设等各方面的全方位改革，是系统的改革，是全面深化的改革，它不仅要求全面、系统、整体、协同推进，而且还要深化，要触及人们的灵魂，触动根本利益，打破利益固化格局，要攻坚克难。在党的十八届三中全会上，习近平总书记强调要把促进公平正义、增进人民福祉作为全面深化改革的出发点和落脚点，使人民群众有更多的实实在在的"获得感"。显然这种改革不仅要求把蛋糕做大，还要求注重公平合理地分配蛋糕，协调好各方面的利益关系，以切实增进人民福祉，改善人民生活，使人民分享更多的改革红利。可见，与改革开放前三十年相比，这是一种更高水平、更高境界、更高要求的社会主义改革。

二是把发展聚焦到国家治理现代化的更高目标。当前，面对国内外各种复杂环境和风险的严峻挑战，我国传统的政府主导的体制暴露出一些弊端。例如，权力过分集中，缺乏有效制约与监督，滋生出各种腐败现象，并产生了形式主义、官僚主义、奢靡之风、享乐主义"四风"问题，如何解决这些弊端呢？习近平总书记指出，出路在于推进国家治理体系和治理能力现代化。党的十八届三中全会提出全面深化改革的总目标是完善和发展中国特色社会主义制度，推进国家治理体系和治理能力现代化，就是为了解决改革发展中的体制障碍与弊端，探求一种中国特色社会主义的现代化治理模式，这种模式就是党政主导、社会参与、法德并治、能力提升的多元化综合治理。

三是找到了凝聚和整合中国力量的最大公约数——实现中华民族伟大复兴的中国梦——国家富强、民族复兴、人民幸福。今天，我们的改革开放进入关键期、深水区、攻坚期，容易改的、能够改的都改了，剩下的大多属于难啃的"硬骨头"，必须攻坚克难，涉险滩，跨急流，以壮士断腕的勇气披荆斩棘、奋勇向前。而随着经济全球化进程的日益加深、市场经济的发展和社会结构的变迁，我国的社会分化现象日益严重，社会整合难度日益加大。发展中国特色社会主义，全面深化改革的攻坚克难需要寻求最大的公约数，以便最大限度地凝聚社会共识，整合社会力量。在当代中国社会，对于中华民族大家庭这个利益共同体而言，所有中华儿女、各族人民、社会各阶层能够认同的最大公约数，就是实现中华民族伟大复兴的中国梦。为此，习近平总书记在多种场合从历史、现实和未来三个维度反复阐述中国梦的背景、含义与实质。他强调，国家好，民族好，大家才会好，强调中国梦归根到底是人民的梦，中国梦就是要让每个人都有人生出彩、梦想成真的机会，如此等等，这就为凝聚中华民族的思想共识、最大限度地整合中国力量、唤起民族自信、实现"两个一百年"的目标找到了最好的精神共鸣点和价值契合点。

四　顺时达变、审时度势、因势利导的合作发展战略智慧

当今时代是一个和平与发展的时代，在经济全球化背景下各民族国家的交往与联系更加紧密而频繁。把握大势，洞察规律，顺应潮流，习近平总书记在多种外交场合强调"命运共同体意识""利益共同体意识""责任共同体意识"，紧扣"和平"与"发展"的历史时代主题，向世界宣示中国和平发展的外交战略以及谋求与世界各国合作发展的战略智慧。习近平在博鳌亚洲论坛上发表演讲时指出："和平、发展、合作、共赢的时代潮流更加强劲""求和平、谋发展、促合作、图共赢是我们共同的愿望和责任""不管国际风云如何变幻，我们都要始终坚持和平发展、合作共赢，要和平不要战争，要合作不要对抗，在追求本国利益时兼顾到别国合理关切"。① 在中央政治局专门会议上，习近平指出："善于观大势，谋大事。中央政治局要善于把握和平、发展、合作、共赢的国际大势，善于把握富强、民主、文明、和谐的国内大势。"② 这里的"大势"即指历史发展的客观趋势、时代潮流与必然性，彰显出我们党顺时达变、审时度势、因势利导、合作共赢的战略大智慧。习近平在纪念毛泽东同志诞辰120周年座谈会上的讲话中指出："我们要高举和平、发展、合作、共赢的旗帜，坚持在和平共处五项原则基础上同各国友好相处，在平等互利基础上积极开展同各国的交流合作，坚定不移维护世界和平，促进共同发展。"③ "我们要坚决维护国家主权、安全、发展利益，任何外国不要指望我们会拿自己的核心利益做交易，不要指望我们会吞下损害自己主权、安全、发展利益的苦果"。④ 这些思想深刻地阐明了我国和平发展战略的底线思维与鲜明的国家立场，那就是不损害我们国家的核心利益，发展是坚决维护中华民族主体性的和平发展，发展是推动世界繁荣发展的共赢发展。习近平在德国发表重要演讲时，再次强调坚定不移走和平发展道路的思想，并指出中国决不走

① 习近平：《携手合作，共同发展》，《人民日报》2013年3月27日。
② 习近平：《在中共中央政治局专门会议上的讲话》，《人民日报》2013年6月26日。
③ 习近平：《在纪念毛泽东同志诞辰120周年座谈会上的讲话》，《人民日报》2013年12月27日。
④ 习近平：《在纪念毛泽东同志诞辰120周年座谈会上的讲话》，《人民日报》2013年12月27日。

"国强必霸"的道路，要"以邻为伴，以邻为善"，我们不惹事，但也不怕事，① 旗帜鲜明地表达了中国走和平发展道路的美好愿景与基本外交准则，宣示了中国道路的独特内涵，展示了中国道路的世界意义与时代魅力，也展示了人类文明发展进程中的中国智慧。此外，习近平提出的"一带一路"倡议，基于共建、共商、共生、共享的时代精神向世人展现了中国理念——倡导合作共赢，反对零和思维，使和而不同、合作发展的中国元素融入世界秩序，极大地丰富了人类文明的思想体系，促使世界秩序向着更加公平合理的方向发展。顺时达变、审时度势、因势利导的合作发展战略智慧，体现了时代精神，顺应了时代潮流，遵循了历史规律，为世界文明与人类的共同进步贡献了中国智慧。

五　务实求真的实践品格与思想作风

习近平的系列重要讲话处处体现出务实求真的实践品格与接中国地气的扎实作风。习近平在党外人士座谈会上指出："中国共产党人，干革命、搞建设、抓改革，从来都是为了解决中国的现实问题。"② 习近平在广东考察时指出，"全面建成小康社会要靠实干，基本实现现代化要靠实干，实现中华民族伟大复兴要靠实干"。③ "实干兴邦，空谈误国。这个道理，我们都要牢记在心。各级领导干部要坚持务实清廉，切实转变工作作风，做到讲实话、干实事、敢作为、勇担当、言必信、信必果"。④ 在同全国劳动模范代表座谈时，习近平指出："真抓才能攻坚克难，实干才能梦想成真。我们要在全社会弘扬真抓实干、埋头苦干的良好风尚。各级领导干部要带头发扬劳模精神，出实招、鼓实劲、办实事，不图虚名，不务虚功，坚决反对干部群众反映强烈的形式主义、官僚主义、享乐主义和奢靡之风'四风'，以身作则，带领群众把各项工作落到实处。"⑤ 习近平在党的十八届三中全会第二次全体会议上的讲话中又说，"为群众办好事、办实事，要从实际出发，尊重群众意愿，量力而行，尽力而为，不搞那些脱离实际、脱离群众、劳民伤财、吃力不讨好的东西。"⑥ 在

---

① 习近平：《坚持开放的发展、合作的发展、共赢的发展》，《光明日报》2013 年 7 月 25 日。

② 习近平：《改革开放是我党最鲜明的旗帜》，《文摘报》2013 年 11 月 16 日。

③ 习近平：《在广东考察时强调增强改革的系统性整体性协同性做到改革不停顿发展不止步》，《人民日报》2012 年 12 月 12 日。

④ 习近平：《在中央经济工作会议上的讲话》，《人民日报》2012 年 12 月 16 日。

⑤ 习近平：《在同全国劳动模范代表座谈时的讲话》，《人民日报》2013 年 4 月 29 日。

⑥ 习近平：《在党的十八届二中全会第二次全体会议上的讲话》，《人民日报》2014 年 3 月 1 日。

中央政治局关于改进工作作风，密切联系群众的讲话中，习近平指出："最重要的是要抓落实，言必行，行必果。我们说了不是白说，说了就必须做到，把文件上写的内容一一落实到实处。"① 习近平在纪念毛泽东同志诞辰 120 周年座谈会上的讲话中指出："坚持实事求是，最基础的工作在于搞清楚'实事'，就是要了解实际，掌握实情。这就要求我们必须不断对实际情况作深入系统而不是粗枝大叶的调查研究，使思想、行为、决策等符合客观实际。"② "我们要根据事情本身的是非曲直决定自己的立场和政策，秉持公道，伸张正义。"③ 习近平在《切实把思想统一到党的十八届三中全会精神上来》一文中还指出："如果不能给老百姓带来实实在在的利益，如果不能创造更加公平的社会环境，甚至导致更多不公平，改革就失去意义，也不可能持续。"④ 这些思想都体现出尊重事实、从实际出发、接地气、讲实话、察实情、出实招、求实效的鲜明务实特点与工作作风。

习近平在同全国劳动模范代表座谈时的讲话中还深刻地阐明了劳动的意义与价值，折射出高度务实的辩证唯物主义态度，他说："劳动是推动人类社会进步的根本力量，幸福不会从天而降，梦想不会自动成真。劳动是财富的源泉，也是幸福的源泉，人世间的美好梦想，只有通过诚实劳动才能实现；发展中的各种难题，只有通过诚实劳动才能破解；生命中的一切辉煌，只有通过诚实劳动才能铸就。"⑤ 在同各界优秀青年代表座谈时的讲话中，习近平说："广大青年要牢记'空谈误国，实干兴邦'，立足本职，埋头苦干，从自身做起，从点滴做起，用勤劳的双手，一流的业绩成就属于自己的人生精彩。"⑥ 习近平在坦桑尼亚霍尔国际会议中心演讲时，以"真""实""亲""诚"四个字高度概括了中非关系、中非合作与中非交往，⑦ 这些思想生动形象地折射出中国共产党人与中国人民务实求真、崇尚劳动、坦诚朴实的思想作风与实践品格。

---

① 习近平：《在中共中央政治局对照检查中央八项规定落实情况讨论研究深化改进作风举措的专门会议上的讲话》，《人民日报》2013 年 6 月 26 日。

② 习近平：《在纪念毛泽东同志诞辰 120 周年座谈会上的讲话》，《人民日报》2013 年 12 月 27 日。

③ 习近平：《在纪念毛泽东同志诞辰 120 周年座谈会上的讲话》，《人民日报》2013 年 12 月 27 日。

④ 习近平：《在纪念毛泽东同志诞辰 120 周年座谈会上的讲话》，《人民日报》2013 年 12 月 27 日。

⑤ 习近平：《在同全国劳动模范代表座谈时的讲话》，《人民日报》2013 年 4 月 29 日。

⑥ 习近平：《在同各界优秀青年座谈时的讲话》，《人民日报》2013 年 5 月 5 日。

⑦ 习近平：《中国梦非洲梦世界梦》，《人民日报》2013 年 3 月 26 日。

习近平在参加上海代表团审议时指出："各级干部要转变工作作风，牢固树立群众观点，保持奋发有为的精神状态，发扬钉钉子的精神，把转变工作作风和解决群众反映强烈的突出问题结合起来，把群众工作做实、做深、做细，确保群众安居乐业，确保社会和谐稳定。"① 在武汉召开部分省市负责人座谈会时，习近平又指出："研究、思考、确定全面深化改革的思路和重大举措，刻舟求剑不行，闭门造车不行，异想天开不行，必须进行全面深入的调查研究。"② 习近平在新进中央委员会委员、候补委员贯彻党的十八大精神研讨班开班式上发表重要讲话时强调："我们必须增强忧患意识，做到居安思危，懂就是懂，不懂就是不懂；懂了的就努力创造条件去做，不懂的就要抓紧学习与研究弄懂，来不得半点含糊。"③ 这些思想深刻地反映了实事求是、严谨求实、尊重科学、重视调查研究、高度务实的思想作风与实践品格。此外，习近平总书记还十分注重"真""实""诚""细"，在多种场合强调工作要做深、做细、做实、做精，精准用力，改革要抓落实，"一分部署，九分落实"，围绕改革要落实主体责任，使各项改革落地生根，精准施策，如此等等，深刻地体现了他在治国理政方面的精细化理念。

六　善于创造性运用和发展马克思主义立场观点方法的政治智慧

习近平总书记的系列重要讲话运用唯物辩证法的思维方法观察分析问题，丰富了马克思主义辩证法思想。其中，"改革开放只有进行时没有完成时，实践发展永无止境，解放思想永无止境，改革开放也永无止境，停顿和倒退没有出路"。④ "毫不动摇地坚持和发展中国特色社会主义在实践中不断有所发现有所创造有所前进"⑤，"世间万物变动不居。'明者因时而变，知者随事而制'。

① 习近平：《在参加上海代表团审议时强调　坚定不移深化改革开放　加大创新驱动发展力度》，《人民日报》2013 年 3 月 6 日。
② 习近平：《在武汉召开部分省市负责人座谈会时强调　加强对改革重大问题调查研究　提高全面深化改革决策科学性》，《人民日报》2013 年 7 月 25 日。
③ 习近平：《毫不动摇坚持和发展中国特色社会主义　在实践中不断有所发现有所创造有所前进》，《光明日报》2013 年 1 月 6 日。
④ 习近平：《在广东考察时强调　增强改革的系统性整体性协同性　做到改革不停顿发展不止步》，《人民日报》2012 年 12 月 12 日。
⑤ 习近平：《毫不动摇坚持和发展中国特色社会主义　在实践中不断有所发现有所创造有所前进》，《光明日报》2013 年 1 月 6 日。

勇于变革创新，为促进共同发展提供不竭动力"①，"坚持马克思主义，坚持社会主义，一定要有发展的观点"等观点，② 深刻地体现了辩证唯物主义的过程论原理与发展变化思想，闪烁着马克思主义辩证法的思想智慧光芒，是从中国视域、中国经验、中国道路出发对唯物辩证法思想的丰富和发展。习近平总书记还多次强调要增强战略思维、辩证思维、系统思维、历史思维、创新思维和底线思维，这是从回应世界挑战、破解全面深化改革的中国难题出发，立足于中国道路的创新探索实践，对马克思主义辩证思维方法的创造性运用和发展。习近平总书记系列重要讲话对马克思主义辩证唯物主义与历史唯物主义思想的主要贡献体现在以下三个方面。

1. 弘扬和发展了实事求是的辩证唯物主义思想方法

实事求是是马克思主义哲学的灵魂，是马克思主义世界观和方法论的思想精髓，也是我们党的优良传统。习近平总书记系列重要讲话始终贯彻和体现着实事求是的思想原则与方法，贯彻着运用这一原则创造性分析、研究和解决重大问题的精神智慧。不仅如此，在纪念毛泽东同志诞辰 120 周年座谈会上的讲话中，习近平还对实事求是的思想内容、时代特点、现实要求做了进一步的深刻阐述，指出坚持实事求是，"就要深入实际了解事物的本来面貌"，"就要清醒认识和正确把握我国仍处于并将长期处于社会主义初级阶段的基本国情"，"就要坚持为了人民利益，坚持真理，修正错误"，"就要不断推进实践基础上的理论创新"，坚持实事求是，具有具体历史性，并强调"要自觉坚定实事求是的信念""增强实事求是的本领"，时时处处"牢记于心，付诸于行"。③ 这就在马克思主义哲学思维与时代发展实践的紧密结合中赋予了实事求是新的思想内容，丰富了实事求是的思想内涵，在创造性地运用中发展了实事求是的思想方法。

2. 对历史唯物主义的丰富和发展

习近平总书记系列重要讲话中贯穿着唯物史观的立场观点与方法。它对改革重要问题及全面深化改革的深刻分析，自始至终体现和贯穿着社会基本矛盾的原理与分析方法，它对改革主体、总目标、方向、立场、宗旨、出发点与落脚点的论述贯穿着马克思主义的群众观点、实践观点与人民主体的价值观，它

---

① 习近平：《共同创造亚洲和世界的美好未来》，《人民日报》2013 年 4 月 8 日。

② 习近平：《毫不动摇坚持和发展中国特色社会主义　在实践中不断有所发现有所创造有所前进》，《光明日报》2013 年 1 月 6 日。

③ 习近平：《在纪念毛泽东同志诞辰 120 周年座谈会上的讲话》，《人民日报》2013 年 12 月 27 日。

对全面深化改革重大关系的把握与分析立足于唯物史观的社会结构理论与方法，它立足于我国的社会存在深刻阐明了全面深化改革的总体布局思想，它强调对历史人物的评价要坚持全面、历史、辩证的方法，强调要运用历史唯物主义方法观察分析和研究社会历史运动及规律，积极运用历史规律指导实践，更加能动地自觉推进各项工作，如此等等，闪烁着唯物史观的科学思想精髓与精神智慧光芒。习近平关于中国特色社会主义道路自信、理论自信、制度自信，"来源于实践，来源于人民，来源于真理"的论断，[①] 深刻地揭示了马克思主义真理观与价值观、历史观与价值观的辩证统一，丰富了马克思主义哲学的思想宝库，构成了 21 世纪中国化马克思主义发展的新成果。

3. 阐明了改革开放的方法论

尤其值得关注的是，习近平总书记提出"以更大的政治勇气和智慧深化改革"，并在认真总结和运用改革开放成功经验的基础上，强调改革开放要有正确的方法论，并系统地阐述了指导改革开放的创新理论智慧——改革开放的方法论原则，具体内容包括以下几点。第一，坚持正确方向与道路的方法，习近平强调，"改革开放是一场深刻的革命，必须坚持正确的方向，沿着正确道路推进"。既不走封闭僵化的老路，也不走改旗易帜的邪路，要始终沿着中国特色社会主义道路前进。改革要"敢啃硬骨头，敢于涉险滩"。[②] 第二，全面系统改革的方法论，"全面深化改革是一场复杂的系统工程，需要加强顶层设计和整体谋划，加强各项改革关联性、系统性、可行性研究"。[③] 全面深化改革要做到"蹄疾而步稳"，统筹兼顾要做到"十个指头弹钢琴"。第三，摸着石头过河与加强顶层设计相统一的原则，"摸着石头过河和加强顶层设计是辩证统一的"。[④] 强调改革既要加强顶层设计，也要鼓励基层探索。第四，尊重人民首创精神与坚持党的领导相统一的原则，"改革开放是亿万人民自己的事业，必须坚持尊重人民首创精神，坚持在党的领导下推进"。[⑤] 第五，坚持改革发展稳定统一的原则，"稳定是改革发展的前提，必须坚持改革发展稳定的统一"。[⑥] 第

---

① 习近平：《坚持和发展中国特色社会主义的基本遵循》，《人民日报》2013 年 9 月 5 日。

② 习近平：《在十八届中共中央政治局第二次集体学习时的讲话》，《人民日报》2013 年 1 月 2 日。

③ 习近平：《改革开放是我党最鲜明的旗帜》，《文摘报》2013 年 11 月 16 日。

④ 习近平：《在十八届中共中央政治局第二次集体学习时的讲话》，《人民日报》2013 年 1 月 2 日。

⑤ 习近平：《在十八届中共中央政治局第二次集体学习时的讲话》，《人民日报》2013 年 1 月 2 日。

⑥ 习近平：《在十八届中共中央政治局第二次集体学习时的讲话》，《人民日报》2013 年 1 月 2 日。

六，以人为本的改革开放观原则，"必须坚持以人为本，尊重人民主体地位，发挥人民首创精神，紧紧依靠人民推动改革"。① 第七，改革开放过程论的原则，"改革开放只有进行时，没有完成时"。② 这些生动鲜活而精辟的方法论原则，是植根于中国特色社会主义实践，并经过中国道路实践验证的科学方法论，它从中国视域出发，立足于现代化建设的"中国语境"，面向中国难题，以马克思主义的立场观点和方法穿透了现象的迷雾，直指当代中国现实问题的实质，在中国故事背后挖掘和提炼出深刻的理论道理和实践逻辑规律，给人以颇多思想启迪，并以极富民族性、时代性和创新性的马克思主义哲学思维破解了当代马克思主义所遇到的中国难题，以 21 世纪中国化马克思主义的理论智慧极大地丰富了历史唯物主义方法论，形成了当代马克思主义的新思想、新观点、新突破。

七 协调推进"四个全面"的系统思维方法

习近平总书记具有强烈的问题意识，他总是善于从中国特色社会主义现代化建设的火热现实与人民群众的生动实践中敏锐地发现问题、总结问题、分析问题和解决问题。"四个全面"战略布局正是面向中国问题、以问题为导向、创造性地回应和解决中国难题的过程中形成的马克思主义中国化最新成果。习近平总书记在 2015 年 2 月 11 日，同各民主党派中央、全国工商联负责人和无党派人士喜迎新春联欢茶会上发表重要讲话时说，"四个全面"战略布局是从我国发展现实需要中得出来的，是从人民群众的热切期待中得出来的，也是为推动解决我们面临的突出矛盾和问题提出来的。"四个全面"立足于当下中国现实，从中国特色社会主义建设事业的大局出发，直面当前中国社会的突出问题与主要矛盾——改革、发展、稳定与党的建设，公平正义改革，推进国家治理现代化，实现中华民族伟大复兴等重大问题，立足治国理政全局，从中国的基本国情和历史文化传统出发，明确提出了协调推进全面建成小康社会、全面深化改革、全面依法治国、全面从严治党是当前党和国家事业发展必须解决好的主要矛盾，必须牵住这个"牛鼻子"推动各项事业发展；同时又强调，不能忽视次要矛盾与矛盾的次要方面，要有全局观、系统观、联系观，洞察大

---

① 习近平：《在十八届中共中央政治局第二次集体学习时的讲话》，《人民日报》2013 年 1 月 2 日。
② 习近平：《在十八届中共中央政治局第二次集体学习时的讲话》，《人民日报》2013 年 1 月 2 日。

势，着眼全局，把握大事，注重统筹兼顾，妥善处理好现代化建设中的各种重大关系，实现现代化建设的全方位协调发展和全面进步。"四个全面"是习近平总书记针对现阶段制约我国发展、改革全局的重大问题提出的具有深谋远虑、统领全局的战略布局。习近平总书记提出的"四个全面"战略布局，立足于现代化建设"五位一体"的总体布局，运用系统方法与整体方法，从战略和全局高度，统筹谋划，系统设计，把目标与举措、路径与方法、战略与操作等有效集成，使之形成相互支持、相互配合、层层递进、耦合互动、协同发力、一体联动的有机整体，优化了中国特色社会主义现代化建设的系统结构，使之涌现出新的整体功能，体现出综合集成的系统思维。这就为我们提供解决中国社会发展所面临的突出矛盾和问题、推动中国特色社会主义事业全面健康发展的基本遵循。"四个全面"战略布局的重大意义体现在如下几个方面。

1. "四个全面"以辩证思维、全局观点和综合集成的系统思维做出了适应经济发展新常态的顶层设计，开拓了中国特色社会主义事业发展的新视野、新境界

当前，我国经济发展处于换挡调速的新常态。在此背景下，习近平总书记提出的"四个全面"战略布局以辩证思维看待并处理改革、发展、稳定与党的建设等的重大关系问题，把它们视为一个相互影响、相互作用、相辅相成、相得益彰并具有内在逻辑的有机整体，使我们对新形势下的改革、发展、稳定及党建关系有了一个全新的认识，并从社会主义现代化建设的全局观点和系统思维出发对它们做出了适应经济发展新常态的战略部署与顶层设计：全面建成小康社会是总目标和价值取向，也是中国特色社会主义建设实践在近期的系统功能要求，它必然贯彻并渗透于其他三个全面中，起统领与整合作用。只有通过全面深化改革、全面依法治国与全面从严治党的"三管齐下"、协同配合、一体联动，才能实现全面建成小康社会的系统整体效应；全面深化改革是发展的发动机，它构成其他三个全面的动力与引擎；全面依法治国是发展的基本途径与手段（方法路径），它构成其他三个全面的法治保障与稳定器，可为其他三个全面保驾护航；全面从严治党是发展的灵魂与保障，它构成其他三个全面的组织支撑与制度保证，全面建成小康社会、全面深化改革、全面依法治国，都要靠全面从严治党做保障。"四个全面"构成相互支撑、相互补充、耦合互动、层层递进、四位一体的有机整体，在全方位、同时推进、协同共振中才能实现中国社会的健康发展。"四个全面"战略布局立足于治国理政的全局，抓住了改革发展稳定关键，统领中国发展总纲，确立了新形势下党和国家各项工作的战略方向、重点领域和主攻方向，勾画出经济发展新常态下中国社会发的新布局，开拓了中国特色社会主义事业发展的新境界，奏响了实现中华民族伟大复兴的中国梦的壮丽凯歌。

2. "四个全面"以"全面""协调推进"的创新思维破解了改革、发展、稳定的时代难题，蕴含着科学统筹的思想方法，形成了综合集成的方法论创新，开辟了治国理政的新思路

当今社会是一个充满危机与挑战的风险社会，也是一个多元化、多样化与充满变数的复杂社会。在经济全球化的背景下，中国的改革发展既存在难得的战略机遇，也遭遇到前所未有的困境与挑战，改革、发展、稳定的矛盾、冲突与互动更加复杂而充满不确定性，我们所面临的精神懈怠、能力不足、脱离群众、消极腐败的四大危险异常严峻，这些矛盾、危险与挑战需要以创新思维与理念来研究和解决。"四个全面"战略布局的灵魂与关键是"全面""协调推进"理念，它深刻体现了综合集成的立体化思维。它既强调每一个方面都应"全面"——全面建成小康社会（构成目标系统）、全面深化改革（构成动力系统）、全面依法治国（构成治国理政的调控系统）、全面从严治党（构成组织保障系统），强调将每一个方面都视为一个系统工程，以系统思维与整体方法做到全面统筹与彼此协调，又强调"全面建成小康社会""全面深化改革""全面依法治国""全面从严治党"四个全面之间深度关联、相互支持、耦合互动、协同作用、层层递进、一体联动，构成一个更大的系统整体。这样就使"全面"与"协调"紧密衔接、彼此贯通、相互补充、相互支撑，形成了在协同配合中全方位推进的有机体系。"四个全面"抓住了新时期改革发展稳定问题的关键——全面协调推进，实现动态平衡与一体联动，从而以综合集成的立体化开放性动态思维破解了改革发展稳定的时代难题，提炼出引导当代中国社会发展的核心理念——多元互动、协调推进四个全面，体现了多管齐下、多元协调发展的综合集成思维，蕴含着科学统筹的思想方法，为进一步推动中国特色社会主义实践提供了重要的方法论启示。综合集成方法是工程活动（包括社会工程）的基本方法论，它体现了现代系统科学中的集成思想与综合思想，它强调在集成之上综合，在综合之上集成，在综合与集成的彼此融合与相互贯通中创新，注重跨学科理论、方法与技术的综合集成，使系统在整体结构上实现优化配置，各部分在功能上相互补充、相互配合、耦合互动，产生协同共振与放大效应，涌现出新的系统功能，以解决复杂的系统问题。中国特色社会主义事业是一个异常复杂的社会系统工程，综合集成的方法论为我们提供了解决中国特色社会主义实践难题的重要思路与思想智慧，它有助于我们在中国特色社会主义整体大局下，综合考虑全面建成小康社会、全面深化改革、全面依法治国、全面从严治党的各个方面因素，准确把握各方面因素的整体性、结构性、关联性、耦合性和协同性等特征，立足整体，总揽全局，以综合集成的思维分析全局，谋划全局，更加注重发展和治理的系统性、整体性、协同性的客观要求，统筹改革发展稳定，统筹治党治国治军，统筹内政外交国防，统筹国际国内两种资源、两个市场，统筹经济政治文化社会生态，统筹城市与乡村，以科学统筹思想方法协调推进重大决策部署，实现系统优化，形成全方位、立体化、协同化的系统创新，促进社会全面进步。因而，综合集成方法构成理论创新的重要方法论支撑，也是实践创新的重要智慧滋养，它开辟了我们党治国理政的新思路。

3. "四个全面"战略布局从系统层面首次提出了民族复兴的行动纲领，使实现中华民族伟大复兴的中国梦有了实践操作指南，丰富了中国特色社会主义的实践模型

习近平总书记坚持问题导向和科学思维，以当代中国共产党人的全局视野和战略眼光，立足中国实际、总结中国经验、针对中国难题，提出了协调推进全面建成小康社会、全面深化改革、全面依法治国、全面从严治党的"四个全面"战略布局。"四个全面"既是中国现代化建设的总体方略，又是民族复兴的行动纲领。"四个全面"第一次将全面建成小康社会明确定位为"实现中华民族伟大复兴中国梦的关键一步"；第一次将全面深化改革的总目标，确定为"完善和发展中国特色社会主义制度，推进国家治理体系和治理能力现代化"；第一次将全面依法治国，论述为"全面深化改革的姊妹篇"，形成"鸟之两翼，车之两轮"；第一次为全面从严治党标定行动路径，要求"增强从严治党的系统性、预见性、创造性、实效性"，锻造我们事业更加坚强的领导核心。[①] 这就为每一个全面的系统发展做出了准确的实践定位与目标功能路径要求。从我国现代化建设整体来看，"四个全面"是我国现代化建设的总体方略，事关中国的全局发展，是"民族复兴的行动纲领"，事关中国的根本发展，从根本上决定着"两个一百年"奋斗目标和中华民族伟大复兴中国梦的实现。可见，"四个全面"是以习近平同志为核心的党中央依据中国特色社会主义建设理念自觉建构出来的关于中国特色社会主义目标如何和达到这一目标的实施路径、程序、行动计划等的实践观念模型，"四个全面"战略布局使民族复兴的伟大工程有了具体可操作的行动纲领与实施框架，这就为实现中华民

---

① 人民日报评论员：《协调推进"四个全面"是引领民族伟大复兴的重要战略布局》，《党建》2015 年第 3 期。

族伟大复兴的中国梦提供了坚实有力的理论支撑与操作指南，使中国特色社会主义的实践模型更加清晰、细致、周全和精准。

4."四个全面"从中国特色社会主义事业发展的整体性、系统性、全面性、协同性功能目标出发，提出了促进中国社会良性运行与协调发展的"三种机制"的综合集成与高效运行体系

在习近平总书记提出的"四个全面"战略布局中，全面建成小康社会是奋斗目标，它构成现阶段中国特色社会主义事业的总体运行体系（秩序框架），全面深化改革是动力机制，它解决发展的动力与活力问题，全面推进依法治国构成治理机制，它解决国家治理的手段与方式方法问题，全面从严治党是根本的政治保障，它构成平衡机制，它解决社会发展的和谐与稳定问题。任何一个社会的正常运行，都需要这三种机制的互相配合、耦合互动、协同作用与综合集成，三者缺一不可。有动力机制，社会这辆车才能跑得快；有平衡机制，社会这辆车才能跑得稳，不跌跛；有治理机制，社会这辆车才能既跑得快又跑得稳，沿着预定的方向，顺利抵达目的地，实现系统目标。所以，习近平总书记提出的"四个全面"的协调推进战略深刻体现了以全面深化改革的动力机制、全面推进依法治国的治理机制、全面从严治党的平衡机制协同作用并通过系统综合集成达到一体化运作共同保证全面建成小康社会总目标实现的国家治理方略，彰显了我们党对中国特色社会主义建设规律、中国共产党执政规律、人类社会发展规律认识的新境界。

综上所述，习近平总书记系列重要讲话内涵丰富，思想深刻，旗帜鲜明，视野开阔，自信务实，体现了大国领袖勇于担当、敢于开拓的责任意识与驾驭全局的睿智魄力，具有鲜明的民族特色与时代特征，既为我们党治国理政规划了蓝图，指明了方向，开辟了路径，折射出治国理政的中国经验、中国智慧、中国特色，也为我们破解新的历史条件下党和国家的重大理论与现实问题、奋力开拓中国特色社会主义事业提供了创新智慧与思想指导。

当前，深入学习和领会贯彻习近平总书记系列重要讲话精神，应当着重把握如下几个方面。

深刻领会和把握蕴含其中的科学思维方法。习近平总书记系列重要讲话多次强调要注重养成全球思维、战略思维、全局思维、创新思维、历史思维、底线思维、发展思维，善于观大势、谋大事，顺应世界和中国发展大势，把握工作主动权，推动事业顺利发展。这些都是具有强烈的时代精神与远见卓识的科学思维方法，对于我们提高理论思维能力、拓宽视野、以科学思维武装头脑、增强建设中国特色社会主义的行动自觉性、抢占时代制高点、自觉推动各项具体工作具有重要指导意义。

善于分析和掌握习近平总书记系列讲话思想深层积淀的马克思主义世界观和方法论。习近平总书记系列重要讲话深刻地体现了运用马克思主义科学世界观方法论分析、研究和解决当代中国社会发展重大复杂问题的思想智慧，例如，习近平治国理政思想中蕴含的群众史观与人民主体论原则、人民至上的价值立场、实现人民幸福的价值目标和一切从实际出发、实事求是、矛盾分析方法、与时俱进方法、两点论和重点论辩证统一的方法、群众路线方法、重视调查研究等思想方法和工作方法都值得我们深入研究和深刻领会，通过学习、研究和领会，掌握其思想精髓，学会像习近平那样自觉运用马克思主义立场观点方法观察、分析、研究和解决中国社会问题，推动社会进步与发展。

学习和掌握习近平总书记的问题意识和实践思维。马克思说："问题是时代的格言，是表现时代自己内心状态的最实际的呼声。"① 透过问题我们可以捕捉到时代跳动的脉搏和发展趋势。习近平总书记系列重要讲话折射出强烈的问题意识与问题导向。他强调，干革命、搞建设、抓改革，从来都是为了解决中国的现实问题，"改革是由问题倒逼出来的"，解决问题"关键在于深化改革"，② "敢于和善于分析回答现实生活中和群众思想上迫切需要解决的问题，深化改革开放"。③ 所以，"要有强烈的问题意识，以重大问题为导向，抓住关键问题进一步研究思考，着力推动解决我国发展面临的一系列突出矛盾和问题"④。他始终强调，要勇于倾听实践呼声，立足于现实实践，扎根于人民之中，从实际出发，分析问题，研究问题，破解难题，化解矛盾，在解决矛盾的过程中推动事物发展。这种强烈的问题意识与实践思维体现了马克思主义的实践观，体现了"问题在于改变世界"的马克思主义哲学鲜明立场，是我们直面现实问题，回应时代挑战，把握时代脉搏，破解时代难题，推动社会发展的重要思想指导。

深刻认识和掌握习近平治国理政的方法论，增强坚持和发展中国特色社会主义的方法论自觉。当前我国改革开放进入攻坚期和深水区，各种深层次矛盾相互交织、错综复杂，利益格局不断变化，使改革开放异常艰难，社会风险加大。为此，习近平总书记强调，改革开放"要有正确的方法论"，并提出了坚持正确的方向、摸着石头过河与加强顶层设计相统一、改革发展稳定相统一、

① 《马克思恩格斯全集》，人民出版社，1995，第 203 页。
② 《习近平谈治国理政》，外文出版社，2014，第 72 页。
③ 《习近平谈治国理政》，外文出版社，2014，第 21 页。
④ 《习近平谈治国理政》，外文出版社，2014，第 74 页。

尊重人民首创精神和坚持党的领导相统一、坚持以人为本的人民主体立场、全面系统改革、整体推进与重点突破辩证统一、统筹兼顾、协调推进"四个全面"等一系列重要的方法论原则，为我们全面深化改革、推进国家治理体系和治理能力的现代化、促进中国特色社会主义事业的全面健康发展提供了正确的方法论指导，值得我们深入研究和全面领会贯彻。

学习和掌握习近平总书记尊重规律、顺应潮流、善于发挥主观能动性自觉驾驭规律推动工作的辩证唯物主义哲学智慧与工作艺术。习近平总书记多次强调，世界潮流，浩浩荡荡，顺之者昌，逆之则亡，强调规律的客观性、历史制约性，告诫人们善于发现规律、正确认识规律，揭示本质，把握主流，但同时又强调正确把握客观规律与科学驾驭规律的自觉能动性，强调"因势而谋，应势而动，顺势而为"，"明者因时而变，知者随事而制"，并提出用实践的、矛盾的、发展的、系统的、全面的、辩证的观点看待变化发展的当代中国社会，解放思想，实事求是，注重研究改革发展所遇到的新问题、新情况、新矛盾，把握经济发展新常态的大逻辑，善于运用马克思主义政治经济学原理，创造性地分析、研究和解决现实问题。这就为我们提供了在尊重客观规律与发挥人的主观能动性辩证统一的基础上顺应潮流、积极作为、勇于开拓创新的思想智慧与工作艺术。

（撰稿人：西安交通大学马克思主义学院教授李永胜）

第四章　习近平发展理念新思想

当今世界，发展问题归根到底是发展理念问题。2015 年 10 月，中国共产党第十八届中央委员会第五次全体会议在北京召开。此次全会强调，想要顺利实现"十三五"时期发展目标，破解发展难题，厚植发展优势，必须牢固树立并切实贯彻创新、协调、绿色、开放、共享的发展理念。这五大发展理念创造性地总结了国内外发展的宝贵经验和深刻教训，也是对我国经济社会发展历史经验进行总结的集中体现。这些发展理念和新思想充分回应了广大人民群众对新时期国家社会发展的新期待和新要求，明确表达了党的十八大以来以习近平总书记为首的党中央领导集体的治国理政的新思想和新战略，明确回答了我国在新形势下应该坚持什么样的发展这一重大现实问题。

五大发展理念是一个紧密联系、相互影响、相互贯通、相互促进的有机整体。在推进中国特色社会主义事业的伟大实践中，每一个发展理念都具有不可替代的作用。创新是发展的动力源泉、解决发展问题的根本途径，在"五大发展理念"中，创新发展理念处于核心地位，我国经济社会的发展需要以创新来引领协调、绿色、开放、共享发展。协调是发展的内在要求，它可以将创新、绿色、开放、共享发展连接起来，推进五大发展理念的协同作用。绿色是我们必须要坚持的发展道路，它代表了人民对美好生活的向往，自然资源的永续利用是保障社会经济可持续发展的客观前提，在任何理念引导下的发展都离不开绿色这个基本条件。开放是国家繁荣发展的必由之路，在全球化的背景下，各个国家需要在社会系统相互开放、相互交往中获得新的社会能量，借助开放的力量来推动创新、协调、绿色发展，加快社会发展的速度，更好地使全民共享发展成果。共享是发展的基本保证，共享能够保证创新、协调、绿色、开放发展的持续，也充分地体现了我国发展的最终目标和价值诉求。只有确保发展成果全民共享，才能进一步整合资源，坚持不懈地走可持续发展道路。当下，"十三五"时期发展大幕已经拉开，我们只在实践中切实贯彻落实"五大发展理念"，将理念转化为发展的强力助推器，才能早日全面建成小康社会，实现中华民族伟大复兴的中国梦。

一 创新是发展的第一动力

创新是一个民族进步的灵魂，是一个国家兴旺发展的不竭动力。我国的"十三五"规划建议明确提出，"必须把创新摆在国家发展全局的核心位置"[①]。习近平总书记在讲话中也曾强调"实现中华民族伟大复兴的梦想、应对各种前所未有的困难和挑战、创造光辉而美好的未来，动力从哪里来？只能从发展中来、从改革中来、从创造中来"[②]。可见，在"十三五"时期，创新发展已经被放在了一个前所未有的战略高度，创新是关乎国家发展命脉的核心发展理念。创新发展作为引领发展的第一动力，对于"十三五"时期我国破解发展难题、增强发展动力、厚植发展优势将发挥不可替代作用。

中国社会在改革开放后经历了30余年的高速发展，进入"十三五"时期，我国迈入向新常态过渡的关键期，也进入全面深化改革等的攻坚期，各项事业对创新驱动的需求日益增长。当下，中国的创新发展还面临着诸多严峻的考验。经济在进入新常态的同时面临着"跨越中等收入陷阱"的挑战；思想文化上面临着多元社会思潮的冲击；科技上要面对科技成果向经济效益转化率低的现状。而要破解这些难题，我们需要做的就是跨越障碍，坚持创新发展，引领社会发展新气象，通过不懈的努力来让创新贯穿党和国家一切工作，在理论创新、制度创新、科技创新、文化创新等多方面有所作为，让创新成为社会新风象。

首先，坚持理论创新。作为我们党的指导思想的马克思主义理论是与时俱进的科学理论，推进理论创新是确保党的事业兴旺发达的不竭动力。习近平总书记在参观中共七大会址时就曾强调，我们党之所以能够历经考验磨难无往而不胜，关键就在于不断进行实践创新和理论创新。回顾党的历史，我们就能发现，党的理论创新曾多次在关键时刻挽救了党、挽救了革命。当下，我们要结合发展实际进一步进行理论创新，就必须坚持理论与实践相结合，将马克思主义与中国实际相结合，用中国理论和中国话语来指导中国道路、解决中国问

---

① 《中共中央关于制定国民经济和社会发展第十三个五年规划的建议》，《人民日报》2015年11月4日。

② 习近平：《让工程科技造福人类、创造未来》，《人民日报》2014年6月4日。

题。为了更好地推进理论创新，我们还应该更加重视马克思主义理论的研究和建设工作，发挥马克思主义学院培养专业理论人才、获取理论创新成果的作用。通过多方面的工作，让马克思主义理论在创新中更加丰富和具体、更快更好地被传播和认同，进而发挥科学理论指导实践的重大作用。

其次，深化制度创新。改革开放起航了中国特色社会主义发展的新征程，全面深化改革则是要发展和完善中国特色社会主义制度，其实质是进行系统的制度创新。制度的创新和完善对一个国家的发展至关重要，因为"制度问题带有全局性、稳定性和长期性，是决定一个国家性质和竞争力的根本"。① 推进制度体系创新，要把握好变与不变的辩证关系，对于阻碍社会生产力发展、不利于国家富强和人民幸福的旧制度，要坚决推进改革；对于符合我国国情、经过长期社会主义实践检验证明其合理有效的制度，要继续毫不动摇地坚持下去。一切关于制度创新的工作都要毫不动摇地坚持中国特色社会主义道路，在创新中要做到既不走封闭僵化的老路，也不走改旗易帜的邪路。在制度体系创新的具体工作中，要结合我国正处于并将长期处于社会主义初级阶段这个客观实际，坚持以经济建设为中心、以社会主义市场经济体制改革为起点，把握现阶段制度创新的重点，有针对性地推进制度创新工作，有效带动全面深化改革工作的推进。

再次，强化科技创新。历经数代科技工作者的努力与积淀，我国的科技创新能力已经有了显著提升，也在诸多领域取得了突破性进展。但就总体而言，我国科技创新能力依然不强，科技对经济社会发展的支撑能力不足，尤其是科技创新对社会经济发展的贡献率还远远低于发达国家水平。进入 2014 年，中国经济开始呈现以"增长速度换挡期、结构调整阵痛期和前期刺激政策消化期"三期叠加为特点的发展特征。这些现象都表明我国传统的发展动力已经开始迅速减弱，这种现象使我们需要从原先主要依靠资源和低成本劳动力要素投入的传统发展模式转向创新驱动发展模式，开始逐步转向依靠创新来提高经济发展的质量和效益，以此来确保社会经济发展的良性循环。习近平总书记说过，"我国是一个发展中大国，目前正在大力推进经济发展方式转变和经济结构调整，正在为实现'两个一百年'奋斗目标而努力，必须把创新驱动发展战略实施好"。② 聪者听于无声，明者见于未行，科技革命就是一场你追我赶

① 韩正：《着力探索推进可复制可推广的制度创新》，《人民日报》2014 年 4 月 21 日。
② 习近平：《加快实施创新驱动发展战略　加快推动经济发展方式转变》，《人民日报》2014 年 8 月 19 日。

的竞赛。当下全球范围内新一轮的科技革命蓄势待发，我们需要抓住这次机遇，及时确立科技创新发展战略。我们在推进科技创新跨越过程中可以依靠社会主义国家集中力量办大事的制度优势，在社会主义市场经济条件下充分发挥这一优势，从政策上要鼓励和扶持各类科研机构的技术创新活动，"实施创新驱动发展战略，最紧迫的是要破除体制机制障碍，最大限度解放和激发科技作为第一生产力所蕴藏的巨大潜能"。① 我们可以通过加大对科学事业的资源投入和政策鼓励力度，争取在新一轮全球科技竞争中占据主动地位，以科技创新为经济社会的可持续发展注入源源不竭的动力。

最后，推进文化创新。文化是民族的血脉和灵魂，中华民族的伟大复兴需要由中华优质文化来驱动、支撑、引领，新时期我们的文化建设也应以创新为最主要的推进力。从文化自身发展来看，文化创新能够在增强文化自身活力的同时满足人民群众日益增长的精神文化需求。从转变经济发展模式来看，文化创新能够更好地适应和配合其他各个领域改革深化。我们应致力于推动中国优秀传统文化的创造性转化和创新性发展，让中国优秀文化再次惠及全球。想要做到这点，先要对中国优秀传统文化自信、热爱和了解。习近平总书记对中国传统文化有着深刻理解，他的诸多讲话、文章和谈话都谈论到传承和弘扬中国优秀传统文化的问题，而且十分善于引经据典，展现出了高度的文化自信，他就是一名中国文化传承与创新的践行者。面对全球一体化条件下多元社会思潮的冲击，我们应致力于对中国优秀传统文化的古为今用、推陈出新，还要大力弘扬社会主义核心价值观，推动社会主义文化的大发展、大繁荣。通过不断地文化创新，增强中国特色社会主义文化的吸引力和感染力，进而在先进文化思想的引领下，领导全国人民投入全面建设小康社会的伟大实践、开创中国特色社会主义事业新局面。

二 协调是发展的内在要求

改革开放以来，在中国社会发展取得举世瞩目成就的同时，中国社会发展自身的一些问题也日益暴露了出来，尤其是近些年来发展的不协调问题显得格外突出。习近平总书记曾表示，想下好"十三五"发展的全国一盘棋，协调发展是制胜要诀。协调发展是中国经济社会发展的内在要求，它也充分体现了

---

① 习近平：《在中国科学院第十七次院士大会、中国工程院第十二次院士大会上的讲话》，《人民日报》2014年6月10日。

发展中两点论和重点论的统一。协调发展理念提醒我们，在发展中既要着眼于破解难题、补齐短板，又不能忽视原有优势的巩固和发展。发展不能只是倾斜于某一方面，只有做到相辅相成、相得益彰，才能实现我国经济社会的可持续和健康发展。

不谋全局者，不足以谋一域，遵循协调理念发展势在必行。当下，我国总体的协调发展局势存在三点比较突出的问题：第一是城乡发展不协调，城乡二元结构和城市内部的二元结构矛盾依然比较突出；第二是区域发展不协调，东部沿海和中西部内陆地区的发展水平存在一定的差距；第三是社会中物质文明和精神文明的发展水平不协调，精神文明建设并没有能够跟上经济高速发展的步伐。正因为存在这一系列问题，在"十三五"期间，我们需要遵循协调发展这一理念，加速推进区域协同、城乡一体、物质文明和精神文明协调发展。在经济新常态这一宏观背景下，通过协调发展来拓宽发展空间，通过补全薄弱环节来增强经济社会发展的持续动力。

首先，推进城乡协调发展。习近平总书记2015年在浙江调研时提出"提高城乡发展一体化水平，要把解放和发展农村社会生产力、改善和提高广大农民群众生活水平作为根本的政策取向，加快形成以工促农、以城带乡、工农互惠、城乡一体的工农城乡关系"①。我们要明确农村发展优势所在，通过大力发展农村特色经济加快实施以人为本的新型城镇化战略。再配合以有序地二元户籍制度改革、土地制度改革、财税体制改革和公共服务均等化等制度体系的建设和完善，来实现城乡发展的机会公平、规则公平和权利公平的目标，进而形成城乡一体化、城乡要素平等交换、基本服务均等化的城乡协调发展新格局。面对城市内部二元结构问题，要加大城市棚户区改造力度，推进廉租房、经济适用房建设，切实保障和改善贫困群体的基本民生。出台有关政策来确保解决城镇低收入人群的就业、医疗、住房等一系列民生问题，帮助城镇贫困人口享有相对高质量的市民生活，防止城市内部二元对立进一步加剧。

其次，推进区域协调发展。习近平总书记2015年在贵州调研时强调，"适应我国经济发展新常态，保持战略定力，加强调查研究，看清形势、适应趋势、发挥优势、破解瓶颈、统筹兼顾、协调联动，善于运用辩证思维谋划经济社会发展"②。因此，在未来发展中我们要深入了解我国区域发展的现状，有

---

① 《干在实处永无止境　走在前列要谋新篇》，《浙江日报》2015年6月8日。
② 习近平：《看清形势适应趋势发挥优势　善于运用辩证思维谋划发展》，《人民日报》2015年6月19日。

针对性地处理好东部、中部与西部地区协调发展关系，具体来说，东部地区要促进珠三角、长三角和京津冀三大经济圈互动发展及其对区域经济社会发展的辐射带动作用。相对发展落后的西部地区要增强自身发展的紧迫感和主动性。领先一步的东南沿海地区要增强责任意识和大局意识，推进东部产业向西部梯度转移。我国已经推进了"西部大开放""中部崛起""振兴东北老工业基地"等多项促进区域协调发展的政策，也取得了一定的成效。在今后区域协调发展工作中，要更加重视市场的作用，把握好各类资源的供需关系，实现各个区域的互利共赢、共同发展。同时可以将区域间产业合作、优势互补作为深化供给侧结构性改革的新课题，大胆探索新路并付诸实践检验，促进全国范围内区域的协调共进。

最后，推进物质文明和精神文明协调发展，需要我们继续坚持"两手抓，两手都要硬"的作风，坚持"道路、理论和制度的三个自信"，坚持用中国梦和社会主义核心价值观凝聚发展共识、汇聚发展力量。习近平总书记指出："只有物质文明建设和精神文明建设都搞好，国家物质力量和精神力量都增强，全国各族人民物质生活和精神生活都改善，中国特色社会主义事业才能顺利向前推进。"[1] 在继续推进国家经济发展的同时，我们可以通过深化文化体制改革来促进社会主义文化事业的发展和文化产业的繁荣，提升国家软实力，进而为人民群众提供积极健康的精神食粮，有效应对资本主义腐朽思想的渗透入侵。此外，在全球化时代，随着国家间交往的密切，让世界认识中国显得格外重要，我们需要不断提升中国国际形象传播能力，向世界讲好中国故事，全面展示中国形象，并在国际合作与交流中不断提升中国软实力，让世界更好地认识中国。

三 绿色是发展的必要条件

2015 年，习近平总书记在云南考察工作时指出生态环境保护对人类社会而言是一个长期任务，要久久为功。绿色是永续发展的必要条件和人民对美好生活追求的重要体现，环境建设是一个大工程，需要每一代人的努力来共同营造美好的生活环境。绿色发展，就是要解决好人与自然和谐共生问题，也是中国实现可以持续发展的必要条件。从十七大到十八大，我们党明确地提出了建

---

① 王丹：《习近平出席全国宣传思想工作会议并发表重要讲话》，《实践》（思想理论版）2013年第 9 期。

设社会主义生态文明的根本要求，强调建设社会主义生态文明的根本目的就是建立人与自然协调发展、和谐发展的关系。人类发展活动必须尊重自然、顺应自然、保护自然，在发展经济、追求经济利益时不以牺牲环境为代价，才能实现永续发展，使人民过上更健康、更幸福的生活。

由于长期以来我国在经济发展过程存在片面强调经济增长速度、忽视经济增长质量的问题，经济发展与资源环境的矛盾日益突出，环境恶化、生态平衡破坏等严重问题不断出现。近些年屡屡出现的诸如严重雾霾天气、水污染等各类环境问题已经使我们越来越清醒地认识到，不能再继续以牺牲环境为代价来追求片面的经济增长。随着人们环保意识的觉醒和生活水平的提高，群众对清新空气、干净饮水、安全食品、优美环境的要求日益强烈。因此，绿色发展是人民的诉求、发展中我们必须坚持的发展理念，同时也是我国经济社会实现可持续发展的必要条件。

首先，坚持节约资源和保护环境的基本国策，大力推进社会主义生态文明建设工作。党的十八大已经将生态文明纳入五位一体的战略总体布局，我们需要通过实行最严格的制度、最严密的法治，来为生态文明建设提供可靠保障。生态文明是一种文明形态，也是一种发展理念，绿色循环低碳发展是生态文明理念的基本内涵，也是生态文明建设的主要途径。我们所要走的发展道路，是可持续发展道路，是一条坚定不移地走生产发展、生活富裕、生态良好的文明发展道路。节约资源是保护生态环境的根本之策，我们应该坚持科技含量高、资源消耗低、环境污染少的生产方式，在此基础上，进一步建设完善资源节约型、环境友好型社会，形成人与自然和谐发展现代化建设新格局，通过推进美丽中国建设，为全球生态安全做出新贡献。

其次，开拓绿色发展新模式，加快绿色产业发展。我们需要放弃传统的资源密集型、粗放型的发展模式，转向经济发展与资源环境协调共生的经济社会发展模式，也就是我们所倡导的全新的绿色发展模式。现代国家经济社会发展往往面临着经济发展与资源环境生态保护的"两难抉择"：一方面，经济发展需要建立在资源投入、影响环境的基础上；另一方面，全面协调可持续的发展又意味着资源生态的保护、环境的改善。回顾历史，在资本主义工业化进程中曾经出现了伦敦烟雾、日本水俣病事件等重大环境灾害事件，这些人类历史上的惨痛教训都在告诉我们，以牺牲环境为代价片面追求经济效益的发展模式是不可取的。只有实现经济发展与生态环境保护的协调发展模式、大力发展绿色产业，在改造自然中减少人类生存的物质约束，在物质改善的基础上加强生态环境的保护，才符合可持续和绿色发展的内涵。习近平总书记曾说，"我们既要绿水青山，也要金山银山。宁要绿水青山，不要金山银山，而且绿水青山就是金山银山"。我们保护生态环境就是在保护生产力，改善生态环境就是在发展生产力，这种发展能为我们带来更高的经济效益、更广阔的发展前景。由此可见，在绿色发展理念引领下的新的发展模式是保证中国社会可持续发展的正确选择。

最后，强化民众绿色环保意识，开展环保实践活动。绿色发展与普通民众的生活息息相关，它需要政府和企业的力量，但更离不开广大民众的参与和支持。要想推进绿色发展，缓解人与自然之间日趋紧张的矛盾关系，就必须坚持人民主体地位原则，调动并整合广大民众的积极力量，让民族自觉地参与绿色发展理念引领的社会发展。相关部门应该致力于普及环境知识和环保理念的引导教育工作，结合我国社会经济发展中出现的各类污染事件加强对民众的警示教育，唤醒普通民众的环境忧患意识，增强普通民众的环境保护意识、法制意识和文明意识，提高他们遵守环境保护法律法规的自觉性。此外，我们也可以着手研究相关可行性方案，逐步在全社会推广生活垃圾分类等环保实践活动，通过教育引导和约束抑制等手段来阻止人们在生产和生活方面的快速无序的递增或递进的势头，让社会的每一个成员都能意识到，绿色发展需要每一个人做出积极的配合，也需个体做出一定的牺牲，也就是要逐步改变一些积累已久的陈旧的生活方式和不良习惯。

四　开放是发展的必经之路

当今是经济全球化的时代，任何国家都难以孤立地发展。习近平总书记在2016年省部级主要领导干部学习贯彻十八届五中全会精神专题研讨班开班式上强调，"实践告诉我们，要发展壮大，必须主动顺应经济全球化潮流，坚持对外开放，充分运用人类社会创造的先进科学技术成果和有益管理经验。要不断探索实践，提高把握国内国际两个大局的自觉性和能力，提高对外开放质量和水平"①。改革开放以来中国发展所取得的成就离不开国际资源的助力，与逐步深化的对外合作也密不可分。面对日趋复杂变化且竞争激烈的国际环境，如何深化对外开放、构建对外开放战略新布局，是我们当下亟待解决的问题。"开放发展，既可以放宽视野，也可以促进国内改革，以更高水平的开放增加

---

① 习近平：《聚焦发力贯彻五中全会精神　确保如期全面建成小康社会》，《人民日报》2016年1月19日。

改革动力"①，因此，遵循开放发展理念是我国实现更好发展的必然选择，也是中华民族迈向伟大复兴的必由之路。

当前的国际形势正在发生前所未有的积极变化，这对中国的发展而言，既是机遇，也是挑战。当前的世界政治经济秩序仍由发达资本主义国家主导，想要形成真正公平合理的秩序仍有很长的一段路要走。当前世界经济在经历了金融危机后已经开始逐步回暖，但还没有找到全面复苏的新引擎。在这样的国际环境中，我国在世界经济和全球治理中的地位迅速上升，长期的政策支撑使我国正处于对外开放中的"引进来"和"走出去"更加均衡发展的阶段，但支撑高水平开放和大规模"走出去"的体制和力量仍显薄弱，经济大而不强问题依然突出，想要将经济实力转化为国际制度性权力依然需要付出艰苦努力。在中国和世界联系日趋紧密、相互影响不断加深的今天，我们需要世界的力量，世界也需要中国的力量，中国的改革发展比任何时候都需要坚持和扩大对外开放。中国有着广阔的经济发展前景，在借助开放扩大自身发展优势、转变经济增长方式的同时也会继续为外国企业提供更好的环境和条件，为全球经济做出更大贡献。这是中国对世界的承诺，也是中国开放发展理念的集中体现。

首先，毫不动摇地坚持对外开放的基本国策。历史经验表明，闭关锁国给我们带来的只有贫穷落后。21世纪，中国应依据对外开放的基本国策，在更大的范围、更广的领域、更高的水平上推进对外开放，进一步完善互利共赢、多元平衡、安全高效、开放型的经济体系，坚持进口、出口并重，在调整优化出口结构的同时发挥进口在满足国内需求、调整优化结构方面的作用。建议指出："全方位对外开放是发展的必然要求。必须坚持打开国门搞建设，既立足国内，充分运用我国资源、市场、制度等优势，又重视国内国际经济联动效应，积极应对外部环境变化，更好利用两个市场、两种资源，推动互利共赢、共同发展。"② 我们和全球其他国家的联系、合作、交往正在一个新的起点上、更高的水平和层次上扩大深化。我们要坚持"引进来"和"走出去"协调发展，一如既往地欢迎和鼓励跨国公司来华投资兴业，切实保护投资者的合法权益，为各个国家的企业提供公平竞争、分享中国发展红利的机会。

其次，实行更加积极主动的开放战略，实现互利共赢。我们要占据全面开

---

① 王永磊：《五大发展理念的三大鲜明特质》，《前线》2016年第1期。
② 习近平：《共同维护和发展开放型世界经济》，《人民日报》2013年9月7日。

放的战略高点，坚持内外需协调，进出口平衡，"引进来"和"走出去"并重，引资和引技、引智并举，发展更高层次、更高水平的开放型经济，积极参与全球经济治理和公共产品服务供给，提高我国在全球经济治理中的制度性话语权，构建广泛的利益共同体。习近平总书记曾强调，"中国将坚持互利共赢的开放战略，深化涉及投资、贸易体制改革、完善法律法规，为各国在华企业创造公平经营的法制环境"，经济发展的机会理应有全球共享，中国也期望中国的发展能够注入更多来自全球各国的力量，一起达成共赢的局面。同时，为了更好地发展，中国将以更宽广的视野和胸怀来吸收、借鉴世界人类一切优秀文明成果，这些宝贵的财富将助力国家的发展，只知道闭关自守的国家是没有任何出路的。

再次，进一步扩大开放发展格局，让发展成果惠及各方。我们将支持和规范中国企业扩大在境外的投资，为当地的经济、就业、人民生活的提高做出贡献，尤其是要加大在亚非拉等第三世界国家的建设投资力度。继续完善对外开放的新格局，要求我们在国内要更好地发挥沿海对外开放的门户作用，加快推进内陆沿边的开放，继续加强多双边企业的持续合作，利用好不同区域的区位优势、协同发展。对外要搞好与周边国家互联互通，加快自由贸易区战略的实施进程，还要积极参与全球的经济治理，加强同各国的政策协调，维护与主要贸易伙伴——美国、欧盟、东盟等国家和地区的良好合作关系。为了更好地扩大开放发展格局，我们也要注重自身对外贸易产业结构的优化升级，做到提升传统优势产品的综合竞争力、壮大装备制造等新的出口主导产业，大力发展服务贸易，积极扩大进口，完善双向投资布局，促进"引进来"和"走出去"协调发展，达到对外贸易经济健康有序发展的良好局面。

最后，肩负大国在世界发展中的责任，加快"一带一路"的建设进程和亚洲基础设施投资银行的巩固完善。"一带一路"将中国梦与世界梦有机结合，将在各国互利互惠中实现沿途国家共同发展。中国提出"一带一路"倡议的目的，就是要加强传统陆海丝绸之路沿线国家间的互联互通，实现经济共荣、贸易互补、民心相通。2016年1月，习近平总书记在亚洲基础设施投资银行开业仪式的致辞中提到，中国是国际发展体系的积极参与者和受益者，也是建设性的贡献者。倡议成立亚投行，就是中国承担更多国际责任、推动完善现有国际经济体系、提供国际公共产品的建设性举动，有利于促进各方实现互利共赢。可见，中国在自身开放发展不断进步的过程中，时刻不忘大国责任，将开放发展理念融入全球经济发展理念当中，与世界其他国家紧密联系，促使开放发展的利益惠及全球。

五　共享是发展的基本保证

共享发展理念的提出明确我们党和国家必须坚持发展为了人民、发展依靠人民、发展成果由人民共享。习近平总书记曾说，"生活在我们伟大祖国和伟大时代的中国人民，共同享有人生出彩的机会，共同享有梦想成真的机会，共同享有同祖国和时代一起成长与进步的机会"。[①] 这种共享理念不是空谈，而是要实实在在落实到公共服务、脱贫、就业、教育、医疗、社会保障等与人民群众生活息息相关的方方面面。共享既是发展的目的，也是发展的手段，"不仅能使全体人民在共建共享发展中有更多获得感，同时也为全体人民在共建共享发展中获得安全感，由共享发展所带来的新的凝聚力将为发展增强新的动力"。[②]

共享发展理念主要包含四个方面的内容：一是全民共享，这意味着发展成果要能够惠及全部民众，而不是只为少数人服务；二是全面共享，这意味着要利用经济社会发展在诸如政治、经济、文化、社会、生态文明各方面建设成果来服务于广大人民群众，保障普通大众在社会生活中的权益；三是共建共享，经济社会的健康持续发展需要国民的力量，投身社会主义事业建设的过程同时也是享受社会主义发展成功的过程；四是渐进共享，发展的成果难以在短时期内被完全均衡的共享，因此，共享发展也是一个循序渐进的过程，即使达到较高的发展水平共享程度也会存在一定的差别。十八届五中全会关于共享发展理念及相关论述对我们在"十三五"时期的工作提出了新的要求，我们也需要在具体实践中以发展实现共享，并以共享推动发展。

首先，坚持和完善社会主义基本经济制度和分配制度。马克思主义认为生产关系决定社会的基本性质和发展方向，也决定了社会中的分配关系。因此，实现共享发展，根本在于坚持和完善社会主义基本经济制度。我国现在实行的是以公有制经济为主体、多种所有制经济共同发展的社会主义初级阶段基本经济制度。改革开放以来，我国所有制结构逐步调整，非公有制发展迅速，这对于解放和发展生产力、提升综合国力和人民生活水平的提高起到了重要的作用。但我国的经济在发展中也暴露了一系列的问题，尤其是公有制经济的发展相较于非公经济已经处在相对落后的位置。在这种情况下，我们需要要巩固公

---

① 《十二届全国人大一次会议在京闭幕》，《人民日报》2013 年 3 月 18 日。
② 尹庆双：《坚持共享发展理念，全面建成小康社会》，《经济学家》2015 年第 12 期。

有制的主体地位，从理论上和实践上积极探索公有制的多种有效实现形式，充分发挥社会主义公有制的优势。在分配制度上，十八届五中全会提出以初次分配和再分配都要兼顾效率和公平、再分配更加注重公平为基本原则，继续完善初次分配机制，努力提高居民收入在国民收入中的比重，同时加快健全再分配调节机制，以缩小收入差距，进而形成公开透明、公正合理的收入分配秩序，以有效调节过高收入为目标，做到"保护合法收入，规范隐性收入，遏制以权力、行政垄断等非市场因素获取收入，取缔非法收入"[②]。

其次，积极促进社会公平，保障公民合法权益。党的十八大报告就曾提出，"公平正义是中国特色社会主义的内在要求，要逐步建立以权利公平、机会公平、规则公平为主要内容的社会公平保障体系，努力营造公平的社会环境，保证人民平等参与、平等发展权利，让发展成果更多更公平地惠及全体人民。"[①] 习近平总书记也进一步提出了要依靠发展经济、深化改革、制度建设和公正司法来确保社会公平，实现发展成果全民共享的目标。社会公平，不仅要从制度上保障，更需要在实践中不断探索深化，同时要更好地发挥舆论监督作用，确保媒体为社会公平正义发声，全力促进社会公平的发展进程。

最后，完善社会公共服务和社会保障体系。完善公共服务体系，增加公共服务供给，是人民最关心最直接最现实的共享发展需要。在"十三五"期间，要进一步加大在教育、就业、社会保障、基本医疗和公共卫生、公共文化、环境保护等基本公共服务，尤其是教育和就业方面的投入，"人力资本的积累是社会经济增长的源泉，同时也是提升参与并共享发展能力的基本途径"[②]。"十三五"期间，我国经济进入新常态，经济增速放缓，伴随而来的会是更加严峻的就业形势。为此我们必须制定科学可行的就业优先战略，落实更加积极的就业政策，为广大群众提供更多的就业机会，解决结构性就业矛盾，鼓励大众创业，以创业进一步带动就业。同时，深化教育制度体系改革，推动教育均衡发展，切实落实立德树人根本任务，实现家庭经济困难学生资助全覆盖，确保教育公平。为人民群众最基本的生活需求提供保障，建立更加公平、更可持续的社会保障制度，做到规范城乡最低生活保障制度、健全分级负担机制、完善配套救助措施、加强动态管理、提高保障水平、实现应保尽保。让广大人民群众真正平等共享国家发展、国力增强的成果。

---

① 胡锦涛：《坚定不移沿着中国特色社会主义道路前进　为全面建成小康社会而奋斗》，《人民日报》2012 年 11 月 9 日。

② 蒋永穆、张晓磊：《共享发展与全面建成小康社会》，《思想理论教育导刊》2016 年第 3 期。

　　面对发展这一重大现实课题，我们要遵循习近平总书记的发展理念新思想，做到不忘初心、继续前进。党的十八届五中全会提出的五大发展理念是科学发展原则和发展规律的集中体现和反映，我们应该以新发展理念为实践进程中的指挥棒、红绿灯。在具体推进国家全局发展的实践过程中，将思想和行动统一到新发展理念上来，做到崇尚创新、注重协调、倡导绿色、深化开放、促进共享，努力提升统筹贯彻新发展理念的能力和水平，加快建立并完善落实新发展理念的相应体制机制。同时还要具备强烈的问题意识，在实践过程中及时发现不适应、不适合甚至违背新发展理念的思想意识和客观行为，对错误思想要坚决纠正，对违背新发展理念的做法要彻底摒弃。通过我们的坚持和努力，实实在在地做到在五大发展理念的引领下，增强创新能力，推动发展协调，改善生态环境，提高开放水平，促进共享发展，完成全面建成小康社会的伟大事业，牢固地将中国社会经济发展稳定在社会主义的航线上。

　　（撰稿人：西安交通大学马克思主义学院博士生梁晶晶）

第五章　国家治理现代化的
社会工程思维特点[*]

自改革开放以来，以邓小平、江泽民、胡锦涛为核心的几代党领导集体形成了丰富的社会工程思想，有效地推动了中国的改革开放进程。进入新常态，以习近平总书记为核心的党领导集体形成了"国家治理现代化"思想，具有鲜明的社会工程思维特点，从目标、路径、过程方面实现了意识形态到实际操作的思想转变，是指导中国特色社会主义建设深入推进的行动指南。

一　国家治理现代化思想的系统结构

习近平指出，"党的十八届三中全会提出的全面深化改革的总目标，就是完善和发展中国特色社会主义制度，推进国家治理体系和治理能力现代化"。推进国家治理体系和治理能力现代化，是继"工业现代化、农业现代化、国防现代化、科学技术现代化"后的第五个现代化，它的提出开启了当代中国国家治理的全新阶段，明确了社会工程研究的时代课题。具体来看，习近平国家治理现代化社会工程思想主要有以下内容。

（一）国家治理现代化的目标设计

第一，国家治理现代化的阶段目标在于构建系统完备、科学规范、运行有效的制度体系，更好地发挥中国特色社会主义制度的优越性。"国家治理体系和治理能力是一个国家制度和制度执行力的集中体现。"① 完善和发展中国特色社会主义制度是国家治理现代化的前提和实质。国家治理现代化的目标就在

---

* 本章节部分内容发表于《社会工程的特点及其对治理实践的意义》，《厦门大学学报》（哲学社会科学版）2016 年第 6 期，第 147 ~ 156 页。

① 习近平：《推进国家治理体系和治理能力现代化》，《人民日报》2014 年 2 月 18 日。

于"为党和国家事业发展、为人民幸福安康、为社会和谐稳定、为国家长治久安提供一整套更完备、更稳定、更管用的制度体系"①，以便"更好发挥中国特色社会主义制度的优越性"。因此，十八届三中全会决定"2020 年形成系统完备、科学规范、运行有效的制度体系，使各方面制度更加成熟更加定型"。

第二，国家治理现代化的战略目标在于建设社会主义现代化国家，实现中华民族伟大复兴的中国梦。习近平主席在博鳌亚洲论坛 2013 年年会上的主旨演讲中指出，"要在本世纪中叶把我国建成富强民主文明和谐的社会主义现代化国家，实现中华民族伟大复兴的中国梦"。与这个现代化相比较，"全面实现农业、工业、国防和科学技术的现代化"和"推进国家治理体系和治理能力现代化"等"五化"都是它的实现方法与手段。其中，农业、工业、国防和科学技术现代化作用于经济基础层面，"推进国家治理体系和治理能力现代化"作用于上层建筑层面，它们构成了"建设社会主义现代化国家"的完整体系。

（二）国家治理现代化的路径选择

探索具有中国特色的国家治理现代化路径是一项艰巨而系统的社会工程。从国家统治到国家管理，从国家管理到国家治理，国家治理现代化完成了质的转变。然而，"怎样治理社会主义社会这样全新的社会，在以往的世界社会主义中没有解决得很好。马克思、恩格斯没有遇到全面治理一个社会主义国家的实践，他们关于未来社会的原理很多是预测性的；列宁在俄国十月革命后不久就过世了，没来得及深入探索这个问题；苏联在这个问题上进行了探索，取得了一些实践经验，但也犯下了严重错误，没有解决这个问题。我们党在全国执政以后，不断探索这个问题，也发生了严重曲折"。② 在明确国家治理现代化路径选择这一任务的严峻性的基础上，习近平对路径选择的方法总结如下。

第一，扬弃继承，择时而动。习近平指出，"我国今天的国家治理体系，是在我国历史传承、文化传统、经济社会发展的基础上长期发展、渐进改进、

---

① 习近平：《完善和发展中国特色社会主义制度　推进国家治理体系和治理能力现代化》，《人民日报》2014 年 2 月 18 日。

② 习近平：《切实把思想统一到党的十八届三中全会精神上来》，《人民日报》2014 年 1 月 1 日。

内生性演化的结果"。① 治理社会主义社会，应"系统地总结国家统治和国家
管理的经验教训，而不是简单地抛弃统治和管理；适时地跨入国家治理的新阶
段，更好地发挥治理的要素和优势"。② 这里包含两层含义：一是不简单粗暴
地抛弃以往的国家统治和管理，要在坚持治理理念的基础上适当借鉴其具体方
法和措施；二是在跨入国家治理阶段的过程中，任何突击冒进或裹足不前的做
法都是不可取的，应从实际出发，择时而动。

第二，自主选择，开放包容。习近平认为，"我国国家治理体系需要改进
和完善，但怎么改、怎么完善，我们要有主张、有定力。中华民族是一个相容
并蓄、海纳百川的民族，在漫长历史进程中，不断学习他人的好东西，把他人
的好东西化成我们自己的东西，这才形成我们的民族特色"。③ 这首先表明，
在国家治理现代化道路的选择上，我们有权力、有底线，这个权力来自国家主
权，这个底线就是坚持中国特色社会主义道路。在此基础上，我们还应坚持开
放包容、兼容并蓄的态度，通过吸收一切有益于我国国家治理现代化的优秀成
果，推进中国特色社会主义制度的现代化进程。

（三）国家治理现代化的总体布局

国家治理现代化包含国家治理体系和国家治理能力的现代化，其中，
"国家治理体系包括经济、政治、文化、社会、生态文明和党的建设等各领
域的体制、机制和法律法规安排，也就是一整套紧密相连、相互协调的国家
制度"。"国家治理能力则是运用国家制度管理社会各方面事务的能力，包括
改革发展稳定、内政外交国防、治党治国治军等各个方面。"④ 根据习近平的
论述，国家治理现代化包含了经济、政治、文化、社会、生态、党的建设、国
防外交七个方面（见图1），针对这七个方面，习近平提出了具体的操作思维
和方法。

第一，在市场经济建设领域处理好政府与市场的关系，发挥市场在资源配
置上的决定性作用，加快完善社会主义市场经济体制。习近平指出，"坚持以
经济体制改革为重点不动摇"，"坚持社会主义市场经济改革方向"，并指出经
济改革领域的核心问题是"处理好政府和市场的关系，使市场在资源配置中

---

① 习近平：《推进国家治理体系和治理能力现代化》，《人民日报》2014年2月18日。
② 习近平：《切实把思想统一到党的十八届三中全会精神上来》，《人民日报》2014年1月
    1日。
③ 习近平：《推进国家治理体系和治理能力现代化》，《人民日报》2014年2月18日。
④ 习近平：《推进国家治理体系和治理能力现代化》，《人民日报》2014年2月18日。

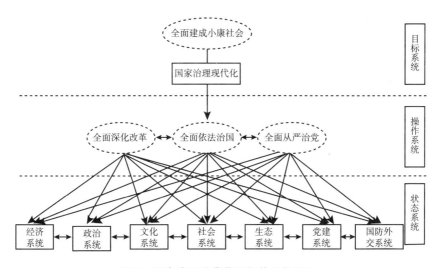

图 1　国家治理现代化思想的结构关系

起决定性作用和更好发挥政府作用"。① 进而明确了"加快完善现代市场体系、宏观调控体系、开放型经济体系，加快转变经济发展方式，加快建设创新型国家"等路径方法。

第二，在民主政治建设领域提出围绕坚持党的领导、人民当家做主、依法治国有机统一，加快社会主义民主政治改革。《中共中央关于全面深化改革若干重大问题的决定》指出，"紧紧围绕坚持党的领导、人民当家做主、依法治国有机统一深化政治体制改革，加快推进社会主义民主政治制度化、规范化、程序化，建设社会主义法治国家，发展更加广泛、更加充分、更加健全的人民民主"。

第三，在先进文化建设领域大力培养和弘扬社会主义核心价值体系和核心价值观。习近平指出："推进国家治理体系和治理能力现代化，要大力培育和弘扬社会主义核心价值体系和核心价值观，加快构建充分反映中国特色、民族特性、时代特征的价值体系。"② "培育和弘扬核心价值观，有效整合社会意识，是社会系统得以正常运转、社会秩序得以有效维护的重要途径，也是国家治理体系和治理能力的重要方面。"③

---

① 习近平：《切实把思想统一到党的十八届三中全会精神上来》，《人民日报》2014 年 1 月 1 日。

② 习近平：《推进国家治理体系和治理能力现代化》，《人民日报》2014 年 2 月 18 日。

③ 习近平：《把培育和弘扬社会主义核心价值观作为凝魂聚气强基固本的基础工程》，《人民日报》2014 年 2 月 25 日。

第四，在和谐社会建设领域促进城乡社区治理，推动基层群众自治。习近平总书记在参加上海代表团审议时指出，"社会治理的重心，在于促进群众的城乡社区治理，推进基层群众自治，使基层公共事务和公益事业自我管理、自我服务、自我教育、自我监督"。"加强和创新社会治理，关键在体制创新，核心是人"，要"通过创新制度安排，努力克服人为因素造成的有违公平正义的现象，保证人民平等参与、平等发展权利"。①

第五，在生态文明建设领域加大生态治理，建立系统完整的生态文明制度体系，用制度保护生态环境。"要健全自然资源资产产权制度和用途管制制度，划定生态保护红线，实行资源有偿使用制度和生态补偿制度，改革生态环境保护管理体制。"②

第六，在党的建设领域坚持按制度办事、依法办事，提高党的领导能力和执政水平。习近平指出，"只有以提高党的执政能力为重点，尽快把我们各级干部、各方面管理者的思想政治素质、科学文化素质、工作本领都提高起来，尽快把党和国家机关、企事业单位、人民团体、社会组织等的工作能力都提高起来，国家治理体系才能更加有效运转"。③ 要通过"深化干部人事制度改革，建立集聚人才体制机制，充分发挥人民群众积极性、主动性、创造性，鼓励地方、基层和群众大胆探索，及时总结经验"④ 等方式，加强和改善党的领导，提高党的领导水平和执政能力。

第七，在国防外交领域，一方面，通过放宽投资准入、加快自由贸易区建设、扩大内陆沿边开放等手段，"推动对内对外开放相互促进、'引进来'和'走出去'更好结合，促进国际国内要素有序自由流动、资源高效配置、市场深度融合，加快培育参与和引领国际经济合作竞争新优势，以开放促改革。"⑤ 另一方面，通过"深化军队体制编制调整改革，推进军队政策制度调整改革，推动军民融合深度发展"，实现"建设一支听党指挥、能打胜仗、作风优良的人民军队"的强军目标。

二　习近平关于改革思维的社会工程特点

习近平总书记指出："改革开放是前无古人的崭新事业，必须坚持正确的

---

① 习近平：《切实把思想统一到党的十八届三中全会精神上来》，《人民日报》2014 年 1 月 1 日。
② 《中共中央关于全面深化改革若干重大问题的决定》，新华网，2013 年 11 月 15 日。
③ 习近平：《推进国家治理体系和治理能力现代化》，《人民日报》2014 年 2 月 18 日。
④ 《中共中央关于全面深化改革若干重大问题的决定》，新华网，2013 年 11 月 15 日。
⑤ 《中共中央关于全面深化改革若干重大问题的决定》，新华网，2013 年 11 月 15 日。

方法论，在不断实践中探索前进。"习近平改革思维的系列重要思想体现在他对改革方法论的系列论述中。社会工程学问是改革方法论的学理基础。党的十八大以来，习近平总书记围绕改革的方法论问题展开了多次重要论述，表现出鲜明的社会工程思维特点。

（一）整体性思维

十八届五中全会提出了"创新、协调、绿色、开放、共享"的五大发展理念，这五大发展理念中的任何一个都与其他四个联系在一起，它们既相互支撑，又相互制约，构成了相互独立又联系融合的理念系统。对于这一复杂理念系统的践行，必须坚持整体性思维。

如图2所示，"五大发展理念"呈现类似五行运行的关系结构：其中，创新、协调、绿色、开放、共享各守一端，五个理念由内外两圈、共10条线段相连，反映了五大理念之间最基本的辩证关系。

第一类是两两之间的辩证关系，共有10种，每一种关系的处理都十分复杂。

第二类是多者间的结合关系，共有15种，其中10种为三者间的关系，5种为四者间的关系。

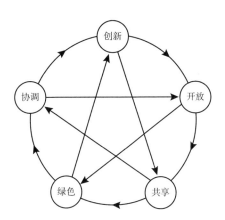

图2 五大发展理念的关系结构

以发展与共享的关系为例，从共同富裕的角度来看，发展与共享是一个财富增长与财富分配的问题，它们本身相生相克：一方面，财富增长与分配相辅相成，增长越多，蛋糕越大，分配所得就越多；而分配越多，积累越多，增长的基础也就越扎实。另一方面，财富增长与分配相互制约，财富增长要求多劳多得，效率优先；财富分配要求社会均衡，公平至上。因而如何在不同的情境、价值与规律作用下，处理好效率与公平问题就成为协调这两大发展理念的关键所在。

（二）问题导向是改革推进的倒逼机制思想

改革动因是问题倒逼机制，不是主观愿望，也不是灵机一动，它有客观基础和社会需求，是人民群众的要求。2013 年 9 月 17 日，习近平总书记在中共中央在中南海召开党外人士座谈会上指出，"改革是由问题倒逼而产生，又在不断解决问题中而深化。解决我国发展面临的一系列突出矛盾和问题，实现经济社会持续健康发展，不断改善人民生活，要求全面深化改革。中国共产党人干革命、搞建设、抓改革，从来都是为了解决中国的现实问题"。

问题导向是改革方法的第一要义，包含了问题意识、问题界定、问题评价三方面内容。首先，问题意识，指思维的问题指向性心理特征，指改革必须时刻保持反思、疑问和探求的状态。习近平总书记指出："在认识世界和改造世界的过程中，旧的问题解决了，新的问题又会产生，制度总是需要不断完善，因而改革既不可能一蹴而就，也不可能一劳永逸。"其次，问题界定，或称问题构造，是定义一个特定问题边界以便集中解决的过程，是解释系统中张力的最初标志。没有问题界定，问题解决就会呈现分散的状态。最后，问题评价。它要求根据问题的重要性和紧急性进行排序，分清重要又紧急、重要不紧急、不重要不紧急、紧急不重要四类情况。在问题评价的标准上，习近平总书记指出："各项改革任务都要坚持以影响经济社会发展的重大问题为导向，以经济社会发展重大问题和涉及群众切身利益的实际问题为内容，立足于经济社会发展的瓶颈制约、群众反映强烈的突出问题，努力破除体制机制障碍，解决好人民最关心最直接最现实的利益问题。"

（三）顶层设计的思想

习近平总书记指出："全面深化改革是一项复杂的系统工程，需要加强顶层设计和整体谋划。"设计是一项工程方法，改革设计是社会工程设计，是社会工程的核心内容。

社会是个复杂的系统，社会改革的对象是把社会理解成一个复杂的系统，本质上是社会工程。社会工程是技术理解与社会理解的统一。从工程技术层面来看，社会工程是"组织和管理社会主义建设的技术"①，以自然科学、工程科学、系统科学方法为理论基础，以信息收集、分析和模型建构方法为特征，属于系统工程技术。从社会科学层面来看，社会工程是应用人文社会科学、自然科学和工程思维的思想方法研究社会关系结构的发展变化问题，即社会关系、社会规则系统的建构和变化问题。

我们理解的社会工程是技术理解与社会理解的统一："一方面要利用各种科学技术方法优化社会研究的过程，用现代科学技术手段收集数据资料，构造数据模型；另一方面要应用社会科学的知识，突出'设计'思维，强调预先建构的思想，建构社会关系模式"②。习近平总书记强调的顶层设计，就是从社会系统的全局进行总体设计，既有总体目标，又有结构支撑，还有重点领域，更有基本路径。顶层设计的过程既要应用系统工程的思想，还必须有社会科学、人文科学的知识，更必须有马克思主义理论的指导。

（四）摸着石头过河与顶层设计相统一的思想

习近平总书记强调改革必须坚持正确的方法论，深度解释了"摸着石头过河"的方法论思想的新内涵，提出了摸着石头过河与顶层设计相统一的方法论要求。

"摸着石头过河就是摸规律，从实践中获得真知"。今天的"石头"已不仅是某项改革的具体方案，而且是改革过程的具体规律。今天我们要摸的"石头"是"方案＋规律"。改革的规律就是中国特色的社会主义事业发展规律。习近平针对社会上关于改革的各种思潮，鲜明指出，"世界在发展，社会在进步，不实行改革开放死路一条，搞否定社会主义方向的'改革开放'也是死路一条"。

摸着石头过河与加强顶层设计是辩证统一的，"摸着石头过河"关注眼前的、局部的利益，是自下而上的改革方法；"顶层设计"强调长远的、整体的利益，是自上而下的改革方法。"摸着石头过河"和加强"顶层设计"是辩证统一的，"推进局部的阶段性改革开放要在加强顶层设计的前提下进行，加强顶层设计要在推进局部的阶段性改革开放的基础上来谋划"③。要坚持"摸着石头过河"和"顶层设计"相结合，就要凝聚自下而上和自上而下改革的合力，协调整体利益与局部利益、长远利益与短期利益。习近平在不断强调改革

①　钱学森、乌家培：《组织管理社会主义建设的技术》，《经济管理》1979年第1期。
②　王宏波：《社会工程研究的综合性特点及意义》，《教学与研究》2010年第8期。
③　习近平：《在中共中央政治局第二次集体学习时的讲话》，《人民日报》2013年1月2日。

的方向性的同时，认为"凝聚共识"是形成合力的重要方法。他说，"凝聚共识很重要，是改革顺利推进和全面成功的必要条件"，并且强调"从历史经验上看，凝聚共识对改革能否成功至关重要"。

（五）系统思维和辩证思维密切结合的思想

习近平总书记所阐发的改革方法论思想体现了系统思维和辩证思维的密切结合，提出了新时期改革的新要求。系统思维要求要把握改革的整体性、系统性、协同性。2013年，习近平总书记在广东考察工作时强调："更加注重改革的系统性、整体性、协同性，做到改革不停顿、开放不止步"，"四个全面"就是实现国家治理现代化的复杂系统，每一个"全面"都是一个子系统。其中，全面建成小康社会是我们的战略目标，全面深化改革、全面依法治国、全面从严治党是三大战略举措。"四个全面"的系统性使各方面的改革都有牵一发而动全身的效应，因此，必须深入研究各领域改革的关联性和各项改革举措的耦合性，深入论证改革举措可行性，才能使"四个全面"相辅相成、相互促进、相得益彰。

"辩证思维能力，就是承认矛盾、分析矛盾、解决矛盾，善于抓住关键、找准重点、洞察事物发展规律的能力。"[1] 习近平总书记关于改革论述贯穿着丰富的辩证思维，集中表现在对处理改革所面临的一些重大问题的认识上，如坚持解放思想和实事求是辩证统一、整体推进和重点突破相结合、顶层设计和摸着石头过河相统一、胆子要大和步子要稳有机结合等。

系统思维和辩证思维的密切结合，是改革不断推进的要求。改革中的矛盾不是孤立的矛盾，而是不同类型、不同性质和特点的矛盾，是相互交织、互为条件的矛盾系统。这就要求我们坚持系统的观点，认识到单一矛盾与矛盾系统的关系；同时，坚持辩证思维，在众多矛盾解决中"不是平均用力、齐头并进，而是抓住主要矛盾和矛盾的主要方面，注重抓重要领域和关键环节，努力做到全局和局部相配套、治本和治标相结合、渐进和突破相结合，实现整体推进和重点突破相结合"。

（六）方向性思维与底线思维的辩证统一的思想

方向性思维、共识凝聚与底线思维的统一，是习近平总书记把握改革大

---

[1] 习近平：《掌握工作制胜的看家本领——关于科学的思想方法和工作方法》，《人民日报》2014年7月12日。

局的方法论思想。他强调，"方向决定道路，道路决定命运"，"我们的改革是在中国特色社会主义道路上不断前进的改革，既不走封闭僵化的老路，也不走改其易帜的邪路"，时刻把握改革正确方向是习近平把握改革大局首要特征。

为了保证改革的正确方向，凝聚共识，形成改革的合力，习近平总书记提出了底线思维。所谓底线思维，就是为改革设置不可逾越的底线。他强调，"我们当领导的改革历来是全面改革。问题的实质是改什么、不改什么，有些不能改的，再过多长时间也是不改，不能把这说成是不改革"。"治大国若烹小鲜，我国是一个大国，绝不能在根本问题上出现颠覆性错误。"这个根本性问题就是改革的底线。底线原则还表现在社会政策要托底。习近平总书记在谈到农村土地制度改革的时候就指出，"不管怎么改，不能把农村土地集体所有制改垮了，不能把耕地改少了，不能把粮食产量改下去了，不能把农民利益损害了"。

目前，底线思维的方法论要求已经体现在改革的具体推进中。例如，国际贸易管理中的"负面清单管理模式"，政府规定哪些经济领域不开放，除了清单上的禁区，各类市场主体可依法平等进入清单之外的领域。又如，社会治理中的民生底线，农地管理中的耕地红线，金融领域中的风险底线等。

三　社会工程是国家治理现代化的重要学理基础

社会工程的核心是"设计和建构"一套制度体系或者规则系统，形成一种新的社会发展模式。国家治理现代化就是用不断完善的社会主义制度替代不够完善的社会主义制度，因此，社会工程是国家治理现代化的重要学理基础。

（一）社会工程研究的方法论特点

社会工程的思维过程具有综合集成性特点，这是社会工程学所要揭示的社会工程研究的一个重要的方法论特点。

综合集成首先指不同学科的知识综合，它是哲学、社会学、管理学、经济学、系统工程学等多种学科知识和系统方法、数理方法、逻辑方法的综合。其次指不同层级的知识转换，"即从科学知识经过技术知识到工程知识的转换过程。科学知识转换为技术知识可以有多种方式，技术知识转换为工程知识也有多种方式，这两个系列多种方式的相互作用结果就更加多样化。知识转换是综合集成的基础，知识转换的形式越多，综合集成的可能性模式就越多"①。最后指不同元素的功能集成，即社会结构中各类元素、各类约束条件的集合。

社会工程思维综合集成结构的基本向量是价值向量、规律向量和情境向量。其中，"规律向量是指各种科学规律、技术规律、社会规律、经济规律甚至文化规律等客观知识。价值向量是指人们在评价社会活动时所使用的评价准则体系。情境向量是指人们对所要建构的社会对象的总体性观念以及社会理念时所实际遇到的各种社会历史条件和自然资源条件的总和"。形成一种社会思维需要多向度规律的互动、多重价值的整合和对各种具体情境的分析判断，并在此基础上实现三个向量的综合集成。任意的价值、规律、情境可以组合成任意多个社会理念，因此还面临着分析评价和形成共识的问题。

（二）社会工程是关于社会发展模式设计和实施管理活动的研究

社会工程活动的实质是建构新的社会关系，所以它是建构人与人之间关系亦即社会关系的工程，组织的创新、机构的设立、体制的创生以及经济、政治、文化诸领域各种游戏规则的制定等，都可被称为"社会工程"。

社会发展模式是生产关系的实现形式，是社会工程理念的结构性表达。社会工程就是通过设计新的社会发展模式来替代旧的社会发展模式，以实现其更新、优化社会关系的功能。

"认识社会的结果是形成关于社会的知识体系，改造社会的前提是设计社会改革的方案，制定社会发展的规则体系。这种关于社会改革的方案、关于社会运行的规则体系，可以统称为社会发展模式。"② 社会发展模式具有以下特征。一是结构性，主要指其由社会制度、公共政策、法律规范、社会体制组成，是包含体制模式、机制模式、政策模式在内的规则综合体。二是具有特定功能，即任何社会发展模式都是问题导向的，目的在于实现特定类型、特定阶段的社会关系调整和优化。三是时间寿命，主要指社会模式具有鲜明的周期性特征，任何社会模式都处于导入 - 成长 - 成熟 - 衰退的过程中，社会发展就是社会模式更替上升、生命周期循环作用的历史过程。四是规范性，即社会发展模式每个环节、每个步骤都有一定的规矩和标准。

---

① 王宏波：《论社会工程学的意义、内容与学科特征》，《西安交通大学学报》2011 年第 1 期。
② 王宏波：《论社会工程学的意义、内容与学科特征》，《西安交通大学学报》2011 年第 1 期。

（三）社会过程控制问题是社会工程活动

"世界不是既成事物的集合体，而是过程的集合体。"① 社会发展是由多个社会阶段构成的过程。控制社会过程是保证社会向预设方向发展的关键所在，社会工程为通过调节社会发展模式和控制社会过程提供了可行方法。

社会过程控制问题就是社会工程活动。这是由社会发展模式与社会过程的因果关系决定的。社会发展模式是原因，社会发展是结果状态，社会发展模式支配、规范社会过程，促进社会阶段的转化。社会发展模式连续性的更替上升构成了社会过程演进的基本特点。随着社会需求不断增加，旧的社会模式不断衰退，新的社会模式不断产生。随着新旧模式的更替（见图3），社会不断向前发展。改革就是调整社会发展模式，也就是过程控制的方式，由于社会发展的永恒性，改革永远在路上。

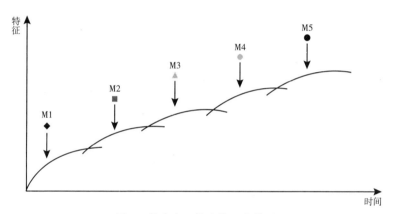

图3　社会发展模式的更替模型

社会发展模式对社会过程进行控制集中在对社会各阶段特征、阶段转化条件、整体发展趋势的研究，具体涉及了结构转换、拐点确定、速度与速率协调、转化动力、周期寿命等内容。当前，我国经济发展已步入新常态，表现出速度换挡、结构转型和动力转换，即"从高速增长转为中高速增长""经济结构不断优化升级"的总体特征。管控新常态运行必须不断更新相关领域的发展模式，通过政策调整和转化控制过程运行。

（四）社会工程思维的复杂性特征

社会工程的思维特点是综合集成，这决定了社会工程在思维结构上具有独

---

① 《马克思恩格斯选集》（第4卷），人民出版社，1995，第244页。

特的复杂性，集中表现在社会发展模式构建中的价值协调、规律整合上，主要包含了系统性、协同性和整体性三大内容。

一是系统性。社会工程是"社会系统"的工程，研究对象——社会的系统性首先决定了社会工程的系统性。这不仅指社会工程中价值协调、规律整合、情境判断等任何一个环节的处理具有牵一发而动全身的作用，需要在大系统内进行考量；还指规律判定、规律选择、价值评价、价值权衡、价值整合、情景判断中每一个问题的解决都是一个系统，科学、合理地处理好其中的任何一个方面都是一项系统工程。

二是协同性。这主要表现在社会工程中的规律判定选择和价值评价权衡上。由于社会工程在社会发展模式的构建中涉及了多种规律，而每一种规律在当下情境中对于社会关系的作用有正负之分，所以，社会工程需要在判断不同规律作用孰正孰负的基础上，选择需要适应的规律，并区分主次。又因为对于规律的选择、判定源于价值标准的不同，因而必须首先进行价值评价与权衡。例如，社会发展中的公平与效率问题，如果优先公平，社会发展就应当主要按照社会规律运行；如果优先效率，社会发展就要以经济规律为主，要想兼顾公平、效率就需要在不同的价值取向中进行价值整合，规律协同。因此，想要激发出社会发展模式的"联动效益"和"共生效应"，促进社会系统的协调发展，就必须在社会工程的活动中协调、统筹好各种规律、价值的关系，实现复杂系统的内外部平衡。

三是整体性。社会工程不仅是价值、规律、情境各方面的系统化发展，而且是各系统有机融合、形成合力的过程。可以看到，在同一社会工程活动中，只要规律判定、规律选择、价值评价、价值权衡、价值整合、情境判断中任意一个环节有所差别，价值、规律、情境就会出现多种多样的排列组合，并产生迥然不同的社会发展合力，进而带来全然不同的模式运行结果。要想让社会工程活动发挥正向合力，促进社会关系结构的优化调整，就必须注意社会发展模式建构中的整体性，使发展理念涵盖各个系统与主要环节。

（撰稿人：西安交通大学马克思主义学院院长、教授王宏波；西安交通大学马克思主义学院博士生李天姿）

第六章　党的十八大以来我国周边外交战略的改革创新

党的十八大以来，习近平总书记就中国外交战略提出了一系列重要论述，为中国特色社会主义理论体系在外交与国际战略领域增添了新的内涵。特别是在周边外交方面，习近平发表了一系列重要讲话，对中国周边外交战略做出了新的部署，确定了新时期周边外交工作的目标、思路与方针。习近平曾指出，"必须始终把改革创新精神贯彻到治国理政各个环节"。[①] 在 2013 年 10 月召开的周边外交工作座谈会上，习近平在讲话中首次提出要"推进外交工作改革创新"，从而将"改革创新精神"引入外交领域。[②] 对经济新常态下习近平总书记在周边外交战略上的改革创新的研究，是从学术层面考察、理解和把握中国特色社会主义理论这一最新发展的必然要求，具有重要的理论价值和现实意义。

一　周边外交战略理念的改革创新

中国周边外交战略的改革创新，包含了战略理念的改革创新和战略实践的改革创新两个层面的内涵。其中周边外交战略理念的改革创新主要在三个层次上展开：一是在周边外交战略规划层面采取了新的原则，包括把周边作为外交优先方向、"奋发有为"的外交理念等；二是在周边外交指导思想层面提出了新的方针，包括坚持"亲诚惠容"理念、构建周边"命运共同体"等；三是在周边外交特定问题层面上倡导了新的观念，包括新型义利观和亚洲新安全观等。

（一）把周边作为当前中国外交优先方向

中国外交布局包含大国外交、周边外交、对发展中国家外交、多边外交等

[①] 《习近平关于全面深化改革论述摘编》，中央文献出版社，2014，第 1 页。
[②] 《习近平谈治国理政》，外文出版社，2014，第 299 页。

多个维度。党的十八大以来，以习近平同志为核心的党中央对外交战略进行了新的总体布局，将周边作为中国外交的重中之重，改变了原有的以大国外交特别是中美关系为对外战略重心的外交传统，突出周边在中国外交全局中的战略地位。2013 年 10 月 24 日至 25 日，中共中央召开了专门的周边外交工作座谈会，政治局七位常委全体出席，除外交部门，各地方、军队和国企等部门领导也出席了会议，会议规格在新中国历史上是空前的。习近平总书记在会上强调，"无论从地理方位、自然环境还是相互关系看，周边对我国都具有极为重要的战略意义"。① 为顺应中国崛起背景下国际环境和历史条件的新变化，中国对外战略做出了新的调整，把周边作为外交的优先方向，将战略重心向周边外交转移。这一新的原则性和方向性变化构成了中国周边外交战略改革创新的前提和基础。当前的中国外交，在发展大国外交、构建中美新型大国关系和中俄全面战略协作伙伴关系的同时，比过去更加重视周边外交的地位和作用，提出了一系列新理念，采取了一系列新举措，积极实施和大力发展周边外交。今后的中国外交，将按照习近平总书记所强调的，"继续把周边作为外交优先方向，塑造一个更加和平稳定、发展繁荣的周边环境"。②

（二）"奋发有为"的外交理念

周边外交工作座谈会上，习近平总书记提出，"要更加奋发有为地推进周边外交"。③ 长期以来，中国在对外战略中一直秉持"韬光养晦，有所作为"的理念与原则。特别是在周边外交工作中，中国致力于维持有利于经济建设的和平稳定的周边环境，在周边事务上保持低调和克制，"韬光养晦"成为鲜明的外交风格。党的十八大以来，以习近平同志为核心的新一届党中央领导集体在周边外交中更具积极进取的精神，在原来"韬光养晦"的基础上更加强调"有所作为"，甚至"韬光养晦"的传统原则很少再被提及。习近平进一步提出"奋发有为"的周边外交理念，较过去更具进取性，使中国在外交实践中由过去消极适应周边环境转变为积极塑造周边环境。"奋发有为"理念与十八大对中国"负责任大国"的身份定位相契合，将推动中国在周边事务中发挥更大的作用。

---

① 《习近平谈治国理政》，外文出版社，2014，第 296～297 页。
② 王毅：《探索中国特色大国外交之路》，载国务院新闻办公室编《解读中国外交新理念》，五洲传播出版社，2014，第 23 页。
③ 《习近平谈治国理政》，外文出版社，2014，第 296 页。

（三）"亲诚惠容"的周边外交新理念

习近平提出，"我国周边外交的基本方针，就是坚持与邻为善、以邻为伴，坚持睦邻、安邻、富邻，突出体现亲、诚、惠、容的理念"。[①] "亲诚惠容"理念作为新时期中国周边外交的基本方针和指导思想，是对睦邻友好周边外交传统的传承，也是对我国长期坚持的"睦邻、安邻、富邻"理念的最新发展。在"亲诚惠容"理念中，"亲"主要指"多做得人心、暖人心的事，使周边国家对我们更友善、更亲近、更认同、更支持，增强亲和力、感召力、影响力"；"诚"主要指"诚心诚意对待周边国家，争取更多朋友和伙伴"；"惠"主要指"让周边国家得益于我国发展，使我国也从周边国家共同发展中获得裨益和助力"；"容"主要指"倡导包容的思想，强调亚太之大容得下大家共同发展，以更加开放的胸襟和更加积极的态度促进地区合作"。[②] "亲诚惠容"理念致力于使中国自身的发展更好惠及周边国家，使周边国家能够通过与中国的合作而获益，是以合作共赢为核心的新型国际关系在同周边国家关系中的具体实现形式。这一周边外交新理念的贯彻落实，有利于中国在周边地区塑造良好的国际形象，也有利于中国与周边国家深化合作，实现互利共赢。

（四）周边"命运共同体"理念

习近平提出要与周边国家建设命运共同体，主张"把'中国梦'同周边各国人民过上美好生活的愿望、同地区发展前景对接起来，让命运共同体意识在周边国家落地生根"。[③] "命运共同体"理念在 2011 年《中国的和平发展》白皮书中首次提出，党的十八大以来，在习近平总书记的推动下，这一理念的适用领域实现了由全球外交层次向周边外交层次的拓展。习近平不仅把命运共同体作为中国 – 东盟关系、上海合作组织成员国间关系等周边合作的发展目标，还提出了覆盖整个中国周边的"亚洲命运共同体"构想，主张"共同营造对亚洲、对世界都更为有利的地区秩序，通过迈向亚洲命运共同体，推动建设人类命运共同体"。[④] 习近平还针对这种"命运共同体"的构建路径提出了"坚持相互尊重、平等相待""坚持合作共赢、共同发展""坚持实现共同、综

[①] 《习近平谈治国理政》，外文出版社，2014，第 297 页。

[②] 《习近平谈治国理政》，外文出版社，2014，第 297 页。

[③] 《习近平谈治国理政》，外文出版社，2014，第 299 页。

[④] 习近平：《迈向命运共同体 开创亚洲新未来》，外交部，2015 年 3 月 28 日，http：//www.fmprc.gov.cn/web/ziliao_ 674904/zyjh_ 674906/t1249640. shtml。

合、合作、可持续的安全""坚持不同文明兼容并蓄、交流互鉴"等具体建议。① "命运共同体"是对"利益共同体"理念的进一步发展，它在坚持共同利益建构的基础上，更加强调集体认同和集体归属感，比以利益为基础的共同体理念更具深刻的人文关怀。将"命运共同体"理念引入周边外交领域，使得周边外交具有了宏远的战略目标规划，战略布局更加完整。正如一些学者所揭示的，"'命运共同体'与'亲、诚、惠、容'是一个统一的整体，体现了周边外交工作的目标升级，即从以维持周边稳定与经贸合作为主到从经济、政治与安全等领域全面经营周边"。②

（五）新型义利观

习近平总书记提出在外交工作中应坚持正确的义利观，这一外交价值观领域的重要创新，构成了新的国家利益观念，成为当前周边外交战略所秉持的基本理念之一。习近平指出，"要找到利益的共同点和交汇点，坚持正确义利观，有原则、讲情谊、讲道义，多向发展中国家提供力所能及的帮助"。③ 所谓正确的义利观，"政治上坚持正义、秉持公道、道义在先，经济上坚持互利共赢、共同发展"。④ 这种在国家利益问题上强调义利并举甚至义重于利的新理念，构成了与西方现实主义利益至上的传统义利观截然不同的新型义利观。新型义利观在周边外交中反对以邻为壑的行为，主张实现互利共赢，"编织更加紧密的利益网络，把双方利益融合提升到更高水平，让周边国家得益于我国发展"。⑤ 同时，新型义利观并非不重视本国利益，而是有着明确的底线原则。正如习近平所提出的，"我们要坚持走和平发展道路，但决不能放弃我们的正当权益，决不能牺牲国家核心利益。任何外国不要指望我们会拿自己的核心利益做交易，不要指望我们会吞下损害我国主权、安全、发展利益的苦果"。⑥ 新型义利观的提出，为新时期中国周边外交提供了核心的价值导向。

（六）亚洲新安全观

习近平提出，"应该积极倡导共同、综合、合作、可持续的亚洲安全观，

① 习近平：《迈向命运共同体 开创亚洲新未来》，外交部，2015年3月28日，http://www.fmprc.gov.cn/web/ziliao_674904/zyjh_674906/t1249640.shtml。
② 陈琪、管传靖：《中国周边外交的政策调整与新理念》，《当代亚太》2014年第3期。
③ 《习近平总书记系列重要讲话读本》，学习出版社/人民出版社，2014，第153页。
④ 杨洁篪：《新形势下中国外交理论和实践创新》，《求是》2013年第16期。
⑤ 《习近平谈治国理政》，外文出版社，2014，第297页。
⑥ 《习近平谈治国理政》，外文出版社，2014，第249页。

创新安全理念，搭建地区安全和合作新架构，努力走出一条共建、共享、共赢的亚洲安全之路"。① 习近平总书记在国际安全问题上一直秉持新的安全观念，他曾强调要"既重视自身安全，又重视共同安全"，② 主张"尊重和保障每一个国家的安全。不能一个国家安全而其他国家不安全，一部分国家安全而另一部分国家不安全，更不能牺牲别国安全谋求自身所谓绝对安全"。③ 2014 年 5 月，习近平在亚洲相互协作与信任措施会议第四次峰会的主旨发言中对亚洲新安全观作了全面阐释，将其归纳为共同安全、综合安全、合作安全和可持续安全。在亚洲新安全观指导下，中国将加强同周边国家的传统安全与非传统安全合作，积极参与地区安全治理，推动地区安全机制建设。亚洲新安全观的倡导和落实，有利于中国增进同周边国家的战略互信，消除相互猜忌和疑虑，有效保障周边安全。

二　周边外交战略实践的改革创新

党的十八大以来，在中国周边外交具体的战略实践上，以习近平同志为总书记的党中央进行了新的统筹规划，提出了不少新的构想，形成了不同于以往的新的战略部署。

（一）开创了一系列地区合作的新布局

地区合作的新布局包括广为世人瞩目的"丝绸之路经济带""21 世纪海上丝绸之路"，以及"中印缅孟经济走廊""中巴经济走廊"等。"一带一路"和"两个走廊"构筑了中国同周边国家实现互联互通、互利共赢的全方位布局。

2013 年 9 月，习近平总书记访问哈萨克斯坦时提出共建"丝绸之路经济带"的倡议。习近平指出，"丝绸之路经济带"应从加强政策沟通、道路联通、贸易畅通、货币流通和民心相通做起，"以点带面，从线到片，逐步形成区域大合作"④。通过"丝绸之路经济带"的构建，中国深化了与中亚国家间

① 习近平：《积极树立亚洲安全观　共创安全合作新局面》，外交部，2014 年 5 月 21 日，http：//www.fmprc.gov.cn/web/ziliao_674904/zyjh_674906/t1158070.shtml。
② 《中央国家安全委员会第一次会议召开　习近平发表重要讲话》，中国政府网，2014 年 4 月 15 日，http：//www.gov.cn/xinwen/2014-04/15/content_2659641.htm。
③ 《习近平在和平共处五项原则发表 60 周年纪念大会上的讲话（全文）》，外交部，2014 年 6 月 29 日，http：//www.fmprc.gov.cn/web/ziliao_674904/zyjh_674906/t1169582.shtml。
④ 《习近平谈治国理政》，外文出版社，2014，第 289 页。

的区域合作。例如，在能源合作方面，中国同乌兹别克斯坦、吉尔吉斯斯坦、塔吉克斯坦政府签署了关于中亚天然气管道 D 线建设运营的合作协议。D 线建成后，中国 – 中亚天然气管道输气能力将从每年 550 亿立方米提升到每年 850 亿立方米，成为中亚地区规模最大的输气系统。① "丝绸之路经济带"还有利于推动投资合作。如 2015 年 9 月 25 日，中国与吉尔吉斯斯坦在比什凯克举行了中吉丝绸之路投资合作论坛，两国参会人员探讨两国务实合作的新动力，并签署了合作协议。"丝绸之路经济带"倡议的落实，有利于开创中国与中亚国家间关系的新局面。

建设 "21 世纪海上丝绸之路" 是中国发展周边外交的又一新布局。2013 年 10 月，习近平总书记访问东盟国家时提出建设 "21 世纪海上丝绸之路" 倡议。同 "丝绸之路经济带" 一样，"海上丝绸之路" 也凝结了和平合作、开放包容、互学互鉴、互利共赢的丝路精神。② "一带一路" 并举，推动了中国同周边国家经济合作的深入发展。据海关统计，2015 年前三季度，中国与 "一带一路" 沿线国家进出口值约 4.5 万亿元，占同期中国外贸总值的比重超过 1/4。③ 2015 年 1 ~ 7 月，中国企业共对 "一带一路" 沿线 48 个国家进行了高达 85.9 亿美元的直接投资，同比增长近 30%。④

两大经济走廊是 "一带一路" 的重要补充。2013 年 5 月，中国与印度共同倡议建设 "孟中印缅经济走廊"。这一经济走廊 "旨在通过互联互通建设，打造孟中印缅经济圈，延伸带动东亚、东南亚和南亚三大经济板块联动发展"。⑤ "中印缅孟经济走廊" 这种灵活的经济合作机制，有利于促进中国与南亚、东南亚国家间的互惠发展。2013 年 5 月，中国与巴基斯坦共同提出了打造 "中巴经济走廊"。这一经济走廊 "旨在通过经济走廊的建设贯通，统领中国与巴基斯坦各领域合作，搞好瓜达尔港、喀喇昆仑公路、卡拉奇 – 拉合尔高速公路等重大项目建设，牵引能源、交通基础设施、工业园区等重点领域的合

① 《背景资料：中国 – 中亚天然气管道 D 线》，新华网，2014 年 9 月 14 日，http：// news. xinhuanet. com/2014 – 09/14/c_ 1112469349. htm。

② 《刘奇葆：扬帆海上丝路　实现共赢发展》，人民网，2015 年 2 月 13 日，http：// world. people. com. cn/n/2015/0213/c1002 – 26562497. html。

③ 《前三季度中国与 "一带一路" 国家进出口值 4.5 万亿元》，中国经济网，2015 年 10 月 13 日，http：//intl. ce. cn/specials/zxxx/201510/13/t20151013_ 6691352. shtml。

④ 《刘云山：深化丝路政党合作　共同开创美好未来——在亚洲政党丝绸之路专题会议上的主旨演讲》，新华网，2015 年 10 月 15 日，http：//news. xinhuanet. com/politics/2015 – 10/15/c_ 128318674. htm。

⑤ 中央党校中国特色社会主义理论体系研究中心：《中国周边战略新构建》，《求是》2015 年第 3 期。

作推进"。① 中国采取了一系列举措推动这一经济走廊的建设。例如，中巴两国在铁路建设方面展开了深入合作。2015 年 4 月，习近平访问巴基斯坦期间，中巴共同签署了《关于开展 1 号铁路干线（ML1）升级和哈维连陆港建设联合可行性研究的框架协议》。"中巴经济走廊"的建设有利于加强中巴互联互通，促进两国共同发展。

（二）推出了一系列周边外交的新举措

周边外交的新举措包括创设亚洲基础设施投资银行，构建"2 + 7 合作框架"，打造中国 – 东盟自贸区升级版，推动中日韩自贸区构建等。2013 年 10 月，习近平在访问东南亚时提出了筹建亚洲基础设施投资银行的倡议。习近平指出，中国提出筹建亚投行，目的是推动亚洲地区基础设施建设和互联互通，深化区域合作，实现共同发展。② 2014 年 10 月 24 日，中国等 21 个国家代表签署了《筹建亚投行备忘录》。在经过 5 次筹建亚投行谈判代表会议后，2015 年 6 月，各国代表签署了《亚洲基础设施投资银行协定》。2015 年 12 月 25 日，亚洲基础设施投资银行正式成立。作为亚投行的首个倡议国，中国以 297.804 亿美元的认缴股本和 26.06% 的投票权成为亚投行第一大股东。随着亚投行的运营，中国在亚洲金融体系中的地位将继续提升。亚投行是中国"亲诚惠容"理念在地区经济领域的具体落实，有利于中国同周边国家深入推进地区事务的共同治理。

中国与东盟关系是中国周边外交的重要一环。党的十八大以来，中国推出了一系列新的举措以深化中国 – 东盟关系。2013 年 10 月 10 日，在第 16 次中国 – 东盟领导人会议上，李克强总理提出了中国 – 东盟"2 + 7 合作框架"。"2 + 7 合作框架"包含 2 个共识和 7 个合作领域。2013 年 9 月，李克强又提出了打造中国 – 东盟自贸区升级版，强调"中方支持东盟在东亚合作、区域一体化中发挥主导作用，愿与东盟各国增进战略互信，深化全方位合作"。③ 习近平也提出，"中国愿提高中国 – 东盟自由贸易区水平，争取使 2020 年双方贸易额达到一万亿美元"。2014 年 8 月，在第 13 次中国 – 东盟经贸部长会议上，

---

① 中央党校中国特色社会主义理论体系研究中心：《中国周边战略新构建》，《求是》2015 年第 3 期。
② 《习近平会见出席〈亚洲基础设施投资银行协定〉签署仪式各国代表团团长》，新华网，2015 年 6 月 29 日，http://news.xinhuanet.com/politics/2015 – 06/29/c_ 1115756477.htm。
③ 《李克强在中南海紫光阁会见东盟十国经贸部长访华团》，人民网，2013 年 10 月 26 日，http://politics.people.com.cn/n/2013/1026/c1024 – 23336632.html。

中国和东盟就开启中国 - 东盟自贸区升级版谈判达成一致意见。① 从构建中国 - 东盟 "2 + 7 合作框架" 到打造中国 - 东盟自贸区升级版，中国与东盟关系提升到新的高度。

积极推进中日韩自贸区的构建是中国周边外交的又一新举措。近年来，随着中日韩三国合作的回暖，长期被 "搁置" 的中日韩自贸区建设谈判也不断被提上议程，并取得了一定进展。2012 年 11 月 20 日，中日韩三国商务部高层在第 21 届东盟及其系列峰会上宣布启动中日韩自贸区谈判。2013 年 3 月，三国在首尔举行了首轮自贸区谈判。2014 年 11 月，中韩两国签署了会议纪要，标志着中韩自由贸易协定谈判正式结束。2015 年 9 月，在第八轮中日韩自贸区谈判会议上，中日韩三国在部分议题上取得了一些积极进展。长远来看，自贸区的建立能够使中日韩三国优势互补，实现互惠共赢，形成新的区域合作动力，为中国营造良好的周边环境。

（三）采取了一系列外交工作的新措施

党的十八大以来，中国在周边外交战略的实施途径上有了新的发展，其中最突出的表现是加强了对周边国家的公共外交、民间外交和人文交流。习近平曾指出，"国之交在于民相亲"，"人民的深厚友谊是国家关系发展的力量源泉"。② 国民之间的友好交流是两国关系的重要支撑。

党的十八大以来，中国在周边外交中大力推进民间友好交流。例如，2013 年成立了中韩人文交流共同委员会并召开了第一次会议，拓宽了两国人民的交流渠道，有利于增进彼此了解，推动两国关系发展。为增进与东盟的公共外交和人文交流，在 2013 召开的中国 - 东盟商务与投资峰会上，中国倡议将 2014 年确定为 "中国 - 东盟友好交流年"。中国还于 2014 年和 2015 年与俄罗斯互办了中俄青年友好交流年。此外，2015 年 4 月，习近平在雅加达亚非领导人会议上宣布："中国未来 5 年内将向亚非发展中国家提供 10 万名培训名额；连续在华举办亚非青年联欢节，共邀请 2000 名亚非青年来华访问并参加联欢；将成立中国 - 亚非合作中心，进一步推进亚非各国交流合作；设立中国 - 亚非法协国际法交流与研究项目" 等。③ 公共外交、民间外交和人文交流的推进，

① 《习近平谈治国理政》，外文出版社，2014，第 293 页。
② 《国家主席习近平在莫斯科国际关系学院的演讲（全文）》，中国政府网，2013 年 3 月 24 日，http：//www.gov.cn/ldhd/2013 - 03/24/content_ 2360829. htm。
③ 《习近平在亚非领导人会议上的讲话（全文）》，外交部，2015 年 4 月 22 日，http：//www.fmprc.gov.cn/web/ziliao_ 674904/zyjh_ 674906/t1256933. shtml。

有利于中国同周边国家增信释疑，扩大合作，巩固外交关系长远发展的社会基础。

三　周边外交战略改革创新的多维动因

习近平实施周边外交战略的改革创新，是基于多方面的现实背景和深层动因。这里试从国际关系的不同层次分别加以分析。

（一）系统层次上

中国所处的亚太特别是东亚地区国际体系正日益发生深刻变化，推动着中国周边外交战略的新发展。随着中国崛起进程的加速和美国"亚太再平衡"战略的实施，传统的以"一超多强"为特征的单极地区体系正逐渐向美国主导的地区政治/安全体系和中国引领的地区经济体系并存的二元化地区秩序演化。一方面，东亚地区仍然维持着以美国为中心的政治/安全体系。奥巴马执政以来，美国通过"亚太再平衡"战略继续实现战略重心的东移，在东亚保持着强大的前沿军事存在，维持着有效的战略威慑能力。以其前沿部署和盟友/伙伴关系资源为依托，美国继续保持着在东亚地区政治/安全事务上的主导权。另一方面，东亚地区开始形成以中国为中心的经济体系。现阶段，中国已经成为大多数东亚国家最大的贸易伙伴。中国经济增长成为带动东亚区域经济发展的重要动力。随着东亚各国与中国经济联系和经济相互依赖的加深，中国正逐渐成为本地区的经济中心。这将对美国地区霸权形成消解效应。

当前东亚的这种结构性"政经分离"导致地区权力结构的二元化趋势。虽然美国在东亚地区秩序中的主导地位尚未发生根本性颠覆，但中国崛起进程的加速已然使地区秩序发生转型。根据权力转移理论，国家的内在发展将导致国家的权力增长和国际权力再分配。中国经济的高速增长，将使中美之间的权力转移变得难以避免。[①] 这一权力转移进程已从经济层面开始，今后将继续向政治/安全领域外溢。但至少在可预见的将来，美国在东亚事务中仍将保持重要的影响力。随着权力转移进程的推进，东亚权力结构将渐趋均衡。现阶段，东亚区域秩序"呈现美国地区同盟体系与日益崛起的中国协调共治的特点"。[②]

---

① David Rapkin & William R. Thompson. "Power Transition, Challenge and the (Re) Emergence of China", *International Interaction*, 2003, Vol. 29（4）.

② 孙学峰、黄宇兴:《中国崛起与东亚地区秩序演变》,《当代亚太》2011 年第 1 期。

正如美国学者约翰·伊肯伯里（John Ikenberry）所描述的，"东亚国家在经济上注重中国之龙，在安全上则指望美国之鹰"。① 一种以政经二元体系为基础的地区均势秩序开始成形。这种地区体系的演化使中国在周边外交中有必要采取新的外交战略，以适应战略环境的新变化。

（二）互动层次上

虽然中国周边地区和平与发展的总体态势并未改变，但周边环境中的不稳定因素有所增加，需要中国在对外战略上采取新的思路以化解困局。进入 21世纪第二个十年以来，中国的周边形势较过去严峻，面临诸多的挑战。一方面，地区海洋安全形势持续动荡不安，海上摩擦、冲突与对抗频发。中国与部分邻国的海洋领土争端集中爆发。在东北亚，中日钓鱼岛主权争端与摩擦出现常态化趋势；在东南亚，南海争端持续发酵，其中中越、中菲之间的争端相对突出。② 另一方面，地区合作面临的阻力日益增大，地区一体化进入瓶颈期。中国与日本等海洋邻国间战略竞争的加剧，使地区合作的深入发展面临更多的困难。美国对中国的遏制政策进一步加剧了这种困境。周边环境的恶化对中国和平发展造成不利影响。中国亟须实现周边外交战略的与时俱进，以新的理念与实践应对周边新形势，化解周边国家对中国的担忧和疑惧，推动周边环境向有利于中国和平发展的方向演化。

（三）国家层次上

综合国力的迅速增长使中国取得了不同于往日的国际地位和国际影响力，大国身份之下履行国际责任、塑造国际形象的客观需求不断增强。进入 21世纪后，中国经济实力与地位迅速崛起，与美国的差距也在不断缩小。"1991～2011 年中美两国人均国内生产总值的绝对差值从 37300 美元增加到 41600 美元，而二者的比率从 67∶1 缩减到 9∶1。"③ 自 2008 年全球金融危机以来，美国经济地位进一步衰落，而中国的经济影响力却与日俱增。目前中国已成为经济总量排名世界第二的大国，也是全球 128 个国家最大的贸易伙伴。经济实力的迅速增强带动了综合国力的总体发展，使中国的不断崛起成为当前国际社会最

---

① 〔美〕约翰·伊肯伯里：《地区秩序变革的四大核心议题》，《国际政治研究》2011 年第1 期。

② Rory Medcalf & Raoul Heinrichs. *Crisis and Confidence：Major Powers and Maritime Security in Indo-Pacific Asia.* Lowy Institute for International Policy，June 2011，p. 22.

③ 刘丰：《国际体系转型与中国的角色定位》，《外交评论》2013 年第 2 期。

引人关注的变化之一。国家实力与国际地位的提高，使中国有能力也有必要充分承担大国责任，为周边地区提供更多的公共产品。自身的发展推动着中国在周边外交中的"奋发有为"，更积极地参与周边事务，发挥"负责任大国"的作用。

（四）个体层次上

以习近平同志为核心的党中央新一届领导集体富有开拓进取的改革创新精神，赋予了周边外交战略新的理念与特征。党的十八大以来，新一届领导集体在内政外交上表现出了新的执政风格，具有显著的积极进取精神和改革创新意识：在内政领域不断深化改革、强化法治、大力反腐，在外交领域也采取了一系列不同于过去的新思路和新政策。周边外交正是新的外交战略总体布局的重要一环。特别是习近平作为国家领导人在治国理政上具有特色鲜明的领导风格和个性特征。习近平执政以来，表现出开拓进取、自信笃定的行事风格。正如一些评论所言，"总书记领导风格中所表现出来的定力，包括政治定力和战略定力。政治定力就是有坚定的理想信念，战略定力就是有长远的战略眼光"。① 这种领导人个体层次的新特性，也是推动中国周边外交战略改革创新的重要动力。

四　周边外交战略改革创新的落实路径

对经济新常态下中国周边外交战略改革创新的研究，能够为我国外交部门和其他相关部门贯彻落实习近平总书记外交战略新思想提供有效的学术支持，具有服务我国外交实践的现实意义。

要深入贯彻落实党的十八大以来中国周边外交战略的新思想，需要在具体的外交实践中多管齐下，统筹实施。中国周边外交战略改革创新的落实，需要中国继续开展奋发有为的外交实践，积极经营周边，在周边外交工作中变被动应对周边环境为主动塑造周边环境，深化睦邻友好合作，加强区域性公共产品的供给，推动"周边命运共同体"的构建。

（一）厘定战略目标，明确战略目标的序列规划

一方面，要区分终极目标与工具性目标。在现阶段，"睦邻友好、互利合

---

① 文秀：《习近平的领导风格及特点》，《中国党政干部论坛》2013年第2期。

作"是周边外交战略中的工具性目标,而"维护国家主权、安全、发展利益"则是周边外交战略中的终极目标。在周边外交中,维护国家利益是最根本的战略目标,而发展同周边国家的关系,"使周边同我国政治关系更加友好、经济纽带更加牢固、安全合作更加深化、人文联系更加紧密",① 虽也是重要的目标定位,但这些目标是工具性的,是为更好地维护国家利益服务的。"睦邻友好、互利合作"对于"维护国家主权、安全、发展利益"而言只是手段而非目的,在国家主权、安全和发展利益受到挑战而友好合作方式无法实现利益有效保护的特殊情况下,有理、有利、有节的斗争是十分必要的,不能为友好合作关系而牺牲国家利益。

另一方面,要厘清近期目标与中长期目标。对崛起进程中的中国而言,周边外交战略的近期目标,核心在于维护和用好我国发展的重要战略机遇期,为国家的和平发展营造良好的周边环境。周边外交战略的中长期目标,核心则在于提升中国在周边区域事务上的影响力,构建更加合理的周边区域秩序。在重要战略机遇期内,近期目标应优先于中长期目标,不可因追求国家的区域地位与影响力而影响和平稳定的周边环境。总而言之,战略目标序列规划的政策意义在于明确:核心利益不受侵犯是"韬光养晦"的底线,发展环境不受破坏是"奋发有为"的上线。

(二) 应以安全与经济两大领域为重点

在安全领域,中国应秉持"共同、综合、合作、可持续"的亚洲新安全观,积极参与周边安全事务的协调治理,完善周边地区的安全治理结构,以应对复杂多变的周边安全形势,提升本国在周边安全事务上的影响力。特别是应积极推动周边安全机制建设,推进区域、次区域安全对话与合作机制的制度化发展,以制度构建消除周边的"安全短板",弱化和消解东北亚等周边区域存在的安全隐患。

在经济领域,中国应秉持"共同发展"的理念,积极推进区域经贸合作与经济整合,进一步加强同周边国家的互联互通伙伴关系,提升中国在周边地区经济事务上的影响力。中国有必要通过建设"一带一路"、建立亚洲基础设施投资银行、打造中国-东盟自贸区升级版等路径,以基建和投资等领域为切入点着力发展对周边国家经济互赖关系,创新经济合作机制,增强中国经济影响力。

---

① 《习近平谈治国理政》,外文出版社,2014,第297页。

（三）细化东北亚、东南亚、南亚和中亚四大区域战略

1. 东北方向：东北亚区域战略

中国东北亚区域战略的关键在于以"新型大国关系"理念重塑中美、中俄、中日三对最重要的大国关系。在安全领域，中国应增强同区域内国家间的安全合作，发展多边安全外交，构建东北亚区域安全机制；在中日海洋争端问题上，坚决维护国家主权和领土完整，同时避免急于求成心态，尽力规避大规模冲突；在朝核问题上，继续推动各方协商与合作，通过外交斡旋说服各方重返六方会谈的协商进程，为重启六方会谈机制消除障碍。在经济领域，中国应积极推进中韩自由贸易区的落实，加快中日韩自由贸易区的谈判进程，促进区域经济一体化的发展；加强区域内国家的经济合作和一体化进程，对冲美国TPP战略的负面影响；深入推动图们江等次区域国际经济合作进程，为东北亚经济创造新的增长点。

2. 东南方向：东南亚区域战略

中国东南亚区域战略的关键在于深入落实"2 + 7合作框架"。在安全领域，中国应从敏感度较低的非传统安全领域着手，推进地区安全合作。例如中国可以在打击海盗和海上恐怖主义，打击海上偷渡、贩毒、走私等跨国犯罪行为，保护海洋生态环境，实施海上防灾救灾、海上救援等非传统安全领域，广泛参与和积极推进与东南亚安全合作，提供更多的安全公共产品。在南海争端问题上，中国应积极推动海洋争端解决机制等海洋安全制度的构建。按照习近平总书记所提出的，"对中国和一些东南亚国家在领土主权和海洋权益方面存在的分歧和争议，双方要始终坚持以和平方式，通过平等对话和友好协商妥善处理，维护双方关系和地区稳定大局"。① 同时在制定南海行为准则的磋商进程中，应继续坚持既定的"双边"原则立场，避免南海问题进一步多边化和国际化。在经济领域，中国应加速推进中 – 东盟自贸区升级版，通过"21世纪海上丝绸之路"的构建和泛亚铁路的建设，发展同东南亚国家的互联互通关系；以东南亚丰富的农业资源、矿产资源和油气资源为基础，加强中国同东南亚国家的经贸联系，推动区域经济一体化进程。同时，还可利用东南亚华人这一血缘与文化纽带，加强双方人文交流与合作。

3. 西南方向：南亚区域战略

中国南亚区域战略的关键在于维持和巩固中巴全天候战略合作伙伴关系，

---

① 《习近平谈治国理政》，外文出版社，2014，第294页。

并全面发展同印度、孟加拉国、尼泊尔、斯里兰卡等国的合作。在安全领域，中国应发展强化同巴基斯坦等国的军事合作，包括在打击恐怖主义上的合作；加强印度洋海洋安全合作，完善同印度等南亚国家的海上安全磋商与合作机制，保障中国印度洋航线的海上通道安全；促进南亚核军控进程，介入和参与南亚区域安全机制的构建。在经济领域，中国应加速推进中印孟缅经济走廊和中巴经济走廊建设；加快瓜达尔港至喀什的铁路和公路建设，巩固通向印度洋的战略通道；加强同巴基斯坦的能源合作，开发引进巴基斯坦丰富的煤铁资源，通过中巴能源管道建设为中国能源安全提供重要保障；着力发展中国同南盟的经贸合作关系，为远期构建中国－南盟自贸区奠定基础。

4. 西北方向：中亚区域战略

中国中亚区域战略的关键在于合理应对中、美、俄三方博弈。中国在强化同中亚国家的睦邻友好和战略伙伴关系的同时，应尊重俄罗斯在中亚的传统影响力，不谋求在中亚的军事存在和地区事务主导权，避免俄罗斯不必要的猜忌和疑虑。在安全领域，中国应加强同中亚国家"在双边和上海合作组织框架内加强互信、深化合作"。[①] 特别是中国应与其他上合组织成员加强军事合作，深入推进反恐联合军演的常态化和机制化，通过多边合作联合打击国际恐怖主义、民族分裂主义、宗教极端主义"三股势力"；同时强化上合组织的安全治理功能，合作应对贩毒、跨国有组织犯罪等非传统安全问题，维护西部边疆安全。在经济领域，中国应通过推动"丝绸之路经济带"的建设，充分利用同中亚国家经济结构的互补性，大力发展经济合作。特别是中亚国家有着丰富的油气资源和矿产资源，中国应加强同中亚国家的能源合作，提高中亚地区在中国能源进口结构中的比重，推动中国－中亚石油和天然气管道建设，使中亚国家成为中国能源进口多元化战略的重要支点。此外，中国还应充分利用本国西部地区同中亚特有的民族、文化、宗教三重特殊联系，加强对中亚国家的公共外交、民间外交、人文交流，改善国家形象，增强战略互信。

新中国成立后，历届领导集体"都高度重视周边外交，相继提出了一系列重要战略思想和方针政策，开创和发展了我国总体有利的周边环境，为我们继续做好周边外交工作打下了坚实基础"。[②] 党的十八大以来，中国的周边外交战略，一方面是在新中国历届领导集体外交智慧的基础上形成的，是过去外交战略的继承和发展；另一方面突破和变革了原有的战略思想和原则，提出和

---

① 《习近平谈治国理政》，外文出版社，2014，第 289 页。
② 《习近平谈治国理政》，外文出版社，2014，第 296 页。

实施了一系列新思路、新举措、新布局，在新一届领导集体主导下实现了对原有周边外交理念与实践的重大改革创新。

周边外交战略的改革创新，开创了中国周边外交新局面，使中国对外战略从守成转向进取，彰显了新时期的中国特色外交行为方式。它顺应了和平发展、合作共赢的时代潮流，有利于我国在新的国际形势下切实做好周边外交工作。周边外交战略的改革创新，符合实现"两个一百年"奋斗目标和实现中华民族伟大复兴"中国梦"的需要，是对中国特色社会主义理论体系具体内涵的一项值得重视的新发展。

（撰稿人：西安交通大学马克思主义学院讲师金新）

第七章　全球气候治理与新型
国际关系建构

一　问题的提出

2009 年，哥本哈根气候大会开启的"气候年"，有关气候变化治理的理论分析和政策讨论，成了近年来的热点与难点问题。气候变化问题由于其非排他性、全球公共问题属性、不确定性和长期性，成了一个典型的国际政治问题；气候问题的实质在于话语权政治，人类社会进入后工业化时代，对环境和气候问题的关注，具有"后物质主义"的政治价值观背景，这也决定了气候问题不可能是一个纯粹的科学问题。[1]

全球气候治理方面，国内研究较为侧重中国的主体性，尤其对中国气候外交的讨论抱以浓厚的学术兴趣，并从气候外交的定义和特性方面指出当前全球气候外交面临发展中国家和发达国家间的信任危机、贸易保护主义、经济和权力之争以及谈判和执行的"双重难题"等因素的制约；[2] 或认为中国的气候变化决策取决于对经济利益的判断，并随气候变化认知不断深化，经济利益内涵也相应扩展，上升到地缘政治的高度，中国主要通过外交谈判来维护经济利益，其途径是维护发展中国家的团结。[3] 国外相关研究，比如日内瓦国际贸易和可持续发展中心的研究报告指出，中国在能源安全、环境可持续性、就业、投资与贸易等方面有着较强的利益关切，凭借自身的自然禀赋和动态能力，中国需要贸易和外贸来满足这些利益需求，鉴此增强了国内政策导向可再生能源

---

① 严双伍、赵斌：《美欧气候政治的分歧与合作》，《国际论坛》2013 年第 3 期；张志洲：《提升气候问题传播的话语质量》，《对外传播》2010 年第 9 期。

② 马建英：《全球气候外交的兴起》，《外交评论》2009 年第 6 期；马建英：《国际气候制度在中国的内化》，《世界经济与政治》2011 年第 6 期。

③ 庄贵阳：《后京都时代国际气候治理与中国的战略选择》，《世界经济与政治》2008 年第 8 期。

和低碳经济之路的可能性。[①] 事实上，近年来，反复为国际行为体（尤其国家）所重视的气候变化问题（中共十八大以来更是将应对气候变化上升到中国国家战略的高度），无异为一个集体行动的难题。理论上的困境，在于寻求集体行动难题化解与公共问题治理之道举步维艰；现实窘况则表现为气候治理成效不大且时而出现"气候政治"倒退。这些现实矛盾与理论困境在"气候政治"当中表现得淋漓尽致。换言之，这里所谓理论困境和现实窘况，除了主观上中国气候外交本身可能仍不成熟，更多问题还可能出自（相对）客观上，即全球气候政治/全球气候治理这一更为宽广的叙事情境。

2013 年 3 月，习近平主席访问俄罗斯期间，在莫斯科国际关系学院发表重要演讲时强调，应建立以合作共赢为核心的新型国际关系；面对错综复杂的国际安全威胁，合作安全、集体安全、共同安全才是解决问题的正确选择。新型国际关系理念的主要内容，即倡导建立（以合作共赢为核心的）新型国际关系：和平、发展、合作、共赢成为时代潮流，始终不渝走和平发展道路，按照"亲、诚、惠、容"理念推进周边外交，坚决维护国家核心利益。

新型国际关系理念方面，国内研究聚焦该理念产生的理论历史基础，比如和平共处五项原则就顺应了国际关系发展趋势和国际新秩序大义所向，已经成为中国外交价值体系和国际社会规范体系的重要组成部分，也是中国同世界上爱好和平的国家一起，共同引领世界走向和平发展、和谐共生道路的基本价值准则。[②] 也有学者从个案分析的角度，认为当代新型国际关系的构建是整个亚太地区国际秩序重建的决定性因素。[③] 国外研究方面对新型国际关系的讨论，主要注重对"新型大国关系"的解读。[④] 同时由于这种新型大国关系所重点考察的就是中美关系，因之相关讨论其实反映了两种主要的认知分歧——"国强必霸"VS 合作共赢，前者以美国芝加哥大学教授约翰·米尔斯海默（John

---

① Ricardo Meléndez-Oritiz, Joachim Monkelbaan and George Riddell, "China's Global and Domestic Governance of Climate Change, Trade and Sustainable Energy: Exploring China's interests in a global massive scale-up of renewable energies", *Indiana University Research Center for Chinese Politics and Business* (*RCCPB*) *Working Paper*, No. 24, March 2012.

② 苏长和：《和平共处五项原则与中国国际法理论体系的思索》，《世界经济与政治》2014 年第 6 期。

③ 汪宁：《俄罗斯"东进"与新型当代国际关系的构建》，《国际观察》2014 年第 1 期。

④ "Destabilizing Demographics: A New Type of Major-Power Relationship?", *Georgetown Journal of International Affairs*, Oct. 3, 2014, http://journal. georgetown. edu/spotlight - on - 15 - 2 - destabilizing - demographics - a - new - type - of - major - power - relationship - an - interview - with - cheng - li/.

Mearsheimer）为代表①，后者则以中国学界所认同的和平发展与合作观为导向。可见，对于新型国际关系或新型大国关系的理解，乃至对于崛起中的中国而言，国内外研究存在较为明显的认知分歧。究其缘由，除了意识形态与文化差异外，崛起中的中国与世界的相互建构关系，客观而言也的确使中国的大国身份充满双重矛盾性——既是新兴大国，又是发展中国家。那么，如何科学地认知和清醒地评价中国与国际社会的互动，就成了一个尤为重要和关键的理论难题。然而，新型国际关系建构的阻力或困难，即同样存在现实和理论上的双重困境。现实困境在于旧式的或曰传统的大国关系仍然禁锢国家间的政治步伐，冲突的、零和的、对抗的国际关系在区域与国家间层次频繁上演（当然，依照现实主义思维和逻辑，这似乎才是国际关系的实质或本质表现，即"不和谐的世界秩序亘古不变"）；理论困境则存在于至少三个维度：崛起国家与守成国家之间的权力转移难题、崛起国家如新兴大国如何处理与小国（或弱国）之间的关系、新兴大国群体内部的国家间关系（自群体——准集体身份迷思）。

已有相关研究为本研究的开展提供了较好的理论基础，启迪了智慧火花。通过对现有研究的进一步追问和深化，我们不妨将新型国际关系理念嵌入作为研究热点与难点的气候政治分析中，并以新型国际关系理念为指导，重点讨论中国气候外交战略调整的必要性和可能性，并进而为全球气候治理提供中国方案和中国思路，走出一条合作共赢的和平发展可持续之路。

二 全球气候治理与构建新型国际关系的共有理论困境

全球气候治理与新型国际关系建构，所面临的理论困境极其相似，除了"合作共赢"与"冲突零和"之二元对立外，还更可能出现非对称博弈的情境，这时可能取决于大国的道义水平和提供国际公共物品的能力差异。具体论析如下。

（一）"合作共赢"与"冲突零和"

全球气候政治呼唤全球气候治理，从下文将要论及的这一全球公共问题化解之道而言，寻求在气候变化议题领域的全球合作与行为体间（尤其国家间

---

① John Mearsheimer, *The Tragedy of Great Power Politics*, New York：Norton, 2001, pp. 172 - 190.

政治经济）共赢，方可能实现气候政治集体行动难题的根本解决。然而，气候变化本身的"吉登斯悖论"（即明知气候变化风险令人恐惧，当前人们却始终难以做出实质性应对，直到危险来临之时再抱佛脚却来不及了)[①]——几乎没有国家因为气候政治伦理规约或道德束缚而完全禁锢发展步伐甚或放慢增长脚步，于是这又为全球"气候政治"平添了不少"冲突零和"色彩，自然也从"客观"上加大了全球气候治理的难度。这种"冲突零和"，不仅表现为发展中国家与发达国家之"南北两极"对立，还可能表现为发达国家间内部的矛盾分歧，甚至发展中国家自群体的日益分化（如"G77＋中国"的分化，小岛国家、最不发达国家与新兴经济体国家间凝聚力的弱化），从而使全球气候政治呈现"群体化"（grouping）与"碎片化"（fragmentation）现象共存的独有特点。[②] 新型国际关系的建构，尽管自 20 世纪 70 年代以来的全球化与相互依存态势伴随冷战终结而进一步强化，但"历史的终结"[③] 其实并非意味着旧式国际关系与传统的崩解，更遑论新型国际关系之"新"，其实正在于和旧式国际关系之"旧"相较而论方可能"破旧立新"。那么，崛起国家与守成国家之间的权力转移难题、崛起国家如新兴大国如何处理与小国（或弱国）之间的关系，等等，诸如此类难题仍旧构成新型国际关系构建之路上无以规避的理论困境。

从理论上来看，"合作共赢"似应成为全球治理和国际关系的主流，尤其应成其为国家间互动的主旋律，方可能最终有效应对后冷战时代以来的（传统与非传统）安全等复合危机/威胁/挑战。然而，理论困境则在于"合作共赢"仍在很大程度上受限于"冲突零和"，这种二律背反，即"合作 vs. 冲突"/"共赢 vs. 零和"，不仅反映了国际关系与世界政治的永恒主题，亦同样是国际关系理论和世界政治哲学关注的焦点所在，而且新的政治问题已然超出了现代思想体系的解释和解决能力，全球化（和全球问题）也迫使人们不得不进一步思考更新更广阔的政治问题，面临更为根本的思想挑战。[④]

---

① Anthony Giddens, *The Politics of Climate Change*, Cambridge：Polity Press, 2009, p. 2.

② 严双伍、肖兰兰：《中国与 G77 在国际气候谈判中的分歧》，《现代国际关系》2010 年第 4 期；赵斌：《全球气候政治中的美欧分歧及其动因分析》，《华中科技大学学报》（社会科学版）2013 年第 4 期；赵斌：《新兴大国气候政治群体化的形成机制——集体身份理论视角》，《当代亚太》2013 年第 5 期。

③ Francis Fukuyama, "The End of History?," *The National Interest*, Summer 1989, https：//ps321. community. uaf. edu/files/2012/10/Fukuyama – End – of – history – article. pdf.

④ 赵汀阳：《天下体系——世界政治哲学导论》，中国人民大学出版社，2011，第 78 ~ 79 页；赵汀阳：《哲学的政治学转向》，《吉林大学学报》（社会科学版）2006 年第 2 期。

（二） 非对称博弈

不能否认，单从学术史和概念界定来看，社会科学中的博弈（论）研究的确汗牛充栋，"博弈"一词也大有泛化运用之嫌，学界对博弈及其基本类型的理解也存在一定争议，且尤其重在探讨行为体间何以走向或规避冲突，选择或趋向合作的博弈求解分析有待进一步深化。况且，由于简单化、与现实不符，形式主义推理以及元假设理性选择论等运用限度问题，博弈论在国际关系研究中的成就仍较为有限。① 这里，我们仅从一般意义上使用"博弈"这一标签，亦即国际关系中的两个（及以上）行为体间的复杂互动进程。显然，不论是全球气候治理，还是新型国际关系的建构，必定是多个行为体间的复杂博弈，且这种博弈更可能是"非对称"行为。也就是说，由于行为体尤其是国家单元之间的能力差异，传统国际关系和全球治理，都关乎非对称博弈。鉴于此，同一个世界，其实更可能有不同的"梦想"——"显然，世界并不是同一的。令人悲哀的是，南方与北方之间仍然存在巨大差异。或许有些令人惊讶的是，在那些被认为处于全球化范围内的国家中间，差异也非常显著和持久。如各国的金融模式就存在明显区别……我们的观察越细致，发现的差异也就越多。这不足为奇。如果我们更近地检查那些远看起来平滑、一律、简单的事物，就会发现它们粗糙、多样和复杂……"；"国际政治中的最重要的事件是由国家实力的差异解释的，而不是由跨越国家或超越国家活动的经济力量解释……为了民族主义、族裔和宗教，政府和人民会牺牲福利，甚至牺牲安全"。②

可见，只要"权力的世界"暂时还无法完全向"权利的世界"过渡，那么非对称博弈及其矛盾衍生的可能性则同样无以消解。本质上，前述与全球气候治理（善治/良治）、新型国际关系（合作共赢）相对立的全球气候治理失灵、国际关系冲突零和，则导向的是一个共同的"失序世界"。

三　全球气候治理与构建新型国际关系的共有现实阻力

除了共有理论困境，全球气候治理与构建新型国际关系的进程还可能遭遇共有现实阻力，且基本是如上所述共有理论困境的现实还原，即冲突零和、非

---

① 胡宗山：《博弈论与国际关系研究：历程、成就与限度》，《世界经济与政治》2006 年第6 期。

② Kenneth Waltz, *Realism and International Politics*, New York：Routledge, 2008, pp. 232 - 233, 237 - 238.

对称博弈所衍生的一系列"政治倒退/衰朽"（political decay）。所谓"政治倒退/衰朽"，这一政治学概念通常指代社会现代化增长快于政治与制度现代化，从而引发混乱和失序；政治倒退/衰朽在政治发展与转型进程中并不罕见，"破旧立新"往往还难以避免地与"混乱、失序"等相纠缠，政治制度持续、和平、充分适应新环境新条件（例如，除了社会流动可能导致政治失衡外，人类学家甚至推测气候变迁是玛雅文明和印第安文化衰颓的重要原因）其实是很难做到的。① 因此，关乎未来政治的全球气候治理和新型国际关系建构，都至少需要共同应对政治倒退这一政治发展进程中可能遭遇的现实阻力。如上有关理论困境的分析中指出的，全球气候治理失灵和国际关系冲突零和，均是国际/世界政治意义上的倒退现象，这些现象共同构成了全球气候政治和新型国际关系的现实阻力，如下我们不妨稍做展开分析。

其一，"全球气候政治"退向"国际气候政治"？按照全球治理理论与实践，我们习惯上会用"全球"（global）或"世界"（world），而非"国际"（international）来指涉公共问题应对方面的谨慎希望。因为"全球政治"或曰"世界政治"，指的是政治关系在时空上的拓展和延伸，其中政治权力和政治行为跨越了主权民族国家边界，也正是在全球化的时代意义上，"全球政治/世界政治"，与"国际政治"在政治权力主体、议题领域、结构特征等方面存在差异。② 因而，现实图景倘若频繁充斥着"全球气候政治倒退"，则正是"全球/世界政治"退向"国际政治"的残酷表现（在政治发展的语言学和哲学意义上，假如"global/world"势必更优于"international"的话）——国际政治的任何退化、停滞，都将使全球/世界政治发展始终流于"口号""标签""乐观主义"迷思或曰幻象。具体说来，全球气候政治的倒退可能源于某些国家（尤其国际政治中的大国）和国家群体的国际行为结果。国家层面，以美国、加拿大为典型，2001 年小布什政府拒绝签署《京都议定书》并退出京都机制，十年之后，美国的近邻加拿大同样发生蜕变，即在 2011 年南非德班大会结束第二天同样宣布退出京都机制，可见原本为应对气候变化这一巨大挑战而通往理想彼岸，所需借重的主权民族国家经济和政治手段却给我们带来了麻烦；③ 国

---

① Samuel P. Huntington，"Political Development and Political Decay"，*World Politics*，Vol. 17，No. 3，1965，pp. 386 - 430；Francis Fukuyama，*Political Order and Political Decay*：*From the Industrial Revolution to the Globalization of Democracy*，New York：Farrar，Straus and Giroux，2014，p. 455.

② David Held et al.，*Global Transformation*：*Politics*，*Economics*，*and Culture*，Stanford：Stanford University Press，1999，p. 49.

③ 谢来辉：《全球气候领导者的蜕变：加拿大的案例》，《当代亚太》2012 年第 1 期。

家群体层面，则以 2009 年哥本哈根气候大会为分水岭，所谓的气候政治"联盟"格外引人注目，这一趋势似乎刷新了人们的国家间气候政治认知，二元对立旧秩序亦可能更多地让位于群体行为之乱象。[①] 事实上，不论是国家层面的"倒退"，还是看似更为接近混沌/失序的群体化狂想曲——七十七国集团（G77）、基础四国（BASIC）、金砖国家（BRICS）、小岛国家联盟（AOSIS）、伞形国家（Umbrella）等，所共同还原的却是一个全球气候政治倒退或曰全球气候治理失灵的现实世界。

其二，国际关系滑入霍布森丛林/米尔斯海默世界？几乎与哥本哈根气候年同步，国际关系传统安全领域亦属乱象丛生：2008 年格鲁吉亚，2014 年乌克兰危机，两场危机几乎将人们的视线重新拉回 20 世纪，国际政治呈现如米尔斯海默所言之"退向未来"——"冷战后欧洲的不稳定"似乎成了"自我实现的预言"。冷战后东欧的无政府状态和强现实主义色彩，使冷战期间被两极体系掩盖的矛盾浮出水面，并且也使全世界对该地区的关注一度陷入"新冷战会否来临"的沉思。换言之，格鲁吉亚危机和乌克兰危机甚至昭示着国际政治部分回归 20 世纪初期的某些特征，危机难以管控，冲突各方也很难保持克制，那么地区对抗色彩愈发强烈，和平更难以提上议程，国际法和国际制度的作用也可能进一步弱化。

旧式国际关系思维惯性与现实表象：冲突、对抗、零和（亘古不变的权力之争）。本章固然认同"新型国际关系"这一提法的科学性和建构新型国际关系的必要性，然而我们似乎更需要关注外部世界对中国有关"新型国际关系"理念与实践的反馈（国际反应与评价）。如此，方可能进一步探索实现国家间战略互信、中国与世界的良性互动之可行性路径。

令人略感失望的是，对于"新型大国关系"这一标识的认知，竟仍可能被外界妖魔化曲解为"危险的标语"。[②] 甚而，认为"新型大国关系"不过是"和平共处五项原则"等古老宣言的翻版，且不论这种话语基调与美国"将崛起大国纳入已有秩序的战略考量"产生何等的共鸣，都不应给予政策重要性方面的回应。[③]

---

① Edward Samuel Miliband, "The Road from Copenhagen", Guardian, 2009 – 12 – 20, http://www.cfr.org/climate – change/guardian – road – copenhagen/p21030.

② Andrew S. Erickson and Adam P. Liff, "Not-So-Empty Talk: The Danger of China's 'New Type of Great-Power Relations' Slogan", Foreign Affairs, October 9, 2014, http://www. foreignaffairs. com/articles/142178/andrew – s – erickson – and – adam – p – liff/not – so – empty – talk.

③ Peter Mattis, "Nothing New About China's New Concept", The National Interest, June 7, 2013, http://nationalinterest. org/commentary/nothing – new – about – chinas – new – concept – 8559? page = 2.

四 寻求"新""老"难题的化解之道

解决困境的出路，往往在于如何妥善处理具体叙事情境中的竞合关系，也就是说，"共赢"是一种相对理想的结果或愿景，而通往这种前景却需要以"合作"而非"冲突"的形式来实现。显然，在这种动态进路中，不可能排除竞争/纠纷。因此，基于特定情境的非对称博弈中的竞合关系为常态。需要在这种常态中尽可能寻求"共识"（理论上的）和理解尊重（现实中的）。

（一）妥善处理合作竞争关系

通过前文有关全球气候治理与新型国际关系可能面临的共有困境分析，我们不难推知，可能的因应之策，则在于各行为体在复杂互动进程中如何妥善处理合作竞争（coopetition）① 关系。显然，不论全球气候变化，还是位列国际关系三大支柱之一的国际安全（一般主要涉及传统安全）②，合作竞争（竞合）应当是两个（及以上）国际行为体之间互动乃至交往的常态。在这种合作竞

---

① 在现代管理学当中，coopetition 是由竞争（competition）与合作（cooperation）合成的一个术语，常译作"竞合"，用以描绘企业（尤其跨国公司）之间既相互竞争而又彼此合作的复杂互动关系，参见 Gary Hamel et al., "Collaborate with Your Competitors-and Win", *Harvard Business Review*, Vol. 67, No. 1, 1989, p. 135；Thomas M. Jorde and David J. Teece, "Competition and Cooperation: Striking the Right Balance", *California Management Review*, Vol. 31, No. 3, 1989, pp. 25 – 37；Augustine Lado et al., "Competition, Cooperation, and the Search for Economic Rents: A Syncretic Model", *The Academy of Management Review*, Vol. 22, No. 1, 1997, p. 111；Maria Bengtsson and Sören Kock, "'Coopetition' in Business Networks-to Cooperate and Compete Simultaneously", *Industrial Marketing Management*, Vol. 29, No. 5, 2000, p. 412；Mosad Zineldin, "Coopetition: The Organization of the Future", *Marketing Intelligence & Planning*, Vol. 22, No. 7, 2004, pp. 780 – 790；Marcello M. Mariani, "Coopetition as an Emergent Strategy: Empirical Evidence from an Italian Consortium of Opera Houses", *International Studies of Management & Organization*, Vol. 37, No. 2, 2007, pp. 97 – 126；Giovanna Padula and Giovanni Battista Dagnino, "Untangling the Rise of Coopetition: The Intrusion of Competition in a Cooperative Game Structure", *International Studies of Management & Organization*, Vol. 37, No. 2, 2007, p. 37。

② 学界可能因研究方法、对象、视角（知识结构背景）等多元因素而对国际关系研究分类存在诸多不同看法，但目前主流国际关系研究仍可以粗略划分为三大领域，即国际关系理论（IRT）、国际安全（IS）、国际政治经济学（IPE）。比如，代表最前沿研究动态的世界级刊物《国际组织》（*International Organization*）和《国际安全》（*International Security*），大量刊载 IRT、IS 和 IPE 方面的研究成果，可见一斑。当前中国国际关系学界的主要核心期刊，则更为侧重问题导向，不过也时常开列 IRT、IS 和 IPE 专题讨论，或组织相关学术会议，供百家争鸣。

争关系中，彼此存在竞争关系的独立行为体之间，从来都是不完全排斥合作的，因之我们可以设想行为体间总是相互依赖的——这种相互依赖所包含的竞争与合作行为，可能出于对全球价值/收益/扩张的某种需求。罗伯特·基欧汉（Robert Keohane）在其成名作《霸权之后》当中也曾明确指出，合作本身往往与分歧联系在一起，并部分说明采取成功的努力以克服潜在或现实分歧的必要性，从某种意义上讲，合作恰恰是对分歧的一种反应，如果没有分歧，也就没有了合作的必要。①

如前文所述，新型国际关系建构进程所面临的理论困境和现实阻力，这里我们不妨仍以乌克兰危机为例，这场危机一度使大国政治如俄欧关系趋于紧张。然而，经济上较为明显的相互依存——俄罗斯是欧洲第三大贸易伙伴，且欧盟又是俄罗斯的第一大贸易伙伴。这一事实使双方不得不尽快缓解紧张关系并避免任何潜在的煽动或冲突行为，从而其不仅作为对俄罗斯在全球事务中心舞台之地位复苏的某种国际反馈，也有助于整个欧洲大陆的稳定。鉴此，欧盟国家倡导"合作竞争/竞合"（co-opetition），即在欧俄之间同时推动合作与竞争——充分认知双边关系改善的可能性，并设想未来可期的国际谈判中俄罗斯不至于抵触欧洲的利益，这就要求欧洲的对俄政策导入新框架，使经济利益与政治目标相分离，从而最终使欧洲能较为灵活地应对双边关系和国际谈判（不仅乌克兰危机，欧盟对全球环境的评估和审度也理应做到游刃有余）。②

（二）利用议题联系与功能外溢

就本文所讨论的两大议题而言，虽说同时涉及传统和非传统安全领域，但二者间的相互关系恐怕并非完全泾渭分明。反过来讲，我们其实也应当尽可能找寻二者间的契合点——必须承认，一般按照研究方法和研究对象选择，或许无论单独讨论全球气候治理还是新型国际关系建构都颇具难度、充满复杂性和不确定性，但这并不意味着二者间全然没有联系；多数时候，往往是出于研究者和决策者偏好，且更可能囿于数据掌握不全面、信息获取不充分等客观条件限制，我们难以将原本可能相互交织的传统和非传统安全议题（研究）结合起来。那么，利用议题联系（issue linkage）与功能外溢（spillover），则似乎

① Robert Keohane, *After Hegemony: Cooperation and Discord in the World Political Economy*, New Jersey: Princeton University Press, 1984, pp. 53 – 54.

② Vivien Pertusot, "'Co-opetition' with Russia: can the EU do it?", European Leadership Network, Sept 24, 2014, http://www.europeanleadershipnetwork.org/co-opetition-with-russia-can-the-eu-do-it_1931.html.

成了一个难得的两全之策。

　　议题联系是国际合作尤其国际谈判当中的常用策略，用以寻求两个（或以上）议题讨论的同时解决方案，且决策者因此而相信议题联系可以使国家间合作达到新的水平线或取得意想不到的效果。[①] 此外，议题联系还可以被视为补偿支付，即行为体/决策者期望在某议题上获得其他谈判方的某种让步，而通过在其他议题上给予对方物质/经济好处的方式，来推动双边/多边合作实现。[②] 鉴于此，也就可能进一步细分为策略性和实质性议题联系，前者一般常见于议题间联系较为松散甚或并不关联的情境——如1991年的《马斯特里赫特条约》可被视为这方面较为成功的经典案例，既创立了单一货币，又促成了欧洲国家间的政治合作，推动了欧洲政治一体化建设；[③] 后者则显然更为偏向议题间的智识关联，并倾向于将原本各自独立的议题有机整合起来进行处理——如以1919年的《凡尔赛和约》为典型，除了为终止第一次世界大战而达成和平协议并建立国际联盟以外，法国代表还坚持主张德国必须承担赔款义务，并以此作为法国最终签署和约的前提，这使美国等其他大国不得不接受。[④] 这里我们不难联想到，国际体系中的大国间互动，由于各自在双边、多边关系甚或全球舞台上存在错综复杂的利益关联，因之一旦涉及国际谈判和利益考量，势必会遭遇议题交汇的情境，而所谓的议题联系甚至"脱钩"现象，大国行为体通过联系或"脱钩"来推动国际谈判朝向于己有利的形势发展[⑤]——在笔者看来，这种国际行为其实也仍更偏向策略性议题联系。当然，需要指出的是，利用议题联系来促成国际合作恐怕也仍存在一定的困难，尤其对策略性的议题联系而言，很难找到议题间的"联结"或曰联系点，且

---

① James Sebenius, "Negotiation Arithmetic: Adding and Subtracting Issues and Parties", *International Organization*, Vol. 37, No. 2, 1983, p. 298.

② Robert Tollison and Thomas Willett, "An Economic Theory of Mutually Advantageous Issue Linkages in International Negotiations", *International Organization*, Vol. 33, No. 4, 1979, p. 426; H. Richard Friman, "Side-Payments Versus Security Cards: Domestic Bargaining Tactics in International Economic Negotiations", *International Organization*, Vol. 47, No. 3, 1993, p. 388.

③ Ernst Haas, "Why Collaborate? Issue-Linkage and International Regimes", *World Politics*, Vol. 32, No. 3, 1980, pp. 371–373; 罗志刚、严双伍主编《欧洲一体化进程中的政治建设：国家关系的新构建》，人民出版社，2009，第105、115页。

④ Vinod Aggrawal (ed.), *Institutional Designs for a Complex World: Bargaining, Linkages, and Nesting*, New York: Cornell University Press, 1998, p. 16; Zara Steiner, *The Lights That Failed: European International History*, 1919–1933, New York: Oxford University Press, 2005, Chapter 1.

⑤ 周舟：《中美关系中的议题联系与议题脱钩》，《外交评论》2011年第1期。

有关失败谈判的数据分析不足，也容易屏蔽/忽视议题联系之于促成国家间谈判协议的有力影响。[①] 同样的，就本章所观照的主题而论，利用议题联系，涉及气候变化和新型国际关系建构这两大议题领域，如前文所述共有理论困境和现实阻力，不妨反过来乐观思量——全球气候治理与新型国际关系建构，虽说是一对"新""老"难题且都可能面临着复杂窘况，然而这些困难其实也正昭示着二者间关系兼具策略性和实质性议题联系特征。那么，也就是说，不仅可能在诸如新型国际关系建构存在认知/互动失调之时合理"掺入"全球气候治理的应有元素，从而使大国关系发展与全球气候治理进程都达到新的高度——这方面的例证可见于 2009 年以来的历次中美战略与经济对话，显然双方的议题联系不仅限于经济领域，气候变化治理方面的中美对话与合作也渐次得到推进。2015 年，中美双方甚至还就气候融资渠道（绿色气候基金的运营和公共融资）、清洁能源发展、低碳技术转移等具体细节方面达成一致，加强相互沟通和协调。简言之，既然全球气候政治和新型国际关系发展之路都不可能一帆风顺，那么将这两大议题联系在一起，可能相互推进并取得新的突破。

功能外溢，原本出自经济学术语"溢出效应"，如现代微观经济学之父阿尔弗雷德·马歇尔（Alfred Marshall）在有关"知识溢出"的研究中指出，行为体通过研究（尤其基础研究）与开发创造出新的知识，这不仅可能转移到诸如产品设计等其他经济进程当中，还可能产生所谓的正外部性，让其他行为体乃至公共环境都获益。[②] 无独有偶，"外溢"被迁移运用至国际关系理论，特别是与欧洲一体化研究紧密相关的新功能主义理论当中，一些国家（倡导并积极践行一体化的）经验，为相关领域的一体化增添了强劲势头，这种可以被称为"外溢"的现象犹如"看不见的手"——即使一体化进程本身可能遭遇阻力，也仍会保持前行。[③] 外溢可进一步分为功能外溢（相互关联的不同议题，某个政策领域的一体化会溢出到其他领域）和政治外溢（超国家治理的构建如欧洲联盟或联合国）；如同议题联系，同样必须承认的是功能外溢也存在一定的局限：实践中的功能外溢并不一定能导向合作，且还可能忽视那些

① Paul Poast, "Does Issue Linkage Work? Evidence from European Alliance Negotiations, 1860 to 1945", *International Organization*, Vol. 66, No. 2, 2012, pp. 277–310.
② Adam Jaffe, "Economic Analysis of Research Spillovers Implications for the Advanced Technology Program", Dec 1996, http://www.atp.nist.gov/eao/gcr708.htm.
③ John McCormick, *The European Union: Politics and Policies*, Boulder: Westview Press, 1999, p. 13.

容易引起国家间冲突的不同因素。① 显然，就全球气候治理和新型国际关系建构而言，合理利用功能外溢，也不失为一种可供选择的因应之策。具体来说，比如在全球气候政治进程当中，虽说相对以《联合国气候变化框架公约》和《京都议定书》框架进程谈判为主导的各个缔约方应遵循共同但有区别的责任、各自能力原则等，但事实上具体议题导向如减缓、适应、资金、技术、能力建设、行动和支持的透明度等各大要素方面的发展显然难以均衡。不过，这不能因此而成为气候政治发展停滞的理由，而只能说在气候政治的各个具体议题尤其适应资金、技术和能力建设等方面，对于新兴国家乃至广大发展中国家而言还存在较广阔的提升空间。不妨以气候融资为例，它不仅可能助推以中国为代表的新兴大国实现低碳经济转型，也可以帮助广大发展中国家提升适应气候变化风险的能力，并通过资金有效分配来加强应对气候变化的能力建设；同理，在清洁能源的发展方面，不仅可以直接推动气候环境质量的改善，也可能因此而外溢到资金和能力建设等气候政治议题的其他方面。也就是说，我们即使单纯讨论气候治理，其实就当前的气候政治现实而论，未见得一定要追求完美主义式的均衡步伐，而在已经取得国际社会共识的相关议题上不妨做出进一步筛选，即有的放矢、有所侧重地推进气候治理。中国气候外交亦如是，在减缓行动及相关谈判可能陷入僵局时，加强与俄罗斯、巴西等新兴大国的低碳经济合作，从而夯实已有的金砖国家和基础四国平台，并推动发达国家资金和技术支持等向发展中国家转移。

（三）　非对称博弈中实现"合作共赢"

诚如本章对理论困境的分析所述，全球气候治理与新型国际关系建构路径，均可能运行于非对称博弈。换言之，不论是找寻气候变化这一的全球公共问题的化解之道，还是在曲折前行中为国际关系建构出一种新的规范，其实都不得不应对主要行为体（尤其国际政治中的大国）之间的复杂博弈。显然，不论是传统安全/高级政治，还是作为非传统安全议题来讨论的气候环境治理，倘若我们考虑到各行为体的利益分歧/冲突而一再陷入悲观主义循环，那么不仅全球气候治理和新型国际关系建构，甚至国际合作本身都恐将永远无解。究其根源，国际关系的本真关怀，即人的本体安全，作为第一意象且作为行为主

① Peter Wolf, "International Organization and Attitude Change: A Re-examination of the Functionalist Approach", *International Organization*, Vol. 27, No. 3, 1973, pp. 347 – 371; Lawrence Ziring et al., *The United Nations: International Organization and World Politics*, Belmont, CA: Thomson Wadsworth, 2005, pp. 398 – 403.

体之一的（个体的及大众政治参与的）人，理应主宰自己的命运，无奈面对（世界主义的）社会建制时往往不免感到陌生和无力，而只能批判当下现状或"存在"的不完整，并期待某种乌托邦愿景；从批判的意义上看，国际社会建制的浩大工程中亦似乎总有某些难以更改的"存在"（如亘古不变的权力政治），从而让历史演化披上某种神秘论的外衣；作为历史真正创造者的人反而沦为客体，不得已重复着僵化的思想和行动模式，维系现存的社会建制。①

可见，在非对称博弈中求解，并尽可能实现"合作共赢"，则成了横亘于主要大国眼前的首要难题。这里，不得不承认的是，"合作共赢"似乎更像是各国外交辞令或政府工作报告中的政治术语，较多象征意义和愿景色彩，而往往可能在实践过程中遭遇重重阻力。那么，对于全球气候政治，尤其中国气候外交而言，于非对称博弈中找寻实现合作共赢的可能性，亦显得尤为迫切。鉴于此，中国作为新兴大国，不得不面对和接受国家间政治意义上的国际气候政治发展不平衡之现实，并认清矛盾的特殊性，依据不同的情势做出审慎判断和战略抉择——既然全球气候政治呈现群体化与碎片化，那么中国须在"站队选择"中有所侧重，这一点不仅对全球气候治理，而且对新型国际关系建构同样适用。如果说，妥善处理合作竞争关系、合理利用议题联系与功能外溢等对于国际政治中的主要行为体具有普适效应的话，那么非对称博弈中实现"合作共赢"则相对（尤其对中国气候外交而言）更具有主体价值。自 2009年以来，全球气候政治格局由传统的"南北两极"（发达国家 vs. 发展中国家）演化为"三足鼎立"（发达国家、发展中国家、新兴大国）。为在更具有复杂系统特征的全球气候政治格局中"左右逢源"或至少占据较有利的战略地位，中国气候外交一方面需要利用自哥本哈根气候大会突现的基础四国平台，并通过金砖国家对话加强与俄罗斯、印度、巴西、南非等新兴大国的气候政治合作，提高议事效率；另一方面，直面因自身作为新兴大国快速增长的经济实力和碳排放量而成为"众矢之的"的尴尬现实（其中批评之声甚至来源于发展中国家世界）②，则与以伞形国家为代表的发达国家群体进行斡旋并适当承担起减缓和适应责任，进而为广大发展中国家群体谋福利，不失为可见将来的主导路径。同理，新型国际关系建构，也应突出中国外交的主体价值和主导性，更遑论中国气候外交其实与中国外交的整体步伐保持一致。况且，以合

---

① 严双伍、赵斌：《自反性与气候政治：一种批判理论的诠释》，《青海社会科学》2013 年第2 期。

② 赵斌、高小升：《新兴大国气候政治的变化机制——以中国和印度为比较案例》，《南亚研究》2014 年第 1 期。

作共赢来实现全球气候治理和气候政治合作，事实上也正是新型国际关系理念及内涵当中的应有之义。

结　语

不论是全球气候治理还是新型国际关系的建构，所面临的理论困境和现实阻力极其相似。本质上讲，共有困境来自旧式国家间政治思维（对全球气候政治发展和新型国际关系构建之路带来羁绊）。换言之，国际政治中的大国，仍坚持旧有的对抗/冲突思维来应对（包括传统安全和非传统安全在内的）全球或地区性议题的话，那么其结果只能是使矛盾更趋复杂化，集体行动难题仍旧无解。值得庆幸的是，面对种种困难，国际社会始终没有放弃迎接挑战，比如当前在遭遇恐怖主义袭击的艰难情势之下，各个国家仍坚持共同努力并积极参与巴黎气候大会（2015），让世界人民即使在冷峻的国际关系现实中，也或多或少地能感受到珍爱和平与发展、迈向人类共同愿景的进步可能。

新型国际关系理念的践行，同样需要依托具体的议题，全球气候治理可以为新型国际关系的建构提供较好的时势场域，实现国际关系的良性互动。反过来，新型国际关系理念，也能够用于指导气候变化议题的应对，为人类社会的气候环境议题找寻新的因应之策。

（撰稿人：西安交通大学马克思主义学院讲师赵斌）

第八章 "中国梦"的科学内涵及实现路径

实现中华民族伟大复兴的中国梦，是以习近平同志为核心的新一届中央领导集体治国理政的新理念。"中国梦"是近代以来中华民族最伟大的梦想，它是国家富强、民族振兴、人民幸福的有机统一。"中国梦"深刻总结了中国近现代历史进程，生动表达了现阶段我国社会经济发展的目标任务，有助于凝聚改革最大共识、引领中国未来发展。因而，深刻认识"中国梦"的科学内涵、探寻"中国梦"的实现路径具有重要意义。

一 "中国梦"提出的时代背景

2012 年 11 月 29 日，习近平总书记在参观《复兴之路》展览时第一次深情阐述了中国梦，"我以为，实现中华民族伟大复兴，就是中华民族近代以来最伟大的梦想。这个梦想，凝聚了几代中国人的夙愿，体现了中华民族和中国人民的整体利益，是每一个中华儿女的共同期盼"。[①] 2013 年 3 月 17 日，习近平总书记在十二届全国人大一次会议上又一次提到"中国梦"，他指出："实现中华民族伟大复兴的中国梦，就是要实现国家富强、民族振兴、人民幸福，既深深体现了今天中国人的理想，也深深反映了我们先人们不懈追求进步的光荣传统。"[②] 之后，习近平总书记在国内外各种场合先后多次抒发"中国梦"的情怀，阐释"中国梦"的内涵，宣示"中国梦"的真谛。习近平同志关于实现中华民族伟大复兴中国梦的重要论述，是在新的历史起点上对实现我国未来更高奋斗目标的政治动员和大众化表达。"中国梦"的提出具有深刻的时代背景。

---

① 《习近平总书记深情阐述"中国梦"》，《人民日报》2012 年 11 月 30 日。
② 习近平：《在第十二届全国人民代表大会第一次会议上的讲话》，《人民日报》2013 年 3 月 18 日。

（一）"中国梦"的提出是对复杂多变国际形势的科学判断

"中国梦"的提出是对和平与发展当代世界主题的回应。当前，国际局势正在发生深刻变化，呈现经济全球化、政治多元化的发展趋势。国际形势中不稳定、不确定的因素明显增加，世界还很不太平，但和平与发展仍然是时代主题，"中国梦"的提出就是对和平与发展当代世界主题的积极回应。今天，国与国之间的联系越来越紧密，经济全球化和社会信息化正在深刻改变着人类生活，各种纷繁复杂的全球性挑战日益需要各国合作应对，可以说，整个世界正在成为一个休戚与共的命运共同体，世界要和平，各国人民要合作，各个国家要发展已经成为不可抗拒的时代潮流。和平与发展是世界各国人民普遍的愿望，中国更是如此。中国梦是发展梦，也是和平梦。中国梦的实质是中国人民对中国社会未来发展理想状态的追求，也是中华民族对世界和平发展的一种强烈期盼。因为中国梦所追求的民族复兴是"自立于世界民族之林"地位的复兴，也是对人类做出"较大贡献"能力的复兴；中国梦所追求的国家富强是为了与其他国家和平共处、合作共赢的富强；中国梦所追求的人民幸福更是指在和平环境下幸福的生活。而这一切都需要有一个内在的和外在的和平环境做保障。因此，习近平总书记在十八届中央政治局第三次集体学习时指出，党的十八大明确提出了"两个一百年"的奋斗目标，我们还明确提出了实现中华民族伟大复兴的"中国梦"的奋斗目标。实现我们的奋斗目标，必须有和平国际环境。没有和平，中国和世界都不可能顺利发展；没有发展，中国和世界也不可能有持久和平。中国梦也是世界梦的一个部分，中国梦不仅是发展中国家的梦，也必将是有利于世界发展的梦，即和平发展、共同繁荣的梦。因此，中国在追求梦想的道路上，高举"和平、发展、合作、共赢"的旗帜，坚持对内科学发展、对外和平发展、与世界共同发展。正如习近平主席访问美国时所指出的，中国梦与美国梦是相通的，中国梦同样也是与世界梦相通的，实现中国梦，实现中华民族的和平崛起，无疑符合全世界绝大多数爱好和平、崇尚和平人民的利益，中国人民谋求民族复兴、国家富强、实现中国梦的伟大实践，也必将为全世界的和平发展注入更多活力、增添强大动力。

（二）"中国梦"的提出是对国内经济社会改革发展形势的准确把握

当前中国面临的首要任务，是从全面建设小康社会到全面建成小康社会。党的十八大以来，以习近平同志为总书记的党中央从坚持和发展中国特色社会主义全局出发，提出了全面建成小康社会、全面深化改革、全面依法治国、全面从严治党的战略布局。其中，全面建成小康社会是处于统领地位的战略目标。从全面建设小康社会到全面建成小康社会，是党中央向全国人民做出的庄严承诺。党的十六大以来的十年，我国经济建设、政治建设、文化建设、社会建设、生态文明建设全面推进，我们成功地迈上了三个大的台阶，即社会生产力、经济实力、科技实力迈上一个大台阶；人民生活水平、居民收入水平、社会保障水平迈上一个大台阶；综合国力、国际竞争力、国际影响力迈上一个大台阶，全面建成小康社会的目标遥遥在望。但全面建成小康社会还面临着不少困难和挑战，正如邓小平同志指出的，发展起来以后的问题不比发展时少。在全面建成小康社会的攻坚阶段，我们不仅要解决快速发展所积累的大量矛盾和问题，还要解决好发展中可能产生的一系列新矛盾、新问题。目前，我国仍处于并将长期处于社会主义初级阶段的基本国情没有变，人民日益增长的物质文化需要同落后的社会生产之间的矛盾还没有变，发展中不平衡、不协调、不可持续问题依然突出，深化改革开放和转变经济发展方式的任务依然艰巨，解决各种社会问题的物质基础还比较薄弱。在社会转型和经济转轨的新形势下，我国社会建设滞后于经济建设的问题还比较突出，城乡区域发展差距和居民收入分配差距依然较大，反腐败斗争形势依然严峻。特别是，中国经济在经历30多年的快速增长之后，我国经济正处于从高速增长转向中高速度、中高端质量的发展阶段，经济领域呈现新常态。因此，如何凝聚力量、取得改革最大共识、攻坚克难、全面建成小康社会？实现中华民族复兴的中国梦是当代中国的最大共识。习近平总书记提出的"中国梦"，把实现中华民族伟大复兴定为施政方向，把成就中国梦想当作未来愿景，充分反映了全党全国各族人民的共同心愿，深刻道出了中国近代以来历史发展的主题主线，进一步揭示了中华民族的历史命运和当代中国的发展走向。问题倒逼改革，要实现中国梦，就必须解决当前社会建设领域存在的突出问题，就需要我们从社会主义初级阶段实际出发，通过深化社会体制改革来切实解决这些突出问题，努力实现人民群众追求幸福生活的新期待。

（三）"中国梦"的提出是社会转型期社会共识凝聚的迫切需要

"中国梦"是民族的梦，也是每个中国人的梦，实现中国梦必须凝聚中国力量。面对现代化进程中急剧分化转型的中国社会，"中国梦"是实现社会整合、最大限度凝聚中国力量的精神旗帜。

进入21世纪以来，我国的改革开放取得了阶段性成果，中国进入总体小康社会，并于2010年成为世界第二大经济体，人均GDP达到4000多美元，创造了举世惊叹的"中国奇迹"。2012年中国共产党十八大报告进一步提出了"2020年全面建成小康社会"的奋斗目标。这也意味着21世纪头20年是我国从总体小康到全面建成小康的关键期。而21世纪头二十年,既是我国发展的重要战略机遇期,也是中国发展中的社会转型关键期。从国际社会的发展经验看,社会转型期一般是机遇与风险并存的时期,即"黄金发展期",但也容易变成"矛盾凸现期"。伴随着30多年改革开放实践,一方面,我国的经济实力和综合实力得到巨大发展,人民的生活水平相应得到很大提高,同时,社会各界对中华民族复兴的必由之路也已达成一些共识,譬如,必须走中国特色社会主义道路,必须发展中国特色社会主义理论,必须完善中国特色社会主义制度便是当前社会共识的一个高度概括。另一方面,随着改革开放的深入和中国社会的加速转型,中国社会经济成分和经济利益、社会生活方式、社会组织形式以及就业方式日渐多元化。多元化是伴随中国社会分工日益复杂化、市场化、全球化以及中国进步发展的必然结果,是中国社会现代化进步的表征之一。但多元化也给中国社会进一步发展带来一些亟待解决的问题,使凝聚社会共识面临一系列严峻挑战。我国从传统社会向现代社会的变革,引发了社会阶层结构的改变和社会利益的重新分配。利益来源的多样性、利益主体的多元化、利益分配的多元化等,造成不同利益主体、阶层、群体等凸显,扩大了地区差异和贫富差距,从而引起矛盾冲突。譬如,发展过程中存在的比较严重的不平衡、不协调、不可持续问题,资源环境约束加剧问题,城乡区域发展差距和居民收入分配差距较大问题,一些领域存在的道德失范、诚信缺失问题,少数党员干部理想信念动摇、宗旨意识淡薄问题,以及形式主义、官僚主义、享乐主义、奢侈之风等问题。这些问题导致社会在转型过程中,不断引起利益冲突,或是思想观念和社会规范冲突,从而加大了凝聚社会共识的难度。另外,在意识形态方面,在社会转型期,利益主体的多元化,使新自由主义、实用主义、民主社会主义、文化保守主义等各种社会思潮逐渐形成了一些社会群体的意识,并最终凝聚和演变成社会思潮,对主流意识形态形成冲击。因而,改革越往前、越深入,面临的矛盾也越多,解决难度也越大,特别是在中国经济新常态下,更需要凝聚社会共识。与30多年前相比,今天遇到的改革困境更复杂,破解的难度也更大,所以,当前全面深化改革,最需要、最迫切和最不易的都是凝聚共识。

"中国梦"是当今时代协调各方利益的最大公约数。"中国梦"的提出顺应了中国社会转型时期理想和共识凝聚的需要。寻求最大公约数,以凝聚共识,是党的十八大以来党中央执政理念的一个重要特征。中国梦以国家富强、民族振兴、人民幸福凝聚全民共识。在形式上,"国家富强、民族振兴、人民幸福"这几个词中性、向上，几乎所有的阶层、群体和个人，都能够接受，也容易理解。在内涵上，"国家富强、民族振兴、人民幸福"这几个词，宏观而通用，具有极大的包容性，具有解读的灵活性，为各个群体和个人的具体追求提供了基础和平台。尤其是，中国梦的本质是实现国家富强、民族振兴、人民幸福，把国家梦、民族梦和人民梦相统一，不仅从内在逻辑结构上明确了中国梦的基本内涵，这也是中国政府第一次把"人民幸福"同国家富强、民族振兴相提并论。这不仅极大地提升了中国梦的感染力、感召力，而且也有利于把全国人民更好地凝聚成"利益共同体"和"命运共同体"，使"中国梦"获得广泛认同，成为新的时代条件下凝聚共识、汇聚力量的最大公约数。

二 "中国梦"的内涵

中国梦，是实现中华民族伟大复兴之梦，是实现国家富强、民族振兴和人民幸福之梦。这个梦想既有国家层面的发展方向，也有社会层面的发展规划以及个人层面的发展机会。中国梦的实现，关乎国家的前途、民族的命运和人民的福祉，具有非常丰富而深刻的内涵。

（一）"中国梦"是民族复兴之梦

实现民族复兴，使中华民族真正屹立世界先进民族行列，并永远立于不败之地，是中华民族近代以来最大的梦想。

众所周知，中华文明是世界文明的发源地之一，其在人类历史发展史上具有不容忽略的重要地位。从春秋战国时代的"百家争鸣"，到汉代的"文景之治"，从唐代的"贞观之治"和"开元盛世"，再到清代的"康乾盛世"，在长达 2000 多年的时间里，中华民族创造了丰富的物质财富、先进的科学技术、繁荣昌盛的文化，为世界文明做出了巨大贡献。然而近代以来，随着西方列强的入侵，中国逐渐沦为半殖民地半封建社会。正如毛泽东同志所言，"帝国主义列强侵略中国，在一方面使中国封建社会解体，促使中国发生了资本主义因素，把一个封建社会变成了一个半封建的社会；但是在另一方面，它们又残酷地统治了中国，把一个独立的中国变成了一个半殖民地和殖民地的中国"。[①] 至此，割地赔款、丧权辱国，成为近代以来中华民族现实生存状态的真实写照。列强的侵略，封建王朝的腐朽堕落，使中华民族陷入亡国灭种之灾，于是，民族复兴

---

① 《毛泽东选集》（第2卷），人民出版社，1991，第630页。

成为中华民族近代以来最伟大的梦想。无数仁人志士为了挽救处于危难中的中华民族开始了探寻救国救民之路，并提出了不同的救国方案。先后有农民阶级的天国梦、洋务派的自强求富梦、维新派的改良梦、革命派的共和梦，但这些梦一个接一个地破碎，这些探索一个接一个地失败。直到中国共产党的出现，中国的面貌开始发生翻天覆地的改变。中国共产党90多年的历史，实际上也是努力探索中华民族伟大复兴之路，追逐"中国梦"的"艰难困苦，玉汝于成"的历史。中国共产党人领导中国人民在马克思主义科学理论的指导下，先后通过新民主主义革命、社会主义革命、社会主义建设和改革开放开启了中华民族伟大复兴的新篇章。特别是经过30多年的改革开放实践，中国实现了社会生产力、经济实力和科技实力的飞跃；实现了人民生活水平、居民收入水平和社会保障水平的飞跃；实现了综合国力、国际竞争力和国际影响力的飞跃。这30多年，中国人民的面貌、社会主义中国的面貌、中国共产党的面貌发生了历史性巨变，为民族复兴"中国梦"的继续奋斗奠定了坚实基础。党的十八大以来，以习近平总书记为核心的党中央将中华民族复兴的伟大事业带入新征程。全面建设小康社会体现了中国共产党领导全国人民实现民族复兴目标的连续性。根据2011年底国家统计局科研所发布的统计监测报告，全面建设小康社会实现程度已经从2000年的59.6%提高到2010年的80.3%[1]。在这样的基础上，党的十八大则进一步部署了到2020年实现全面建成小康社会的目标和要求。无疑，这是中国特色社会主义事业的一次质的飞跃，标志着中华民族的伟大复兴进入新的关键阶段。

民族复兴不仅是经济上、政治上的复兴，而且是民族文化的复兴。文化是民族的血脉，是人民的精神家园。文化深深熔铸在民族的血脉之中，体现了民族的认同感、归属感，反映了民族的生命力、凝聚力。中华文化源远流长、博大精深，彰显了国家实力和民族底蕴，培养了民族自豪感，增强了民族凝聚力，反映了中华民族的民族精神、民族经验与民族哲学，曾为世界文化发展和文明进步做出过突出贡献。近代以来，因为多种因素，中华文化在世界上的影响力逐渐下降。今天要实现"中国梦"，要实现中华民族的伟大复兴，就要在不断提高人民物质生活水平的同时，大力发展民族文化，不断提升国家文化软实力，不断恢复和提升中华民族在世界的影响力，为人类文明发展做出更大的贡献。

---

① 马西恒：《全面建成小康社会与民族复兴的新征程》，《理论参考》2013年第3期。

（二）"中国梦"是国家富强之梦

国家富强是民族振兴和人民幸福的前提和根本保证，只有实现国家富强，民族振兴才会有坚实之基础，人民幸福才会有机会和希望。

"国家富强"不仅是古今中外统治者追求的国家建设目标，也是民众对国家的普遍希望。中国古代"富强"的思想，最早萌芽于夏商周时期，形成于春秋战国时期，秦汉之后不断发展。管仲在《管子·形势解》中阐述了"富强"的意义："主之所以为功者，富强也。故国富兵强，则诸侯服其政，邻敌畏其威，虽不用宝币事诸侯，诸侯不敢犯也。"《商君书·壹言》也言："治国者，其抟力也，以富国强兵也。"至此，"富强"成为春秋战国时代的主题，也成为几千年来中国人民的梦想和追求。历史上，中国曾长期是世界上最强大的国家之一，也是世界上文明持续时间最长的国家之一。然而，长达 2000 多年的封建专制，封闭和禁锢了人们的思想，阻碍了科学技术前进的脚步，使中国丧失了一次又一次的发展机遇。随着资本主义生产方式的兴起和近代工业革命脚步的加快，中国很快落伍了。1840 年爆发的中英鸦片战争，不但打开了中国封闭的国门，也打碎了封建王朝的"天朝之梦"。从此，中国逐步沦为半殖民地半封建社会。一系列的侵略战争接踵而至，一系列的不平等条约被迫签订，中华民族遭受了世所罕见的屈辱与苦难。历史证明：落后就会挨打，生存必须自强。

国家富强是实现"中国梦"的前提。只有实现国家经济发展、实力雄厚，才能有实力在纷繁复杂的国际竞争中占有一席之地。放眼世界，贫穷落后的国家，不可能成为强国，国家的强大必须以一定的经济实力为依托。鉴于此，就需要我们从各个方面大力提升国家实力。政治方面，要不断提升国际政治地位，增强国际政治影响力，争取国际社会发言权，坚决维护国家主权及各项权益。只有国家强大，才能在国际事务中大有作为。经济方面，要继续以经济建设为中心，大力发展中国特色社会主义经济，不断提高自主创新能力，变中国制造为中国创造。军事方面，要加快国防和军队现代化建设，不断提高应对多种安全威胁、完成多样化军事任务的能力，为维护国家主权、安全、发展利益和全面建成小康社会提供坚强保障。文化方面，要普及科学教育，发展中国特色社会主义文化，大力实施人才强国战略，为实现国家富强提供人才支持。

国家富强是民族复兴的重要标志，更是民族复兴的重要依托。在当今时代，一个积贫积弱的国家根本无民族复兴可谈，国家之间的竞争本质就是综合国力的竞争。综合国力是一个国家所拥有的生存、发展以及对外部施加影响的各种力量和条件的总和。它包括经济、政治、科技、军事、外交、文化、精神等实力，以及其赖以存在的地理环境、自然资源、人口等基础实力。综合国力的大小强弱，反映着一个国家的发展水平，决定着它满足国民需求、解决国内问题的能力，同时，也在根本上决定着它在国际上的地位和作用。因而，随着中华人民共和国的成立以及社会主义制度在中国的确立，社会主义中国的"国家富强"梦具有了丰富而科学的理论内涵，并且在改革开放的伟大历史实践中，形成了以经济、政治、文化、社会与生态"五位一体"全方位布局为整体性的奋斗目标，向世界展示了一个富强、民主、文明、和谐、美丽的社会主义"中国梦"。并且，党的十八大为中国实现国家"富强梦"，设定了科学的实现路径和"两个一百年"的奋斗目标。就是通过中国特色社会主义道路，在中国共产党成立100年之际，实现第一个奋斗目标——全面建成小康社会；在新中国成立100年之时，实现第二个奋斗目标——建成富强、民主、文明、和谐的社会主义现代化国家。

（三）"中国梦"是人民幸福之梦

中国梦，既是国家梦，也是人民幸福梦。人民幸福梦是中国梦的本质属性，也是社会主义社会发展的最高目标和最终目的，体现了人类社会共同的价值追求。国家是百姓的依托，百姓是组成国家的细胞，是国家存在和发展的根基。中国梦始终是人民的梦，国家富强和民族振兴归根结底是要依靠全面发展的人来实现的，而人民幸福的最终历史诉求则是推进人的全面发展。马克思主义认为，未来社会是"以每个人的全面而自由的发展为基本原则的社会形式"，人既是社会存在和发展的前提，也是社会发展的目的，离开了人的发展就不可能有社会的发展，社会发展的核心是人的发展。党的十八大明确把"促进人的全面发展"纳入中国特色社会主义道路的内涵中，并且强调，"不断在实现发展成果由人民共享、促进人的全面发展上取得新成效"。在诠释"中国梦"的本质内涵时，习近平同志指出：实现中华民族伟大复兴的中国梦，就是要实现国家富强、民族振兴、人民幸福。在党的十八届一中全会上，习近平同志进一步指出："我们党领导人民全面建设小康社会、进行改革开放和社会主义现代化建设的根本目的，就是要通过发展社会生产力，不断提高人民物质文化生活水平，促进人的全面发展。"在中央政治局第十一次集体学习时，他再次强调，要"推动实现物的不断丰富和人的全面发展的统一"。由此可见，促进人的全面发展，正是"中国梦"的题中应有之义，显示了实现"中国梦"的最终落脚点和价值归宿，即所有中华儿女共享国家发展成果，共享中华民族伟大复兴的荣光与尊严。

"中国梦"是国家的梦、民族的梦，也是每一个中国人的梦。习近平同志说："中国梦归根到底是人民的梦，必须紧紧依靠人民来实现，必须不断为人民造福。"中国梦的主体，从宏观而言，是整个国家和民族；从微观而言，是每一个中国人。中国梦是个人梦与民族梦、国家梦的统一。一方面，中国梦是一个民族的梦、全体中国人的集体梦，是每个人梦想的汇聚。国家好，民族好，大家才会好。国家的命运和个人的命运息息相关，中国的发展带给每个人是新的希望、新的梦想。"国家兴亡，匹夫有责""先天下之忧而忧，后天下之乐而乐"……这些脍炙人口的话说明国家命运和个人命运彼此相连。民族梦、国家梦是个人梦的根本保障，没有民族梦、国家梦，个人梦也就无从谈起。另一方面，中国梦是每一个个体的梦。梦想是一种期望，是一种人生的理想追求，也是民族梦、国家梦的组成部分。没有个人梦，民族梦和国家梦也就失去了实现的动力与存在的意义。只有每个普通个体为了自己的梦想努力奋斗，才可能有民族的振兴，才可能有国家的繁荣与富强。但是，无论是国家的富强梦、民族的复兴梦，还是人民的幸福梦，归根到底都要体现在每个个人的梦想上。人民群众不仅是历史的创造者，也是中国梦的践行者。因此，中国梦的实现必须尊重人民群众的主体地位，充分发挥人民群众的积极性主动性创造性，让人民群众自觉、自主实现自己的梦想。[①]

"民为邦本，本固邦宁。"中国梦归根到底是人民的梦，人民是中国梦的主体，是中国梦的创造者和享有者，国家富强是要以人民的福祉为归宿。人民幸福是中国梦的出发点和落脚点，没有人民的理解、认同、参与、奉献，中国梦就失去了动力；离开了国强民富，不以人民的福祉为最终归宿，中国梦就失去了根本，没有了意义。因此，习近平总书记在十八届中共中央政治局常委同中外记者见面会时强调："我们的人民热爱生活，期盼有更好的教育、更稳定的工作、更满意的收入、更可靠的社会保障、更高水平的医疗卫生服务、更舒适的居住条件、更优美的环境，期盼孩子们能成长得更好、工作得更好、生活得更好。人民对美好生活的向往，就是我们的奋斗目标。"这句话道出了人民的心声，揭示了中国梦的真谛，把中国梦与人民的期盼统一了起来，真正体现了中国梦的人民性。所以，"中国梦"的实现需要以保障和改善民生为重点，不断实现好、维护好、发展好最广大人民的根本利益；中国梦的实现需要多谋

---

① 汪宗田、王雷灵茜：《中国梦的内涵及其辩证特征》，《江汉大学学报》（社会科学版）2014年第 1 期。

民生之利，多解民生之忧，解决好人民最关心最直接最现实的利益问题，在学有所教、劳有所得、病有所医、老有所养、住有所居上持续取得新进展；"中国梦"的实现还需要随时倾听人民呼声、回应人民期待，保证人民平等参与、平等发展的权利。总之，只有让发展成果更多、更公平地惠及全体人民，让亿万人民生活得更幸福、更美好，才能托起伟大的"中国梦"。

三 "中国梦"的实现路径

实现"中国梦"是一项伟大的系统工程，既要统筹考虑各种因素，同时也需要采取与中国历史、中国文化、中国国情和中国民心相适应的独特的发展方式与实践路径。

（一）坚持中国特色社会主义道路是实现"中国梦"的必由之路

"只有社会主义能够救中国，只有中国特色社会主义才能发展中国。"道路的选择关乎党的执政地位、国家的发展前途、民族的命运和人民的幸福。从近代以来中华民族的百年复兴历史看，"中国道路"实际上源于"中国梦"。而中国特色社会主义道路，就是近代以来中国人民寻梦和寻路的基本经验和核心成果。

自鸦片战争后，中国逐渐沦为半殖民地半封建国家，此时怀揣着复兴中华、重振国威的仁人志士开始探索寻求一条适合中国发展的道路。从洋务运动到戊戌维新，从太平天国到辛亥革命，均以失败而告终。毛泽东在总结历史经验教训时曾经指出："中国人向西方学得很不少，但是行不通，理想总是不能实现。多次奋斗，包括辛亥革命那样全国规模的运动，都失败了。国家的情况一天一天坏，环境迫使人们活不下去。怀疑产生了，增长了，发展了。"那么到底什么样的道路才能拯救我们的国家，才能振兴中华民族，这成为时代的难题与主题，就在此时，十月革命的一声炮响，给我们送来了马克思主义，最终我们确立了走社会主义这条道路，使国家命运有了根本转机。改革开放以来中国特色社会主义道路的开辟和深入拓展，使古老的中国大地焕发出蓬勃生机，它带领我们中国人民由贫穷走向富有，由落后走向先进，从新中国成立初期的百废待兴走向了今天的经济大国，并取得举世瞩目的成就。回顾历史，我们能够取得今天这样举世瞩目的成就，正是因为我们找到了一条适合中国国情的发展道路，也就是中国特色社会主义道路。可以看出：中国特色社会主义道路具有广泛的历史渊源和现实基础，它是90多年来中国共产党领导中国人民进行革命、建设和改革开放事业的结果，是对近代以来中国人民艰辛探索和奋斗经验的深刻总结，我们今天取得这些成就依靠的就是这条中国特色社会主义道路。

从根本上讲，中国特色社会主义道路之所以能够成为实现"中国梦"的唯一正确道路，不但在于这一道路是历史的抉择，经受了历史的检验，而且也在于"中国梦"与中国特色社会主义道路的内在联系。从背景来看，中国特色社会主义这个命题是在探索实现社会主义现代化和中华民族伟大复兴的背景下提出来的，而"中国梦"是在党的十八大以后，习近平总书记从时代发展进步的角度，在全面建成小康社会即将到来、实现社会主义现代化大有希望的背景下适时提出，两者提出的背景，其目的都是统一思想，凝心聚力，为实现"两个一百年"的伟大目标向全党和全国各族人民进行再动员。从目标来看，建设中国特色社会主义的总任务就是实现社会主义现代化和中华民族伟大复兴，而"中国梦"则是通过"两个一百年"，实现国家富强、民族振兴、人民幸福。所以两者的奋斗目标是一致的。

解放和发展社会生产力是中国特色社会主义的根本任务和本质属性，实现中国梦是以社会生产力的不断发展为物质基础的。坚持人民主体地位是中国特色社会主义的首要要求与根本立场，中国梦鲜明地坚持了人民主体地位。习近平同志指出："中国梦归根到底是人民的梦，必须紧紧依靠人民来实现，必须不断为人民造福。"实现社会主义现代化和中华民族伟大复兴，是中国特色社会主义的总任务和总目标，中国梦是实现中华民族伟大复兴的梦想。公平正义是中国特色社会主义的内在要求，是实现中国梦的价值导向。生活在这个伟大时代的中国人民，共同享有人生出彩的机会，共同享有梦想成真的机会，共同享有同祖国和时代一起成长与进步的机会。正因如此，实现中国梦必须走中国道路，这条道路就是中国特色社会主义道路。

（二）弘扬中国精神是实现"中国梦"的内在动力

实现中华民族伟大复兴，是中华民族近代以来最伟大的梦想。伟大的梦想，需要有伟大的精神做支撑。因而，弘扬中国精神是实现"中国梦"的内在动力。

中国精神是中华民族共同创造、共同依托、共同传承的文化精神和价值观念的总和，是中华民族赖以生存和发展的精神财富。千百年来，中华民族之所以历经挫折而不屈，在总体上维护着民族的团结、国家的统一，并保持着昂扬向上的精神状态，靠的就是这样的中国精神。这当中，既包括中华民族在

5000多年的发展中形成的以爱国主义为核心的团结统一、爱好和平、勤劳勇敢、自强不息的民族精神，也包括中国共产党领导中国人民在新的历史条件下形成和发展起来的以改革创新为核心的时代精神。民族精神在每一个时代总是体现为时代精神，而时代精神又总是不断拓展和深化民族精神，二者共同构成中国精神之本体，是中华民族强大的精神支柱，并内在地支撑着一代又一代中华儿女发愤进取、不懈奋斗，共同创造了灿烂的中华文明。

以爱国主义为核心的民族精神，是凝聚人心、保持国家繁荣统一的精神力量，也是实现中华民族伟大复兴中国梦的思想灵魂。民族精神是一个民族赖以生存和发展的精神支撑。一个民族，没有振奋的精神和高尚的品格，不可能自立于世界民族之林。在5000多年的发展中，中华民族饱受侵略、欺凌和挫折，但仍然在苦难中创造辉煌，一个根本原因就是形成了以爱国主义为核心的团结统一、爱好和平、勤劳勇敢、自强不息的伟大民族精神。无论是革命战争年代还是和平建设年代，无论是面对挑战机遇还是应对国难天灾，以爱国主义为核心的民族精神始终激发中华民族不断迸发出智慧和力量，并凝聚在爱国主义旗帜下，将个人命运与民族命运紧密相连，使滴水之微汇聚成无坚不摧的磅礴力量。"中国梦"的本质内涵就是国家富强、民族振兴、人民幸福。在实现中国梦的征程中，大力弘扬爱国主义精神，就能最大限度地凝聚共识，团结一切可以团结的力量，从而汇聚每个人的梦想，成就伟大的中国梦，并形成推动社会发展进步的正能量。

以改革创新为核心的时代精神是实现中国梦的活力源泉。时代精神是一个社会在最新的创造性实践中激发出来的，反映社会进步的发展方向和引领时代进步潮流，并为社会成员普遍认同和接受的思想观念、价值取向、道德规范和行为方式，是一个社会最新的精神气质、精神风貌和社会时尚的综合体现。改革开放以来，在深化改革、扩大开放的历史进程中，在中国共产党的正确领导下，中国人民锐意进取、敢为人先的创新精神不断迸发，逐步形成了以改革创新为核心的时代精神。时代精神内涵丰富，主要体现为，解放思想实事求是的精神，紧跟时代勇于创新的精神，知难而进一往无前的精神，艰苦奋斗务求实效的精神和淡泊名利无私奉献的精神。这"五种精神"是对中华民族各种崇高精神的最新提炼和升华，是中华民族精神和党的精神的具体体现，是当代中国时代精神的精华。在时代精神这一有机整体中，改革创新居于核心地位，因为改革创新是社会发展的推动力。人类社会的每一次进步，莫不与知识和科技的创新密切相关，其重大科技创新成果往往成为历史学家划分人类历史发展阶段的重要标志。如古代社会的石器时代、青铜器时代、铁器时代；近代社会的蒸汽机时代、电气时代；今天人类又进入信息时代。以科技创新成果及其价值来划分的历史发展阶段，充分反映了科技创新对人类社会发展的巨大推动力。在现实中，改革开放以来，我们继承了中华民族革故鼎新的传统，立足于当代中国发展进步的实际，在改革创新精神的感召和激励下，逐步改变了妨碍社会发展的思想观念，逐步破除了影响中国社会主义事业发展的体制弊端，并逐步革新了束缚发展的习惯做法，从而极大地解放了社会生产力，创造了举世瞩目的发展奇迹。事实证明，改革创新始终是鞭策我们在改革开放中与时俱进的精神力量，是中国特色社会主义事业开拓进取的不竭动力，特别是在中国经济发展新常态下，我们更需要精神新状态。

总之，中国精神是我们前进的内在力量，是凝心聚力的兴国之魂、强国之魄。强大的中国精神是推动全国各族人民建设中国特色社会主义的精神动力，是凝聚世界中华儿女实现中华民族伟大复兴中国梦的精神支撑。

（三）凝聚中国力量是实现"中国梦"的根本保障

实现中国梦必须凝聚中国力量，这就是中国各族人民大团结的力量。中国梦是民族复兴之梦，也是在复兴过程中每个个体自我实现之梦，是每一个中国人梦想的集合与升华。虽然每个人的力量是有限的、微弱的，但13亿中国人心往一处想、劲往一处使，其汇聚起来形成的合力则是无限的、巨大的，是不可战胜的磅礴力量。中国力量是来自中国特色社会主义事业各个领域、各条战线、各行各业的力量，来自全球华人的团结一心、奋力拼搏的力量，是中华民族共同的力量。广大工人、农民、知识分子以及新的社会阶层人士等，是推动我国经济社会发展的主体。凝聚中国力量，把全体中国人的力量汇聚成一个整体，才能不断地激发社会各阶层的创业热情，为实现中国梦集聚最大的能量。

实现中国梦必须紧紧依靠人民群众。人民群众是历史发展的决定力量，是历史发展的真正动力，是历史的创造者。"中国梦"是"集体梦"与"个人梦"的有机统一，中国梦的实现离不开人民群众的支持与依托。马克思主义认为，人民群众是实践和认识的主体，是社会物质财富的创造者、社会精神财富的创造者，也是社会变革的决定力量。谁尊重人民群众的历史主体地位，能够不断满足他们的利益需求，谁就能得到他们的拥护和支持。而得到人民群众拥护和支持的政党或政权，其生存和发展就有了强有力的保证。90多年来，中国共产党领导的新民主主义革命、社会主义革命和建设以及改革开放事业能够克服千难万险取得胜利，其根本原因就在于紧紧依靠人民群众，坚持"一切为了群众，一切依靠群众，从群众中来，到群众中去"的群众路线，把人民群众视为党的力量和智慧的源泉，把群众的利益视为最高利益，把依靠群众的方法视为最根本的工作方法，才拥有了最广泛的阶级基础和群众基础，才赢得了群众的信任、拥护和支持。当前，国内外环境都发生了极为广泛和深刻的变化，在经济新常态下，我国经济发展所面临的风险和挑战并不是减少了，而是增多了。因此，解决问题的过程，就是凝聚中国力量的过程。总之，以国家富强、民族振兴、人民幸福为核心内容的中国梦，是新一届中央领导集体提出的重大战略构想，是中国共产党人为实现中华民族伟大复兴而提出的奋斗目标。"中国梦归根到底是人民的梦，必须紧紧依靠人民来实现，必须不断为人民造福。"这从根本上揭示了坚持党的群众路线和实现中国梦的内在关系。人民群众是中国梦的设计者和实践主体，实现中国梦是人民群众共同理想和矢志不移的追求。从群众中来，到群众中去，这是实现中国梦的根本方法。坚持党的群众路线，可以为实现中国梦提供根本力量。只有做好群众工作，赢得群众的欢迎，受到群众的尊重，得到群众的拥护，才能获得群众的支持，才能激发群众的力量，使"中国梦"在神州大地上变为现实。可以说，群众路线也是实现中国梦的生命线。

（四）"四个全面"战略布局是实现"中国梦"历史前提

党的十八大以来，以习近平同志为总书记的党中央从坚持和发展中国特色社会主义全局出发，提出并推动形成了全面建成小康社会、全面深化改革、全面依法治国、全面从严治党的"四个全面"战略布局。"四个全面"战略布局是实现中国梦的历史前提，也是引领民族复兴的战略布局，拓展了实现中国梦的现实路径。实现"中国梦"是党和国家的一项伟大、艰巨而复杂的系统工程，需要全方位、多层次、立体型的创新驱动；需要不断探索实践各领域、各方面的目标任务，实现协同推进、全面发展；需要在国家治理体系和治理能力各方面进行全方位优化。今天，我们比历史上任何时期都更接近中华民族伟大复兴的目标，比历史上任何时期都更有信心、更有能力实现这个目标。但是，中华民族伟大复兴绝不是轻轻松松、顺顺当当就能实现的，外有阻力和压力，内有困难和风险。当今世界正面临着前所未有之大变局，世界多极化、经济全球化、社会信息化以及国际经济、科技、军事竞争格局正在发生历史性变化。我国仍然面临复杂的各种安全威胁，维护国家统一、领土完整等任务艰巨繁重。当前，党和国家事业也面临着发展不平衡、不协调的突出矛盾，面临着发展的深层次矛盾特别是利益固化问题，面临着我国经济发展进入新常态后，出现经济增长动力与经济下行压力并存的复杂情况，面临着治理方式不相适应以及"四风"泛滥、腐败严重的紧迫问题。因而,如何实现中华民族的伟大复兴,是党面临的新的时代课题。而"四个全面"战略布局以问题意识为导向、积极回应人民关切,直面重大矛盾,从而为中国梦分阶段、有步骤地实现勾画了清晰的路径。

1. 全面建成小康社会路径是实现"中国梦"第一阶梯

在"四个全面"战略布局中,全面建成小康社会是处于引领地位的战略目标,如期全面建成小康社会事关中国梦实现的大格局,事关中华民族的伟大复兴。中国梦的首要目标是全面建成小康社会,并且到 2020 年全面建成小康社会也是中国共产党十八大向中国人民的庄严承诺。千百年来,过上小康生活是中国人民的共同梦想,也是全社会的"最大公约数"。1979 年 12 月,邓小平在会见日本首相大平正芳时第一次用"小康"和"小康之家"描述了中国的"四个现代化",后来在此基础上,他进一步描述了我国现代化建设的阶段性目标:到 20 世纪末,国内生产总值在 1980 年基础上实现翻两番。当这一目标实现之后,党的十六大进一步提出,全面建设惠及十几亿人口的更高水平的小康社会,并从经济、政治、文化、可持续发展四个方面界定了全面建设小康社会的具体内容,党的十七大重申了这一奋斗目标。党的十八大报告则根据我国经济社会发展实际和新的阶段性特征,积极回应人民关切,提出了全面建成小康社会的新要求,即把"全面建设小康社会"改为"全面建成小康社会",并提出到 2020 年全面建成小康社会的奋斗目标。为实现全面建成小康社会这一核心目标,党的十八大系统地设计了政治建设、经济建设、文化建设、社会建设、生态文明建设"五位一体"的目标体系,这既是对党的十六大、十七大确立的全面建设小康社会目标的承接和提升,也奠定了实现中国梦这一奋斗目标的前提和基础。

全面建成小康社会,关键在于"全面"两字。这个"全面"既体现在覆盖的人群是全面的,是不分地域的全面小康,是不让一个人掉队的全面小康,意味着全国各个地区都要迈入小康社会;又体现在涉及的领域是全面的,覆盖了经济建设、政治建设、文化建设、社会建设、生态文明建设和党的建设,既坚持以经济建设为中心,又全面推进政治、文化、社会、生态文明及其他各方面建设。既不断解放和发展社会生产力,又逐步实现全体人民共同富裕、促进人的全面发展,建成更高水平、更高质量、更加公平、更加和谐、更加绿色并惠及全体人民的小康社会。"全面小康"的主要指标,是到 2020 年实现国内生产总值和城乡居民收入比 2010 年翻一番。之后,要在建党 100 周年时建成现代化国家,进而实现中华民族伟大复兴。这三个梯次递进的目标,共同构成代表最广大人民共同利益的中国梦。只有实现全面建成小康社会，才能跨越实现中国梦的关键一步。

2. 全面深化改革路径是实现"中国梦"强大动力

全面建成小康社会，进而建成富强民主文明和谐的社会主义现代化国家、实现中华民族伟大复兴的中国梦，迫切要求全面深化改革。全面深化改革，是党的十八届三中全会提出的重大战略任务。一方面，全面深化改革调动了人民群众的积极性，激发了人民群众的创造、创业活力，并为实现中国梦提供了多方面的条件支撑和保障。另一方面，只有依据实现中国梦的总体要求不断全面深化改革，才能破解发展难题，创新发展模式，进一步释放体制机制活力，以及化解社会矛盾，助推社会文明进步。改革是根据生产力发展要求自觉调整和变革生产关系与上层建筑中不相适应的环节和方面的重要手段。

改革开放以来，中国取得了举世瞩目的成就，综合国力和国际地位明显提升，人民生活水平发生了翻天覆地的变化。今天，我们要如期实现全面建成小康社会的目标，仍然离不开改革。特别是在中国经济发展新常态下，能不能适应新常态，能不能让新常态逐渐走向成熟，关键就在于全面深化改革的力度。因为只有全面深化改革，中华民族伟大复兴的中国梦才能获得源源不竭的动力，才能将新常态下的压力变动力，化挑战为机遇。但今天，在新的历史起点上进行的改革，已经大大不同于 30 多年前的改革。改革已经进入深水区和攻坚期，改革每前进一步，都是难啃的硬骨头，都要突破利益藩篱，引起权利格局的调整，都有可能遭到既得利益集团的阻拦。新一轮深化改革不但要打破思想观念的障碍，更要突破利益固化的藩篱，因此，今天的改革既呼唤坚定果敢的行动、百折不回的信念，也呼唤全面系统的认识论、攻坚克难的方法论。党的十八届三中全会"全面深化改革"的战略举措，及时升级了中国的动力系统，以深化改革之"全面"支撑小康社会之"全面"。党的十八大以来中国在金融、财税、国企改革、政府改革等方面"啃硬骨头"，再一次展现了强劲的发展动力、驰而不息的发展势头。总之，改革开放是决定当代中国命运的关键一招，也是决定实现"两个一百年"奋斗目标、实现中华民族伟大复兴的关键一招。

3. 全面依法治国路径是实现"中国梦"法治保障

"法者，治之端也。"治理一个国家、一个社会，关键是要立规矩、讲规矩、守规矩。社会稳定的核心在于公平与正义，而公平与正义离不开法治。在一定意义上说，法治就是社会的稳压器，对于包含"实现社会公平正义"要求的全面小康来说，依法治国是实现这一目标的重要保障。法律是治国理政最大的规矩，法治是现代国家治理的基本方式。用法治方式治理国家，形成公平正义的社会环境，既是保障所有人有梦想成真的可能，也是实现由每个人的梦汇聚而成的"中国梦"的前提。实践证明，走好"中国道路"，实现"中国梦"，必须以法治提供根本性、全局性、长期性的制度保障。

全面依法治国不仅是实现"中国梦"的必要条件，也是中华民族伟大复兴"中国梦"的题中应有之义。中国梦不仅是国家梦、民族梦、富强梦、人民梦，也应该是法治梦。很难想象，中国梦只有物质财富的增长和人民生活水平的提高，而法治却停滞不前甚至"缺位"。众所周知，中华民族有着5000年文明历史，在浩瀚的历史岁月中，法治和人治一直碰撞交织而行，但人治始终是社会的主流。现代社会，世界各国无不追求法治，崇尚公平公正，法治已成为人类治理模式的发展趋势，是衡量社会发展水平的准绳。改革开放以来，我们党高度重视法律体系建设，经过30多年的艰苦努力，中国特色社会主义法律体系已经形成。社会主义经济建设、政治建设、文化建设、社会建设、生态文明建设各个方面总体上实现了有法可依，有力地推动了改革开放和社会主义现代化建设，有力地保障了最广大人民群众的根本利益。但我们也要清醒地看到，目前的法律体系同党和国家事业发展要求相比，同人民群众期待相比还有一定的差距，在科学立法、民主立法方面还需要进一步努力。因此，在新的历史条件下，我们党要跳出"历史周期律"、实现长期执政，就必须落实好全面依法治国战略部署，使人民群众、全社会对公平正义的要求法律化、制度化，使权力的运行程序化、公开化。只有坚持树立法治信仰、增强法治观念、树立法治思维、掌握法治方式、打造法治文化，才能最终形成办事依法、遇事找法、解决问题用法、化解矛盾靠法的良好环境，才能鼓舞和凝聚起实现中国梦的正能量，为实现"两个一百年"的奋斗目标、为中华民族伟大复兴的中国梦提供最坚实的法治保障。

4. 全面从严治党路径是实现"中国梦"关键

党的领导是中国特色社会主义最本质的特征。坚持党要管党、从严治党，是我们党从长期的中国革命和建设实践中得出的重要结论，也是我们取得改革开放巨大成就的重要前提，更是我们实现中华民族伟大复兴中国梦的坚强保证。

党的建设历来是我们党领导革命、建设和改革不断取得胜利的重要法宝。90多年来，中国共产党之所以能够从小到大、由弱到强，成为世界上最大的社会主义国家执政党，并成功地领导中国人民在新民主主义革命、社会主义革命和建设以及改革开放道路上取得一个又一个伟大胜利，就在于我们党始终高度重视加强自身建设。目前，中国共产党是一个拥有8800多万党员、在一个13亿多人口的大国长期执政的党，党的形象和威望、党的创造力、凝聚力、战斗力直接关系党的命运、国家的命运和民族的命运。党的十八大以来，以习近平同志为总书记的党中央将从严治党作为塑造良好执政形象、树立中央权威的突破口，对党的建设从战略高度进行了新谋划、新布局，形成了全面从严治党的思想。新一届中央领导集体从制定并落实八项规定，严肃党的纪律，到整治"四风"，从振刷官场风气，到强力反腐，再到全党整风，开展群众路线教育实践活动，从"三严三实"专题教育到"两学一做"学习教育着力重构"政治新常态"。这些都有力地彰显了党中央坚持党要管党、从严治党的鲜明态度和坚定决心。从严治党政治新态势的形成，是党中央管党治党的一系列开拓创新、锐意进取的新思想、新实践的必然结果，是马克思主义执政党建设理论和治党方式的重要创新，也是新形势下推进党的建设新的伟大工程的重大创举，同时也是实现"中国梦"的强大政治保障。

中国共产党的执政地位是历史的选择、人民的选择，但党的执政地位不是一劳永逸的。巩固党的执政地位，关键在于全面从严治党。尤其在新的历史条件下，在世情、国情、党情发生深刻变化的新形势下，"四大考验""四大危险"比以往任何时候都更加尖锐地摆在每一个共产党人面前，全面从严治党的要求更加紧迫。因此，全面从严治党管党既是执政党加强自身建设的必然要求，更是当下防止在大的问题上出现颠覆性错误的战略举措。实现中华民族伟大复兴的"中国梦"，需要党团结带领全国各族人民攻坚克难，不懈奋斗。唯有从严"管"好党、"治"好自身，建成一支宏大的高素质干部队伍，充分发挥好党员干部在中国特色社会主义历史进程中的领导核心作用，才能为实现中国梦提供坚强的政治保障，才能从根本上保证国家富强、民族振兴、人民幸福。

（撰稿人：西安交通大学马克思主义学院副教授王宇颖）

第二编
"四个全面"战略布局

第九章 "四个全面"战略布局的内涵及系统结构

2014 年 12 月，习近平在江苏调研时第一次提出了"四个全面"的战略思想和战略布局。他强调，要全面贯彻党的十八大和十八届三中、四中全会精神，落实中央经济工作会议精神，主动把握和积极适应经济发展新常态，协调推进全面建成小康社会、全面深化改革、全面推进依法治国、全面从严治党，推动改革开放和社会主义现代化建设迈上新台阶。

自习近平在江苏调研第一次明确提出"四个全面"以来，党中央和国务院有关文件，党和国家其他领导同志讲话，都在广泛使用这一概念和提法，这一命题在全党全国人民中引起强烈反响和共鸣，形成广泛共识，也得到国际舆论的高度关注。那么，"四个全面"是怎样提出的，又有哪些深刻内涵？这就需要从外部背景和内部意蕴两方面对其进行梳理和分析。

一 "四个全面"战略布局提出的背景

"四个全面"战略布局，有一个逐步提出和成型的过程。党的十六大提出"全面建设惠及十几亿人口的更高水平的小康社会"；党的十七大重申这一奋斗目标，并把"全面建设小康社会"改为"全面建成小康社会"。党的十八大则提出全面建成小康社会和全面深化改革开放的目标。党的十八届三中全会，习近平总书记在《关于〈中共中央关于全面深化改革若干重大问题的决定〉的说明》中指出，《中共中央关于全面深化改革若干重大问题的决定》的起草体现了全面建成小康社会、全面深化改革、全面推进依法治国这"三个全面"的逻辑联系。2014 年 12 月，习近平总书记在江苏考察调研时提出："要全面贯彻党的十八大和十八届三中、四中全会精神，落实中央经济工作会议精神，主动把握和积极适应经济发展新常态，协调推进全面建成小康社会、全面深化改革、全面推进依法治国、全面从严治党，推动改革开放和社会主义现代化建设迈上新台阶。"①

2015 年 2 月 11 日，习近平在与各民主党派中央、全国工商联负责人和无党派民主人士喜迎新春联欢茶话会上讲话时指出，"四个全面"是"从我国发展现实需要中得出来的，是从人民群众的热切期待中得出来的，也是为推动解决我们面临的突出矛盾和问题提出来的"。②"四个全面"的提出是在特定的历史条件和社会背景下，具有明确的问题指向。

（一）全面建成小康社会提出的背景

《礼记·礼运编》中描绘的"小康"是比"天下为公"的"大同"社会较低级的社会发展阶段。1979 年邓小平会见日本首相大平正芳时首先提出和使用了"小康社会"。"小康社会"首先是一个经济概念，经济条件是小康社会建设的前提和基础。

1978 年，为改变平均主义盛行、国民经济整体贫困的状况，邓小平提出了"先富论"，推行效率优先于平等的改革开放政策。改革开放之初，邓小平将"小康"列为中国现代化的目标。即实现 1990 年实际国内生产总值比 1980 年增长 1 倍，解决"温饱问题"，2000 年再增加 1 倍，达到"小康水平"，21 世纪中叶人均 GDP 达到中等发达国家水平，使人民生活比较富裕，基本实现现代化。到 2001 年，人民生活总体上实现了由温饱到小康的历史性跨越。基于总体小康已经基本实现，2002 年，江泽民以 2020 年以前建设"全面的小康社会"为目标，提出到 2020 年国内生产总值比 2000 年翻两番。2011 年 12 月 19 日，国家统计局发布《中国全面建设小康社会进程统计监测报告》，披露了这一国家发展目标的进展。报告称，最新统计数据显示，2010 年中国全面建设小康社会的实现程度达到 80.1%，比 2000 年提高 20.5 个百分点，平均每年提高 2.05 个百分点。这表明"小康社会"建设已经进入收官和冲刺阶段。③

在过去几十年里，中国"小康社会"建设取得了很大成就，但总体而言不平衡。首先是"小康社会"建设内容不完善，其中以经济成就最为显著，而政治、文化、社会、生态等方面的发展相对滞后；其次是经济发展地域间不

---

① 霍小光等：《主动把握和积极适应经济发展新常态 推动改革开放和现代化建设迈上新台阶》，《人民日报》2014 年 12 月 15 日。

② 曲青山：《党的十八大与"四个全面"提出和形成的历史过程》，《中共党史研究》2015 年第 3 期。

③ 国家统计局科研所：《中国全面建设小康社会进程统计监测报告》，2011 年 12 月 19 日，http：//www.stats.gov.cn/tjfx/fxbg/t20111219_402773172.html。

平衡，按人均 GDP 来计算，北京、上海这样的中心城市已经达到中等发达国家水平，而很多西部山区仍然处于绝对贫困，还有 12 万多个自然村、7000 多万人口没有脱贫。由此，2012 年党的十八大对我国经济社会发展目标的表述中以"全面建成小康社会"的提法代替"全面建设小康社会"的提法。习近平提出的全面建成小康社会，对小康社会的定位更加准确。"中国已经进入全面建成小康社会的决定性阶段，实现这个目标是实现中华民族伟大复兴中国梦的关键一步，"[1] 第一次把小康放到中国梦的大格局中思考，勾勒了小康的新定位。全面建成小康社会是"国内生产总值和城乡居民人均收入比 2010 年翻一番"[2] 的小康，是"小康不小康，关键看老乡"[3] 的小康，是"决不能让一个苏区老区掉队""不能丢了农村这一头"的小康，是"一个民族都不能少"的小康，[4] 充分体现了把 13 亿多人全部带入全面小康社会的坚定决心。全面建成小康社会，就是为了"实现国家富强、民族振兴、人民幸福"，保证人民"有更好的教育、更稳定的工作、更满意的收入、更可靠的社会保障、更高水平的医疗卫生服务、更舒适的居住条件、更优美的环境"[5]。这承载着全国人民对过上更加殷实生活的新期待，描绘了中国特色社会主义事业的新愿景。

（二）全面深化改革提出的背景

从十一届三中全会到十七届三中全会都是讨论深化改革问题。有的涉及的是全局性的改革，有的涉及的是局部性的改革。1978 年，中国共产党十一届三中全会召开，做出把党和国家工作中心转移到经济建设上来、实行改革开放的历史性决策。随着改革的不断推进，党中央审时度势，及时提出要对束缚生产力解放发展的经济体制进行改革，十二届三中全会通过了《关于经济体制改革的决定》，突破了把计划经济同商品经济对立起来的传统观念，确认我国社会主义经济是"公有制基础上的有计划的商品经济"。国有企业股份制改革起步、乡镇企业异军突起、设立经济特区，所以，十三届三中全会展开了对经

---

① 习近平：《弘扬丝路精神 深化中阿合作》，中国共产党新闻网，2014 年 6 月 5 日，http：//cpc. people. com. cn/n/2014/0606/c64094 - 25110795. html。

② 《坚定不移沿着中国特色社会主义道路前进 为全面建成小康社会而奋斗》，中国共产党新闻网，2012 年 11 月 9 日，http：//www. xj. xinhuanet. com/2012 - 11/19/c_ 113722546. html。

③ 中央农村工作领导小组办公室：《小康不小康 关键看老乡》，人民出版社，2013，第 1 页。

④ 徐中、倪明胜：《"四个全面"：引领实现中国梦的战略布局》，《光明日报》2015 年 6 月 28 日。

⑤ 习近平：《人民对美好生活的向往就是我们的奋斗目标》，人民网，2012 年 11 月 15 日，http：//cpc. people. com. cn/18/n/2012/1116/c350821 - 19596022. html。

济环境的治理和经济秩序的整顿。从"计划"与"市场"互斥不容,到"有计划的商品经济",再到"社会主义市场经济体制",14 年的艰辛探索,中国经济体制改革终于找准了自己的方位,十四届三中全会通过了《关于建立社会主义市场经济体制若干问题的决定》。十六届三中全会通过了《关于完善社会主义市场经济体制若干问题的决定》,明确了以科学发展观为统领深化经济体制改革的目标。

由于产业结构调整及外部经济环境等方面因素,自党的十八大以后,中国经济发展速度要从前 30 年平均 10% 左右的高速,下降到目前 7% 左右的中高速。经济速度降下来很可能带来一系列社会问题。在改革开放前 30 年,我们的主要任务是把蛋糕做大,在蛋糕做大的过程中,不管多少,我们每个人基本上都是受益者,因此大家没有什么大的意见。现在这种情况下,蛋糕变大的速度放缓了,而且国家的关注点向如何分蛋糕倾斜,更加讲究公平和正义,在此情况下,如果仍然按照以往的利益格局,有的人蛋糕可能就分少了或者分不着了。因此改革面临的难度和阻力比以往要大得多。在这种情况下,中央明确表态,改革中产生的问题只有通过深化改革来解决,我们不仅要继续改革,而且要全面深化改革。十八届三中全会通过了《中共中央关于全面深化改革若干重大问题的决定》,强调要更加注重改革的系统性、整体性、协同性,加快发展社会主义市场经济、民主政治、先进文化、和谐社会、生态文明,让一切劳动、知识、技术、管理、资本的活力竞相迸发,让一切创造社会财富的源泉充分涌流,让发展成果更多更公平惠及全体人民。[①] 当前我国改革已经进入攻坚期和深水区,中央进一步深化了对改革的认识,坚定了对改革的信心和决心,强化了自身对改革的责任。"实践发展永无止境,解放思想永无止境,改革开放永无止境,停顿和倒退没有出路,改革开放只有进行时、没有完成时。"[②] 我国全面深化改革,是一项长期的、艰巨的、繁重的任务。对于改革,"好吃的肉都吃掉了,剩下的都是难啃的骨头"。[③] 但是,我们要"敢于啃硬骨头,敢于涉险滩"[④],显示出我们更大的政治勇气和智慧。全面深化改革是关系党和国家事业发展全局的重大战略布局,是"立足于国家整体利益、根本利益、

---

① 新华社:《在新的历史起点谱写改革新篇章——中国共产党十八届三中全会公报摘要》,《行政与机构》2013 年第 1 期。

② 《中共中央关于全面深化改革若干重大问题的决定》,新华网,2013 年 11 月 15 日,http://news.xinhuanet.com/2013-11/15/c_118164235.html。

③ 《习近平谈执政理念:担当起该担当的责任》,《广州日报》2014 年 2 月 10 日。

④ 习近平:《敢于啃硬骨头,敢于涉险滩》,新华网,2012 年 12 月 11 日,http://news.xinhuanet.com/politics/2012-12/14/c_114034110.htm。

长远利益进行部署的","推进任何一项重大改革,都要站在人民立场上把握和处理好涉及改革的重大问题"①。在坚持公平正义的前提下,不管是整体推进还是重点突破,都要"更加注重改革的系统性、整体性、协同性……形成推进改革开放的强大合力……把改革的力度、发展的速度和社会可承受的程度统一起来"。②

(三) 全面推进依法治国提出的背景

改革开放以来,我们党一贯高度重视法治。1978 年 12 月,邓小平就指出:"应该集中力量制定刑法、民法、诉讼法和其他各种必要的法律,……做到有法可依,有法必依,执法必严,违法必究。"党的十五大提出依法治国、建设社会主义法治国家,强调依法治国是党领导人民治理国家的基本方略,是发展社会主义市场经济的客观需要,是社会文明进步的重要标志,是国家长治久安的重要保障。党的十六大提出,发展社会主义民主政治,最根本的是要把坚持党的领导、人民当家做主和依法治国有机统一起来。党的十七大提出,依法治国是社会主义民主政治的基本要求,强调要全面落实依法治国基本方略,加快建设社会主义法治国家。③ 法治是制度保障的最高形式,是我们党治国理政的基本方式,因此,中央提出全面依法治国。我们要建设社会主义法治国家,要求社会主义建设的各项方针政策、改革开放的各种措施办法都必须在我国宪法和法律制度的框架内运行,而且给后人指明道路。党的十八大报告中正式使用并出现"全面推进依法治国"的提法和概念。十八大报告的第五部分即"坚持走中国特色社会主义政治发展道路和推进政治体制改革",专门列了一个问题来阐述"全面推进依法治国"。十八届四中全会的主题是"全面推进依法治国",全面推进依法治国的总目标是"建设中国特色社会主义法治体系,建设社会主义法治国家"。从十八届四中全会提出的"全面推进依法治国"的战略任务看,四中全会的部署是对依法治国的全面部署、系统部署,而且着眼于长远,着眼于建立一整套基本定型的制度体系,为党和国家长治久安谋,为中华民族子孙万代计。党的十八大以来,习近平同志着眼于国家治理,就依法治国发表了一系列重要讲话,对各级党委、政府机关做出了严格要

---

① 《紧紧依靠人民推动改革——七论认真贯彻落实十八届三中全会精神》,新华网,2013 年 11 月 21 日,http://news.xinhuanet.com/politics/2013 - 11/21/c_ 118242701. htm。

② 罗湖平:《增强改革系统性整体性协同性的四个着力点》,《光明日报》2014 年 9 月 17 日。

③ 习近平:《关于〈中共中央关于全面推进依法治国若干重大问题的决定〉的说明》,《当代贵州》2014 年第 31 期。

求。在纪念现行宪法公布施行 30 周年大会上，习近平指出，依法治国，首先是依宪治国；依法执政，关键是依宪执政，党委、政府和其他机关团体等"必须在宪法和法律的范围内活动"，自觉地恪守宪法原则、弘扬宪法精神、履行宪法使命①。习近平强调，我们要"坚持依法治国、依法执政、依法行政共同推进，坚持法治国家、法治政府、法治社会一体建设，不断开创依法治国新局面"②。各级领导干部要"牢固确立法律红线不能触碰、法律底线不能逾越的观念"③，在"各个环节都设置隔离墙、通上高压线"④，形成"不愿违法、不能违法、不敢违法的法治环境"。

(四) 全面从严治党提出的背景

我国经济社会建设取得的巨大成就主要依靠中国共产党的领导，中华民族的伟大复兴仍然要靠党的领导。历史证明，中国共产党的执政地位不是自封的，而是实实在在干出来的。作为拥有 8000 余万党员的先进组织，党作为深化改革的火车头和依法治国的排头兵作用显而易见。但由于长期在和平状态下执政，党也确实存在精神懈怠的危险、能力不足的危险、脱离群众的危险、消极腐败的危险，党的执政地位面临前所未有的挑战和考验，从严治党更凸显其重要性和紧迫性。党的十八大"反腐行动"以来，落马的副部级以上官员已经超过 100 名，这个数字以往是不可想象的。这些落马的高级官员原来往往占据党和国家的重要领导岗位，把持着关系国计民生的重要部门。从巨额的违法收入来看，他们背后的利益格局更为复杂和顽固。联系到上面的分析，他们是改革开放初期的受益者，也可能是进一步改革的阻挠者。如何与阻碍改革的"既得利益集团"斗争，是摆在改革者面前的现实题目。

党的十八大以来，习近平总书记多次强调、阐述从严治党的方针，并在"从严"上下功夫，直击积弊、扶正祛邪，开创了党的建设新局面，使党风政风呈现新气象。2014 年 10 月 8 日，习近平总书记在党的群众路线教育实践活

① 习近平：《在首都各界纪念现行宪法公布施行 30 周年大会上的讲话》，新华网，2012 年 12 月 4 日，http：//news. xinhuanet. com/politics/2012 - 12/04/c_ 113907206. htm。
② 《习近平强调：依法治国依法执政依法行政共同推进》，新华网，2013 年 2 月 24 日，http：//news. xinhuanet. com/politics/2013 - 02/24/c_ 114782088. htm。
③ 《习近平出席中央政法工作会议：坚持严格执法公正司法》，新华网，2014 年 1 月 28 日，http：//news. xinhuanet. com/politics/2014 - 01/08/c_ 118887343. htm。
④ 《习近平论依法治国：各个环节都通上高压线》，中评网，2014 年 10 月 17 日，http：//www. crntt. com/doc/1034/3/2/7/103432741. html? coluid ＝ 0&kindid ＝ 0&docid ＝ 103432741&mdate ＝ 1017100217。

动总结大会上，针对新形势新要求新任务提出了从严治党的"八点要求"。12月，在江苏调研时，习近平总书记强调："协调推进全面建成小康社会、全面深化改革、全面推进依法治国、全面从严治党，推动改革开放和社会主义现代化建设迈上新台阶。"这就从明确提出从严治党的具体要求提升为全面从严治党，并将全面从严治党纳入国家长期的制度设计。

全面从严治党，是执政党建设的时代要求，习近平同志全面从严治党的思想，突出表现在其对党的思想建设、组织建设和作风建设上的理论与实践的紧密结合。在思想建设方面，一些党员干部出现这样那样的问题，说到底是信仰迷茫、精神迷失，"从严管党治党，首先就要坚定党员干部的理想信念"①，这是"好干部第一位的标准"。习近平同志强调理想信念在全面从严治党中的先导作用，是对党的建设思想的升华。在组织建设方面，"实现党的十八大确定的各项目标任务，关键在党，关键在人"。② 我们提出政治上靠得住、工作上有本事、作风上过得硬、人民群众信得过等标准，并在改革发展的主战场、维护稳定的第一线、服务群众的最前沿接受检验，而且"要看长期表现，甚至看一辈子"。在党的作风建设方面，"党要管党、从严治党，靠什么管、凭什么治？就是要严明纪律"。③ 党的十八大以来，我们党对作风之弊、行为之垢进行了大排查、大扫除，措施得力，收效明显。

二 "四个全面"战略布局的深刻意蕴

"四个全面"的战略布局提出，经历了不断发展、日益成熟的过程，分析"四个全面"的提出背景及内容，会发现其中蕴含深刻的主体意蕴、实践意蕴和价值意蕴。

（一）主体意蕴

任何一种理论及其实践都是人表达自己利益和诉求的一种方式和途径，对它的理解必然要追问其背后的主体因素：体现和为了谁的利益？依靠谁去完成？"四个全面"是从人民群众的热切期待中得出来的，是实现人民对美好生活向往的现实要求；"四个全面"的提出最大限度地激发了最广大人民群众的

---

① 岳雪侠：《全面从严治党思想的新发展——深入学习习近平总书记系列讲话精神》，2015年1月6日，http://theory.people.com.cn/n/2015/0106/c40537-26334956.html。
② 习近平：《实现党的十八大目标任务 关键在党关键在人》，天津网，2013年6月30日。
③ 傅兴国：《守纪律讲规矩：全面从严治党的根本要求》，《求是》2015年第10期。

积极性和创造性，这也成为"四个全面"协调推进的现实保障。"四个全面"的提出和推进，体现了以人民为主体的深刻意蕴。

实现人民群众对美好生活的向往是"四个全面"提出的出发点和落脚点。党的十八大报告"为全面建成小康社会而奋斗"中明确要求建成覆盖各个人群的不分地域、民族、阶层和家庭的全面的小康；党的十八届三中全会决定突出强调要"解决好人民群众反映强烈的问题，回应人民群众呼声和期待，突出重要领域和关键环节，突出经济体制改革牵引作用"①，切实增强了人民对改革的获得感。党的十八届四中全会明确指出"依法治国"事关我们执政兴国，事关人民幸福安康，事关党和国家长治久安，从法治领域进一步回答了实现人民对美好生活向往的保证问题。在这个过程中，以习近平同志为总书记的党中央保持党为人民服务的根本宗旨，坚持党要管党、从严治党，逐渐开展了全面从严治党的基础性工程。整体地看，以全面深化改革破解民族复兴进程中的深层次矛盾问题，以全面依法治国确保现代化建设有序进行，以全面从严治党巩固党的执政基础和群众基础，其目的都是把全面小康的宏图变成现实，从根本上、长远上最大限度地维护人民群众的根本利益，实现人民对美好生活的向往。

发挥人民群众积极性和创造性是"四个全面"实现的支撑点和动力点。在新的历史条件下全面建设小康社会是伟大的开创性事业，开创性的事业呼唤着创造性的劳动。全面建成小康社会，我们不能依靠其他国家的力量，必须切实依靠人民的创造性实践和经验。人民能否积极主动参与社会发展实践的各个方面，决定着全面建成小康社会能否顺利实现，因此，在全面建成小康社会中要充分发挥人民的主人翁精神和创造精神。全面深化改革的推进需要人民群众的智慧和力量。一方面，在新的历史条件下，人民群众既是改革方法的探索者，也是动作的发出者，推进全面深化改革，必须依托人民群众的首创精神，依靠人民群众的改革实践能力。另一方面，具有主观能动性的人民群众可以站在自身的角度对全面深化改革工作做出客观评价，改革满足人民群众的需要时，改革的价值属性就随着人民群众的积极评价一起显现。人民不仅仅是依法治国中权力的主体，还是义务的主体，人民权益靠法律保障，要推进全面依法治国，法律的权威要靠人民维护，法律的运行要靠人民实现。人民群众中蕴藏着管党治党的智慧和力量，全面从严治党，人民是最强大的监督力量。在全面

---

① 习近平：《关于〈中共中央关于全面深化改革若干重大问题的决定〉的说明》，《前线》2013 年第 12 期。

建成小康社会的进程中，党员干部面临社会上各种"糖衣炮弹"的诱惑和考验，不仅需要加强自身建设，也需要有群众的监督。群众广泛分布在每个党组织、党员的左右上下，以全方位视角对其进行监督和指正，保证党在建设道路上不脱轨、不脱节、不走调。总之，落实"四个全面"战略布局必须要发挥蕴藏在广大群众中的无限创造活力。

（二） 实践意蕴

"四个全面"立足于社会主义初级阶段这个最大国情，是针对当前我国社会主要矛盾发展的阶段性特征而提出来的，其来自实践，又回到实践，具有深刻的实践意蕴。

"四个全面"是关于改革开放以来党治国理政实践经验的总结。从国际角度看，当前全球经济复苏乏力、两极分化严重、大国博弈加深、安全局势恶化、地区冲突不断、全球生态脆弱、海上争夺激烈、美国重返亚太、周边局势复杂；从国内角度看，改革开放 30 多年以来，我国社会生产力、经济实力、科技实力大幅提升，人民生活水平、居民收入水平、社会保障水平大步提高，综合国力、国际竞争力、国际影响力稳步增强。但发展中不平衡、不协调、不可持续问题依然突出，科技创新能力不强，产业结构不合理，发展方式依然粗放，城乡区域发展差距依然较大等。[1] 跻身世界第二大经济体却面临"中等收入陷阱"，大国责任觉醒却遭遇"西化分化陷阱"，社会财富总体增加却陷入"贫富分化陷阱"，经济新常态却陷入全球"经济疲软陷阱"。因此，习近平提出"四个全面"，正是坚持问题导向，以我国实际为基点，在系统总结历史经验、准确研判发展形势、科学分析发展问题的基础上应对时代新挑战，更加注重治理系统性、整体性、协同性的必然选择。"四个全面"从实践中来，到实践中去，在循环往复以至于无穷的发展过程中会不断丰富、不断完善，一定会发挥科学理论对人们的引导作用，对实践的指导作用。

"四个全面"就是实现人民对美好生活向往现实路径的选择。人民对美好生活的追求是多方面的，因此，在提高人民物质生活水平的同时，丰富人民的精神世界，做到经济、政治、文化、社会、生态和党的建设六大方面协同并举，是实现人民对美好生活向往的重要任务与内在要求。我国的改革当前已经进入"深水区"，呈现系统性、整体性和综合性的特点，仅仅依靠经济增长或

---

[1] 习近平：《关于〈中共中央关于全面深化改革若干重大问题的决定〉的说明》，《前线》2013 年第 12 期。

某一方面、某些领域的单兵突进无法实现改革的预期目标。新常态下应对这些新问题，既需要确立宏伟的目标作为导向，更需要运用科学的战略来布局谋划。"四个全面"战略布局，正是党中央概括和提炼出来的治国理政新理念、新思路与新举措。"四个全面"立足治国理政全局，探寻改革发展稳定关键，确立了新形势下党和国家各项工作的战略方向。全面建成小康社会是人民群众对改变发展不平衡性提出的热烈期盼，是解决我国社会主要矛盾的根本路径；全面深化改革、全面依法治国和全面从严治党分别为解决社会主要矛盾提供主攻方向、制度保障和领导力量，四者构成了不可分割的有机整体，着力于实现好、维护好、发展好最广大人民的根本利益。

（三）价值意蕴

"四个全面"战略布局以促进社会发展为价值目标，以维护社会公正为"四个全面"的价值取向，蕴含了兼顾效率与公平的价值意蕴。

促进社会发展是"四个全面"的价值目标。围绕全面建设小康社会这一目标，党中央全面深化改革来增强社会发展的动力和活力。十八届三中全会做出《中共中央关于全面深化改革若干重大问题的决定》，阐述了全面深化改革的总目标和若干重大问题。随后，中央相继出台了一个个重大改革方案，陆续推出了一项项具有标志性、关键性、引领性作用的重点改革举措。新一轮改革强力推进，深刻影响经济社会各个领域。同时，中央全面推进法治建设，努力提高社会治理法治化水平。十八届四中全会做出《中共中央关于全面推进依法治国若干重大问题的决定》，对建设中国特色社会主义法治体系、建设社会主义法治国家做出全面部署。随后，中央围绕推进国家治理体系和治理能力现代化，积极稳妥推进司法体制改革，大力推动重点领域立法，全面推进涉法涉诉信访改革，建立国家司法救助制度，着力解决影响司法公正的深层次问题。中央以更坚决态度全面从严治党，着力营造风清气正的政治生态。党的十八大后，中央以作风建设开局，以壮士断腕、刮骨疗毒的勇气向"四风"问题开刀，作风建设环环相扣、层层推进、步步深入。坚持有腐必反、有贪必肃，查处腐败案件的力度前所未有。在党的群众路线教育实践活动总结大会上，习近平同志对新形势下坚持从严治党提出八个方面的要求，对全面从严治党做出重要部署。作风建设和反腐败的新成效，极大地振奋了人民群众对党的信任和信心，凝聚起推动改革发展稳定的强大正能量。"四个全面"以促进社会发展为核心价值目标，一系列强有力的科学举措的推进，为社会发展注入了新的活力。

维护社会公正是"四个全面"的价值取向。"四个全面"把促进公平作为核心价值取向，通过调整现实的社会关系来完善和发展中国特色社会主义制度，努力实现经济、政治、文化、社会、生态的协调发展，让发展成果更多、更公平地惠及广大人民群众，努力实现由效率一边倒向兼顾公平的转变。从每个"全面"的具体内涵来看，它们都体现了实现社会公平正义、增进人民福祉的主旨。《中共中央关于全面深化改革若干重大问题的决定》强调，全面深化改革关键是要进一步形成公平竞争的发展环境，进一步实现社会公平正义，紧紧围绕解决好人民群众反映强烈的问题，回应人民群众呼声和期待，抓住关键环节与重要领域推进社会公平正义，增进人民福祉。同时，全面深化改革还提出了健全城乡发展一体化体制机制的改革举措，使广大农民也能平等地参与现代化进程，共同分享现代化成果。促进社会公平正义同样也是全面依法治国的核心价值追求，通过民主科学立法与公平公正施法实现社会公平正义推进法治中国建设，这就要求政法战线要肩扛公正天平，手持正义之剑，以实际行动维护社会公平正义，让人民群众切实感受到公平正义就在身边，要重点解决好关系群众权益的突出问题。全面从严治党就是通过遏制特权行为促进社会公平正义。《人民日报》评论员文章指出，特权思想、特权现象，绝不仅仅是党风政风问题，更关系社会的公平正义。全面从严治党为促进社会公平正义提供了坚强的政治保障。全面小康的核心是"全面"，而这个"全面"就充分体现了社会公平正义的基本意涵。这个"全面"一方面体现在覆盖的人群是全面的，它是不分地域的全面小康，也是不让一个人掉队的全面小康。另一方面，这个"全面"也体现在涉及的领域是全面的，如它包括"干部清正""政府清廉""政治清明""找到全社会意愿和要求的最大公约数"的全面小康，包括"望得见山，看得见水，记得住乡愁"的五位一体总体布局的全面小康[①]。四个全面战略布局始终把实现社会公平正义、增进人民福祉作为其最终的立足点与归宿点。

三　"四个全面"战略布局的系统结构

"四个全面"战略布局是应我国新常态的需要、依国外发展新挑战的需要而产生的。"四个全面"战略布局是既能适应外部关系变化又能发挥特定功能的具有独特的系统结构的复杂系统。具体说来，"四个全面"大系统内部的每

---

① 《五个问题带你读懂"全面小康"》，《理论导报》2015 年第 3 期。

一个"全面"之间以及外部诸多政策措施之间都有着严密的不同层次、不同形式的逻辑关系。

（一）"四个全面"战略布局的内在逻辑

从整体看，"四个全面"逻辑关系严谨，体系框架完整，构成了一个大的系统。

"四个全面"是相辅相成、相互促进、相得益彰的。"四个全面"是一个有机整体，相互联系、相互贯通，不仅"全面建成小康社会"与后三个"全面"相辅相成、相互促进，而且后三个"全面"之间也是相辅相成、相互贯通的，每一个都不能离开另外两个。所以，每一个"全面"都必须把它放到整体中来理解。

"四个全面"战略布局所具有的系统结构，不同于以往的单一的发展战略系统结构，它突出基于各个"全面发展"的"系统发展"的理念，将系统的协同性放在了实践的重要地位，强调经济、政治、文化、社会、生态和党建等要素的相互作用、共同发展。可以说，"四个全面"战略布局，其基础要求就是"全面发展"，深层要求就是"系统发展"，实践要求就是"协同发展"。

从局部看，每一个"全面"功能突出，各有侧重，是整个大系统中的一个子系统。

全面建成小康社会是目标子系统，全面深化改革、全面依法治国、全面从严治党是动力子系统、保障子系统和领导子系统。目标子系统是方向，是引领；动力子系统、保障子系统和领导子系统是支撑，是抓手。"四个全面"既有目标，也有举措。没有目标，三个举措就失去了方向。但三个举措也同等重要，"一个都不能缺"，正如习近平指出的一样，"不全面深化改革，发展就缺少动力，社会就没有活力。不全面依法治国，国家生活和社会生活就不能有序运行，就难以实现社会和谐稳定。不全面从严治党，党就做不到'打铁还需自身硬'，也就难以发挥好领导核心作用"。[①] 习近平还指出，全面深化改革和全面依法治国，"如鸟之两翼，车之双轮，推动全面建成小康社会的目标如期实现"[②]。全面深化改革包含法治建设和党的建设内容，改革必须在法治轨道

① 中共中央文献研究室编《习近平关于协调推进"四个全面"战略布局论述摘编》，中央文献出版社，2015，第 13 页。

② 中共中央文献研究室编《习近平关于协调推进"四个全面"战略布局论述摘编》，中央文献出版社，2015，第 14 页。

上推进,用法治来巩固改革成果;全面依法治国,必须适应改革发展需要,守护社会公平正义;全面深化改革、全面依法治国都要在党的领导下进行的,党员干部要树立法治思维,做到学法、守法、用法。三者共同支撑全面建成小康社会的实践进程。每一个"全面",都是一整套结合实际、继往开来、勇于创新、独具特色的系统思想。

(二)"四个全面"战略布局的外部关系

从外在逻辑看,"四个全面"也和我们党在改革开放中提出的很多相关概念紧密相关。在这些关系中最为紧要的有如下三对关系。

第一,"中国梦"和"四个全面"的关系。习近平指出,"实现中华民族伟大复兴,就是中华民族近代以来最伟大梦想",而"中国梦"的具体表现就是国家富强、民族振兴、人民幸福,并且表示这个梦"一定能实现"。"四个全面"运用辩证唯物主义和历史唯物主义的世界观方法论,正确处理了治国理政若干重大关系,统筹了治党治国治军、内政外交国防、改革发展稳定之间的有机联系,把我们对中国特色社会主义建设规律的认识提升到新高度。可以说,"四个全面"是实现中国梦的战略指引。有小康领航、改革助力、法治托底和治党表率的相得益彰,势必凝聚亿万民众共赴中国梦的强大合力。只有我们坚持以"四个全面"统领党和国家各项工作,才能为"中国梦"的实现打下坚实基础;只有我们坚定实现伟大"中国梦"的信念,确保"四个全面"战略思想落到实处,才能推进中华民族伟大复兴的中国梦的实现。

第二,"四个全面"和建设中国特色社会主义"五位一体"总体布局的关系。"五位一体"是中国特色社会主义建设的总体布局,"四个全面"是宏观整体上的战略布局,二者在领域布局上有区分,在功能上有差异,但总体而言,两者之间的关系仍是总体设计、总体描画和抓住主要矛盾、找准突破口的关系。我们需要"五位一体"建设布局的总体谋划,没有这一条,就会把握不住整体和全局。但同时又要抓住主要矛盾,抓住工作重点,明确战略抓手,否则就找不准突破口,最终也会影响全局甚至丧失全局。正如习近平总书记所说,"面对复杂形势和繁重任务,首先要有全局观,对各种矛盾做到心中有数,同时又要优先解决主要矛盾和矛盾主要方面,以带动其他矛盾的解决。我们提出要协调推进全面建成小康社会、全面深化改革、全面依法治国、全面从严治党,是当前党和国家事业发展中必须解决好的主要矛盾。我们既要注重总体规划，又要注重牵住'牛鼻子'"。① "四个全面"战略布局是从"五位一体"中"抽取"的重点，"四个全面"中每一个"全面"都是推进"五位一体"总体目标得以具体落实的战略抓手。因此，正确认识和处理"四个全面"和"五位一体"的关系，就不能将其对立或分割开来，而是要既抓住事业重点、主要矛盾和矛盾主面方面，又要推动事业整个全局。

第三，"四个全面"和"五大发展理念"的关系。2015年10月，党的十八届五中全会上习近平提出了创新、协调、绿色、开放、共享"五大发展理念"。"四个全面"确立了新形势下党和国家各项工作的战略目标和战略举措，"五大发展理念"则为"四个全面"的具体推进指明了思路和方向，"破解了发展难题、增强了发展动力、厚植了发展优势"。"四个全面"和"五大发展理念"是对当代中国社会发展规律和实践逻辑的新阐释，是对中国特色社会主义发展理念的新发展，二者是内在统一的。"四个全面"回答了当代中国发展战略目标、战略重点和主要矛盾，强调认识和实践的全面性、完整性；"五大发展理念"关注实现全面建成小康社会这一目标过程的内在要求、科学原则和价值诉求，是"四个全面"战略布局的路径展开，强调发展的综合性、多维度。可以说，"四个全面"是"五大发展理念"的战略统领，"五大发展理念"是"四个全面"的具体展开。②

"四个全面"的提出是基于中国特定的历史条件和社会背景的，有一个逐渐提出和形成的过程，具有明确的问题指向和深刻的主体意蕴、价值意蕴和实践意蕴。进一步讲，"四个全面"战略思想来源于改革创新的伟大实践。其植根于广大群众的社会实践，又反过来影响和促进现代化建设；其注重社会发展的效率，又兼顾公平正义；为追求人民向往的美好生活、实现伟大的"中国梦"提供了耀眼的理论基础。

（撰稿人：西安交通大学马克思主义学院博士生曹睿；西安交通大学马克思主义学院党委副书记、副教授宋永平）

---

① 《习近平在中共中央政治局第二十次集体学习时强调：坚持运用辩证唯物主义世界观方法论，提高解决我国改革发展基本问题本领》，新华网，2015年1月4日，http://news.xinhuanet.com/2015-01/24/c_1114116751.htm。
② 郝立新：《从"四个全面"到"五大发展理念"》，《光明日报》2015年12月7日。

第十章 "全面建成小康社会"的内涵及重点解决问题

"四个全面"战略布局的四个方面是相辅相成、相互促进的，但四个方面在整体布局中的地位又不是完全等同的，在"四个全面"中，"全面建成小康社会"是战略目标，"全面深化改革""全面依法治国""全面从严治党"是三大战略举措。"全面建成小康社会"在四个全面中处于总揽全局的地位，"全面深化改革"为"全面建成小康社会"提供动力，"全面依法治国"为"全面建成小康社会"提供规范引领，"全面从严治党"为"全面建成小康社会"提供根本保证。从这个意义上讲，准确理解"全面建成小康社会"对四个全面战略布局的实施具有重要的理论和实践意义。

一 "全面建成小康社会"是中国特色社会主义发展的必然选择

虽然"小康"一词在中国出现得很早，《诗经》中已有之，"民亦劳止，讫可小康，惠此中国，以绥四方"。但和"全面建成小康社会"密切相关的"小康"，是始于新中国的改革开放之际，是我们党推进改革开放的一个战略目标，并在中国社会主义建设的实践中不断地得到丰富和发展。

（一）从"小康"到"小康社会"

"小康社会"是20世纪70年代末80年代初，中国改革开放之初，邓小平同志规划中国经济社会发展蓝图时提出的战略构想。当时"小康"的内涵是与"中国式的现代化"密切相关的。

20世纪70年代末，邓小平同志将中国社会发展的目标定位在20世纪末实现现代化，"我们定的目标是在本世纪末实现四个现代化"，同时强调，我们的现代化与西方的现代化不同，是"中国式的四个现代化"，并逐渐将"中国式的现代化"与"小康"联系起来,"我们要实现的四个现代化,是中国式的四个现代化。我们的四个现代化的概念……是'小康之家'"。① 到 20 世纪末,中国进入"小康状态",成为"小康国家"。到 20 世纪 80 年代初,又将小康社会与分三步走实现现代化的战略构想相联系:以 1980 年为基点,到 1990 年国民生产总值翻一番,解决温饱问题;到 20 世纪末,国民生产总值再翻一番,达到小康水平;再经过 50 年,到 21 世纪中叶,人均国民生产总值达到中等发达国家的水平,基本实现现代化。"翻两番,就是到本世纪末在中国建立小康社会。这个小康社会,叫作中国式的现代化。翻两番、小康社会、中国式的现代化,这些都是我们的新概念。"② "我们提出四个现代化的最低目标,是到本世纪末达到小康水平""使全国人民普遍过上小康生活",③ "小康社会"正式进入世人的视野,并成为中国社会发展的一个伟大战略构想。

在党的文件中,1982 年十二大报告首次使用了"小康"的概念,"从一九八一年到本世纪末的二十年,我国经济建设总的奋斗目标是,在不断提高经济效益的前提下,力争使全国工农业的年总产值翻两番,……人民的物质文化生活可以达到小康水平"。④ 并将"小康"作为主要奋斗目标和经济社会发展的阶段性标志。到 1987 年党的十三大时,提出中国经济建设分三步走的总体战略部署:第一步目标,实现国民生产总值比 1980 年翻一番,解决全国人民的温饱问题,第二步目标,到 20 世纪末国民生产总值比 1980 年翻两番,第三步目标,到 21 世纪中叶基本实现现代化,人均国民生产总值达到中等发达国家水平,人民过上比较富裕的生活。

(二) 从"小康社会"到"全面建设小康社会"

第一步战略目标"实现国民生产总值比 1980 年翻一番,解决全国人民的温饱问题",在 20 世纪 80 年代末已基本实现,第二步目标"到二十世纪末国民生产总值比 1980 年翻两番",也已在 1995 年提前完成。到 20 世纪末,我国人均 GDP 超过 800 美元,国内生产总值比 1980 年翻一番的目标早已实现,许多重要工农业产品产量跃居世界前列;长期困扰经济发展和人民生活的商品供应短缺的状况从根本上得到改观,中国实现了从温饱到小康的历史性跨越,总

---

① 《邓小平文选》(第 2 卷),人民出版社,1994,第 237 页。
② 《邓小平文选》(第 3 卷),人民出版社,1993,第 54 页。
③ 《邓小平文选》(第 3 卷),人民出版社,1993,第 64 页。
④ 胡耀邦:《全面开创社会主义现代化建设的新局面——在中国共产党第十二次全国代表大会上的报告》,新华网,2003 年 1 月 20 日,http://news.xinhuanet.com/ziliao/2003 - 01/20/content_ 696971.htm。

体上进入小康社会。

从进入 21 世纪开始，我们是在已实现"三步走"战略的第一和第二步目标、全国人民生活总体上达到小康水平的基础上继续中国现代化的建设。

21 世纪初，我们虽实现了总体小康，但那时的小康还不是全面的小康，在总体小康的情况下，不同地区的情况有很大的差别，有些地区不但达到小康水平，而且已达到中等发达国家水平，有些地区还存在局部不平衡发展的问题，有些地区甚至还有不少群众处于贫困线以下，尚待解决温饱问题。

为了解决这个问题，我们在总体进入小康社会的情况下，进而提出了"全面建设小康社会"的战略目标。1997 年党的十五大提出，21 世纪"我们的目标是，第一个十年实现国民生产总值比 2000 年翻一番，使人民的小康生活更加宽裕，形成比较完善的社会主义市场经济体制；再经过十年的努力，到建党一百年时，使国民经济更加发展，各项制度更加完善；到世纪中叶建国一百年时，基本实现现代化，建成富强民主文明的社会主义国家"。① 两个"一百年"的目标确立，而其中的"第一个十年实现国民生产总值比 2000 年翻一番，使人民的小康生活更加宽裕"已包含"全面建设小康社会"的意味。

2002 年党的十六大时，我们明确了"全面建设小康社会"的目标，"在达到的小康还是低水平的、不全面的、发展很不平衡的小康……城乡二元经济结构还没有改变，地区差距扩大的趋势尚未扭转，贫困人口还为数不少；人口总量继续增加，老龄人口比重上升，就业和社会保障压力增大；生态环境、自然资源和经济社会发展的矛盾日益突出；我们仍然面临发达国家在经济科技等方面占优势的压力；经济体制和其他方面的管理体制还不完善；民主法制建设和思想道德建设等方面还存在一些不容忽视的问题"，并提出了"全面建设小康社会"的具体目标，根据十五大提出的到 2010 年、建党一百年和新中国成立一百年的发展目标，我们"要在本世纪头二十年，集中力量，全面建设惠及十几亿人口的更高水平的小康社会"，与总体小康比起来，全面小康是更高水平的小康社会，它的特征是"经济更加发展、民主更加健全、科教更加进步、文化更加繁荣、社会更加和谐、人民生活更加殷实"。② "全面建设小康社会"

---

① 江泽民：《高举邓小平理论伟大旗帜，把建设有中国特色社会主义事业全面推向二十一世纪——在中国共产党第十五次全国代表大会上的报告》，http://news.ifeng.com/mainland/special/zhonggong18da/content-4/detail_2012_11/04/18821363_0.shtml。

② 江泽民：《全面建设小康社会，开创中国特色社会主义事业新局面——在中国共产党第十六次全国代表大会上的报告》，中国网，2009 年 7 月 13 日，http://www.china.com.cn/zyjy/2009-07/13/content_18122614.htm。

是实现现代化建设第三步战略目标必经的承上启下的发展阶段，经过这个阶段的建设，再继续奋斗几十年，到 21 世纪中叶基本实现现代化，把我国建成富强民主文明的社会主义国家。

党的十六大在提出"全面建设小康社会"的同时，实际上也提出了新的"三步走"发展战略。第一步：2000～2010 年，实现国民生产总值比 2000 年翻一番，人民的小康生活更加宽裕，形成比较完善的社会主义市场经济体制；第二步：2010～2020 年，实现国内生产总值比 2000 年翻两番；第三步：2020～2050 年，基本实现现代化。

2007 年党的十七大继续重申"全面建设小康社会"的目标，并在原有基础上，提出更高的要求，"全面小康社会"的中国，"将成为工业化基本实现、综合国力显著增强、国内市场总体规模位居世界前列的国家，成为人民富裕程度普遍提高、生活质量明显改善、生态环境良好的国家，成为人民享有更加充分民主权利、具有更高文明素质和精神追求的国家，成为各方面制度更加完善、社会更加充满活力而又安定团结的国家，成为对外更加开放、更加具有亲和力、为人类文明做出更大贡献的国家"。①

（三）从"全面建设小康社会"到"全面建成小康社会"

从十六大明确提出全面建设小康社会的战略目标以来，我国在各方面取得了举世瞩目的重大成就，"十年来，我们取得一系列新的历史性成就，为全面建成小康社会打下了坚实基础。我国经济总量从世界第六位跃升到第二位，社会生产力、经济实力、科技实力迈上一个大台阶，人民生活水平、居民收入水平、社会保障水平迈上一个大台阶，综合国力、国际竞争力、国际影响力迈上一个大台阶，国家面貌发生新的历史性变化。人们公认，这是我国经济持续发展、民主不断健全、文化日益繁荣、社会保持稳定的时期，是着力保障和改善民生、人民得到实惠更多的时期"。② 为此，2012 年党的十八大根据新情况，在十六大和十七大确立的"全面建设小康社会"目标的基础上，进一步提出"全面建成小康社会"的目标。和"全面建设小康社会"比较起来，"全面建

---

① 胡锦涛：《高举中国特色社会主义伟大旗帜　为夺取全面建设小康社会新胜利而奋斗——在中国共产党第十七次全国代表大会上的报告》，新华网，2007 年 10 月 24 日，http：//news. xinhuanet. com/newscenter/2007－10/24/content_ 6938568. htm。

② 胡锦涛：《坚定不移沿着中国特色社会主义道路前进　为全面建成小康社会而奋斗——在中国共产党第十八次全国代表大会上的报告》，新华网，2012 年 11 月 19 日，http：//www. wenming. cn/xxph/sy/xy18d/201211/t20121119_ 940452. shtml。

成小康社会"有更高的目标：经济持续健康发展，转变经济发展方式取得重大进展，实现国内生产总值和城乡居民人均收入比 2010 年翻一番；人民生活水平和质量普遍提高，国民素质和社会文明程度显著提高，人民民主不断扩大，文化软实力显著增强，生态环境质量总体改善，各方面制度更加成熟更加定型，国家治理体系和治理能力现代化取得重大进展等。

党的十八大后，以习近平同志为核心的党中央，在"全面建成小康社会"方面做了大量的工作，其中就包括"四个全面"战略的提出和对"全面建成小康社会"在"四个全面"中地位的定位。党的十八届五中全会审议通过的《中共中央关于制定国民经济和社会发展第十三个五年规划的建议》，明确"十三五"时期是全面建成小康社会的决胜阶段，十二届全国人大四次会议通过的《中华人民共和国国民经济和社会发展第十三个五年规划纲要》，对"十三五"时期是全面建成小康社会决胜阶段予以确认，并强调，在这一决胜阶段，我们必须"准确把握国内外发展环境和条件的深刻变化，积极适应把握引领经济发展新常态，全面推进创新发展、协调发展、绿色发展、开放发展、共享发展，确保全面建成小康社会"。[①] 全面建成小康社会的"创新、协调、绿色、开放、共享"五大理念正式形成。这五大发展理念是"十三五"时期乃至更长时期我国发展思路、发展方向、发展着力点的集中体现，也是改革开放 30 多年来我国发展经验的集中体现，反映出我们党对我国发展规律的新认识。

二 "全面建成小康社会"的内涵

对"小康社会"的表述，我们历经了从"进入"到"建设"，再到"全面建设"和"全面建成"的过程，这一过程既表明了我们对建设小康社会认识的不断深化，更表明了我国社会主义建设事业的不断发展。

"全面建成小康社会"是一个复合的概念，是经济、政治、文化、社会、生态文明全面发展的小康社会，从这个意义上讲，"全面建成小康社会"不只是某一个方面的小康社会，而且是"全面"的小康社会，是包括内容上的"五位一体"、地域上的城乡覆盖和人口上的惠及全体人民的全面小康社会。

（一）内容上的"五位一体"

人们对"小康"的理解，往往容易将聚焦点放在经济上，放在提高收入

---

① 《中华人民共和国国民经济和社会发展第十三个五年规划纲要》，2016 年 3 月 17 日，http://news.xinhuanet.com/politics/2016lh/2016-03/17/c_1118366322.htm.

上。这虽然没有错，却是对小康社会，尤其是全面小康社会的片面理解。事实上，从内容上看，"全面建成小康社会"包括经济但不局限于经济，经济目标不等同于"全面建成小康社会"的目标，"全面建成小康社会"应该包含五个方面的内容，其所要达到的目标包含经济发展方式得到根本转变，建成世界经济强国，社会建设取得显著进展，建成社会主义和谐社会，政治文明建设取得重要进展，建成社会主义民主国家，文化建设大繁荣、大发展，建成社会主义文化强国，生态文明建设进入新阶段，初步建成绿色中国。"全面建成小康社会"是包括经济、政治、文化、社会、生态文明"五位一体"的全面建设和发展，任何一个方面都不能偏废。"全面建成小康社会"要把经济、政治、文化、社会和生态文明建设相互融合在一起，更加注重发展的均衡性和可持续性，使中国走上永续发展道路。

1. 经济建设目标

从经济建设来看，"全面建成小康社会"的经济目标也不仅仅是高速增长，不是唯 GDP 论，而是强调协调发展，努力实现经济又好又快发展。

经济发展是一个国家发展的基础，没有强劲的经济作为基础，其他的发展就成为无源之水。改革开放后，尤其是近十年来，中国经济保持了较高的增长速度，经济总量已跃居世界第二，经济发展对国际社会的贡献力也越来越得到重视。但在目前全球经济增长乏力、中国经济进入新常态的情况下，要完成全面建成小康社会的经济目标，也并不是一件轻松的事情。为此，需要我们在有些方面下足功夫。

第一，努力转变经济发展方式。经济新常态下，我国经济发展表现出速度变化、结构优化、动力转换三大特点，增长速度要从高速转向中高速，发展方式要从规模速度型转向质量效率型，经济结构调整要从增量扩能为主转向调整存量、做优增量并举，发展动力要从主要依靠资源和低成本劳动力等要素投入转向创新驱动。这些变化不依人的意志为转移，是我国经济发展阶段性特征的必然要求。促进经济增长由主要依靠投资、出口拉动向依靠消费、投资、出口协调拉动转变，由主要依靠第二产业带动向依靠第一、第二、第三产业协同带动转变，由主要依靠增加物质资源消耗向主要依靠科技进步、劳动者素质提高、管理创新转变。

第二，发展的平衡性、协调性、可持续性。在发展平衡性、协调性、可持续性明显增强的基础上实现两个"倍增"（国内生产总值和城乡居民人均收入比 2010 年翻一番）通过构建现代产业发展新体系，促进工业化、信息化、城镇化、农业现代化的同步发展，使工业化基本实现，信息化水平大幅提升，城镇化质量明显提高，农业现代化和社会主义新农村建设成效显著。通过继续实施区域总体发展战略，充分发挥各地区比较优势，区域协调发展机制基本形成。

第三，增强创新驱动发展新动力。经济新常态下，创新是国家发展全局的核心，创新体现在社会生活的方方面面。仅就经济领域而言，创新也体现在诸多方面。目前的中国，制造业的创新就是一个不容回避的问题。中国是一个制造业大国，制造业曾经对国民经济的发展做出了很大的贡献，但不能回避的是，我们是制造大国，但不是制造强国，一些核心关键技术对外依赖性较大，制造业在很长的时间内依靠的是廉价劳动力和对资源的过多损耗。随着中国经济的不断发展，劳动力成本不断上升，资源破坏的代价被人们逐渐意识到，只满足于制造大国已无法继续推动中国经济的进一步发展，如何由制造大国转变为制造强国，就是经济创新的一个特别重要的问题。制造业既是国民经济的主体，也是技术创新的重要载体，国务院印发的《中国制造2025》，就是制造业创新的一个蓝本，其中提出了实施制造强国战略的十年行动纲领和三步走的中长期目标，目的就是实现从中国制造到中国创造、从中国速度到中国质量、从中国产品到中国品牌的转变。而实施的"大众创业、万众创新"战略，也希望把创新打造成推动中国经济继续前行的重要引擎。

2. 政治建设目标

我们的政治建设目标，是在党的领导下，进一步发展人民民主，使民主制度更加完善、民主形式更加丰富，人民的积极性、主动性、创造性进一步发挥。我们的政治建设，必须坚持党的领导、人民当家做主、依法治国的有机统一，以保证人民当家做主为根本，以增强党和国家活力、调动人民积极性为目标，扩大社会主义民主，加快建设社会主义法治国家，发展社会主义政治文明。

第一，扩大社会主义民主。我国是人民民主专政的社会主义国家，人民是国家的主人，扩大社会主义民主的目的是更好地保证人民依法行使管理国家的权力。

扩大社会主义民主，首先要支持和保证人民通过人民代表大会行使国家权力。人民代表大会制度是我国的根本政治制度，体现了国家的性质，也是人民当家做主、管理国家的主要形式。支持和保证人民通过人民代表大会行使国家权力，就要进一步完善人大代表的选举，使选出的代表能真正代表人民的意志；人大及其常委会要切实发挥权力机关的作用，依法行使立法、监督、决定、任免等职权；在人大设立代表联络机构，完善代表联系群众制度；优化常委会、专委会组成人员知识和年龄结构，提高专职委员比例，增强依法履职能力；人大代表确实履行自己的职责等。

扩大社会主义民主，还要健全社会主义协商民主制度。中国人民政治协商会议，是具有中国特色的民主协商制度，也是中国式民主协商的典范，在中国的社会生活中起到了极其重要的作用，但政治协商会议主要是政党间的协商，在政党协商的基础上进一步推进协商民主广泛、多层、制度化发展。通过国家政权机关、政协组织、党派团体等渠道，就经济社会发展重大问题和涉及群众切身利益的实际问题进行广泛协商。为此，在坚持和完善中国共产党领导的多党合作和政治协商制度的基础上，通过国家政权机关、政协组织、党派团体等渠道，就经济社会发展重大问题和涉及群众切身利益的实际问题广泛协商，广纳群言、广集民智，增进共识、增强合力。

扩大社会主义民主，还要完善基层民主制度。基层民主制度是指我国的基层群众性自治制度，基层民主是人民参与管理国家事务和社会事务的一种形式，是社会主义民主制度的一个重要方面。《中华人民共和国宪法》规定，"城市和农村按居民居住地区设立的居民委员会或者村民委员会是基层群众性自治组织"。因而，完善基层民主制度方面就分为完善居民委员会制度和完善村民委员会制度两个不同的方面。从完善居民委员会制度方面来看，主要应完善居民委员会协调会制度、听证会制度、居民来访制度、居委会工作报告制度等，进一步发挥居民自我管理、自我服务、自我教育、自我监督的主动性。从完善村民委员会制度方面来看，主要应完善村民民主选举、民主决策、民主监督的方式方法，提高公共事务的管理水平，发挥基层组织协同作用。

第二，推进政府转变职能。深化行政体制改革，必须推进政府职能的转变，使政府职能向创造良好发展环境、提供优质公共服务、维护社会公平正义转变。为此，必须建设服务型政府，增强政府提供基本公共服务的能力，继续简政放权，创新行政管理方式，降低行政成本，提高政府公信力。而和转变政府职能密切相关的，就是要建立健全权力运行制约和监督体系，邓小平曾经说过，"我们过去所犯的各种错误，固然与某些领导人的思想、作风有关，但是，组织制度、工作制度方面的问题更重要。这些方面的制度好可以使坏人无法任意横行，制度不好可以使好人无法充分做好事，甚至会走向反面"，[1] 建立和健全决策问责和纠错制度，要用制度管权管事管人，保证国家机关按照法定权限和程序行使权力。推进权力运行公开化、规范化，"加强党内监督、民

---

[1] 《邓小平文选》（第2卷），人民出版社，1994，第333页。

主监督、法律监督、舆论监督，让人民监督权力，让权力在阳光下运行"。① 形成监督的整体合力，发挥监督的整体优势。

第三，发挥法治在国家和社会治理中的重要作用。市场经济就是法治经济的观念已普遍为社会所接受，在社会主义市场经济建设中，我国的法治建设也取得了不小的成就，法律在社会生活中扮演着越来越重要的角色。但不可否认的是，我国的法治建设还存在不少问题，离"科学立法、严格执法、公正司法、全民守法"的要求还有不小的差距。为了发挥法治在国家和社会治理中的作用，我们还有不少的事情要做。从立法上看，"要完善立法规划，突出立法重点，坚持立改废并举，提高立法科学化、民主化水平，提高法律的针对性、及时性、系统性。要完善立法工作机制和程序，扩大公众有序参与，充分听取各方面意见，使法律准确反映经济社会发展要求，更好协调利益关系，发挥立法的引领和推动作用"。② 从执法上看，执法不严的情况必须改变，习近平同志说过，"法律的生命在于实施。如果有了法律而不实施，或者实施不力，搞得有法不依、执法不严、违法不究，那制定再多的法律也无济于事"。而执法就是实施法律的一个重要环节，我们必须在执法上下足功夫。在司法上，司法公正一直是我们追求的目标，但同样也是存在问题较多的一个领域。在公正司法方面，重点是实体公正和程序公正如何统一的问题。实体公正强调法院就实体权利和义务关系所做出的裁决的公正性，强调法院审判结果内容的公正性，程序公正强调法院审理程序的公正性，强调审判过程在形式上的公正。当实体公正和程序公正不能两全时，如何处理两者的关系，就成为一个现实的问题。在守法上，强调全民守法，这里的全民，包括我国境内的一切政党、团体、企业及个人，我国宪法明确规定，"一切国家机关和武装力量、各政党和各社会团体、各企业事业组织都必须遵守宪法和法律"。法律如果不被遵守，制定再好的法律也没有任何意义。

3. 文化建设目标

文化越来越成为国际竞争力的重要元素，在全球化的今天，文化也是一个国家国际影响力的重要标志，全面建成小康社会，不仅需要经济发展的硬实力，而且需要文化的软实力，文化是推动经济发展的重要杠杆，建设社会主义

---

① 胡锦涛：《坚定不移沿着中国特色社会主义道路前进 为全面建成小康社会而奋斗——在中国共产党第十八次全国代表大会上的报告》，新华网，2012年11月19日，http://www.wenming.cn/xxph/sy/xy18d/201211/t20121119_940452.shtml。

② 中共中央文献研究室：《习近平关于全面深化改革论述摘编》，中央文献出版社，2014，第72页。

文化强国，是我国从经济大国走向经济强国的必然选择，我们要在经济实力日益雄厚的基础上，物质文明和精神文明两手抓，切实提升我国的文化软实力。

全面建成小康社会的文化建设目标，表现在不断提升公民的思想道德和科学文化水平等各个方面。

第一，提升全民的思想道德水平。国无德不兴，人无德不立，要提升全民思想道德水平，必须着力加强全民思想道德建设，而全民思想道德建设的重点的根本是要在全社会形成共同理想和信念。因而在全民教育中，要通过各种方式，加强爱国主义、集体主义、社会主义教育，加强社会公德、职业道德、家庭美德建设，提高道德实践能力尤其是自觉实践能力。思想和道德建设方面，还必须坚守社会主义核心价值观，人类社会发展的历史表明，对一个民族、一个国家来说，最持久、最深层的力量是全社会共同认可的核心价值观。核心价值观，承载着一个民族、一个国家的精神追求，体现着一个社会评判是非曲直的价值标准。

第二，提升全民族科学文化素养。科学文化素养既是一个国家和一个民族素质的重要构成部分，同时也可以为这个国家经济和社会的发展提供智力支撑。中国作为一个人口大国，又是发展中国家，在很长的时间内，我国国民的科学文化素养并不是太高，这也在一定程度上制约了我国的发展。改革开放后，我国采取了一系列的措施，致力于提升全民的科学文化素养，并取得了不错的成绩。但不可否认，目前我国国民整体的科学文化素养和中国社会发展的需要仍有一定的距离。虽然我们基本上消除了文盲和半文盲的现象，公民受教育平均时长也已经超过大多数发展中国家水平，但我国目前仍有一定数量的文盲和半文盲，高等教育普及率还不是很高，人们的科学精神、文化修养和创新能力仍然存在不少问题。因而，我们必须针对现实情况，在提升全民受教育程度、科学精神、科学水平、文化修养、创新意识和创新能力多方面采取有效的措施，确保科学文化为经济和社会发展提供智力支持。

第三，大力发扬文化产业。从文化事业到文化产业，体现了我们对文化认识的转变，也为我国文化的发展找到了一条新路，发展中国的文化产业，不仅有利于抵御西方文化的渗透，而且可以促进精神文明的繁荣和发展，还能带来直接的经济效益，可谓一举多得。党的十八大提出文化强国战略，十八届四中全会明确提出制定文化产业促进法，"十三五"规划纲要提出，"十三五"时期，文化产业成为国民经济支柱性产业。"2010 年，我国文化产业增加值为1.1 万亿元，占 GDP 的 2.75%。2014 年，我国文化产业增加值达到 2.39 万亿元，比 2013 年增长 12.1%，比同期 GDP 增速高出 3.9 个百分点。4 年时间即翻一番,而且电影、数字出版、网络游戏等许多文化产业是以 30% 以上的速度增长",[①]"十三五"时期,文化建设将实施"一个工程",构建"四个体系","'一个工程'是文化精品的创作工程","要围绕中国梦和弘扬社会主义核心价值观创作更多更丰富的文化精品,着力解决文化产品中有数量、缺质量的问题,从'高原'向'高峰'攀登。"四个体系","一是构建中华优秀传统文化的传承体系,使传统文化创造性转化、创新性发展,保护好物质和非物质文化遗产,让文化遗产的文化价值进入人们心中;二是构建现代公共文化服务体系,按照标准化、均等化要求为群众提供更加便捷丰富的文化服务;三是构建文化产业体系,到'十三五'末,努力使文化产业成为国民经济的支柱产业;四是构建对外文化交流体系,扩大对外文化开放,提高对外文化开放的水平,一方面借鉴世界优秀文明成果,另一方面推动中华文化更多更好走向世界"。[②]

4. 社会建设目标

"人民对美好生活的向往,就是我们的奋斗目标",而人民的美好生活,就和社会建设密不可分,而社会建设比经济建设难度更大,更需要我们的决心、耐心和恒心。

社会建设的提出有一个过程,它是中国特色社会主义建设的实践和我们对社会主义建设认识不断完善的一个结果。党的十七大确定"要加快推进以改善民生为重点的社会建设",强调"社会建设与人民幸福息息相关。必须在经济发展的基础上,更加注重社会建设,着力保障和改善民生,推进社会体制改革,扩大公共服务,完善社会管理,促进社会公平正义,努力使全体人民学有所教、劳有所得、病有所医、老有所养、住有所居,推动建设和谐社会"。党的十八大进一步明确"提高人民物质文化生活水平,是改革开放和社会主义现代化建设的根本目的。要多谋民生之利,多解民生之忧,解决好人民最关心最直接最现实的利益问题,在学有所教、劳有所得、病有所医、老有所养、住有所居上持续取得新进展,努力让人民过上更好的生活"。社会建设越来越受到政府的重视,也在建成全面小康社会中占据重要的位置。

社会建设提出后,我们在社会建设方面做了大量的工作,也取得了一定的

---

① 《十三五规划:文化产业成国民经济支柱性产业》,《文化产业评论》2015 年 11 月 3 日,http://mp.weixin.qq.com/s?__biz=MjM5ODc1NDI4MA==&mid=400203135&idx=3&sn=8ebba469539ea647467ecc7d13da63f4&3rd=MzA3MDU4NTYzMw==&scene=6#rd。

② 雒树刚:《"十三五"文化产业将成为国民经济支柱产业》,浙江在线,2016 年 3 月 13 日,http://zjnews.zjol.com.cn/system/2016/03/13/021063393.shtml。

成就，在全面建成小康社会的过程中，还必须进一步加强社会建设。

第一，保障和改善民生。社会建设必须以保障和改善民生为重点，多谋民生之利，多解民生之忧，大力推进就业、社会保障和科技、教育、文化、卫生等各项社会事业的建设，解决好人民最关心最直接最现实的利益问题，在学有所教、劳有所得、病有所医、老有所养、住有所居上继续取得新进展。

第二，加强和创新社会管理。要大力构建中国特色社会主义社会管理体系，努力形成党委领导、政府负责、社会协同、公众参与、法治保障的社会管理体制；形成政府主导、覆盖城乡、可持续的基本公共服务体系；形成政社分开、权责明确、依法自治的现代社会组织体制。

第三，更加重视社会公平。全面建成小康社会离不开社会公平，全面小康是公平基础上的小康，离开了公平，小康社会就难以全面建成。必须逐步建立以权利公平、机会公平、规则公平为主要内容的社会公平体系，保证人民平等参与、平等发展的权利，真正使发展成果惠及全体人民。

5. 生态文明建设目标

现在，我们已认识到生态文明的重要性，生态文明建设是关系人民福祉、关乎美丽中国和实现中华民族的永续发展的重大问题。

2015 年 9 月，中共中央、国务院印发《生态文明体制改革总体方案》，这是生态文明建设的顶层设计，也是今后一段时间我们生态文明建设的指导方针。

第一，树立生态文明理念。要树立尊重自然、顺应自然、保护自然的理念，生态文明建设不仅影响经济持续健康发展，也关系政治和社会建设，必须放在突出地位，融入经济建设、政治建设、文化建设、社会建设各方面和全过程。要树立发展和保护相统一的理念，发展必须是绿色发展、循环发展、低碳发展，平衡好发展和保护的关系，给子孙后代留下天蓝、地绿、水净的美好家园。树立绿水青山就是金山银山的理念，清新空气、清洁水源、美丽山川、肥沃土地、生物多样性是人类生存必需的生态环境。树立自然价值和自然资本的理念，自然生态是有价值的，保护自然就是增值自然价值和自然资本的过程，就是保护和发展生产力，就应得到合理回报和经济补偿。树立空间均衡的理念，把握人口、经济、资源环境的平衡点推动发展，人口规模、产业结构、增长速度不能超出当地水土资源承载能力和环境容量。树立山水林田湖是一个生命共同体的理念，按照生态系统的整体性、系统性及其内在规律，统筹考虑自然生态各要素，进行整体保护、系统修复、综合治理，增强生态系统循环能力，维护生态平衡。这就要求我们加强生态文明宣传教育，增强全民节约意识、环保意识、生态意识，营造爱护生态环境的良好风气。

第二，处理好经济发展同生态环境保护的关系。必须把生态文明建设融入经济建设、政治建设、文化建设、社会建设的各个方面和全过程，努力形成节约资源和保护环境的空间格局、产业结构、生产方式、生活方式，树立保护生态环境就是保护生产力、改善生态环境就是发展生产力的理念，自觉地推动绿色发展、循环发展、低碳发展，决不以牺牲环境为代价去换取一时的经济增长。因而，必须完善经济社会发展考核评价体系，把资源消耗、环境损害、生态效益等体现生态文明建设状况的指标纳入经济社会发展评价体系，使之成为推进生态文明建设的重要导向和约束。建立责任追究制度，对那些不顾生态环境盲目决策并造成严重后果的人，不但应该追究其责任，而且应该终身追究。同时转变粗放式发展方式，形成节约能源资源和保护生态环境的产业结构和增长方式，单位国内生产总值能源消耗和二氧化碳排放大幅下降，实现绿色发展、循环发展、低碳发展。

第三，建立生态文明制度体系。我国的生态问题，当然与经济快速发展和盲目开发、过度开发有关，但体制机制不健全是更深层面的原因。

我们已经建立了不少生态环境保护方面的制度，但不系统、不完整。今后要在这方面下功夫。建立起严厉的责任追究和赔偿制度，对那些不顾生态环境盲目决策并造成严重后果的领导必须追责，而且是终身追责，追责可以是行政的，可以是民事的，构成犯罪的必须追究刑事责任。对于偷排、超排的行为，不能仅仅罚款，而是必须建立起处罚的法律制度，使企业为污染环境付出沉重的代价，使其不敢有此行为。同时，通过法定程序，建立资源有偿使用制度、生态补偿制度、生态环境损害责任终身追究制和生态损害赔偿制度等，通过制度保护生态环境，将生态文明建设纳入法治的轨道。

（二）地域上的城乡覆盖

全面小康的"全面"，不仅要求小康所涉及的领域是全面的，是经济建设、政治建设、文化建设、社会建设、生态文明建设"五位一体"，而且要求小康所覆盖地域是全面的，是覆盖城乡的全面小康。但从目前来看，城乡在建成全面小康的路上，乡村显然落后于城镇，这些落后主要表现在城乡居民收入差距、城乡教育差距、城乡就业差距等方面。如果广大的乡村不能建成小康社会，全面小康就是不可能的。

1. 进一步缩小城乡居民收入差距

城乡居民收入差距过大是造成城乡小康差距的一大因素。缩小城乡居民收入差距，是推动城乡同步建成小康社会的必然要求。随着经济的高速增长，我国城乡居民收入相应地也有了大幅度的提高，农村也不例外，农村居民人均年纯收入从 1978 年的 134 元增加到 2013 年的 8896 元，增加 66.4 倍。但农村居民收入增长速度明显低于城镇居民，城乡居民收入差距于 2009 年达到 3.33 倍的历史最高位。世界银行的资料显示，世界上多数国家的城乡人均收入比在 1.6 左右，甚至在一些发达国家，农民的收入还高于城市居民的收入，中国成为世界上城乡差距比较大的国家之一。随着政府一系列的惠农政策和越来越多的农村劳动力进入城市务工，城乡居民收入差距逐年缩小，根据国家统计局 2016 年初公布的数据，2015 年城镇居民人均可支配收入为 31195 元，农村居民人均可支配收入为 11422 元，城乡居民收入比为 2.73∶1。这是城镇和农村居民的收入水平差距连续两年降至 3 倍以下，为 15 年以来最低①，但即使如此，农村居民的人均收入增长速度还是明显低于城镇居民收入的增长速度。采取更有效的措施，进一步缩小城乡居民收入差距，使城乡居民收入差距缩小至相对合理水平，就成为全面建成小康社会的一大任务。

2. 进一步缩小城乡教育差距

改革开放后，我国的教育事业有了长足的发展，农村孩子也受了较好的教育。改革开放之初，城乡之间教育水平的差距虽然存在，但还不是特别明显。但随着社会经济发展的不是城乡教育间差距的缩小，而是进一步的扩大。从目前来看，农村教育明显落后于城镇教育。这种落后主要表现在教育投入、师资力量、基础设施等多个方面。从教育投资看，我国的教育主要是国家财政性投资，而国家财政性教育经费支出中，主要是地方财政预算内教育经费的支出，大多数农村的地方财政收入比不上城镇，所以造成了农村尤其是贫苦地区农村的教育投资明显不足。因为教育投资的不足，农村教育的基础设施也就存在明显的缺欠，在校舍、图书、实验用品、音乐体育设施等方面，往往和城镇学校无法比拟。同样由于投入的不足，农村教育的师资力量明显落后于城镇。我国要求小学教师要有大专以上的学历，中学教师要具有本科以上学历，农村达到这一要求的师资力量要弱于城市，而且越是偏远的地方，达到这一要求的比例就越低。而且，从工资来看，农村教师待遇普遍低于城镇，使农村学校在对教

---

① 《城乡居民收入差距有望缩至"相对合理水平"》，新华社，2016 年 2 月 6 日，http：//www.banyuetan.org/chcontent/sz/szgc/201626/181920.html。

师的吸引力方面和城镇相比处于明显的劣势,农村往往难以招到和留住特别优秀的教师。上述原因使农村青少年接受教育的程度和质量远落后于城镇,农村孩子义务教育阶段的辍学率明显高于城镇,使一些多数农村劳动力在现代社会往往在竞争中处于劣势,也在一定程度上限制了农业剩余劳动力的转移领域。

3. 进一步缩小城乡社会保障差距

在城镇化初期,不论是农民自己还是其他人,关注的主要是农民的收入问题,因为那时农民更多的还是将归宿定为农村,定为土地。随着城市化进程的不断推进,不少农民失去了土地,主动或被动地进入城市,在这种情况下,社会保障问题前所未有地引起农民的关注。近些年来政府在完善农村社会保障方面做了不少的工作,建立了新型农村合作医疗、新型农村养老保险和农村低保等制度,农民也开始享受以前只有城里人才能享受到的社会保障。但综观目前的农村社会保障的现状,仍然存在不少的问题,如保障项目不全、覆盖面狭窄、保障水平低等。目前,中国城镇化率已达到52.57%,但户籍人口城镇化率只有35%,明显低于城镇化率。目前,我国在扩大城乡基本社会保障覆盖面、提高基本社会保障水平方面确实取得了不小的进展,但不容忽视的是,基本社会保障体系的重心仍在城镇,农村社会保障体系建设相对滞后得多,但如果没有了城乡社会保障差距的不断缩小乃至并轨,那么全面建成小康社会的战略目标就不可能顺利实现。

(三) 人口上惠及全体人民

"社会主义的本质,是解放生产力,发展生产力,消灭剥削,消除两极分化,最终达到共同富裕。"[①] 共同富裕是我们对人民的承诺,全面建成小康社会是走向共同富裕的必经之路。全面小康社会,是惠及十几亿人口的小康社会,而不是惠及少数人口的小康社会。从人口覆盖面上讲,全面小康意味着无论是城镇居民还是农村居民,无论是东部沿海的人还是西部内陆省份的人,无论是工人还是农民,都能够过上小康的生活。

不可否认,改革开放30多年来,我国取得了举世瞩目的伟大成就,人民群众的生活水平日益提升,人民生活普遍获得很大改善,城乡居民收入稳步增长,百姓的腰包越来越鼓,人们从发展中得到了不少的实惠,总体小康生活水平已经达到。但同时我们也应该看到,目前的小康,仍存在一定的问题,一是人口上并未完全覆盖,二是居民收入增长的步伐赶不上经济发展的速度。根据

---

① 《邓小平文选》(第3卷),人民出版社,1993,第373页。

《中国统计年鉴2011》的数据，2001～2010年，我国国内生产总值年均增长10.5%，国家财政收入年均增长20%，而城镇居民人均可支配收入年均增速为9.7%。[①]

让发展的成果惠及全体人民，是社会主义本质的要求。人民是历史的创造者，也是社会主义事业建设的主体力量，我们的发展就是为了人民。因而，将人民福祉作为价值坐标，将人民利益作为工作标尺就是中国发展的应有之义，"必须坚持把人民利益放在第一位""人民对美好生活的向往，就是我们的奋斗目标""把人民的期待变成我们的行动，把人民的希望变成生活的现实""人心是最大的政治"。

我们的发展依靠的是人民，发展也是为了人民，因而发展成果必须由人民共享。而如果人民没有享受到发展成果，发展为了人民就会落空，发展依靠人民就没有基础，发展也就偏离了方向。在现代化建设过程中，要始终注意体现和保障人民的利益，使人民共同享受到经济社会发展的成果。

为了实现发展成果由人民共享，必须努力缩小贫富差距，在总体小康的前提下，处理好"先富和共富"的关系，我们的人民热爱生活，期盼有更好的教育、更稳定的工作、更满意的收入、更可靠的社会保障、更高水平的医疗卫生服务、更舒适的居住条件、更优美的环境，期盼孩子们能成长得更好、工作得更好、生活得更好。

党的十八大提出，要"调整国民收入分配格局，加大再分配调节力度，着力解决收入分配差距较大问题"，提高居民收入在国民收入分配中的比重，提高劳动报酬在初次分配中的比重。初次分配和再分配都要兼顾效率和公平，再分配更加注重公平，"逐步建立以权利公平、机会公平、规则公平为主要内容的社会公平保障体系，努力营造公平的社会环境，保证人民平等参与、平等发展权利"，使发展成果更多更公平惠及全体人民，朝着共同富裕方向稳步前进。

十八届五中全会提出共享发展新理念，强调人人参与、人人尽力、人人享有，使全体人民在共建共享发展中有更多获得感。坚持共享发展，就是要坚持人民主体地位的原则，就是要坚持发展为了人民、发展依靠人民、发展成果由人民共享。"要着力践行以人民为中心的发展思想。人民为中心的发展思想，不是一个抽象的、玄奥的概念，不能只停留在口头上、止步于思想环节，而要

---

① 《收入分配强调"更公平" 发展成果惠及全体人民朝着共同富裕方向前进》，《北京娱乐信报》2012年11月12日，http://news.hexun.com/2012－11－12/147829390.html.

体现在经济社会发展各个环节。"① "干事创业一定要树立正确政绩观,做到'民之所好好之,民之所恶恶之'" "时刻都要想着那些生活中还有难处的群众",要让"所有需要帮助的人们都能生活得到保障、心灵充满温暖",要"着力解决好人民群众最关心最直接最现实的利益问题,不断让人民群众得到实实在在的利益,充分调动人民群众的积极性、主动性、创造性"。

三 "全面建成小康社会"重点解决的问题

2016 年是"十三五"规划实施的第一年,也是全面建成小康社会的攻坚年,离全面建成小康社会目标只剩下短短的几年,在这几年的时间内,我们必须选择一些全面建成小康社会的重点问题,进行重点解决,或者说,要紧紧盯住全面建成小康社会的短板,在补齐短板上用力,全面建成小康社会的短板,主要有农村贫困人口脱贫问题、生态环境问题和创新问题。

(一) 农村贫困人口脱贫

从城乡看,总体上全面建成小康社会的难点是农村,从人口看,贫困人口是难点,而中国的贫困人口,又主要集中在不发达的农村地区,因而,农村贫困人口脱贫就成为全面建成小康社会必须重点解决的问题之一。

农村贫困人口脱贫的一个有效举措就是扶贫工作,我国自 1986 年开始设立贫困县,旨在集中资源扶助最贫困的地区,我国的扶贫工作进行了 30 多年,对农村贫困人口的扶持力度不断增大,经过 30 多年的扶贫工作,已使 6 亿多人脱贫,中国绝对贫困人口不断减少,中国成为全球首个实现联合国千年发展目标贫困人口减半的国家,为世界消除贫困做出了自己的贡献。但是,我国仍有 7000 多万人没有脱贫。根据世界银行人均每天消费 1.25 美元的国际可比贫困线,中国的贫困发生率从 1981 年的 84% 下降到 2009 年的 11.8%,这一成就主要是在农村取得的。但由于中国巨大的人口规模,农村贫困人口绝对数仍然不少。根据国家统计局按 2800 元的贫困线估计,2014 年,我国仍然有 7017 万贫困人口。按世界银行每天 2 美元的贫困线估计,中国还有近 2 亿贫困人口。②

---

① 习近平:《聚焦发力贯彻五中全会精神 确保如期全面建成小康社会》,共产党员网,2016年 1 月 18 日,http://news.12371.cn/2016/01/18/ARTI1453113359318223.shtml。

② 汪三贵:《补齐全面建成小康社会的突出短板》,《农民日报》2015 年 4 月 1 日。

"全面建成小康社会，最艰巨最繁重的任务在农村，特别是在贫困地区。没有农村的小康，特别是没有贫困地区的小康，就没有全面建成小康社会。"① "小康不小康，关键看老乡。"② "全面建成小康社会，不能丢了农村这一头。"③

随着中国经济的发展和扶贫工作的不断开展，现在剩下的都是难啃的"硬骨头"，目前农村贫困人口主要是两类，一类是地理位置偏远地区的人口，另一类是因病返贫的家庭，和以前的扶贫比较起来，现在的减贫难度越来越大。距 2020 年只有几年时间，要确保 7000 多万人全部如期脱贫，每年要减贫 1200 万人，每个月要减贫 100 万人，扶贫工作已进入"啃硬骨头、攻坚拔寨"的冲刺期，任务非常艰巨。

随着脱贫进入啃硬骨头阶段，扶贫的策略也在改变，精准扶贫就是在这一背景下出现的。以往，我们在扶贫上的投入并不少，但有些地方投入不少效果却不佳，这和扶贫对象不精准、因贫施策不科学有一定的关系。而精准扶贫就有所不同，它强调针对不同贫困区域环境、不同贫困农户状况，运用科学有效程序对扶贫对象实施精确识别、精确帮扶、精确管理。贫困人口致贫原因各不相同，精准扶贫是在找到"贫根"的基础上，对症下药，"精准扶贫"的要义，用老百姓的话，就是"对症下药，药到病除"。

扶贫开发贵在精准，"对象要精准、项目安排要精准、资金使用要精准、措施到位要精准、因村派人要精准、脱贫成效要精准"，因而必须做到，第一，精准识别，这是精准扶贫的前提。通过有效、合规的程序，把谁是贫困居民真正识别出来。第二，精准帮扶，这是精准扶贫的关键。贫困居民识别出来以后，针对扶贫对象的贫困情况定责任人和帮扶措施，确保帮扶效果。第三，精准管理，这是精准扶贫的保证。建立农户信息管理、扶贫资金严格管理、扶贫事权管理等。

发挥中国制度优势，动员全社会参与，构建政府、社会、市场协同推进的大扶贫格局，形成跨地区、跨部门、跨单位、全社会共同参与的多元主体的社会扶贫体系，通过干部驻村帮扶、职业教育培训、扶贫小额信贷、易地扶贫搬

---

① 《习近平到河北阜平看望慰问困难群众讲话》，人民网，2012 年 12 月 30 日，http://politics. people. com. cn/n/2012/1231/c70731 - 20059517. html。

② 《习近平在海南考察：加快国际旅游岛建设　谱写美丽中国海南篇》，新华网，2013 年 4 月 10 日，http://news. xinhuanet. com/politics/2013 - 04/10/c_ 115342563. htm。

③ 《习近平在福建调研》，新华网，2014 年 11 月 2 日，http://cpc. people. com. cn/n/2014/1102/c64094 - 25958997. html。

迁、电商扶贫、旅游扶贫、光伏扶贫、构树扶贫、致富带头人创业培训、龙头企业带动的方式，坚持分类施策，因人因地施策，因贫困原因施策，因贫困类型施策，通过扶持生产和就业发展一批，通过易地搬迁安置一批，通过生态保护脱贫一批，通过教育扶贫脱贫一批，通过低保政策兜底一批。

扶贫关键是一个"扶"字，给钱给物，只能解一时之困，恢复贫困地区和人口自身的"造血功能"，才能断掉穷根，引导民众主动参与乡村建设，摆脱以往社会保障制度中被动盲目投入的趋势，着力于培育脱贫的能力。

贫困地区的脱贫不应当单指 GDP 的增长，而应当是涵盖经济、政治、文化、社会、生态的全面发展。在全面建成小康社会的背景下脱贫不仅包括收入和消费的提高，而且包括享有的社会保障水平和公共服务水平的提高，还包括自身发展能力的提升。

（二）生态文明建设

在漫长的物种进化史上，人从自然界脱颖而出，成为"万物之灵"，但无论人如何进化，都改变不了这样的事实：人来源于自然界又依存于自然界，没有自然界就没有人本身。随着人类社会的发展，人与自然之间关系的不和谐也与日俱增：水源、空气、土壤受到严重污染，大量的动物和植物变成珍稀种类乃至灭绝，土地沙漠化，森林和湿地迅速减少，可利用资源日益短缺直到面临枯竭，等等。

改革开放以来，我国经济发展取得举世瞩目的成就，但也付出了很高的资源环境代价，日益严重的大气污染、水污染、土壤污染早已成为民众关心的问题：雾霾天气呈现频发性、全国性态势；地下水超采严重，饮用水安全堪忧，河流污染较为普遍；土壤污染较为严重。而草原退化、水土流失严重、生物多样性锐减等生态系统的退化等问题也摆在我们的面前，我国的资源、环境和生态系统已难以承载传统的发展方式，发展经济和保护环境的矛盾日益突出，怎样解决这一矛盾？只有进行生态文明建设。

生态文明是以人与自然、人与人、人与社会和谐共生、良性循环、全面发展、持续繁荣为基本宗旨的，生态文明建设成为"五位一体"中的"一位"，是中国特色社会主义事业的重要内容，是关系人民福祉、关乎民族未来、事关"两个一百年"奋斗目标和中华民族伟大复兴中国梦的实现的重大问题。

面对资源约束趋紧、环境污染严重、生态系统退化的严峻形势，必须树立尊重自然、顺应自然、保护自然的生态文明理念，走可持续发展道路，把生态文明融入经济建设、政治建设、文化建设、社会建设各方面和全过程，努力建设美丽中国，实现中华民族永续发展。

生态环境保护是功在当代、利在千秋的事业，要认识到保护生态环境、治理环境污染的紧迫性和艰巨性。

2015年5月发布的《中共中央国务院关于加快推进生态文明建设的意见》指出，"发展与人口资源环境之间的矛盾日益突出，已成为经济社会可持续发展的重大瓶颈制约"，承诺"到2020年，资源节约型和环境友好型社会建设取得重大进展，主体功能区布局基本形成，经济发展质量和效益显著提高，生态文明主流价值观在全社会得到推行，生态文明建设水平与全面建成小康社会目标相适应"。提高全民生态文明意识。积极培育生态文化、生态道德，使生态文明成为社会主流价值观，成为社会主义核心价值观的重要内容。将生态文明纳入"十三五"规划，这是生态文明建设首度被写入国家五年规划。

全面建成小康社会，是让广大人民群众"望得见山、看得见水、记得住乡愁"的社会，建设生态文明的美丽中国是全面建成小康社会的前提条件，必须把生态文明建设放到更加重要的位置上。

（三）创新驱动力

过去30多年，我国经济的高速发展，在很大程度上依靠生产要素驱动和投资驱动，但随着生产要素供需形势的变化，依靠低成本生产要素驱动经济发展的动力逐步减弱，迫切要求将经济发展动力从"要素驱动""投资驱动"切换到创新驱动上来。党的十八大明确提出，"科技创新是提高社会生产力和综合国力的战略支撑，必须摆在国家发展全局的核心位置"，并提出了"实施创新驱动发展战略"。

全面建成小康社会的"创新、协调、绿色、开放、共享"五大发展理念中，创新居于首位，它解决的是发展动力问题，着眼于培育经济发展新常态下经济增长的新动力。

要使创新成为促进我国社会发展的新动力，从我国的现实出发，我们还需要在一些方面下足功夫。

科技成果向现实生产力的转化。将创新作为新的驱动力，就必须促进科技成果向现实生产力转化，使经济发展更大依靠科技创新。科技成果向生产力的转化，是我们多年来一直非常重视但效果并不太理想的一个问题，我国的专利数量并不少，"数量上看，我国创新资源已是世界第一，但科技成果的转化率平均不到30%，距离发达国家60%～80%的水平还有较大差距。国际上创新型国家科技创新对GDP的贡献率高达70%以上，美国和德国甚至高达80%，而我国目前只有40%左右。根据国家科学技术发展中长期纲要，到2020年我国的这一指标才有可能达60%"[1]。因而，采取有效措施，使科技真正的转化为生产力，就是实施创新驱动必须重视的问题。

体制机制的创新。"创新"不仅是知识、技术等硬件的创新，还包括体制机制的创新，有时，体制机制的创新甚至比科技的创新还要重要，因为它可以给科技创新提供保障，没有体制机制的创新无法保证科学创新；而体制机制的创新，就包括思想、管理方式、组织制度、文化等的创新，最根本的是建立有利于创新资源高效配置和创新潜能充分释放的体制环境，完善政策体系，营造公平竞争的市场环境，注重知识产权保护，提升政府服务意识与管理能力，营造富有生气、不受约束、敢于发明创造的创新氛围，为创新提供良好的体制机制支撑。

创新的关键是人才。人是创新的根本，没有人的创新意识和创新能力，创新就无从谈起。因而，必须进一步加强教育和提升人力资本素质，积极探索创新型人才培养和成长机制，造就高素质人才队伍。把发现、培养和用好人才放在优先位置，完善人才评价、使用机制，形成尊重知识、尊重创新的浓厚氛围，使各类人才的创新智慧和潜能竞相迸发。

以市场需求为创新切入点。随着人民生活水平的提升，人民的需求也在不断发生变化，或者说需求越来越高。这些越来越高的需求，既有物质方面的，也有精神方面的，我们的创新必须立足于市场的需求，这也是供给侧结构性改革的要义之一，为此，必须调研市场，从而引导市场，不断细分市场，挖掘消费共性，从供给侧进行创新，围绕市场需求，以问题为导向，创新驱动发展，从"中国制造"过渡到"中国创造"。

全面建成小康社会，是走向共同富裕的关键一步，全面建成小康社会，也是一个艰巨的任务，需要全社会的共同努力，在这一伟大战役中，每个人的努力，都是值得的和应该得到肯定的。

（撰稿人：西安交通大学马克思主义学院教授郑冬芳）

---

[1] 汪克强：《创新驱动：打造经济升级版的根本途径》，《学习时报》2013年11月26日，http://theory.people.com.cn/n/2013/1126/c40531-23656221.html。

第十一章 "全面深化改革"的
历史唯物主义方法论

经济新常态离不开改革，只有全面深化改革才能适应经济新常态。"新常态也伴随着新矛盾新问题，一些潜在风险渐渐浮出水面，能不能适应新常态，关键在于全面深化改革的力度。"①

自党的十八大以来，海外以及港台媒体、学者、各国政要对中国新一轮改革表现出了极大的热情和关注。有人认为习近平开启了中国深化改革的全方位、立体化的改革方案；中国"渐进式"改革已经步入全面改革的深水期和攻坚期。2014年11月25日，新加坡国立大学东亚研究所所长郑永年就习近平执政理念接受凤凰网独家对话。郑永年提出，习近平承接毛泽东、邓小平重启了新的改革范式，中国步入了后邓小平时代。2013年11月9日，美国《华尔街日报》评论指出，中国将进入改革的"全面新阶段"。

一 "全面深化改革"战略布局的内涵

自党的十八大以来，围绕着全面深化改革问题，习近平同志做了一系列的重要论述。这些论述立志高远、内涵科学丰富，对我们深刻理解全面深化改革的历史必然性和现实紧迫性，充分认识全面深化改革的重要性、艰巨性，系统把握全面深化改革的内在规律和重点任务，具有极为重要的理论意义和实践指导意义。

1. 改革的总目标

党的十八届三中全会将"完善和发展中国特色社会主义制度、推进国家治理体系和治理能力现代化"作为全面深化改革的总目标，并在总目标的统领下明确了六大领域的分目标。

---

① 习近平：《谋求持久发展 共筑亚太梦想》，《人民日报》2014年11月10日。

2. 改革的动力系统

"进一步解放思想、进一步解放和发展生产力、进一步解放和增强社会活力。"在主观领域,要凝聚改革共识,并提出了凝聚改革共识的具体做法(解放思想、寻找最大公约数、改革试点、协同各项改革措施、走和平发展道路)。

3. 改革的重点

以经济体制改革为重点的各项改革协同配合推进的"全面改革"思想,"整体推进不是平均用力、齐头并进,而是要注重抓主要矛盾和矛盾的主要方面,注重抓重要领域和关键环节,努力做到全局和局部相配套、治本和治标相结合、渐进和突破相衔接,实现整体推进和重点突破相统一"。

4. 改革的方向

"我们的方向就是不断推动社会主义制度自我完善和发展,而不是对社会主义制度改弦易张。"在深刻阐明世界社会主义五百年的曲折发展轨迹,特别是总结苏东欧剧变教训的基础上,习近平提出了两个"死路一条",即不实行改革开放死路一条,否定社会主义方向的"改革开放"同样是死路一条。习近平指出全面深化改革的关键是要达到"六个进一步",即进一步形成公平竞争的发展环境、进一步增强经济社会的发展活力、进一步提高政府的效率和效能、进一步实现社会的公平和正义、进一步促进社会的和谐以及进一步提高党的领导水平和执政能力。始终坚持以我为主,始终坚持改革开放的正确航向。

5. 改革的出发点和归宿

"以促进社会公平正义、增进人民福祉为出发点和落脚点。"

6. 改革的主体和实践者

人民是改革的主体和实践者,一切以人民的利益为转移,"紧紧依靠人民推动改革"。"对于中国的改革,容易改的问题大都得到有效解决,剩下的改革问题都是难啃的硬骨头。改革的任务越来越繁重,改革的目标越来越艰巨。啃下改革的硬骨头,打赢改革的攻坚战,只要有人民群众的支持和参与,就没有克服不了的困难,就没有跨越不过的坎坷。""人民对美好生活的向往,就是我们的奋斗目标。"

7. 以社会主义核心价值观为导向的"全面深化改革"思想

要加强社会主义核心价值观建设,把握好意识形态属性和产业属性、社会效益和经济效益的关系,始终坚持社会主义先进文化的方向,始终把社会效益放在首位。无论改什么、怎么改,导向不能丢,阵地不能丢。

8. 坚持依法治国的"全面深化改革"思想

"凡属重大改革都要于法有据,在整个改革过程中都要高度重视运用法治思维和法治方式,发挥法治的引导和推动作用,加强对相关立法工作的协调,确保在法治轨道上推进改革。"

9. 改革的系统论

依据历史唯物主义的观点,社会是一个大系统,并由经济、政治和文化三个最基本的子系统构成。与中国特色社会主义"五位一体"的总布局相适应,全面深化改革这个大系统包含着经济体制、政治体制、文化体制、社会体制和生态文明体制这样"五大体制"的子系统改革。

"全面深化改革"思想,是马克思主义中国化的典范,是习近平同志把马克思主义的基本原理和当今中国社会主义建设事业相结合的产物。习近平同志娴熟运用历史唯物主义的经典论断以及唯物辩证法"两点论"和"重点论"辩证统一的原理,分析当今中国的改革现状和迫切需要解决的问题,奠定了"全面深化改革"思想的马克思主义中国化的地位。"新常态"不仅仅是"全面深化改革"所追求的阶段性目标,在实现了这一目标之后,新矛盾的产生也让我们要不断地保持"全面深化改革"的步伐。认识和把握"全面深化改革"思想的历史唯物主义方法论对于实现"新常态"、解决"新常态"下的矛盾以适应"新常态"都具有重要的方法论意义。

二 "全面深化改革"思想是对邓小平
改革思想的坚持和发展

2012 年 11 月 15 日,在党的十八届一中全会上,习近平被选为新一届党中央的总书记。他发表第一个讲话时向中央委员会提出要突出抓好如下六方面工作:第一,高举中国特色社会主义伟大旗帜;第二,加强中国特色社会主义理论体系学习实践;第三,全面推进建设小康社会各项事业;第四,着力保障和改善民生;第五,全面推进党的建设新的伟大工程;第六,深化改革开放。在这里,注意两点,一是坚持以高举中国特色社会主义伟大旗帜为纲,二是坚持深化改革开放。这就表明,深化改革开放在他的治国理念中占据着极为重要的地位。

2012 年 12 月 31 日,习近平在新年到来前夕,主持政治局第二次集体学习,回顾和总结改革开放特别是经济体制改革的历史。习近平在主持学习时强调,历史、现实、未来是相通的。历史是过去的现实,现实是未来的历史。要把党的十八大确立的改革开放重大部署落实好，就要认真回顾和深入总结改革开放的历程，更加深刻地认识改革开放的历史必然性，更加自觉地把握改革开放的规律性，更加坚定地肩负起深化改革开放的重大责任。

2013年1月5日，习近平提出，改革开放前后两个历史时期不能割裂也不能相互否定。在新进中央委员会的委员、候补委员学习贯彻党的十八大精神研讨班开班仪式上，他强调，道路问题是关系党的事业兴衰成败第一位的问题，道路就是党的生命。中国特色社会主义，是科学社会主义理论逻辑和中国社会发展历史逻辑的辩证统一，是根植于中国大地、反映中国人民意愿、适应中国和时代发展进步要求的科学社会主义，是全面建成小康社会、加快推进社会主义现代化、实现中华民族伟大复兴的必由之路。习近平在讲话中指出，党的十八大精神，说一千道一万，归结为一点，就是坚持和发展中国特色社会主义。2013年是邓小平同志提出建设中国特色社会主义的第31个年头了。习近平重点从历史和现实的角度，就坚持和发展中国特色社会主义谈了自己的学习体会。他从6个时间段分析了社会主义思想从提出到现在的历史过程，内容包括空想社会主义的产生和发展，马克思、恩格斯创立科学社会主义理论体系，列宁领导十月革命胜利并实践社会主义，苏联模式逐步形成，新中国成立后我们党对社会主义的探索和实践，我们党做出进行改革开放的历史性决策、开创和发展中国特色社会主义。习近平指出，邓小平同志开创了中国特色社会主义，第一次比较系统地初步回答了在中国这样经济文化比较落后的国家如何建设社会主义、如何巩固和发展社会主义的一系列基本问题，用新的思想观点，继承和发展了马克思主义，开拓了马克思主义新境界，把对社会主义的认识提高到新的科学水平。我们党领导人民进行社会主义建设，有改革开放前和改革开放后两个历史时期，这是两个相互联系又有重大区别的时期，但本质上都是我们党领导人民进行社会主义建设的实践探索时期。中国特色社会主义是在改革开放历史新时期开创的，但也是在新中国已经建立起社会主义基本制度并进行了20多年建设的基础上开创的。虽然这两个历史时期在进行社会主义建设的指导思想、方针政策、实际工作上有很大差别，但两者绝不是彼此割裂的，更不是根本对立的。不能用改革开放后的历史时期否定改革开放前的历史时期，也不能用改革开放前的历史时期否定改革开放后的历史时期。要坚持实事求是的思想路线，分清主流和支流，坚持真理，修正错误，发扬经验，吸取教训，在这个基础上把党和人民事业继续推向前进。

2014年11月25日，新加坡国立大学东亚研究所所长郑永年就习近平执政理念接受凤凰网独家对话。郑永年提出，习近平承接毛泽东、邓小平，重启了新的改革范式，中国步入了后邓小平时代。郑永年认为，习近平执政以后，其执政理念日趋清晰，概括为三点：一是集权推动改革；二是强力反腐；三是强调顶层设计。而这三者之间又是相互关联的。在集权和建立新政治生态基础上，推动顶层设计。没有顶层设计，很难出现三中全会、四中全会这样宏大的改革决定。三中全会332条内容，四中全会180条，加起来有500来条。这500多条并不是说要在习任上的十年做完，这十年能做到20% ~ 30%，就很了不起了。三中全会、四中全会其实是一个长远的规划问题，尤其是法治，西方花了100多年完成，这是要长期努力的制度化建设过程。他认为，三中全会、四中全会都是宏大的设计，三中全会是全面深化改革，四中全会是全面推进依法治国，这些设计谁来做？还是要共产党来做，共产党仍是主体。

2014年8月21日，台湾《旺报》刊文说，大陆官方媒体纪念邓小平诞辰的文章指出，习近平与邓小平改革道路相近，都坚定改革信念，肩负历史担当，且都怀抱中国梦，要不断建设新中国。在德国《明镜》周刊看来，中国继续推进改革的目的很明确，那就是"点燃新的超级繁荣"。德国柏林国际政治学者梅斯奈尔在2014年8月21日对《环球时报》记者说，2014年被视为中国全面深化改革的元年，恰逢邓小平诞生110周年。过去30多年中国等于完成了改革开放的上半场，总体实力获得了大发展，接下来是下半场，在继续发展的情况下实现社会公平，下半场的任务将更具挑战性。在一些外媒看来，习近平打造的"新常态"不仅令"中国民众赞赏"，也在震动国际社会——适应这些"新常态"是"当前世界最急迫的功课"。

总之，全面深化改革是"坚持"与"发展"的辩证统一。所谓"坚持"，是指在邓小平改革思想指导下实现"两个一百年"的奋斗目标；所谓"发展"，指以"全面深化改革"的思想解决当今中国社会面临的问题与挑战，以适应和实现"新常态"。

三 "全面深化改革"战略布局体现了历史唯物主义的方法论原则

在党中央领导的新一轮改革中，之所以特色鲜明并初见成效，与这新一轮改革所依据的历史唯物主义的基本理论与方法有着必然的联系，而这正是需要我们进行深入探讨的。

2013年12月3日，中央政治局以"历史唯物主义基本原理和方法论"为题进行了第十一次集体学习。习近平总书记在主持学习时强调，推动全党学习揭示人类社会发展最一般规律的历史唯物主义基本原理和方法论,可以更好地认识国情、认识党和国家事业发展的大势、认识历史发展规律,从而可以更加能动地推进全面深化改革的各项工作。

同时,习近平强调,在革命、建设、改革各个历史时期,我们党运用历史唯物主义,系统、具体、历史地分析中国社会运动及其发展规律,在认识世界和改造世界的过程中不断把握规律、积极运用规律,推动党和人民事业取得了一个又一个胜利。历史和现实都表明,只有坚持历史唯物主义,我们才能不断把对中国特色社会主义规律的认识提高到新的水平,不断开辟当代中国马克思主义发展的新境界。

党的十八届三中全会决定正是从我国基本国情和发展要求出发,运用历史唯物主义的社会基本矛盾分析法,深刻揭示了全面深化改革的重要性和紧迫性,准确把握各个领域改革的重大关系,对我国全面深化改革做出了顶层设计和总体部署;并且根据人民群众是历史创造者的观点,紧紧依靠人民推进改革,把实现好、维护好、发展好最广大人民的根本利益作为推进改革的出发点和落脚点。正是靠着对历史唯物主义的深刻理解和自觉运用,决定把对中国特色社会主义规律的认识提高到新的水平。三中全会结束后,中央政治局第一次集中学习,就选择了学习历史唯物主义基本原理和方法论,正是抓住了当前解放思想的关键和凝聚共识的基石。①

习近平的"全面深化改革"学说体现了丰富的历史唯物主义原理,是运用历史唯物主义方法论解决当今中国社会改革步入深水期问题的典范。

(一) 历史唯物论:社会存在和社会意识关系原理——尊重社会历史发展规律,把握社会结构和面貌,探索适合我国国情的改革思路

1. 社会存在决定社会意识原理的运用

"党的十八届三中全会对我国全面深化改革做出总体部署,是从我国现在的社会存在出发的,即从我国现在的社会物质条件的总和出发的,也就是从我国基本国情和发展要求出发的。"② 改革开放在取得伟大成就的同时,也积累了一些矛盾和问题,"比如:发展中的不平衡、不可持续问题依然突出,科技创新能力不强,产业结构不合理,发展方式依然粗放,城乡区域发展差距和居

---

① 蓝蔚青:《用历史唯物主义观点指导全面深化改革》,《杭州日报》2014年5月22日。
② 中共中央文献研究室编《习近平关于全面深化改革论述摘编》(第1版),中央文献出版社,2014,第11页。

民收入分配差距依然较大，社会矛盾明显增多，教育、就业、社会保障、医疗、住房、生态环境、食品药品安全、安全生产、社会治安、执法司法等关系群众切身利益的问题较多……解决这些问题关键在于深化改革。"①"改革开放中的矛盾只能用改革开放的办法来解决。""应对当前我国发展面临的一系列矛盾和挑战，关键在于全面深化改革。"我们要全面建成小康社会，要实现"两个一百年"的奋斗目标，要实现中华民族伟大复兴的中国梦，必须在新的历史起点上全面深化改革，必须从纷繁复杂的事物表象中把准改革脉搏，把握全面深化改革的内在规律。

习近平自觉地运用社会存在决定社会意识的这一唯物史观的基本方法，把当今中国经济发展所处的新阶段描述为经济发展的"新常态"。我国经济正在向形态更高级、分工更复杂、结构更合理的阶段演化，经济发展进入新常态，正从高速增长转向中高速增长，经济发展方式正从规模速度型粗放增长转向质量效率型集约增长，经济结构正从以增量扩能为主转向调整存量、做优增量并存的深度调整，经济发展动力正从传统增长点转向新的增长点。认识新常态，适应新常态，引领新常态，是当前和今后一个时期我国经济发展的大逻辑。②

我国正在告别高速增长旧常态，进入中高速增长新常态。面对中高速增长新常态需要有新的战略思考。突出在以下两个方面，加快产业结构转型升级和实施创新驱动发展战略。③

2. 社会意识相对独立性原理的应用

社会意识形态各种形式（例如，道德、价值观、法律等）不仅相互联系、相互作用，而且具有反作用，这种反作用在质上有两个方面：先进和落后；积极和消极。"经济建设是党的中心工作，意识形态工作是党的一项极端重要的工作。面对改革发展稳定复杂局面和社会思想意识多元多样、媒体格局深刻变化……一刻也不能放松和削弱意识形态工作。"④"我们要大力培育和弘扬社会主义核心价值体系和核心价值观……如果没有自己的精神独立性，那政治、思想、文化和制度方面的独立性就会被釜底抽薪。"⑤"要发挥政策导向的作用，

① 中共中央文献研究室编《习近平关于全面深化改革论述摘编》（第1版），中央文献出版社，2014，第6页。
② 新华社：《中央经济工作会议在北京举行》，《人民日报》2014年12月12日。
③ 洪银兴：《论新阶段的全面深化改革》，《南京大学学报》2015年第4期。
④ 中共中央文献研究室编《习近平关于全面深化改革论述摘编》（第1版），中央文献出版社，2014，第86页。
⑤ 中共中央文献研究室编《习近平关于全面深化改革论述摘编》（第1版），中央文献出版社，2014，第88页。

使经济、政治、文化、社会等方方面面政策都有利于社会主义核心价值观的要求转化为具有刚性约束力的法律规定，用法律来推动核心价值观的建设。"①落后的社会意识包括思维方式对全面深化改革具有阻碍作用，先进的社会意识则具有积极的促进作用。"在深化改革的问题上，一些思想观念障碍往往不是来自体制外而是体制内。思想不解放，我们就很难看清各种利益固化的症结所在，很难找准突破的方向和着力点，很难拿出创造性的改革措施。"② 先进的社会意识对经济基础领域的改革具有积极的推动作用。我们要深化文化体制的改革，推进社会主义核心价值观的建设。"要紧紧围绕建设社会主义核心价值体系、建设社会主义文化强国，完善文化管理体制和文化生产经营机制，建立健全现代公共文化服务体系、现代文化市场体系来做好工作，以此推动社会主义文化大发展大繁荣。"③

3. 社会系统的整体性

如前所言，历史唯物主义所唯之"物"不是定型的、静止的、自然物质的"物"，它是具有规律性、过程性、关系性和现实性的社会之"物"系统，即"自然历史过程"系统。全面深化改革是由若干领域的改革组成的复杂系统工程，与中国特色社会主义"五位一体"的总布局相适应，全面深化改革这个大系统包含经济体制、政治体制、文化体制、社会体制和生态文明体制这样"五大体制"的改革。深化经济体制改革的核心是正确处理政府与市场的关系，更好地发挥市场在资源配置中的决定性作用和政府的辅助性作用；深化政治体制改革的关键是坚持党的领导、人民当家做主、依法治国的有机统一；深化文化体制改革的要务是围绕建设社会主义核心价值体系和建设社会主义文化强国；深化社会体制改革的重点是改革创新社会体制，促进公平正义，增进人民福祉；深化生态文明体制改革的目标是推进美丽中国的建设。

作为一个动态的社会系统，同时也是一个充满矛盾的系统，认识矛盾系统必须坚持"两点论"与"重点论"的统一。另外，各个子系统还包含诸多内容。其中，经济体制改革是全面深化改革的重点，是牵引改革全局的"牛鼻子"。每个领域的改革，又包含着丰富的内容。经济体制改革包括市场体系、

---

① 中共中央文献研究室编《习近平关于全面深化改革论述摘编》（第1版），中央文献出版社，2014，第90页。
② 中共中央文献研究室编《习近平关于全面深化改革论述摘编》（第1版），中央文献出版社，2014，第139页。
③ 中共中央文献研究室编《习近平关于全面深化改革论述摘编》（第1版），中央文献出版社，2014，第90页。

财税金融、土地制度、宏观调控等方面一系列改革；政治体制改革包括行政体制、司法体制、反腐败体制机制等方面一系列改革；文化体制改革包括完善文化管理体制和文化生产经营机制，建立健全现代公共文化服务体系，构建现代文化市场体系等一系列工作；社会体制改革包括创新社会治理，以及就业、住房、医疗、养老、安全等方面一系列保障民生工作；生态文明体制改革涉及加快建立生态文明制度体系，健全相应的体制机制等一系列内容；党的建设制度改革包括进一步完善民主集中制、党的领导体制和执政方式，切实提高党的制度的系统化水平等一系列内容；国防和军队改革涉及领导指挥体制、联合作战体制、军队政策制度、推动军民融合深度发展等一系列领域。上述每个领域的改革不仅相互影响，而且需要协同配合、统筹兼顾。

（二）历史辩证法：社会基本矛盾的辩证运动规律——把握基本矛盾运动规律方可认识全面深化改革的总目标、对象、方向

1. 改革是无止境的动态发展过程

联系和发展是唯物辩证法的基本特征；唯物主义的历史辩证法也不例外。针对全面深化改革的时态问题，习近平坚持历史辩证法的观点，提出："改革开放只有进行时没有完成时。"[①] 与其他社会形态一样，社会主义社会始终处于动态的发展过程中，是"经常变化和改革的社会"。社会主义社会之所以需要不断改革，这是由生产力与生产关系、经济基础与上层建筑的基本矛盾所决定的。由活跃而积极的社会生产力所推动的社会基本矛盾总是不断地发展，相应的，调整生产关系、完善上层建筑领域的工作永无止境。当前，改革遇到深层次的矛盾和十分尖锐的问题，而解决这些问题和矛盾，只能用改革开放的办法。人类社会处于永恒发展的状态，旧问题解决了，又会产生新问题，而新问题解决了，又会产生更新的问题，这是一个无限的辩证过程。这就是历史的辩证法。"实践发展永无止境，解放思想永无止境，改革开放永无止境。"[②] 改革不可能一劳永逸、一蹴而就，需要发扬钉钉子的精神，一代人接一代人持之以恒地干下去。

改革只有进行时，没有完成时。国务院发展研究中心宏观经济研究部第三研究室主任、研究员张俊伟认为，当前我国各种问题均需要我们全面深化改革

---

① 中共中央文献研究室编《习近平关于全面深化改革论述摘编》（第 1 版），中央文献出版社，2014，第 4 页。

② 中共中央文献研究室编《习近平关于全面深化改革论述摘编》（第 1 版），中央文献出版社，2014，第 30 页。

来予以解决，应视改革为另一种新态势。

2. 改革是同一社会形态发展中的量变，是推动社会发展的重大动力

改革在一定程度上解决社会基本矛盾，促进生产力的发展，推进社会进步。恩格斯指出，"所谓社会主义社会不是一种一成不变的东西。而应当和任何其他社会制度一样，把它看成是经常变化和改革的社会"。① 中国的改革是成功运用历史唯物主义关于社会基本矛盾理论的典型范例，同时改革的实践也是丰富和发展社会基本矛盾理论的典型范例。习总书记在主持中共中央政治局第十一次集体学习时强调：要学习和掌握社会基本矛盾分析法，深入理解全面深化改革的重要性和紧迫性，只有把生产力和生产关系的矛盾运动同经济基础和上层建筑的矛盾运动结合起来观察，把社会基本矛盾作为一个整体来观察，才能全面把握整个社会的基本面貌和发展方向。改革开放既是社会主义制度自我完善和发展的根本途径，也是社会主义社会发展的根本动力。② "没有改革开放就没有当代中国的发展进步，改革开放是发展中国、发展社会主义、发展马克思主义的强大动力。"③

改革是最大动力，也是最大红利。党的十八大和十八届三中全会对全面深化改革问题做出了全局性的战略部署。特别是党的十八届三中全会以来，在中国经济由高速增长转向中高速增长的新常态下，中央深改组召开的 8 次会议，国务院常务会议 40 次研究和部署全面深化改革及相关问题，以深化经济体制改革为重点，在许多重要领域和关键环节改革上取得了决定性成果，全面深化改革的态势已经形成，共识不断凝聚，效果正在显现。具体可以用"九新"来概括：转变政府职能有新进展、创新宏观调控有新思路、促进就业创业有新政策、财税金融改革有新举措、产业结构调整有新部署、扩大国内需求有新措施、深化对外开放有新格局、建设法治政府有新途径、保障改善民生有新气象④。

3. 改革是"进行时"与"完成时"的辩证统一

根据社会发展不同阶段所需解决的主要矛盾的不同，永无止境的"进行时"又是由诸多"完成时"构成的；在改革开放无止境的"进行时"长河中

---

① 《马克思恩格斯选集》（第 4 卷），人民出版社，2012，第 601 页。

② 苑秀丽：《学习和运用历史唯物主义全面深化改革——学习〈德意志意识形态〉关于历史唯物主义的论述》，《思想政治教育研究》2014 年第 8 期。

③ 中共中央文献研究室编《习近平关于全面深化改革论述摘编》（第 1 版），中央文献出版社，2014，第 3 页。

④ 张占斌、周跃辉：《新常态下的全面深化改革》，《学习时报》2015 年 3 月 2 日。

体现出阶段性特征，是"进行时"与"完成时"的辩证统一。中国特色社会主义的近期目标是到中国共产党建党 100 年的时候，全面建成小康社会；中期目标是到中华人民共和国成立 100 年的时候，全面实现社会主义现代化，远期目标是实现中华民族伟大复兴的中国梦。因此，必须把改革开放的阶段性目标与改革开放的整个过程统一起来：一方面，坚定不移地高举改革的旗帜，全面深化改革，绝不能有丝毫的动摇；另一方面，持之以恒地走稳改革的每一步，将改革的总体性目标分解，设定为具体的可操作的阶段性目标，让民众能够经常地、切实地感受到改革带来的实惠，以此奠定全面深化改革的群众基础①。

现阶段，中国经济在适应新常态发展过程中面临着一系列新的挑战，旧问题解决，新问题会随之而来，改革无止境。例如，创新驱动发展能力有限、城镇化水平依然较低、第三产业发展不够均衡、体制机制改步伐较慢、全面依法治国任重而道远等。虽然经济发展确实面临一系列新挑战，但是伴随全面深化改革进程的持续推进，一种与当前中国和世界发展总体态势相适应的中国经济新常态正在被全球和全国接受。主动调整发展战略、准确认识中国经济新常态、积极适应中国经济新常态、主动引领中国经济新常态是国际社会和我们共同的历史性选择。中国经济进入以新常态为标志的习近平时代。②

4. 各种辩证统一关系

"在推进改革中，要坚持正确的思想方法，坚持辩证法，处理好解放思想和实事求是的关系、整体推进和重点突破的关系、全局和局部的关系、顶层设计和摸着石头过河的关系、胆子要大和步子要稳的关系、改革发展和稳定的关系……"③可以说，习近平这种历史的辩证法还集中体现在如下诸多的辩证统一中：战略思维与底线思维、整体推进与重点突破、解放思想与实事求是、顶层设计与摸着石头过河、胆子大与步子稳以及改革发展与稳定的辩证统一。

战略思维与底线思维、灵活性与原则性的统一。"我国的改革面临十分复杂的国内国际环境，各种思想观念和利益诉求互相激荡。要从纷繁复杂的事物

---

① 赵付科、季正聚：《习近平全面深化改革思想论纲》，《中共中央党校学报》2014 年第 12 期。

② 张占仓：《中国经济新常态与可持续发展新趋势》，《河南科学》2015 年第 1 期。

③ 中共中央文献研究室编《习近平关于全面深化改革论述摘编》（第 1 版），中央文献出版社，2014，第 47 页。

表象中把准改革脉搏，在众说纷纭中开好改革药方，没有很强的战略定力是不行的。""各地区各部门要善于把自觉维护中央大政方针的统一性、严肃性和因地制宜、充分发挥主观能动性结合起来，既坚决按中央确定的方向、目标、原则办事，又勇于探索、勇于创造。"

整体推进与重点突破、"两点论"与"重点论"的统一。"整体推进不是平均用力、齐头并进，而是要注重抓主要矛盾和矛盾的主要方面，注重抓重要领域和关键环节，努力做到全局和局部相配套、治本和治标相结合、渐进和突破相衔接，实现整体推进和重点突破相统一。"① 重点突破的"重点"是"整体"即"两点"的"重点"。"只有紧紧围绕发展这个第一要务来部署各方面改革，以解放和发展社会生产力为改革提供强大牵引，才能更好推动生产关系与生产力、上层建筑与经济基础相适应。"

顶层设计与摸着石头过河、"自上而下"和"自下而上"的辩证统一。首先，顶层设计要以调查研究为基础，摸着石头过河的基层探索要以顶层设计为指导，并为顶层设计的完善、优化提供现实依据。其次，在摸着石头过河中要勇于开拓，探索规律，"多做少说，务求实效"，"要按照已经认识到的规律来办，在实践中再加深对规律的认识，创造可复制、可推广的经验和制度，而不是脚踩西瓜皮，滑到哪里算哪里"②。

胆子大与步子稳的辩证统一，这是改革主体感性精神状态与理性精神状态的辩证统一。处于深水期的改革，主体感性精神状态的要求是胆气、浩气和毅力。"敢于啃硬骨头，敢于涉险滩。既勇于冲破思想观念的障碍，又勇于突破利益关系的藩篱。""明知山有虎，偏向虎山行。"③ "推进改革胆子要大，但步子一定要稳。"④ "步子要稳，就是方向一定要准，形式一定要稳，尤其不能犯颠覆性的错误。"⑤

坚持改革发展与稳定的辩证统一。在稳定的社会环境中"改革、发展"；

① 中共中央文献研究室编《习近平关于全面深化改革论述摘编》（第1版），中央文献出版社，2014，第44页。
② 中共中央文献研究室编《习近平关于全面深化改革论述摘编》（第1版），中央文献出版社，2014，第43页。
③ 中共中央文献研究室编《习近平关于全面深化改革论述摘编》（第1版），中央文献出版社，2014，第40页。
④ 中共中央文献研究室编《习近平关于全面深化改革论述摘编》（第1版），中央文献出版社，2014，第41页。
⑤ 中共中央文献研究室编《习近平关于全面深化改革论述摘编》（第1版），中央文献出版社，2014，第51页。

通过符合人民群众利益的改革维护社会的健康稳步发展。"我们要坚持改革的力度、发展的速度和社会可承受的程度统一起来，把改善人们生活作为正确处理改革发展稳定关系的结合点，在保持社会稳定中推进改革的发展，通过改革发展促进社会稳定。要增强改革措施、发展措施、稳定措施的协调性，把握好当前利益和长远利益、局部利益和全局利益、个人利益和集体利益的关系，既着力解决关系群众切身利益的问题，又要引导群众正确处理各种利益关系、理性合法表达利益诉求，营造安定团结的社会氛围。"① 习近平指出，要巩固稳中向好的发展态势，促进经济社会大局稳定，为全面深化改革创造条件。同时要积极推动全面深化改革，以改革促发展、促转方式调结构、促民生改善。要增强改革措施、发展措施、稳定措施的协调性，把握好当前利益和长远利益、局部利益和全局利益、个人利益和集体利益的关系，在保持社会稳定中推进改革发展，通过改革发展促进社会稳定。最后，要引导群众理性合法表达利益诉求，营造安定团结的社会氛围。要通过制度安排，依法保障人民权益，让全体人民依法平等享有权利和履行义务；各级领导干部要提高运用法治思维和法治方式深化改革、推动发展、化解矛盾、维护稳定能力；要积极推进理念创新、手段创新、基层工作创新，特别要把握好舆论引导的时、度、效，提高各级领导干部的思想政治能力、动员组织能力、驾驭复杂矛盾能力。②

综上所述，习近平同志首先把"社会存在决定社会意识"的唯物史观基本理论作为其全面深化改革思想的立论基础，在社会历史领域的研究中坚持了唯物主义的党性原则。其次，把"社会基本矛盾分析方法"运用于研究当今中国社会改革的现状和存在问题的工作中，凸显了"全面深化改革"的重要性和紧迫性。再次，把马克思主义唯物史观"物质生产是社会生活的基础"的观点作为其思想的立论方法，强调准确把握全面深化改革的一系列重大关系。在全面深化改革中，要坚持发展仍是解决我国所有问题的关键这个重大战略判断，使市场在资源配置中起决定性作用，更好发挥政府作用，推动我国社会生产力不断向前发展，推动实现物的不断丰富和人的全面发展的统一。最后，坚持人民群众是历史创造者的唯物史观。

---

① 中共中央文献研究室编《习近平关于全面深化改革论述摘编》（第 1 版），中央文献出版社，2014，第 36 页。
② 韩玉芳、何军：《习近平全面深化改革思想的方法论特征及其启示》，《新视野》2014 年第 6 期。

四　坚持历史唯物主义方法论给我们全面深化改革的启迪

改革无坦途，路该怎么走？方法的正确和方向的正确同样重要。方法正确，改革可事半功倍，破浪前行。"全面深化改革"的实践离不开揭示社会历史发展一般规律的历史唯物主义方法论的科学指导。习近平同志指出，我们必须从纷繁复杂的事物表象中把准改革脉搏，把握全面深化改革的内在规律，特别是要把握全面深化改革的重大关系，处理好解放思想和实事求是的关系、整体推进和重点突破的关系、顶层设计和摸着石头过河的关系、胆子要大和步子要稳的关系、改革发展和稳定的关系。这是对改革经验的宝贵总结，也是对历史唯物主义改革方法的科学概括。

第一，实践启迪。改革开放是前无古人的崭新事业，必须坚持正确的改革方法论，在不断实践探索中推进全面深化改革。摸着石头过河是富有中国特色符合中国国情的系统、具体、历史的唯物史观改革方法。摸着石头过河，从实践中获得规律。同时，还要加强宏观思考和顶层设计，注重改革的系统性、整体性和协调性。

第二，理论启迪：学哲学、用哲学；学习、学习、再学习，实践、实践、再实践，开辟马克思主义中国化的新境界，不断丰富、发展和完善中国特色的社会主义理论体系。

第三，方法论启迪：学习科学的思想方法和工作方法。习近平同志全面深化改革思想中蕴含丰富的辩证唯物主义和历史唯物主义的世界观和方法论，通过对这些方法的运用，他部署了"过河"的任务，同时又指导我们如何解决"桥或船"的问题。学习他的"全面深化改革"的思想，既要深入理解其新思想、新观点、新要求，又要着力把握这些思想观点要求中蕴含的思想方法和工作方法。提高攻坚克难、解决矛盾、掌控复杂局面的能力，更好、更科学地推进全面深化改革的大业。

（撰稿人：西安交通大学马克思主义学院副教授周延云；西安交通大学马克思主义学院副教授宋永平；西安交通大学马克思主义学院教授李永胜）

第十二章 "全面深化改革"的
主体动力方法论*

改革开放是党领导全国各族人民进行的新的伟大革命，是决定中国命运和实现"中国梦"的关键抉择。面对新形势新任务，改革开放进入经济新常态下"全面深化改革"的崭新阶段，对"改革为了谁、改革依靠谁、怎么依靠"的回答，即对改革主体、动力的总结成为全面深化改革方法论的重要内容。我们以习近平总书记系列讲话精神为引领，在梳理分析相关研究成果的基础上，形成了囊括目标导向方法论、力量源泉方法论、动力机制方法论、关键路径方法论的以人民为中心的主体动力方法论，对发挥改革主体、改革动力在全面深化改革中的应有作用、保证改革沿着正确方向前行具有积极意义。

一 "全面深化改革"主体动力方法论的研究背景

改革是社会主义自我完善的基本手段，是我国实现共产主义的必由之路。在经济全球化大背景下，国际竞争日趋激烈，国内形势愈渐复杂，全面深化改革作为实现国家富强、民族振兴、人民幸福的必然选择，显得重要而且紧迫。由于全面深化改革这项事业的庞大性和复杂性，坚持全面、系统、科学的方法论体系，特别是对全面深化改革的主体动力方法论进行研究，从而推动马克思主义群众观的时代创新具有十分重要的意义。

(一) 全面深化改革的重要性和紧迫性日益凸显

从国际环境来看，经济全球化快速发展，国际形势复杂多变，中国要在激烈的国际竞争中前行，抓住机遇、迎接挑战，实现新的更大发展，从根本上还要依

---

  * 本章节部分发表于《西安建筑科技大学学报》(社会科学版) 2015 年第 5 期，题目为《论尊重人民首创精神的逻辑起点、基本内涵和实践归属》。

靠改革开放。我国于十一届三中全会正式确立了改革开放政策。在我国，改革与开放是同时进行的，坚持以开放促改革。对外开放的几十年来，整个世界发生了巨大变化。和平与发展成为时代发展的主题，苏联剧变、东欧解体、两极格局终结。社会主义曲折发展，资本主义出现种种新现象，世界多极化不可逆转，经济全球化深入发展，世界各国开展以综合国力为中心目标的竞争。这些巨大和深刻的变化，为我国进一步发展带来了新的机遇，有利于我国更加科学全面地认识当前发展所面临的形势。同时，这些变化也带来了许多新挑战新考验。在复杂多变的国际环境下，如何使改革成功应对世界多极化和经济全球化的影响，如何明确我国目前改革的价值主体和实践主体，如何在改革的过程中发展创新，是我国在改革的历史新时期需要面对的重大问题，也是学术界需要进一步研究的重大课题。

在国际形势复杂多变的同时，中国改革发展的国内形势也出现新的特点，总体来看，成就与问题同在，机遇与挑战并存。一方面，我国改革开放取得了巨大成就。改革开放这一伟大政策，为党和国家的发展注入了新鲜血液，使我国发生了举世瞩目的历史大转折。改革开放带来了党和人民事业的大发展，提高了人民的物质生活水平，丰富了人民的精神生活。经济建设飞速发展，民主法治稳步推进，文化体育繁荣昌盛，人民生活水平显著提高。另一方面，中国进入改革的深水区、攻坚期，发展的关键期，矛盾的凸显期。发展中不平衡、不协调、不可持续问题突出，社会矛盾多发，加之国际环境不稳定因素日益增加，这些问题都反映出中国经济高速增长的创新模式已进入惯性疲劳期，深化改革开放和转变经济发展方式任务艰巨，更是当务之急。然而，全面深化改革过程中存在诸多矛盾和问题。利益固化，经济体制改革推进缓慢，政治体制改革相对滞后，社会治理问题复杂，生态环境问题严峻等。全面深化改革必须立足于我国改革发展的新形势新特点。基于此，习近平多次强调，当前我国改革已进入攻坚期和深水区。需要解决的问题十分繁重，牵一发而动全身，要敢于啃硬骨头。同时习近平强调，改革开放只有进行时，没有完成时。改革开放中的矛盾只能用改革开放的办法来解决。在新的历史条件下，我们要开创发展新局面，就必须实现改革新突破。我们必须以更大的政治勇气和智慧，不失时机地深化重要领域改革。

（二）全面深化改革的主体动力方法论尚未成型

坚持正确的方法论对全面深化改革具有十分重大的意义。当前中国特色社会主义事业已进入一个新阶段，处在一个新的关键时刻和新的历史起点上，中国改革也进入深水区。在新历史条件下，也只有通过全面深化改革才能获得持续的发展动力和不断扩大的发展空间，才能把中国特色社会主义继续推向前进。全面深化改革是涉及 13 亿人利益和发展的重大战略，是非常庞大和复杂的事业，改革牵一发而动全身，其深远影响也将关系党和国家兴亡与民族命运。为此，一定要在理论和实践上正确回答"改革什么、怎样改革"，即要有系统、正确的改革方法论作为指导。只有坚持正确的改革方法论，才能夺取全面深化改革的新胜利。

党的十八大以来，习近平总书记在论及改革问题时多次强调改革坚持正确方法论的重要性。他曾明确指出，"改革开放是前无古人的崭新事业，必须坚持正确的方法论，在不断实践中探索前进"。2012 年 12 月 31 日，中央政治局第二次集体学习主题讨论改革问题，习近平说，摸着石头过河，是富有中国特色、符合中国国情的改革方法，要和加强顶层设计是辩证统一的。改革开放是一个系统工程，要更加注重改革的系统性、整体性、协同性，同时也要继续鼓励大胆试验、大胆突破，不断把改革开放引向深入；2013 年 7 月，习近平同志在湖北调研时强调："必须从纷繁复杂的事物表象中把准改革脉搏，把握全面深化改革的内在规律，特别是要把握深化改革的重大关系。"可见，改革方法论问题在习近平总书记思考当前中国全面深化改革中具有重要地位。

然而，目前，无论是政界还是学术界，全面深化改革的方法论体系仍然没有成型，这成为全面、系统推进改革的掣肘之一，研究全面深化改革的方法论也成为理论界的当务之急。全面深化改革的方法论内容广泛，涉及改革的地位论、目标论、时态论、特征论等诸多内容。但从实践的角度出发，关于改革的主体、动力论的研究却成为指导改革落地、发挥改革实效的核心，这成为我们进行全面深化改革的主体动力方法论研究的现实背景和重要动力。

（三）马克思主义群众观需要在中国改革实践中发展创新

作为唯物史观的理论基石，马克思主义群众观是马克思主义者对待人民群众的根本立场，是正确处理与人民群众关系的基本观点。马克思主义群众观认为人民群众是历史的创造者，是社会变革的决定力量。是否牢固树立马克思主义群众观点，是判断一个政党是不是真正的马克思主义政党的"试金石"。

中国共产党始终坚持"人民至上"的马克思主义群众观，这是其在核心价值理念上区别于剥削阶级政党的标志。在领导中国人民进行社会主义革命、改革的实践过程中，中国共产党始终不断创新、发展马克思主义群众观。从毛泽东同志的"全心全意为人民服务"，邓小平同志的"一切以人民利益作为每一个党员的最高准绳"，江泽民同志的"立党为公、执政为民"到胡锦涛的"以人为本"，马克思主义群众观随着中国革命、中国改革的深化不断丰富。

进入经济新常态下全面深化改革的新时期，马克思主义群众观的中国化又面临着新的时代需求，这集中体现在揭示习近平对马克思主义群众观的发展创新、进行全面深化改革主体动力方法论的研究上。改革作为社会主义进行自我完善的基本手段，必然面临着改革主体和动力选择问题，即"改革为了谁""改革依靠谁""怎么依靠"的问题。提炼习近平总书记讲话中关于改革的主体动力思想深入，剖析人民群众在改革中的主体地位和动力机制，不仅有利于推动马克思主义群众观、改革观、历史观的时代创新，而且有利于在全面深化改革的实践中，依靠人民群众在改革中的核心地位和关键作用，运用改革为了人民、改革依靠人民、改革成果由人民共享的原理，汇聚民意民智、推动顶层设计与整体谋划，从而确保在增进人民福祉的基础上部署和推进改革工作。

二 全面深化改革主体动力方法论的基础与核心是"以人民为中心"

2012 年 12 月 11 日，习近平同志在广东考察讲话时指出："我们要尊重人民首创精神，在深入调查研究的基础上提出全面深化改革的顶层设计和总体规划，尊重实践、尊重创造，鼓励大胆探索、勇于开拓，聚合各项相关改革协调推进的正能量。"2012 年 12 月 13 日，习近平同志在十八届中央政治局第二次集团学习中强调："改革是亿万人民自己的事业，必须尊重人民首创精神，坚持在党的领导下推进。""要坚持把改革的力度、速度和社会可承受的程度统一起来，把改善人民生活作为正确处理改革发展稳定关系的结合点。"我们以习近平总书记的系列讲话为依据，发现习近平总书记关于全面深化改革的主体、动力论述，集中体现了"以人民为中心"的发展思想。

（一）全面深化改革的主体归属彰显了"以人民为中心"

习近平总书记关于改革主体论述的主要表现在人民作为改革价值主体和实践主体中的地位和党在全面深化改革中的领导主体作用上。

1. 改革的目的是为了人民

习近平总书记明确指出："改革的目的是为了人民。""我们全面深化改革，就要增进人民福祉、促进社会公平正义。一切改革归根结底都是为了人民，是为了让老百姓过上好日子。"① 2015 年 10 月 12 日，习近平总书记在中

---

① 习近平：《唯改革者进，唯创新者强》，环球网，2014 年 11 月 9 日，http：//china. huanqiu. com/article/2014 - 11/5196146. html。

共中央政治局会议上再次强调："必须坚持以人民为中心的发展思想，把增进人民福祉、促进人的全面发展作为发展的出发点和落脚点。"

人类社会一切活动的根本目的，就是自身生活得更加美好。由于阶级、阶层、国家、政党的区别，不同的社会形态在发展"为了谁"、改革"为了谁"上有不同立场。与以往的阶级社会不同，无产阶级的运动不再是为少数人谋利益的运动，而是绝大多数人的，为绝大多数人谋利益的独立的运动。作为无产阶级政党，中国共产党始终坚持以人民为中心，坚持全心全意为人民服务，坚持立党为公、执政为民，这是由社会主义国家的性质、党的性质和宗旨决定的。

从改革的目的来看，以人民为中心就是要以不断实现人民群众的利益为中心。"人们为之奋斗的一切，都同它们的利益有关。"可以说，人民群众对我们党的支持程度，从根本上取决于人民群众利益的实现程度。因此，我们不仅要"从人民利益出发谋划改革思路、制定改革举措"，还要"坚持把改革的力度、发展的速度和社会可承受的程度统一起来，把改善人民生活作为正确处理改革发展稳定关系的结合点"，推动"人民生活水平和质量普遍提高、国民素质和社会文明程度显著提高、生态环境质量总体改善"，"积极顺应人民群众对美好生活的向往，不断实现好、维护好、发展好最广大人民的根本利益"。

2. 人民是推动发展的根本力量

唯物史观认为，人民群众是历史的创造者，是社会变革的决定力量。习近平总书记在 2015 年 10 月 12 日的中共中央政治局会议上指出："人民是推动发展的根本力量。"人民是改革的实践主体和力量源泉。"人民把我放在这样的工作岗位上，就要始终把人民放在心中最高的位置，牢记人民重托，牢记责任重于泰山。这样一个大国，这样多的人民，这么复杂的国情，领导者要深入了解国情，了解人民所思所盼，要有'如履薄冰，如临深渊'的自觉，要有'治大国如烹小鲜'的态度，丝毫不敢懈怠，丝毫不敢马虎，必须夙夜在公、勤勉工作。人民是我们力量的源泉。只要与人民同甘共苦，与人民团结奋斗，就没有克服不了的困难，就没有完成不了的任务。"[①]

3. 改革要加强和改善党的领导

人民推动社会发展、改革离不开党的领导。习近平总书记指出："改革发展稳定任务越繁重，我们越要加强和改善党的领导，越要保持党同人民群众的血肉联系，善于通过提出和贯彻正确的路线方针政策带领人民前进，善于从人民的实践创造和发展要求中完善政策主张，使改革发展成果更多更公平惠及全

---

① 《习近平接受金砖国家媒体联合采访》，人民网，2013 年 3 月 20 日。

体人民，不断为深化改革开放夯实群众基础。"①

如果说人民是改革的实践主体，那么党就是改革的领导主体。党的十八大报告指出："必须坚持党的领导。"牢牢把握这一基本要求，对于加强和改善党的领导，提高党的领导水平和执政水平，确保党始终成为中国特色社会主义事业的坚强领导核心，具有重大意义。党在改革中的领导核心地位首先是由中国共产党的人民性决定的。中国共产党是人民的党，是全心全意为人民服务的党，除了最大广大人民的根本利益，中国共产党没有自己的特殊利益，因此，中国共产党始终代表中国工人阶级、广大人民和中华民族的利益。另外，坚持党的领导也是由中国共产党在长期社会主义建设中的领导地位决定的。这不仅是历史的选择、人民的选择，更是在党领导广大人民在长期艰苦卓绝的努力中确立的。只有不断坚持和完善党的领导，全面深化改革才能保持正确方向，发挥应有作用。

（二）全面深化改革的动力选择体现出"以人民为中心"

习近平总书记关于改革动力的论述主要表现在改革创新、人民首创精神等正动力，问题倒逼这一负动力和坚持顶层设计与摸着石头相结合、坚持实事求是与群众路线相统一等操作方法上。

1. 改革要以涉及群众切身利益的实际问题为内容

"全面深化改革，要有强烈的问题意识，以重大问题为导向。"2013 年 9 月 17 日，中共中央在中南海召开党外人士座谈会，习近平总书记指出，改革由问题倒逼而产生，又在不断解决问题中而深化。解决我国发展面临的一系列突出矛盾和问题，实现经济社会持续健康发展，不断改善人民生活，要求全面深化改革。中国共产党人干革命、搞建设、抓改革，从来都是为了解决中国的现实问题。35 年来，我们用改革的办法解决了党和国家事业发展中的一系列问题。同时，在认识世界和改造世界的过程中，旧的问题解决了，新的问题又会产生，制度总是需要不断完善，因而，改革既不可能一蹴而就，也不可能一劳永逸。

在此基础上，习近平总书记进一步强调了人民群众在改革问题选择中的核心作用，他指出："各项改革任务都要坚持以影响经济社会发展的重大问题为导向，以经济社会发展重大问题和涉及群众切身利益的实际问题为内容，立足于经济社会发展的瓶颈制约、群众反映强烈的突出问题，努力破除体制机制障

---

① 《习近平强调：以更大的政治勇气和智慧深化改革》，新华网，2013 年 1 月 1 日。

碍，解决好人民最关心最直接最现实的利益问题。"

2. 改革必须坚持尊重人民首创精神

改革必须致力于发挥创新驱动的原动力作用。"我们全面深化改革就是要创新拓宽道路。如果说创新是中国发展的新引擎，那么改革就是必不可少的点火器。要采取更加有效的措施把创新引擎全速发动起来，我们致力于发挥创新驱动的原动力作用。""在新一轮全球增长面前，唯改革者进，唯创新者强，唯改革创新者胜。我们要拿出'敢为天下先'的勇气，锐意改革，激励创新，积极探索适合自身发展需要的新道路、新模式，不断寻求新增长点和驱动力。"①

群众是真正的英雄，人民群众中蕴藏着无穷无尽的智慧和力量。"改革是亿万人民自己的事业，必须坚持尊重人民首创精神，坚持在党的领导下推进。改革在认识和实践上的每一次突破和发展，改革中每一个新生事物的产生和发展，改革每一个方面经验的创造和积累，无不来自亿万人民的实践和智慧。"② 尊重人民首创精神是全面深化改革主体动力方法论中的核心内容，是党、政府和人民等多个主体不断创新、不断协调的长期过程，它体现了人民群众在社会主义改革中的主体地位和尊重人民首创精神的动力作用，彰显出社会主义制度的人本性和先进性。"尊重人民首创精神，就是在深入调查研究的基础上提出全面深化改革的顶层设计和总体规划，尊重实践、尊重创造，鼓励大胆探索、勇于开拓，聚合各项相关改革协调推进的正能量。"③ "推动大众创业、万众创新"就是发挥人民首创精神作用的重要体现。

3. 改革要坚持顶层设计和摸着石头过河相统一

全面深化改革是人民、政府和党共同的事业，是局部和整体协同推进的创新过程，它需要"摸着石头过河"，也需要顶层设计，从而实现自下而上和自上而下改革路径的有效结合。

一方面，"全面深化改革是一项复杂的系统工程，需要加强顶层设计和整体谋划，加强各项改革关联性、系统性、可行性研究。加强改革的顶层设计和

---

① 习近平：《唯改革者进，唯创新者强》，环球网，2014 年 11 月 9 日，http：//china. huanqiu. com/article/2014 – 11/5196146. html。

② 《习近平在中共中央政治局第二次集体学习时强调：以更大的政治勇气和智慧深化改革，朝着十八大指引的改革开放方向前进》，人民网，2013 年 1 月 2 日，http：//politics. people. com. cn/n/2013/0102/c1024 – 20070136. html。

③ 《习近平在广东考察时强调：做到改革不停顿开放不止步》，新华网，2012 年 12 月 11 日，http：//news. xinhuanet. com/politics/2012 – 12/11/c_ 113991112. htm。

总体规划，协调推进经济、政治、文化、社会、生态等各方面体制改革。"①另一方面，改革需要摸着石头过河，"摸着石头过河，是富有中国特色、符合中国国情的改革方法。摸着石头过河就是摸规律，从实践中获得真知。摸着石头过河和加强顶层设计是辩证统一的，推进局部的阶段性改革开放要在加强顶层设计的前提下进行，加强顶层设计要在推进局部的阶段性改革开放的基础上来谋划。要加强宏观思考和顶层设计，更加注重改革的系统性、整体性、协同性，同时也要继续鼓励大胆试验、大胆突破，不断把改革开放引向深入。"②

4. 改革要坚持实事求是与群众路线相统一

习近平总书记指出，"坚持实事求是，必须始终坚持一切为了群众、一切依靠群众，从群众中来、到群众中去的群众路线。群众路线是我们党的根本工作路线，它同党的实事求是的思想路线是相辅相成、在本质要求上完全统一的。"

我国已进入全面建成小康社会的关键时期和深化改革开放、加快转变经济发展方式的攻坚时期，面临的国内外形势更加复杂多变，新情况、新问题、新矛盾层出不穷。这些都对我们坚持和更好地贯彻实事求是的思想路线提出了新的要求。在新常态下坚持实事求是与群众路线相统一，首先，要坚持从实际出发与从人民利益出发的统一。我们不仅在认识论上要坚持一切从实际出发；还要在价值观上从最广大人民群众的根本利益出发。其次，要坚持"实践标准"与人民利益标准的统一，也就是在坚持"是否有利于发展社会主义社会的生产力，是否有利于增强社会主义国家的综合国力，是否有利于提高人民的生活水平"的标准上将"人民拥护不拥护""人民赞成不赞成""人民高兴不高兴""人民答应不答应"结合起来。最后，还要坚持"求是"方法与群众路线方法的统一。"要了解客观实际，就必须深入群众、深入实践进行调查研究，把客观存在的事实搞清楚，把事物的内部和外部联系弄明白，从中找出能够解决问题、符合群众要求的办法来。"③

---

① 习近平：《全面深化改革是一项复杂的系统工程》，新华网，2013 年 11 月 13 日，http：//news. xinhuanet. com/politics/2013 -11/13/c_ 118130505. htm。

② 《习近平在中共中央政治局第二次集体学习时强调：以更大的政治勇气和智慧深化改革，朝着十八大指引的改革开放方向前进》，人民网，2013 年 1 月 2 日，http：//politics. people. com. cn/n/2013/0102/c1024 -20070136. html。

③ 习近平：《坚持实事求是的思想路线》，中国新闻网，2012 年 5 月 28 日，http：//www. chinanews. com/gn/2012/05 -28/3919847. shtml。

三 "以人民为中心"的主体动力方法论

人民是历史的创造者，人民群众是改革创新的主体和动力。早在 2012 年 12 月 13 日，习近平同志在十八届中央政治局第二次集体学习中就强调："改革是亿万人民自己的事业，必须尊重人民首创精神"，确定了人民在改革创新中的核心地位。因此，我们将全面深化改革的主体动力方法论总结为"以人民为中心"的主体动力方法论。

具体来看，习近平总书记关于全面深化改革的主体动力方法论内容广泛，层次清晰，可以用"一条主线、两个维度、四大内容"进行概括："一条主线"是指"改革为了谁、改革依靠谁、怎么依靠"的逻辑主线；"两个维度"是指"改革主体、改革动力"的切入维度；"四大内容"则是指"改革的目的是为了人民""紧紧依靠人民推动改革""尊重人民的首创精神""坚持实事求是与群众路线思想相统一"的主要内容（见图 1），分别对应了全面深化改革的目标导向、力量源泉、动力机制和关键路径。

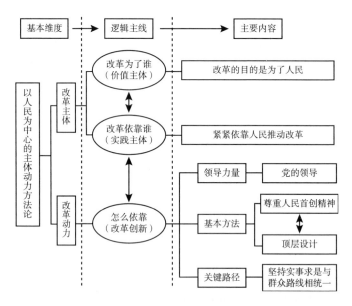

图 1 以人民为中心的主体动力方法论

（一）改革的目标导向方法论："改革的目的是为了人民"

"社会主义改革的根本目的是不断提高人民群众的物质文化生活水平"，

这是改革中人民价值主体地位的核心体现，它主要有以下四层内容。

1. 改革的人民中心观

改革"以促进社会公平正义、增进人民福祉为出发点和落脚点"，以"不断实现好、维护好、发展好最广大人民根本利益，使发展成果更多更公平惠及全体人民，在经济社会不断发展的基础上，朝着共同富裕方向稳步前进"为终极目标。这不仅指要"从最广大人民的根本利益出发，随时随刻倾听人民呼声、回应人民期待"，解决好人民最关心最直接最现实的利益问题，"保证人民平等参与、平等发展权利，维护社会公平正义，在学有所教、劳有所得、病有所医、老有所养、住有所居上持续取得新进展"；而且指改革要以人民群众的需要为落脚点，坚持人民群众是改革的评判者，把人民群众满意与否作为我们改革成败的基准标杆。

2. 以人民诉求为依据谋划改革举措

"从人民利益出发谋划改革思路、制定改革举措。"这要求，一方面，在改革对象的选择上，"突出重点领域和关键环节，必须围绕人民群众反映强烈的问题"，进行改革思路和举措设计；另一方面，在改革的具体推进中，"始终站在人民立场上把握和处理好涉及改革的重大问题，把人民群众的诉求和切实利益作为改革政策和措施的制定依据"，在满足人民群众需求、尊重人民群众主体意愿的基础上，推进改革决策民主化、科学化。

3. 改善人民生活是处理改革矛盾的结合点

发展和稳定是改革中的辩证存在，这要求"把改善人民生活作为正确处理改革发展稳定关系的结合点"①。稳定是改革发展的前提，"只有社会稳定，改革发展才能不断推进"；改革是稳定的保障，"只有改革不断推进，社会稳定才能具有坚实基础"。推动稳定与改革发展的实践统一，需要协调好"改革的力度、发展的速度和社会可承受的程度"，这就需要"把改善人民生活作为正确处理改革发展稳定关系的结合点"，在改革中坚持效率和公平的统一，坚持稳中求进，稳步促进发展和分配。

4. 改革成果由人民共享

改革是群众的事业，改革要有群众的支持与参与，改革的红利要让群众共享。这是我们改革发展的目标指向。"改革成果由人民共享"内含政治、经济、文化、社会等多个维度，包含提升人民物质生活水平、全面扩大基层民

---

① 《温家宝在十一届全国人大四次会议上作〈政府工作报告〉（全文）》，人民网，2011 年 3 月 15 日，http://politics.people.cn/GB/1027/14148858.html。

主、促进社会公平正义等建设内容，涉及就业、增收、教育、医疗、社会保障等民生方面。这一点与邓小平提出共同富裕的社会主义制度本质要求，江泽民提出的代表最广大人民根本利益的党建方向，胡锦涛提出的科学发展、构建社会主义和谐社会的重大战略方针，是一脉相承的。只有这样，才能激发起群众参与支持改革的积极性，才能让民生得到发展，让社会活力竞相迸发。

（二）改革的力量源泉方法论："紧紧依靠人民推动改革"[①]

"人民群众是历史的创造者，是变革社会制度、进行社会主义改革的决定力量"，人民性是尊重人民首创精神的逻辑起点，这种鲜明的人民性不仅体现在人民群众在改革创新中的主体地位上，而且表现在人民首创精神在改革创新中的动力作用中。

1. 人民群众是改革创新的实践主体

从实践论角度看，人民群众是改革实践的主体。"改革开放是亿万人民群众自己的事业。"这首先表现为人民群众是社会变革这项事业的倡导者和拥护者，他们代表了先进生产力发展要求，是促进社会历史前进的根本动力；其次，人民群众是改革的践行者和推动者，正是依赖于人民在建设社会主义实践中的经验创造，改革才能不断深化；最后，人民群众是改革的检验者和监督者，人民群众的实践是判断改革对错、衡量改革效果的重要指标，同时也是督促改革发展的重要力量。从认识论角度看，人民群众是改革理论的重要来源，"改革的理论、方针、政策、办法只能在群众的改革实践中产生"。这是由人民群众在改革中的实践主体地位决定的。

2. 人民群众是改革创新的价值主体

习近平同志多次强调，"改革的目的是为了人民"，"改革必须以促进社会公平正义、增进人民福祉为出发点和落脚点"[②]。首先，人民群众的价值主体地位体现在改革"五位一体"的战略布局中，具体表现在"改善人民生活""实现人民当家做主""促进社会公平""以人为本，促进人的全面发展"等经济、政治、文化、社会、生态文明建设的基本原则上。其次，人民群众的价值主体地位体现在制定改革政策和措施过程中，习近平同志指出，"把人民群众的诉求和切实利益作为改革政策和措施的制定依据"，这不仅指要将人民诉求

① 习近平：《中国共产党第十八届中央委员会第三次全体会议公报》，新华网，2013 年 11 月 14 日，http：//news. xinhuanet. com/politics/2013 - 11/12/c_ 118113455. htm。
② 习近平：《切实把思想统一到十八届三中全会上来》，《人民日报》2014 年 1 月 1 日。

作为改革对象的选择标准，"突出重点领域和关键环节，必须围绕人民群众反映强烈的问题"，还明确了人民群众在衡量改革中的标准性作用，指出应"满足人民群众需求、尊重人民群众主要意愿"。最后，人民群众在改革中的价值主体地位还体现在处理改革发展稳定关系的过程中，将"改善人民生活作为正确处理改革发展稳定关系的结合点"，推进改革事业稳中求进。

（三）改革的动力机制方法论："尊重人民的首创精神"

"尊重人民首创精神"是改革创新的关键动力。改革是一项前无古人的崭新事业，"改革开放是尊重、汲取人民群众首创精神进而指导实践的过程"，这是由人民在社会历史发展中的主导地位所决定的。

习近平同志在广东考察讲话时指出："尊重人民首创精神，就是在深入调查研究的基础上提出全面深化改革的顶层设计和总体规划，尊重实践、尊重创造，鼓励大胆探索、勇于开拓，聚合各项相关改革协调推进的正能量。"[1] 为我们分析、理解尊重人民首创精神提供了重要依据。具体而言，这段话主要包含了以下三方面内容：一是内容方法，倡导尊重人民首创精神，应强调实践活动和思维创新的互动作用，将深入调查研究和顶层设计相结合。一方面，突出调查研究的实践作用和探索效果，强调了"摸着石头过河"的重要性；另一方面，强化战略思维和整体布局，明确框架性规划的重要地位，将对改革的顶层设计摆在突出位置。二是思想原则，坚持客观存在和主观能动性的统一，既要尊重实践，又要尊重创造，并在此基础上，鼓励创新和大胆探索，促进改革事业大步前进，加快改革速度。三是价值目的，致力于最大限度地聚合改革正能量，实现改革协调发展，这是对改革质量的高度关注，要求我们在改革创新的过程中凝聚改革共识，协调各方关系，实现稳中求进。尊重人民首创精神是改革创新中的现实活动，是多主体协同作用下的实践过程，它的实现需要坚持党的领导，需要坚持"摸着石头过河"和顶层设计相结合。

1. 坚持尊重人民首创精神与党的领导相结合

"改革开放是亿万人民自己的事业，必须坚持尊重人民首创精神，坚持党的领导下推进。"[2] 尊重人民首创精神与坚持党的领导具有天然的逻辑一致性。在尊重人民首创精神、汇聚民意民智的改革过程中，尊重人民首创精神，必须

---

① 习近平：《在广东省考察时的讲话》，《人民日报》2012 年 12 月 12 日。
② 习近平：《在十八届中央政治局第二次集体学习时的讲话》，新华网，2012 年 11 月 19 日，http：//news. xinhuanet. com/politics/2012 - 11/19/c_ 123967017_ 3. htm。

坚持中国共产党的正确领导。

一方面，中国共产党是人民的党，是以全心全意为人民服务为宗旨的党。中国共产党自建党以来，就坚持保持与人民群众的血肉联系，坚持一切为了人民，坚持一切依靠人民，始终以"三个有利于"为标准，以"人民拥护不拥护""人民赞成不赞成""人民高兴不高兴""人民答应不答应"为标准，不断推进社会主义建设，提高人民生活水平。2013 年，全国城镇居民人均可支配收入为 26955 元，较 1978 年的 343 元增长了 77.59 倍，全国文化事业费投入530.49 亿元，群众精神文化活动丰富多彩，人民物质、精神生活水平提升。由此可见，中国共产党是为人民服务的党，更是能服务好人民的党。另一方面，中国共产党是中国特色社会主义建设事业的领导核心，也是改革开放的领导核心，这个地位是在长期的革命和改革过程中确立的。有了中国共产党，中国革命的面貌就焕然一新了。正是在中国共产党的正确政策、方针、路线的指引下，中国摆脱了积贫积弱的社会面貌，逐步实现了向社会主义的过渡，完成了第一大历史任务；也正是因为中国共产党的正确领导，在对社会主义性质、社会主义建设的正确判断下，中国特色社会主义建设才能在改革开放的过程中由胜利走向胜利，朝着共产主义方向不断前行。中国共产党的人民性，正是中国共产党的先进性所在，也是中国共产党成为中国特色社会主义建设领导核心的根本原因。正确把握人民群众在历史发展中的主体地位，保持党和人民利益的高度一致性是中国共产党取得成功的关键；也唯有中国共产党，才能在改革创新中，继续坚持"情为民所系、权为民所用、利为民所谋"，尊重人民首创精神，切实保障广大人民的根本权利。

在推进改革创新、尊重人民首创精神的过程中，坚持党的领导指要突出中国共产党在政治、思想和组织上对社会主义建设事业中的引导、向导作用，把尊重人民首创精神与加强和改善党的领导结合起来。在政治上，应"紧紧围绕坚持党的领导、人民当家做主、依法治国有机统一，深化政治体制改革"[①]，尊重人民首创精神，健全党群直议制、协商民主制等民主制度，拓宽听证会、信访、网上咨询等民主渠道，重点加强村民自治、职工代表大会等基层民主建设，同时，改善相应基层党组织建设，充分发挥党内民主的引领示范作用，不断健全制约机制，推动以民主沟通、民主管理、民主决策和民主监督为内涵的民主治理；在思想上，坚持马克思主义理论、毛泽东思想、邓小平理论、"三

---

① 习近平：《中共中央关于全面深化改革若干重大问题的决定》，《人民日报》2013 年 10 月9 日。

个代表"重要思想，坚定共产主义信念的基础，在中国特色社会主义核心价值观的引领下，倡导百花齐放、百家争鸣，不断总结吸收 1978 年关于真理标准问题讨论和十一届三中全会等思想解放的成果经验，探索将广大人民在思想文化上的首创精神融入中国特色社会主义的建设、融入中国共产党的建设中的具体方法；在组织上，始终坚持党组织的领导地位，坚持党管干部，坚持"党要管党 从严治党"，并在党的正确领导下，保持同人民群众的血肉联系，扩大党的群众基础，吸收人民群众的创新成果，全面加强党的建设。

2. 坚持摸着石头过河和顶层设计相结合

尊重人民首创精神需要"摸着石头过河"。"摸着石头过河"是在实践中总结规律、探寻真理的改革方法，是以邓小平为核心的党中央在我国特色社会主义初期建设的重要成果。"摸着石头过河"内含调查研究的基本方法，囊括了"实验－总结－推广"的一般过程，是推动局部发展的基础保障。尊重人民首创精神要"摸着石头过河"，就是指党、政府、人民等主体在改革创新的过程中，必须坚持人民的主体地位，鼓励人民群众从当前的发展形势出发，从切身利益和问题导向出发，在调查研究的前提下，借鉴"家庭联产承包制度"、凤阳县人民"大包干"等有益成果，不断创新、调整、完善改革方法，同时，发挥党和政府的领导作用，总结推广成功经验，从而推动局部的、阶段性改革。

尊重人民首创精神需要"顶层设计"。"顶层设计"是以习近平同志为核心的党中央赋予改革的新内涵。"顶层设计"来源于系统工程学，主要有两层含义，一是指对顶层的设计，即对改革的指导思想、目标结构、方法机制等总体框架和布局的部署；二是由顶层来设计，即指改革布局以国家最高决策层为主导。尊重人民首创精神要"顶层设计"，就是指要充分发挥党中央、中央政府、人民代表大会等最高决策层的主导地位，在对国际、国内形势进行预测判断的基础上，分阶段、分领域地确定改革目标、整体框架，明确一般方法，实现社会的统筹发展。需要强调的是，虽然"顶层设计"依赖于国家最高决策层，但它依然是人民群众的事业。人民是国家的主人，也应该是"顶层设计"的重要力量，这不仅指人民群众在顶层设计中的利益必须是至上的，也指在顶层设计的过程中必须加强人民民主建设，保障人民群众的知情权、参与权和监督权，切实实现人民当家做主。

"摸着石头过河"和加强顶层设计是尊重人民首创精神的重要方法，它们是对应的，而不是对立的。其中，"摸着石头过河"强调眼前的、局部的利益，是自下而上的改革方法；"顶层设计"着重于长期的、整体的利益，是自上而下的创新手段。"摸着石头过河和加强顶层设计是辩证统一的，推进局部的阶段性改革开放要在加强顶层设计的前提下进行，加强顶层设计要在推进局部的阶段性改革开放的基础上来谋划。"①

在改革创新的过程中，坚持"摸着石头过河"和"顶层设计"相结合，必然存在多元主体的利益矛盾，局部利益和整体利益、眼前利益和长期利益的矛盾，这就需要"坚定信心、凝聚共识、统筹谋划、协同推进"②。共识是全体人民的价值认同，体现了不同社会群体的共同利益。习近平同志多次强调，"改革必须以促进社会公平正义、增进人民福祉为出发点和落脚点"，从而明确了公平正义这一社会共识。自新中国成立以来，受社会主义初级阶段的基本国情制约，中国始终面临公平正义的缺失，区域经济、政治、文化发展仍不平衡，社会两极分化比较突出，人民物质、精神生活水平落差明显，政府公信力下降的问题，促进社会公平正义成为改革创新的当务之急。实现社会公平正义，核心在于限制公权滥用，还权于民，促进公共权力的回归，这就需要"发展更加广泛、更加充分、更加健全的人民民主"，从而用共识奠定民主，用民主促进共识。

（四）关键路径方法论："坚持实事求是与群众路线相统一"

实事求是是党的思想路线，群众路线是党的根本工作路线。坚持群众路线和实事求是相统一是维系党和人民血肉联系、实现"摸着石头过河"和"顶层设计"相结合、激发一线人民群众改革智慧的关键路径。

1. 实事求是群众路线的思想保证

实事求是就是按实际情况办事，需要从实际情况出发，发现事物变化的规律，按规律办事。实事求是是群众路线的思想保证，坚持群众路线与实事求是思想相统一，首先要求在认识方法论上坚持"从群众中来，到群众中去"，以实事求是的思想来保证党的群众路线的贯彻执行。这不仅指"首先善于做群众的学生的人，才有可能做群众的先生，并且只有继续做学生，才能继续做先生"；而且，还要按照实事求是的要求，从认识论上把握群众路线的"从群众中来，到群众中去"的工作方法，也就是说，在践行"从群众中来，到群众中去"的过程中，要对群众经验和群众的意见进行调查研究，进行"整理、分析、批判和概括"，要将从群众当中所获得的感性认识升华为理性认识，升华为领导者的意见、办法。

---

① 习近平：《在中共中央政治局第二次集体学习时的讲话》，《人民日报》2013 年 1 月 2 日。
② 习近平：《中共中央关于全面深化改革若干重大问题的决定》，《人民日报》2013 年 10 月 9 日。

2. 群众路线是实事求是的价值标准

"群众路线是我们党的生命线和根本工作路线。实现党的十八大确定的奋斗目标，实现中华民族伟大复兴的中国梦，必须紧紧依靠人民，充分调动最广大人民的积极性、主动性、创造性。"群众路线作为实事求是的价值标准，要求将"一切为了群众"作为在解放思想、实事求是地设计、制定改革开放的路线、方针、政策、办法，推行改革开放进程，衡量改革开放结果的价值标准，深入群众、服务群众、学习群众。这不仅要求在把握改革方向时，要"一切为了群众"，实事求是地从群众最关心、最迫切的问题入手；也指"制定满足人民群众需求的改革措施，必须充分尊重民意和听取专家意见，使改革决策在既民主开放又审慎理性的状态下推进"；更意味着"衡量贯彻群众路线的结果和实事求是过程中所得认识是否具有价值"时，都要以"人民高兴不高兴、拥护不拥护、赞成不赞成"为最高标准。

人民群众是改革创新的价值和实践主体，尊重人民首创精神是实现改革创新的内源动力。尊重人民首创精神需要人民，也需要党和政府的共同努力；需要顶层设计，也需要"摸着石头过河"；需要实事求是，也需要群众路线。实现这些需要的核心在于凝聚共识、协同推进，这是我们要在实践中进一步探索的重大问题。

综上所述，改革是党和政府一项长期进行的工作，弥久恒新。改革的主体和动力是全面深化改革的关键所在。本章从"揭示习近平对马克思主义群众观、改革观的发展创新，探索改革中实现人民主体地位和动力作用的现实路径"的研究目标出发，围绕"改革为了谁、改革依靠谁、怎么依靠"的逻辑主线，按照"一条主线、两个维度、四大内容"的思路，提炼出"改革主体""改革动力"两个关键维度，进而细化出"改革的目的是为了人民""紧紧依靠人民推动改革""尊重人民的首创精神""坚持实事求是与群众路线思想相统一"四大主要内容，总结了包含目标导向方法论、力量源泉方法论、动力机制方法论和关键路径方法论在内的"以人民为中心"的主体动力方法论。明确了在改革的过程中紧紧依靠人民，为了人民，充分尊重人民的首创精神的重要作用和关键方法。这既可以帮助我们准确理解新一代领导集体的改革主体、改革动力和我党在革命和建设不同时期的主体动力的关系，又能够使我们在现实的改革过程中，注重充分发挥改革主体在改革过程中的动力作用，使改革沿着应有的方向前行。

（撰稿人：西安交通大学马克思主义学院博士生李天姿；西安交通大学马克思主义学院副教授伊景冰）

第十三章　在党的建设过程中
实现"全面从严治党"

"中国共产党是中国工人阶级的先锋队，同时是中国人民和中华民族的先锋队"①，坚持党的领导是中国特色社会主义制度的本质特征，中国共产党作为中国唯一的执政党，从严治党不仅关系党的命运，而且关系国家和民族的命运。在"四个全面"战略布局中，"全面从严治党"是全面建成小康社会、全面深化改革和全面依法治国的根本保证。全面建成小康社会、全面深化改革和全面推进依法治国，都要靠党领导。只有全面从严治党，确保党始终是中国社会主义事业的坚强领导核心，全面深化改革和全面推进依法治国两个轮子才能有效地转动起来，进而推动全面建成小康社会战略目标的实现。因此，治国必先治党，治党务必从严。

中国共产党自建党之日起，就将自身的建设放在特别重要的地位。虽然在历史上的某些时期，我们党也犯过一些错误，但勇于自我纠错、自我完善是中国共产党一贯的优良品德，正是这些优良品德，成为中国共产党经受住一系列考验的法宝之一。

当前，世情、国情、党情正在发生深刻变化，改革进入攻坚期和深水区，党的建设面临许多考验，长期执政的考验、改革开放的考验、市场经济的考验、外部环境的考验等。在面临考验的同时，也要警惕可能出现的危险，精神懈怠的危险、能力不足的危险、脱离群众的危险、消极腐败的危险等。不得不说，有些党员甚至有些党的领导干部，在种种考验下垮掉了，全面从严治党成为摆在我们面前的迫切任务。

"全面从严治党，核心是加强党的领导，基础在全面，关键在严，要害在治。"② 全面从严治党不是为了放弃党的领导，是为了加强党的领导。全面从

---

① 《中国共产党章程》，法律出版社，2015，第 1 页。

② 人民日报评论员：《把握全面从严治党的新内涵新要求——四论学习贯彻习近平同志在十八届中央纪委六次全会讲话精神》，《人民日报》2016 年 1 月 18 日。

严治党必须全面，所谓"全面"，就是管全党、治全党，既要覆盖8700多万党员、430多万个党组织，又要覆盖党的思想建设、组织建设、作风建设等方面。全面从严治党关键在严，所谓"严"，就是真管真严、敢管敢严、长管长严，"用更严格的标准管党治党，对党员的要求比对普通民众的要求更严格，对党的纪律比其他团体更严明，对党的规定要比一般法规更严格；对党员领导干部的处理要比普通党员的处理更严厉"。① 全面从严治党的要害在治，所谓"治"，就是管理和惩办，"就是从党中央到省市县党委，从中央部委党组（党委）到基层党支部，都要肩负起主体责任，党委书记要把抓好党建当作分内之事、必须担当的职责；各级纪委要担负起监督责任，敢于瞪眼黑脸，勇于执纪问责"。②

全面从严治党是一个系统工程，不论是加强党的领导，还是"严""治"，都必须纳入党的建设的内容中，在党的思想建设、组织建设、作风建设中，实现从严治党。

一　通过思想建设从严治党

党的思想建设，是马克思主义建党学说的一条重要原则。列宁说过，"只有以先进理论为指南的党，才能实现先进战士的作用"。③ 中国共产党建设的一个显著特点，就是着重从思想上建党，要求党员仅在组织上入党是不够的，还必须从思想上入党。而思想上入党就是要内心认同马克思主义，只有内心的真正认同，才有可能从外在的行为上表现出来。从严治党首先必须在思想建设中从严治党。

党的思想建设，包含许多内容，但最主要的是党的信仰、信念和价值观的建设，从严治党，对党员的马克思主义信仰、中国特色社会主义信念和社会主义核心价值观都提出更高更严的要求。

（一）坚定马克思主义信仰

对于马克思主义信仰，有人曾经持怀疑态度，甚至"一说到信仰必说宗教，一说到宗教必说到迷信，一说到迷信必说到反科学，一说到反科学必说到

---

① 王炳林：《切实推进全面从严治党》，《光明日报》2015年4月12日。
② 人民日报评论员：《把握全面从严治党的新内涵新要求——四论学习贯彻习近平同志在十八届中央纪委六次全会讲话精神》，《人民日报》2016年1月18日。
③ 《列宁全集》（第6卷），人民出版社，1986，第24页。

反马克思主义。如是，信仰与马克思主义无缘了"。① 但事实上，信仰并不是宗教的专利。宗教是信仰，但信仰并不必然是宗教。根据《现代汉语词典》的界定，信仰是"对某人或某种主张、主义、宗教极度相信和尊敬，拿来作为自己行动的榜样或指南"。② 马克思主义是我们的信仰，"马克思信仰是对马克思主义的信奉，并将马克思主义作为行动的指南"。③

共产党人之所以选择马克思主义作为自己的信仰，是因为马克思主义的科学性和崇高性。马克思主义揭示了人类社会发展规律，真正反映和代表了人民的根本利益和要求，将自己与工人阶级和劳动人民的命运紧密地联系在一起。共产党人之所以选择马克思主义作为自己的信仰，是因为马克思主义与时俱进的品格和持久的生命力。马克思主义诞生于 19 世纪，但并没有停留在 19 世纪，而是吸收、提炼人类创造的一切优秀成果，随着社会实践的不断发展，并将最新的成果运用于推动社会历史的进步中。马克思主义发展史就是一部完善和创新的历史。共产党人之所以选择马克思主义作为自己的信仰，还因为马克思主义的实践品格。马克思说过，"哲学家们只是用不同的方式解释世界，而问题在于改变世界"。④ 正是在马克思主义的指导下，社会主义由空想变成科学，由科学理论转变为社会实践，正是在马克思主义的指导下，中国革命和建设取得了伟大的成就。

但不可否认，这些年来，马克思主义信仰面临着不小的挑战。随着苏联解体、东欧剧变，全球范围内的社会主义总体走入低潮。社会主义处于低潮无疑给马克思主义信仰带来一定的挑战。在全球化的今天，资本主义国家在推动经济全球化的过程中时常伴随着政治和文化的输出，这种输出挑战着马克思主义。处于社会转型期的中国，思想、文化和价值观多元的存在也给马克思主义信仰带来挑战。而和计划经济体制时期相比，今天党员队伍构成要复杂得多，党员的工作和就业方式、所属社会组织要复杂得多，党员的生活方式、经济利益同样复杂得多，这都在一定程度上使马克思主义信仰面临挑战。

在市场经济、改革开放等形势下，一些党员的马克思主义信仰有所弱化，更有党员对马克思主义产生怀疑；一些党员沉溺于物质利益中，把个人利益作为人生的价值所在；一些党员热衷于宗教和迷信活动；一些党员，丧失了党员的先进性；等等。一些党员尤其是党员领导干部出现这样那样的问题，和信仰

① 荆学民：《现代信仰学导引》，中国传媒大学出版社，2012，第 3 页。
② 《现代汉语词典》，商务印书馆，1981，第 1273 页。
③ 郑冬芳：《大学生马克思主义理想信仰研究》，中国社会科学出版社，2015，第 34 页。
④ 《马克思恩格斯选集》，人民出版社，1995，第 61 页。

出现问题是密切相关的。

对马克思主义的信仰，是共产党人的政治灵魂，是共产党人经受住任何考验的精神支柱，习近平总书记说过，人民有信仰，民族有希望，国家有力量，信仰是共产党人精神上的钙，缺乏了马克思主义信仰，精神上就会缺钙，就会得软骨病，所以，要"永不动摇信仰"。

1. 自觉学习马克思主义理论

坚定的信仰来自对理论的深刻认知和切实把握。对马克思主义理论的认同和掌握是坚定马克思主义信仰的第一步，习近平同志多次强调党员尤其是党员领导干部要多学习，多学马克思主义经典，"马克思主义哲学深刻揭示了客观世界特别是人类社会发展一般规律，在当今时代依然有着强大生命力，依然是指导我们共产党人前进的强大思想武器。我们党自成立起就高度重视在思想上建党，其中十分重要的一条就是坚持用马克思主义哲学教育和武装全党。学哲学、用哲学，是我们党的一个好传统。""党的各级领导干部特别是高级干部，要原原本本学习和研读经典著作，努力把马克思主义哲学作为自己的看家本领，坚定理想信念，坚持正确政治方向，提高战略思维能力、综合决策能力、驾驭全局能力，团结带领人民不断书写改革开放历史新篇章。"①

2. 努力改造主观世界

共产党员学习马克思主义的目的，不是单纯地获取知识，而是改造世界，改造世界既包括改造客观世界，也包括改造主观世界。在当今复杂的环境下，党员自觉改造主观世界，对从严治党具有重要的主体性意义。因而，在学习马克思主义理论的基础上，要用马克思主义的立场观点和方法，检查自己的主观世界，检讨自己的世界观，"吾日三省吾身"，反省自己是否符合党员的标准，反省自己是否言行一致，反省自己是否努力工作，等等，时常"照镜子、正衣冠、洗洗澡、治治病"，努力查找自身在人生观、价值观、信仰方面的不足，不断自我净化、自我完善，从而提高马克思主义信仰的自觉性。

3. 必须实践信仰

信仰的实践，就是将信仰与现实工作结合起来，没有马克思主义信仰，不是合格的共产党员，但离开现实工作而空谈信仰，同样不是合格的共产党员。坚定共产主义信仰，既不能停留于空喊口号上，也不能认为信仰是虚无缥缈的，是脱离现实的，而是要将信仰具体化，把理想信念灌注于自己工作、学习

---

① 习近平：《在中共中央政治局第十一次集体学习讲话》，文明网，2013 年 12 月 3 日，http://www.wenming.cn/djw/sy/jjq/zxdjxx/201603/t20160324_3234080.shtml。

和日常生活中，通过一件件具体的事情，通过一个个具体的工作，体现出自己对马克思主义的信仰，在工作中，想人民所想，全心全意为人民服务，勤奋工作、廉洁奉公，不计较个人得失，为人民的利益努力奋斗。

（二）坚定中国特色社会主义信念

自鸦片战争以来，中国人就不断探索民族独立和国家富强的道路，经过无数人艰苦卓绝的不断努力，我们终于选择了社会主义道路。可以说，中国的社会主义道路是历史的必然选择。邓小平说过，"如果不搞社会主义，而走资本主义道路，中国的混乱状态就不能结束，贫困落后的状态就不能改变"。[①] 事实也证明，正是社会主义道路，实现了国家的繁荣富强和人民的安康。在社会主义建设过程中，我们虽然也犯过一些错误，但在纠错中不断前进的中国社会主义，一步步走上了中国特色社会主义。

从严治党，要求党员必须坚定中国特色社会主义信念。中国特色社会主义是由中国特色社会主义道路、中国特色社会主义理论体系、中国特色社会主义制度构成的，坚定中国特色社会主义信念，就必须有道路自信、理论自信和制度自信。

道路问题关乎党的命脉，关系国家前途、民族命运和人民幸福。中国特色社会主义道路，要求我们在党的领导下，立足基本国情，坚持以经济建设为中心，坚持四项基本原则，坚持改革开放，坚持经济建设、政治建设、文化建设、社会建设和生态文明建设五位一体的发展道路，促进人的全面发展，逐步实现全体人民共同富裕，建设富强民主文明和谐的社会主义现代化国家。

理论问题关乎党的性质，关系国家发展、民族复兴和人民安康。中国特色社会主义理论体系，是包括邓小平理论、"三个代表"重要思想、科学发展观在内的科学理论体系，系统回答了在中国建设什么样的社会主义、怎样建设社会主义等一系列重大问题，是对马克思列宁主义、毛泽东思想的坚持和发展，是马克思主义中国化的最新理论成果。党的十八大以来，党中央对新的历史条件下党和国家发展面临的一系列重大理论和现实问题的回答，是中国特色社会主义理论体系的最新成果。

制度问题关乎党的方向，关系国家建设、民族团结和人民发展。中国特色社会主义制度，是人民代表大会制度的根本政治制度、中国共产党领导的多党合作和政治协商制度、民族区域自治制度以及基层群众自治制度等基本政治制

---

① 《邓小平文选》（第3卷），人民出版社，1993，第63页。

度，是以公有制为主体、多种所有制经济共同发展的基本经济制度，以及建立在这些制度基础上的经济体制、政治体制、文化体制、社会体制等各项具体制度。

从严治党，要求全体党员坚定中国特色社会主义道路。当然，思想上的坚定是必需的，但在思想坚定的基础上，还必须做到知行统一，在行动上充分体现出来。

1. 在本职工作中起模范带头作用

党员的模范带头作用，不仅是一句口号，而且是要通过自己的工作体现出来的。在和平年代，党员的模范带头作用主要是通过日常工作体现出来的。

对绝大多数党员而言，我们所从事的都是一份平凡的工作，似乎在平凡的工作中，很难发挥模范带头作用。其实不然。所谓的模范带头作用，不是只以取得轰轰烈烈的成绩为标准的。在日常工作中，脚踏实地，不急功近利，做老实人，办老实事，尽职尽责，是模范带头作用。在工作中，不计较个人得失，乐于奉献，乐于帮助他人，也是模范带头作用，在工作中，以身作则，和大家共同进步，做出一流的工作业绩，同样是模范带头作用。

2. 全心全意为人民服务

毛泽东同志说过，"我们的共产党和共产党所领导的八路军、新四军是革命的队伍，我们这个队伍完全是为着解放人民的，是彻底地为人民的利益工作的"。① 今天仍然如此，党员要牢固树立群众观点，保持与人民群众的血肉联系，倾听群众呼声，关心群众疾苦，为群众办实事，自觉维护群众利益，反映群众意愿，真心为群众办实事，做群众的贴心人。"党除了工人阶级和最广大人民群众的利益，没有自己特殊的利益。党在任何时候都把群众利益放在第一位，同群众同甘共苦，保持最密切的联系，坚持权为民所用、情为民所系、利为民所谋，不允许任何党员脱离群众，凌驾于群众之上。党在自己的工作中实行群众路线，一切为了群众，一切依靠群众，从群众中来，到群众中去，把党的正确主张变为群众的自觉行动。我们党的最大政治优势是密切联系群众，党执政后的最大危险是脱离群众。"②

3. 凝聚群众力量

党员的模范带头作用，仅有党员个人的优秀是远远不够的，党员的模范带头作用，更主要的是对其他人，尤其是对普通群众的带动，带动大家一起为社

---

① 《毛泽东选集》（第 3 卷），人民出版社，1991，第 1004 页。
② 《中国共产党章程》，法律出版社，2015，第 10 ~ 11 页。

会主义建设出力。所以，党员不仅自己在工作中吃苦在前，不仅要为群众利益着想，同时还要发挥凝聚群众力量的作用。因为个人的力量是有限的，而群众的力量是无限的，只有充分联系群众、组织群众、发动起群众，调动一切积极因素，将群众的力量凝聚起来，使群众建设中国特色社会主义的力量和活力充分迸发出来，中国特色社会主义的伟大事业才能得到全体人民的拥护。

（三）培育社会主义核心价值观

价值观是人们对于价值问题的根本看法和态度，每个人都有自己的价值观。作为一种社会意识，价值观是一定社会的经济、政治、文化等的反映。在一个纷繁的社会中，价值观往往是多样的，但在多样的价值观中，任何一个社会在一定时期，都会形成自己的核心价值观念，即核心价值观。当代中国社会主义核心价值观是"富强、民主、文明、和谐，自由、平等、公正、法治，爱国、敬业、诚信、友善"。社会主义核心价值观在继承中华优秀传统文化、吸纳世界文明有益成果的基础上，把国家、社会、公民的价值要求融为一体，既体现了时代精神，更体现了社会主义的本质要求。

核心价值观既是一种精神力量，又和我们的事业密切相关。国家层面的"富强、民主、文明、和谐"价值观与中国特色社会主义的"五位一体"格局密切相连，与全面建成小康社会和实现"两个一百年"奋斗目标紧紧相连。社会层面的"自由、平等、公正、法治"与"民主法治、公平正义、诚信友爱、充满活力、安定有序、人与自然和谐相处"的和谐社会的建设息息相关。公民层面的"爱国、敬业、诚信、友善"和我们每个人的日常生活息息相关。

"富强、民主、文明、和谐，自由、平等、公正、法治，爱国、敬业、诚信、友善"是中国社会主义的核心价值观，也是人民和无产阶级的价值观。而作为无产阶级先锋队的中国共产党，正如马克思、恩格斯所说的，"无产阶级的运动是绝大多数人的、为绝大多数人谋利益的独立运动"[1]，而共产党人"没有任何同整个无产阶级的利益不同的利益"。[2] 所以，社会主义核心价值观就是共产党人的价值观所在，作为无产阶级的先锋队，在全面从严治党中，共产党员更应该走在培育社会主义核心价值观的前列。

1. 坚守社会主义核心价值观

一个社会的价值观是多样的，既有主流的价值观，也有各种非主流的价值

① 《马克思恩格斯选集》（第1卷），人民出版社，1995，第283页。
② 《马克思恩格斯选集》（第1卷），人民出版社，1995，第285页。

观,社会主义核心价值观就是我们的主流价值观,因而,党的建设要立足于掌握价值观领域的主动权、主导权和话语权,以是否坚守社会主义核心价值观为判定一个党员是否合格的标准之一,以社会主义核心价值观为依据健全党员评价体系。党员要以社会主义核心价值观为自己的精神支柱和行动向导,摆正位置,不忘党员本色,不谋个人私利,"身有所正,言有所规,行有所止",在思想、道德、行为方面,坚守社会主义核心价值观。

2. 坚决抵制各种错误思潮

社会思潮,一般是指"反映特定环境中人们的某种利益或要求并对社会生活有广泛影响的思想趋势或倾向","它具有潮水般的流动性与有涨有落的阶段性"[①],今天,在改革开放和市场经济的大背景下,各种社会思潮不断涌现,对社会主义核心价值观形成挑战,对此,我们不能掉以轻心。其实,早在20世纪末,我们已认识到这个问题,中共中央《关于加强和改进思想政治工作的若干意见》就指出,"不能对各种社会思潮掉以轻心,任其泛滥,否则就会犯历史的错误"。[②] 在培育社会主义核心价值观的过程中,党员必须坚决抵制各种思潮的诱惑,坚守核心价值观。

3. 用大众化语言向群众宣传社会主义核心价值观

社会主义核心价值观要深入人心,离不开对社会主义价值观的宣传。在党的思想建设中,党员肩负着向群众宣传社会主义核心价值观的任务。社会主义核心价值观是一种理论的抽象,党员在宣传社会主义核心价值观时,必须注意宣传的形式,创新宣传的形式。宣传要从我国的国情、从群众的实际出发,采用贴近实际、贴近生活、贴近群众的语言,多吸取民间话语,这样的语言和形式,更容易被群众理解和接受,也更有利于提升核心价值观的吸引力和影响力。同时在媒体方式高度发达的情况下,采用多种媒体方式,既拓宽宣传的渠道,又容易使民众接受社会主义核心价值观。

二 通过组织建设从严治党

党的组织是指中国共产党根据党的纲领和章程,按照民主集中制的原则,由全体党员组织起来的组织体系。党的组织包括党的中央组织、地方组织和基

---

① 冯契主编《哲学大辞典》,上海辞书出版社,1992,第866页。
② 《中共中央关于加强和改进思想政治工作的若干意见》,新浪网,1999年11月8日,http://news.sina.com.cn/china/1999-11-8/29852.html。

层组织三部分，这三个部分共同构成党的完整的组织体系。从这个意义上讲，党的建设包括党的中央组织、地方组织和基层组织的建设。党的组织建设除了覆盖整个组织外，党的组织建设更主要的是通过组织制度的完善，严格对党员尤其是党的领导干部的管理，提升党的凝聚力和战斗力。

中国共产党一直重视党的组织的建设，在组织建设方面也积累了丰富的经验。但随着社会的不断变化，党的组织建设也面临着一系列新的问题，时代也给党的组织建设提出了新的任务。在当前的形势下，结合党的组织建设的实际，党的组织建设应该在党的基层组织建设、党员队伍建设、党的领导干部建设方面多下功夫。

（一）夯实党的基层组织建设

"党的基层组织是党在社会基层组织中的战斗堡垒，是党的全部工作和战斗力的基础。"[①]

党的基层组织是党的组织中最直接面对党员和群众的党组织，党的组织建设得如何，党员和群众最直接的感受就来自党的基层组织，从这个意义上可以说，党的基层组织对提高党的执政能力、密切党同人民群众的联系具有特别重要的意义。从党内而言，党的基层组织又是完成党的各项工作任务的具体组织者和实施者。因而，党的基层组织建设就成为党的组织建设的基础性。

1. 建立健全基层党组织班子

基层党组织的工作效果，在很大程度上取决于基层党支部班子的建设。因而，建设好基层党支部班子，是党组织充分发挥战斗堡垒作用的重要基础。在党员满足一定人数的情况下，要建立党支部。目前，绝大多数单位在党员人数满足要求的情况下，都会建立党支部，但并不是所有的单位都能做到这一点。在有些单位，尤其是一些私营、外资单位等，并不能保证党支部的正常建立。因而，建立党支部是党的基层组织建设的第一步。要加强非公有制企业党的组织建设，凡是已具备条件的非公有制经济组织，都应建立党的组织。在建立党支部后，就要健全党支部。首先，配齐党支部支委成员，选配党性强、作风正、组织能力强的党员进入支部班子，并根据特长，明确职责，合理分工；其次，按时进行党支部换届选举，让优秀的党员继续留任或进入支委，让不太合适的人退出支委，保持支委成员在支部中的先进性和凝聚力；最后，抓好支部成员的培训工作，党支部成员的理论水平和政策水平要随着社会和单位工作的

---

① 《中国共产党章程》，法律出版社，2015，第24页。

发展不断提升，这样才能胜任工作和出色完成工作，而党员理论和政策水平的提升，除了自己的自学外，定期的经验交流会、党建研究会、培训会是一种行之有效的方式，如果能将这些做法制度化，对提升支委的整体素质和水平会有不小的帮助。

2. 支部组织生活制度化

广义的支部组织生活包括党支部开展的和党的建设有关的一切活动，狭义的组织生活是除民主生活会以外的活动，我们这里采用狭义的概念。支部组织生活是党支部对党员进行教育、管理、监督的重要形式，也是党员参与党内事务、行使民主权利的主渠道。支部组织生活主要包括支部组织的政治学习、业务学习、发展党员、评选先进党员、处理违纪党员和不合格党员、开展适合党员特点的活动等。政治学习，主要组织党员学习党章、马克思主义基本理论和党的方针政策，及时传达中央和上级党组织的文件，使党员学会和不断提升运用马克思主义的立场、观点和方法研究、解释和解决社会生活中出现的新情况、新问题的能力，增强党性观念，加强党性修养，强化先锋队意识，始终在思想和政治上同党中央保持一致。业务学习，主要是为保证党员在日常工作中模范带头作用服务的，很难想象，一个在工作中不思进取、常拖后腿的党员，会提升党员的形象，所以，党支部在政治学习的基础上，还要重视党员的业务学习。而对于发展党员、评选先进党员、处理违纪党员和不合格党员的活动的参与，也是支部每一党员的职责，支部要建立制度保证党员参与此类活动。除上述活动外，党支部也要开展其他形式多样、内容丰富多彩的活动，如走出去送服务活动、适当的文体活动、优秀党员报告会等活动，使党的组织生活更加生动活泼和充满活力，以丰富的形式起到对党员有效教育管理和增强支部凝聚力的作用。

3. 支部民主生活会制度化

民主生活会，是党员在支部以交流思想、开展批评与自我批评为主要形式的组织活动制度，是支部党员发现和解决自身问题的重要平台，更是保持党的纯洁性和先进性的有力武器，历来为我党所重视。但不可否认，目前民主生活会的运用仍存在一定的问题，如有些支部并不定期召开民主生活会，有些虽然召开民主生活会，但会议更多的是走过场，有些用工作总结会、学习会代替民主生活会等。之所以强调支部民主生活会要制度化，是因为在定期的批评和自我批评中，我们既可以对自己做一个深刻的反思，又可以听取其他人对自己的批评和建议，还可以以他人为镜，防止别人身上的不足和错误出现在自己身上。而对整个支部而言，良好的批评和自我批评是支部向前的自我动力。民主生活会的主要武器是批评和自我批评，毛泽东说过，"有无认真的自我批评，也是我们和其他政党互相区别的显著的标志之一。我们曾经说过，房子是应该经常打扫的，不打扫就会积满了灰尘；脸是应该经常洗的，不洗也就会灰尘满面。我们同志的思想，我们党的工作，也会沾染灰尘的，也应该打扫和洗涤。'流水不腐，户枢不蠹'，是说它们在不停的运动中抵抗了微生物或其他生物的侵蚀。对于我们，经常地检讨工作，在检讨中推广民主作风，不惧怕批评和自我批评，实行'知无不言，言无不尽'，'言者无罪，闻者足戒'，'有则改之，无则加勉'这些中国人民的有益的格言，正是抵抗各种政治灰尘和政治微生物侵蚀我们同志的思想和我们党的肌体的唯一有效的方法"。[1] 我们敢于批评和自我批评，"因为我们是为人民服务的，所以，我们如果有缺点，就不怕别人批评指出。不管是什么人，谁向我们指出都行。只要你说得对，我们就改正。你说的办法对人民有好处，我们就照你的办"。[2] 民主生活会的目的，是在思想上达到惩前毖后、治病救人和团结 - 批评 - 团结的目的的。

（二）提高党员队伍建设

党员是党组织最基本的构成要素，是党的肌体的细胞和党的活动的主体。党组织的创造力、战斗力，从根本上取决于党员队伍建设的状况，党员队伍建设是党组织建设的基础。从一定意义说，党的组织的地位和作用，正是由党员的行动来体现的。

党员队伍建设的重点是通过建设打造一支具有战斗力、凝聚力的先进分子队伍。目前，党员队伍建设的总体状况是好的，但也存在一定的问题。在新形势下，党员队伍建设要在严把党员发展关、提升党员模范带头作用的实效、切实落实不合格党员退出机制上着力。

1. 严把发展党员关口

发展党员工作是党的建设一项经常性重要工作，也是党员队伍建设的入口，因而，在发展党员时，一定要严把入口关，确保党员的质量。2014 年颁布的《中国共产党发展党员工作细则》对发展党员的工作提出了一些具体的要求，这是在新形势下发展党员的指导方针，各级党组织在发展党员时，必须严格以此为依据。"按照控制总量、优化结构、提高质量、发挥作用的总要

---

① 《毛泽东选集》（第 3 卷），人民出版社，1991，第 1096 页。
② 《毛泽东选集》（第 3 卷），人民出版社，1991，第 1004 页。

求，坚持党章规定的党员标准，始终把政治标准放在首位；坚持慎重发展、均衡发展，有领导、有计划地进行；坚持入党自愿原则和个别吸收原则，成熟一个，发展一个。"发展党员，不能只注重数量，更应关注质量，只能"吸收具有马克思主义信仰、共产主义觉悟和中国特色社会主义信念，自觉践行社会主义核心价值观的先进分子入党"。党组织必须对发展对象进行政治审查，政治审查主要审查对党的理论和路线、方针、政策的态度，政治历史和在重大政治斗争中的表现，遵纪守法和遵守社会公德情况，直系亲属和与本人关系密切的主要社会关系的政治情况等，凡是未经政治审查或政治审查不合格的，不能发展入党。一旦成为发展对象，对发展对象必须进行短期集中培训，未经培训的，一般情况下，不能发展入党。从程序上保证党员队伍的高质量。

2. 提升党员模范带头作用的实效

"中国共产党党员是中国工人阶级的有共产主义觉悟的先锋战士"[1]，党员先锋作用要通过先锋战士体现出来，因而，党的队伍建设必须重视党员模范带头作用的实效。当然，党员模范带头作用是建立在党员有模范带头意识的基础上的，这种意识，既需要教育，也需要党员具有发挥模范带头作用的主体意识，即内在动力。但更为重要的是，如何提升党员模范带头作用的实效，以防止有些党员在入党前、入党过程中足够模范，入党后模范作用不再明显甚至不再模范等问题的出现。为了提升党员模范带头作用的实效，对党员的考核标准就要以能否起到模范带头作用为核心。党员的考核包括考核内容和考核形式。从考核内容看，党员的模范带头作用是体现在多个方面的，但核心是思想政治、道德、业务、为人处世等。从考核形式看，要将各种考核结合起来，如党内考核、群众考核、定量考核和定性考核、有些重要事项一票否决的考核等。而考核是要有考核标准的，在广大党员充分讨论的基础上，制定出党员模范带头作用的考核标准，并严格按照标准进行考核，考核结束后将考核结果反馈给党员。考核不只是一项工作或一种形式，而且应将考核结果和党员的奖惩、使用等挂钩，并对不合格或起不到模范带头作用的党员，要有相应的促进甚至惩处措施。通过导向性的考核，使党员的模范带头作用最大限度地发挥出来，从而从整体上提升党员队伍的战斗力和先锋性。

3. 切实落实不合格党员退出机制

共产党员是中国工人阶级的有共产主义觉悟的先锋战士，中国共产党章程对党员的入党规定了严格的条件，并对党员的权利、义务等做了规定，以保证

---

[1]《中国共产党章程》，法律出版社，2015，第12页。

党员队伍的先进性。绝大部分党员入党后，能履行自己的义务，能继续保持先进性。但不可否认，一些党员对党的信仰在降低，而随着人口流动日益频繁和社会组织的多样化，脱离组织生活的党员的数量在增多。由于主观或客观的因素，有些党员不能或不愿意履行义务，有些党员已丧失党员的先进性，甚至有党员有违法犯罪的行为。对于这些已不再符合党员标准的党员，也必须有相应的惩戒措施。现实中，对于违法犯罪的党员，尤其是具有犯罪行为的党员要开除党籍，已被大家包括党员所认知并接受。但其他的不符合党员标准的党员依旧留在党内，仍然是经常有的事情。所以，对这部分党员，要求其退出党组织的呼声一直就有。新修订的《中国共产党章程》对此也有了更为明确的条件和程序规定。党员退党，主要是几种情形，一是党员自动退党，"党员有退党的自由。党员要求退党，应当经支部大会讨论后宣布除名，并报上级党组织备案。"二是不再符合党员政治条件的强制退党，"党员缺乏革命意志，不履行党员义务，不符合党员条件，党的支部应当对他进行教育，要求他限期改正；经教育仍无转变的，应当劝他退党。劝党员退党，应当经支部大会讨论决定，并报上级党组织批准。如被劝告退党的党员坚持不退，应当提交支部大会讨论，决定把他除名，并报上级党组织批准"。三是对不履行党员义务的强制退党，"党员如果没有正当理由，连续六个月不参加党的组织生活，或不交纳党费，或不做党所分配的工作，就被认为是自行脱党。支部大会应当决定把这样的党员除名，并报上级党组织批准"。①

（三）强化干部队伍建设

十八大报告提出建设一支政治坚定、能力过硬、作风优良、奋发有为的执政骨干队伍是坚持和发展中国特色社会主义的关键，而干部队伍就是我党的执政骨干队伍，因为政治路线确定后，干部就是决定的因素，"党的干部是党的事业的骨干"，干部队伍建设在党的组织建设中居于核心地位。

当前，我们的干部队伍建设总体是好的，但有些地方、有些部门仍然存在"重使用、轻管理"的现象。现实生活中，一些地方之所以会出现干群关系紧张、腐败问题比较严重等现象，不得不说和干部队伍建设不到位有很大的关系。2015年6月，习近平在会见全国优秀县委书记时指出，县委书记应该"做政治的明白人、做发展的开路人、要做群众的贴心人、做班子的

---

① 《中国共产党章程》，法律出版社，2015，第16页。

带头人"。① 事实上，这一要求不仅适用于县委书记，也适用于所有的领导干部。

在新形势下，干部队伍建设面临许多新的问题，我们主要在选拔干部、管好干部、要求干部管好亲属及其身边人上多下功夫。

1. 坚持高标准选拔干部

干部的选拔是干部队伍建设的第一步，我党历来重视对干部的选拔，并在实践中形成了选拔干部的"德才兼备、以德为先"的标准。

抗日战争时期，毛泽东同志就指出，"指导伟大的革命，要有伟大的党，要有许多最好的干部"，并提出了最好干部的标准问题，"这些干部和领袖懂得马克思列宁主义，有政治远见，有工作能力，富于牺牲精神，能独立解决问题，在困难中不动摇，忠心耿耿地为民族、为阶级、为党而工作"，"这些人不要自私自利，不要个人英雄主义和风头主义，不要懒惰和消极性，不要自高自大的宗派主义，他们是大公无私的民族的阶级的英雄，这就是共产党员，党的干部，党的领袖应该有的性格和作风。"② "共产党的干部政策，应是以能否坚决地执行党的路线，服从党的纪律，和群众有密切的联系，有独立的工作能力，积极肯干，不谋私利为标准，这就是'任人唯贤'的路线。"③ "这种领导骨干的标准，应当是季米特洛夫论干部政策中所举的四条干部标准（无限忠心，联系群众，独立工作能力，遵守纪律）。"④

在社会主义建设时期，毛泽东同志同样强调高标准，"政治和业务是对立统一的，政治是主要的，是第一位的，一定要反对不问政治的倾向；但是，专搞政治，不懂技术，不懂业务，也不行。我们的同志，无论搞工业的，搞农业的，搞商业的，搞文教的，都要学一点技术和业务。我看也要搞一个十年规划。我们各行各业的干部都要努力精通技术和业务，使自己成为内行，又红又专。"⑤

改革开放后，我们党更加重视选拔干部的重要性，"选拔干部，选拔人才，只要选得好，选得准，我们的事业就大有希望。道理很明显，只是确定了正确的思想路线和政治路线，确定了实现四个现代化的目标还不够，还需要有

① 《习近平在会见全国优秀县委书记时讲话》，新华网，2015 年 7 月 1 日，http：//news. xinhuanet. com/mrdx/2015 - 07/01/c_ 134371611. htm。

② 《毛泽东选集》（第 1 卷），人民出版社，1991，第 277 页。

③ 《毛泽东选集》（第 2 卷），人民出版社，1991，第 527 页。

④ 《毛泽东选集》（第 3 卷），人民出版社，1991，第 899 页。

⑤ 毛泽东：《关于农业问题》，1957 年 10 月 9 日，http：//www. mzdbl. cn/maoxuan/wenji7/w7 - 44. html。

人干"。① 那么，新时期如何选用干部？"要选贤任能，贤就是德，能无非是专业化、知识化、有实际经验。"② "我们今后配备领导班子的时候，要选用什么人呢？要选那些认真学习马列主义、毛泽东思想，在斗争中经得起考验的人；要选那些党性强，能团结人，不信邪的人；要选那些艰苦朴素，实事求是，说老实话，办老实事，做老实人，作风正派的人；要选那些努力工作，联系群众，关心群众疾苦，有魄力，有实际经验，能够办事的人。"③ 对什么样的人不能进入领导干部队伍，邓小平同志明确指出，"今后选拔干部要严格。对于那些搞打砸抢的、帮派思想严重的、出卖灵魂陷害同志的、连党的最关紧要的利益都不顾的人，决不能重用。对于看风使舵、找靠山、不讲党的原则的人，也不能轻易信任，要警惕，要教育，要促使他们改造世界观。"④

习近平在 2013 年全国组织部长会议上提出了好干部的五条标准——信念坚定、为民服务、勤政务实、敢于担当、清正廉洁，这 20 个字言简意赅地概括了新时期中国式好干部的基本标准。

2014 年印发的新的《党政领导干部选拔任用工作条例》，既体现了党对干部任用一以贯之的德才兼备、以德为先的标准，体现了正确的用人导向，又充分体现出干部标准的时代内涵。在选拔任用党政领导干部的基本条件和资格方面，突出了理想信念要求，政治立场、政治态度、政治纪律要求，坚持原则，敢于担当要求，加强道德、作风修养的要求，树立正确政绩观，做出经得起实践、人民、历史检验实绩的要求。同时对领导干部选拔的环节做了完善，对干部选拔任用工作的"动议、民主推荐、考察、讨论决定、任职"五个基本环节做了具体的规定，并列出 6 种不得列为考察对象的情形，明确将"配偶已移居国（境）外或者没有配偶，子女均已移居国（境）外的'裸官'不得列为考察对象的范围，并对选用干部的考察做出明确规定，考察党政领导职务拟任人选，必须依据干部选拔任用条件和不同领导职务的职责要求，全面考察其德、能、勤、绩、廉。"⑤ 干部选用至关重要，"用一贤人则群贤毕至，见贤思齐就蔚然成风。选什么人就是风向标，就有什么样的干部作风，乃至就有什么样的党风。各级党委及组织部门要坚持党管干部原则，坚持正确用人导向，坚

---

① 《邓小平文选》（第 2 卷），人民出版社，1983，第 225 页。

② 《邓小平文选》（第 2 卷），人民出版社，1983，第 400 页。

③ 《邓小平文选》（第 2 卷），人民出版社，1983，第 75 页。

④ 《邓小平文选》（第 2 卷），人民出版社，1983，第 148 页。

⑤ 《党政领导干部选拔任用工作条例》，中国经济网，2014 年 1 月 15 日，http：//www.ce.cn/xwzx/gnsz/gdxw/201401/15/t20140115_ 2133425. shtml。

持德才兼备、以德为先，努力做到选贤任能、用当其时，知人善任、人尽其才，把好干部及时发现出来、合理使用起来"。"真正把信念坚定、为民服务、勤政务实、敢于担当、清正廉洁的好干部选拔出来。"① 所以，一定要严把干部选用关，真正把干部选准用好，选拔那些心无旁骛、全心全意为人民、工作成效显著、敢于和善于攻坚克难的干部，坚决摒弃那些心浮气躁、喜好形式主义、面子工程等的干部，使真正干工作的老实人不吃亏，只做表面工作的"聪明人"不得势，同时既要把党和人民需要的好干部选准用好，又要把那些存在问题或者相形见绌的干部调整下来。

2. 坚持高要求严管干部

"党要管党，首先是管好干部。""与执政前残酷的斗争洗礼相比，与执政初期'赶考'的谦虚谨慎相比，现在我们党的执政环境发生了很大变化，长期执政使一些干部逐渐滋长了脱离群众的危险思想，产生了特权观念和官僚化倾向，滋生了严重的形式主义、官僚主义、享乐主义和奢靡之风。这些都严重损害了党同人民群众的血肉联系。把从严管好干部作为党要管党的首要任务，是从巩固党执政地位的战略高度提出的一项重大举措，是加强党的执政能力建设、先进性和纯洁性建设的必然要求。"②

"管好干部，是由干部所处的重要地位决定的。政治路线确定之后，干部就是决定的因素。我们党是执政党，各级干部是党执政的中坚和骨干，党的领导要靠各级干部去实现，党的路线、方针、政策也要靠各级干部去落实。各级干部素质的高低、能力的强弱、工作的优劣、作风的好坏，直接关系党的形象、关系党的事业兴衰成败。只有把各级干部队伍管理好、建设好，我们党才能更加坚强有力，更好地肩负起历史使命，始终成为中国特色社会主义事业的坚强领导核心，带领全国各族人民全面建成小康社会，实现中华民族伟大复兴的中国梦。"③

严管干部，关键在于"严"。严格教育、严格要求、严格监督、从严惩戒。提高干部的能力、管好干部的作风都是严管的内容，但从目前看，主要用力点应是以下方面。一是坚持党管干部，这是严管干部的首要要求，也是由我们党的领导地位和性质决定的。《中共中央关于全面深化改革若干重大问题的决定》提出："强化党委（党组）、分管领导和组织部门在干部选拔任用中的

---

① 《中共中央关于全面深化改革若干重大问题的决定》，中国经济网，2013 年 11 月 18 日，http：//www.ce.cn/xwzx/gnsz/szyw/201311/18/t20131118_ 1767104. shtml。

② 王儒林：《党要管党 首先是管好干部》，《求是》2013 年第 17 期。

③ 王儒林：《党要管党 首先是管好干部》，《求是》2013 年第 17 期。

权重","坚决纠正唯票取人、唯分取人等现象"①,这一要求,把"党管干部"原则摆在更加明确、更加重要的位置上,凸显了党组织在干部选任中的主体地位和主导作用。二是管好干部的思想。抓好干部的党性教育、信仰教育、价值观教育,使干部树立正确的政绩观。三是管好干部的权力。干部权力体现在许多方面,而干部利用职权在企业兼职(任职)就是一例。其实,不准党政领导干部在企业兼职中早就有明文规定,但长期以来,党政干部在企业兼职并不少见。党政干部在企业兼职,危害性明显,官员利用自己的官职为自己谋得了私利,企业利用官员的官职为企业谋得了私利,却必然损害其他企业和民众的利益,而背后所隐藏的官商勾结、腐败、寻租、对社会风气的败坏等,则隐含着更深层次的风险。

经中共中央批准,中央组织部 2013 年印发了《关于进一步规范党政领导干部在企业兼职(任职)问题的意见》,在以往规定的基础上,进一步规范了党政领导干部在企业兼职(任职)的行为,规定现职和不担任现职但未办理退(离)休手续的党政领导干部不得在企业兼职(任职)。禁止在职干部在企业兼职(任职),可以更好地让市场有序竞争,更好地让政府、政府官员一视同仁地服务于企业。

从严管理干部,对干部的为官不正、为官不为、为官乱等行为,必须设立严格的行之有效的管理制度,并将制度落到实处,对违反干部管理制度的决不姑息,否则所谓的从严管理干部就只能停留在形式上。

3. 坚决要求干部管好亲属及身边的人

干部不仅要管好自己,还必须管好亲属及身边的人,这也是干部队伍建设必须高度重视的一个问题。

中国是一个人情社会,"一人得道,鸡犬升天"就是人情社会风气的典型写照,这种风气在 21 世纪的今天仍然很难杜绝。一个人做了干部,如果不为亲戚和身边的人谋点利益,就会被认为没人情,甚至会被认为忘本。虽然我们一再告诫党的干部,我们的权力是人民赋予的,是用来为人民服务的,虽然绝大多数干部能管理好亲戚和身边的人,但不可否认,仍然有些干部,在所谓碍于情面的情况下,有意或无意放纵、包庇亲戚和身边人员借自己的旗号从事利益交易,干部为了家人私利,不惜拿原则做交易,有些领导干部放纵家人打着自己的名号在外经商办企业,等等。在许多落马官员的案件中,往往都会见到

---

① 《中共中央关于全面深化改革若干重大问题的决定》,中国经济网,2013 年 11 月 18 日,http://www.ce.cn/xwzx/gnsz/szyw/201311/18/t20131118_ 1767104. shtml。

其亲属和身边人员的身影，因而，在要求干部管好自己的同时，也必须给干部管好亲属和身边的人提出要求，并将干部管理亲属和身边人的情况作为干部考核的一个重要指标。

要让干部管好亲属及身边的人落到实处，必须做到以下几点。一是让干部真正意识到自己手中的权力是公权而不是私权。通过教育使领导干部从内心深处认同自己手中的权力，是人民赋予的，是要为人民谋福利的，凡是亲戚或身边的人打着自己的旗号谋取私利的，就如同自己谋取私利一样，都是违反党性原则的，都是应绝对禁止的。只有树立起这样的意识，干部才会从思想深处重视对亲戚和身边人的管理和约束，而不再抱有亲属子女的事是私事，只要自己没有谋取利益，就没有问题的心态。二是进一步健全党政领导干部的重大事项汇报制度和财产公开制度，不仅涉及领导自身及配偶，还应涉及领导的子女、近亲属及身边重要工作人员。三是加强领导干部约束亲戚和身边人的法治建设。尝试从法律上规定领导干部近亲属及身边主要工作人员打着领导旗号所从事的利益交易，构成犯罪的，除追究当事人的刑事责任外，同时追究该领导的刑事责任，从而从法律层面督促领导干部真正管理和约束亲属及身边工作人员。

三　通过作风建设从严治党

"党的作风关系党的形象，关系人心向背，关系党的生死存亡。"[1] 中国共产党历来高度重视党的作风建设，并在长期的革命和建设实践中形成了"理论联系实际，密切联系群众、批评与自我批评"等优良作风，优良作风已成为中国共产党的骄傲和显著特质，党的优良作风也为取得革命、建设和改革的胜利提供强有力的作风保证。

但是随着世情、国情、党情的深刻变化，一些不良的作风也滋长了出来，如脱离群众形式主义、官僚主义、享乐主义、奢靡之风甚至腐化堕落等，而"工作作风上的问题绝对不是小事，如果不坚决纠正不良风气，任其发展下去，就会像一座无形的墙把我们党和人民群众隔开，我们党就会失去根基、失去血脉、失去力量"。[2]

---

[1]　《习近平论党的作风建设》，《党建》杂志 2014 年 7 月 29 日，http：//news. xinhuanet. com/politics/2014 - 07/29/c_ 126809987. htm。

[2]　《习近平论党的作风建设》，《党建》杂志 2014 年 7 月 29 日，http：//news. xinhuanet. com/politics/2014 - 07/29/c_ 126809987. htm。

党的十八大以来，党中央先后出台改进工作作风、密切联系群众的"八项规定"，开展反对"四风"（反对形式主义、官僚主义、享乐主义和奢靡之风）和"三严三实"（严以修身、严以用权、严于律己，谋事要实、创业要实、做人要实）、"两学一做"（学党章党规、学系列讲话，做合格党员）活动，通过党的群众路线教育实践活动的不断深入，力争使作风建设成为全面从严治党的长期要求与常态行为。

党的十八大以来采取的作风建设举措，已取得了明显的成效，民众在生活中已感受到党的作风的明显转变。但是，作风问题具有反复性和顽固性的特点，稍一放松，就有可能反弹。所以，对作风建设不能有丝毫的松懈，必须在一些重点问题上狠下功夫。

1. 切实保持党同人民群众的血肉联系

"作风问题核心是党同人民群众的关系问题。"① 根本是始终保持党同人民群众的血肉联系。作风是党的性质和宗旨的外化，作风问题最能直接反映党和人民群众的关系。在新中国成立前夕，毛泽东就提出："务必使同志们继续地保持谦虚、谨慎、不骄、不躁的作风，务必使同志们继续地保持艰苦奋斗的作风。"

2009 年，曾有一条新闻轰动全国，面对新闻媒体的舆论监督，某市规划局副局长反问记者，"你是准备替党说话，还是准备替老百姓说话？"引来舆论众口一词的谴责，"人们之所以谴责，是因为'替谁说话'的逻辑背后，是个别党员干部将'维护党的形象'与'维护群众利益'对立起来，拿'党的利益'做护身符，对抗群众监督和舆论监督，维护个人和小团体的利益"。② 现实中，确实有些党员，尤其是党的领导干部忘记了，或者说在口头上记得，但行动上忘记了，我们的一切权力都是人民赋予的。我们党的根基在人民，人民是党赖以生存的根本，中国共产党除了最广大人民群众的根本利益外，没有任何的私利私求可言。而是"错误地认为，自己手中的权力是上级封的、领导给的，跟群众毫无关系。他们对上级阿谀奉承，拉关系、找靠山，跑官要官，对群众飞扬跋扈，无所顾忌"。③ 中国共产党领导中国人民取得革命和建设的胜利和成就，就是因为我们是人民的党，是代表人民利益的，是和人民群众打成一片的，密切联系群众，是我们党的最大政治优

---

① 《习近平论党的作风建设》，《党建》杂志 2014 年 7 月 29 日，http://news.xinhuanet.com/politics/2014 - 07/29/c_ 126809987. htm。
② 杨健：《"替谁说话"与"为谁执政"》，《人民日报》2009 年 6 月 19 日。
③ 杨健：《"替谁说话"与"为谁执政"》，《人民日报》2009 年 6 月 19 日。

势，脱离群众，是我们党执政的最大危险。我们必须立党为公，执政为民，必须权为民所用，情为民所系，利为民所谋，不能脱离群众，更不能将群众视为党的对立面，"加强作风建设，必须坚持马克思主义群众观点、贯彻党的群众路线，把出发点和落脚点归结到实现好、维护好、发展好最广大人民根本利益上来，归结到为民务实清廉上来，使改进作风的过程成为贯彻执行党的理论和路线方针政策的过程，成为推动改革开放和社会主义现代化建设顺利进行的过程。"①

"八项规定"、反对"四风"、群众路线教育等活动就是让我们重新认识和实践群众路线的好途径、好方法。但要防止反对"四风"、群众路线教育活动成为新的形式主义。

2. 落实各级领导干部的模范作用

落实各级领导干部的模范作用对改进党的作风建设至关重要。虽然作风建设关乎每一个党员，但在作风建设上，领导干部显然处于至关重要的位置，这是由领导干部在党和国家的事业中所处的地位决定的。领导干部的作风在很大程度上决定着党的作风，影响着整个社会风气。"领导干部特别是高级干部作风如何，对党风政风乃至整个社会风气的走向具有重要影响。'欲影正者端其表，欲下廉者先之身。'群众对干部总是要听其言、观其行的。"② 在作风建设上，领导干部要身体力行，率先垂范，要求他人做到的，自己首先做到，"凡是党章规定党员必须做到的，领导干部要首先做到；凡是党章规定党员不能做的，领导干部要带头不做。要严格按照党章规定的党员领导干部必须具备的六项基本条件，提高自身素质和能力，经常检查和弥补自身不足。特别是要在坚定理想信念、坚持实事求是、推动科学发展、密切联系群众、加强道德修养、严守党的纪律等方面为广大党员做出表率。"③ 真正做到敢于讲原则、敢于正视问题、敢于承担，"我们做人一世，为官一任，要有肝胆，要有担当精神，应该对'为官不为'感到羞耻"，④ 敢于同形式主义、官僚主义、享乐主义、奢靡之风做斗争，坚持严以修身、严以用权、严于律己，坚持谋事实、创业

---

① 《习近平论党的作风建设》，《党建》杂志 2014 年 7 月 29 日，http：//news. xinhuanet. com/politics/2014 - 07/29/c_ 126809987. htm。

② 《习近平论党的作风建设》，《党建》杂志 2014 年 7 月 29 日，http：//news. xinhuanet. com/politics/2014 - 07/29/c_ 126809987. htm。

③ 《跟习总书记学习如何守好政治纪律》，新华网，2015 年 8 月 20 日，http：//news. xinhuanet. com/politics/2015 - 08/20/c_ 128148977. htm。

④ 习近平：《要有担当精神，应该对"为官不为"感到羞耻》，中国共产党新闻网，2016 年 1 月 31 日，http：//theory. people. com. cn/n1/2016/0131/c40531 - 28098664. html。

实、做人实，这是"共产党人最基本的政治品格和做人准则，也是党员、干部的修身之本、为政之道、成事之要"。① 并以自己的带头作用带动其他普通党员，带动群众，带动整个社会的风气。

领导干部在作风建设中的模范带头作用，不只体现在大是大非问题上，更体现在日常小事中，"八项规定"出台后，到 2015 年 12 月，查处违规问题 10 万多起，处理近 14 万人，乡科级处理人数达 130793 人，省部级处理人数共 7 人，另有 678 名地厅级干部和 7389 名县处级干部受到处理。② 而这其中大部分干部的问题是我们许多人包括被处理的干部认为的小事情，如超规格配车、接受宴请等，但"于细微处见精神"，追溯腐败分子的人生轨迹，不难发现很多人都是从接受几条烟、几瓶酒这样的小事开始的，所以，作风建设不但要抓大，更要抓小，对领导干部的吃拿卡要，接受会员卡、商业预付卡、办公用房、住房、配车、公务接待超标等，都应进一步严加落实，2013 年中秋节前，习近平在提出"今年中秋节中央纪委抓月饼，看起来是小事，其实是抓这后面的腐败。抓了中秋节抓国庆节，抓了国庆节抓新年，抓了新年抓春节，抓了春节抓清明节、抓端午节，就这么抓下去，总会见效的，使之形成一种习惯、一种风气"。③"踏石留印，抓铁有痕"，通过"小题大做"，才能在细节中发力，在坚持中见效，也只有重视小节，才能在大是大非面前坚持原则。

3. 形成作风建设长效机制

党的十八大以来，在严厉的措施和坚持下，作风建设取得了阶段性成果，而要将阶段性成果保持下去，变成长期成果，则必须靠制度。制度既包括国家的法律，也包括党内法规和纪律、规矩。作为中华人民共和国公民，党员当然要遵守国家法律，但和普通群众比较起来，党对党员的标准更高，要求更严，还需遵守党内法规，遵守党的纪律和规矩。

形成作风建设长效机制，必须要有制度。党的十八大以来，党的制度建设取得了巨大进展，2013 年底发布的《中央党内法规制定工作五年规划纲要（2013～2017 年）》，是中共历史上首次编制党内法规制定工作五年规划，并提出要在建党 100 周年时全面建成内容科学、程序严密、配套完备、运行有效的

---

① 习近平：《要有担当精神，应该对"为官不为"感到羞耻》，中国共产党新闻网，2016 年 1 月 31 日，http：//theory. people. com. cn/n1/2016/0131/c40531 - 28098664. html。

② 《八项规定三年：查处违规问题 10 万多起处理近 14 万人》，新华网，2015 年 12 月 3 日，http：//news. xinhuanet. com/legal/2015 - 12/03/c_ 128494209. htm。

③ 习近平：《在参加河北省委常委班子专题民主生活会时的讲话》，搜狐网，http：//news. sohu. com/20150112/n407728861. shtml。

党内法规制度体系。随后党内法规的制定就搬上议事日程，2015 年《中国共产党廉洁自律准则》和《中国共产党纪律处分条例》相继出台。《中国共产党廉洁自律准则》是党执政以来第一部坚持正面倡导、面向全体党员的规范全党廉洁自律工作的重要基础性法规，是对党章规定的具体化，为党员和党员领导干部树立了一个看得见、够得着的高标准。而《中国共产党纪律处分条例》则在政治纪律、组织纪律、廉洁纪律、群众纪律、工作纪律和生活纪律方面，划出了党组织和党员不可触碰的"底线"，一个高标准，一个划底线，凸显出"党纪严于国法"的要求。

形成作风建设长效机制，光有制度还不行，有了制度，制度必须落实。"制度一经形成，就要严格遵守，坚持制度面前人人平等、执行制度没有例外，坚决维护制度的严肃性和权威性，坚决纠正有令不行、有禁不止的各种行为，使制度真正成为党员、干部联系和服务群众的硬约束。"① "要认真落实作风建设各项制度，做到有章必循、违规必究。要通过深化改革，从体制机制层面进一步破题，为作风建设形成长效化保障。"② 制度建设和制度的落实，才能从根本上保证作风建设的持久性和有效性。

作风问题既具有反复性和顽固性，又具有复杂性和关联性，这就决定了作风建设是一个长期的过程，作风建设不应该有休止符，作风建设永远在路上，抓作风必须发扬钉钉子的精神，"钉钉子往往不是一锤子就能钉好的，而是要一锤一锤接着敲，直到把钉子钉实钉牢。如果东一榔头西一棒子，结果很可能是一颗钉子都钉不上、钉不牢"。③ "作风建设已经采取的措施、形成的机制要扎根落地，已经取得的成效要巩固发展，关键是要在抓常、抓细、抓长上下功夫。抓常，就是要把作风建设时刻摆上位置、有机融入日常工作，做到管事就管人，管人就管思想、管作风。推动各项工作，都要落实作风建设具体要求，形成抓作风促工作、抓工作强作风良性循环。"④

从严治党必须从思想建设、组织建设、作风建设等方面同时着力，而这些

---

① 习近平：《在党的群众路线教育实践活动工作会议上的讲话》，《党建研究》2013 年第 7 期，http：//www. wxyjs. org. cn/xxgcxjpzsjxljhjszl/xjpzsjzylszb/qzlxlszb/qzlxwzlb/201407/t20140731_159829. html。

② 《习近平论党的作风建设》，新华网，2014 年 7 月 29 日，http：//news. xinhuanet. com/politics/2014 - 07/29/c_ 126809987. htm。

③ 《习近平在中共十八届二中全会第二次全体会议上讲话》，人民网，2015 年 7 月 21 日，http：//cpc. people. com. cn/xuexi/n/2015/0721/c397563 - 27338737. html。

④ 《习近平论党的作风建设》，新华网，2014 年 7 月 29 日，http：//news. xinhuanet. com/politics/2014 - 07/29/c_ 126809987. htm。

方面之间又具有紧密的内在联系，各个方面的建设必须相互衔接，建立起从严治党的网络链，把管党治党作为一项系统工程来抓，从严治党就可以取得实效，共产党就可以保证其纯洁性和先进性。

（撰稿人：西安交通大学马克思主义学院博士生王静宜；西安交通大学马克思主义学院教授郑冬芳）

第十四章 "全面推进依法治国"
战略布局的着力点

推进国家治理体系和治理能力现代化是目前大家关注的重点和热点问题，如何推进国家治理体系和治理能力的现代化？当然要从多方面入手，其中有一点绝对不能忽视，这就是，推进国家治理体系和治理能力现代化，要高度重视法治问题，采取有力措施全面推进依法治国，建设社会主义法治国家，建设法治中国。

事实上，建设法治国家，建设法治中国，并不是今天才提出来的，20 世纪 90 年代，我们就实施了"依法治国"的战略举措，经过社会变革和不断实践，我国的法治建设也取得了不小的成就，在实施"四个全面"治国理政全新布局的今天，"全面推进依法治国"的战略新举措是在新形势下依法治国的进一步发展和完善。党的十八大确立了"法治是治国理政的基本方式。要推进科学立法、严格执法、公正司法、全民守法"的法制建设新方针，党的十八届四中全会通过的《中共中央关于全面推进依法治国若干重大问题的决定》，提出了"建设中国特色社会主义法治体系，建设社会主义法治国家"的目标，进一步强调了"科学立法、严格执法、公正司法、全民守法"的方针，就是发展和完善的具体体现。

全面推进依法治国，是在肯定我们多年依法治国成就的基础上提出的新的更高要求，是对以前成就的进一步推进，不但是推进，而且是全面推进。而所谓全面推进，至少应该包括两个互相联系、互相促进的方面，一是"法治体系"内部的立法、执法、司法、守法四个环节缺一不可的共同推进；二是在量上（广度）推进的同时，更关注质上（深度）的推进，不仅要立法，更要科学立法，不仅要执法，更要严格执法，不仅要司法，更要公正司法，不仅守法，更要全民守法。当然，共同推进并不等于齐头并进式的推进，而是从中国特色社会主义法治体系的现状出发，有针对性地抓住法治体系每一环节存在的主要问题和主要矛盾，着力于主要问题和主要矛盾的解决，在解决主要问题和主要矛盾的基础上，带动其他矛盾的解决。因而，在实施全面推进依法治国方略时，为了科学立法、严格执法、公正司法和全民守法的方针，必须在立法、执法、司法、守法各环节寻求并抓重点，在重点突破的基础上，实现以点带面，最终达到全面推进之效。

一 科学立法：重在质量提升

新中国的法制（法治）建设在"文革"期间曾遭受重创，立法也不例外。改革开放后，我们加快了立法的步伐，尤其是随着社会主义市场经济体制的建立，我国的立法取得了明显的成效。根据国务院新闻办 2011 年 10 月发布的《中国特色社会主义法律体系白皮书》，"到 2010 年底，一个立足中国国情和实际、适应改革开放和社会主义现代化建设需要、集中体现中国共产党和中国人民意志，以宪法为统帅，以宪法相关法、民法商法等多个法律部门的法律为主干，由法律、行政法规、地方性法规等多个层次法律规范构成的中国特色社会主义法律体系已经形成"，"截至 2011 年 8 月底，中国已制定现行宪法和有效法律共 240 部、行政法规 706 部、地方性法规 8600 多部"①，涵盖社会关系各个方面的法律部门已经齐全，各个法律部门中基本的、主要的法律已经制定，相应的行政法规和地方性法规比较完备，无法可依的状况基本结束。从 2011 年到现在又过去了几年的时间，在这几年的时间内，我国的立法工作（包括法律的立、改、废）仍在继续，第十一届全国人民代表大会修改了《中华人民共和国民事诉讼法》，并于 2013 年 1 月 1 日起正式施行，继对《中华人民共和国刑法》的八次修改后，《中华人民共和国刑法》修正案（九）也于 2015 年 11 月 1 日起施行……不一而足。

"经过长期努力，中国特色社会主义法律体系已经形成，我们国家和社会生活各方面总体上实现了有法可依，这是我们取得的重大成就，也是我们继续前进的新起点。形势在发展，时代在前进，法律体系必须随着时代和实践发展而不断发展。"② 在中国特色社会主义法律体系已形成的情况下，立法工作的重点必然发生变化，与原先更多地注重制定法律规范、将关注点放在"有法可依"上不同，立法工作的转向重点关注"科学立法"，突出强调立法质量的

---

① 《中国特色社会主义法律体系白皮书》，http：//news. xinhuanet. com/2011 – 10/27/c＿111127507. htm。

② 《特别关注：习近平论依法治国》，人民网，2014 年 10 月 17 日，http：//theory. people. com. cn/n/2014/1017/c40531 – 25852773. html。

提升，当然这并不意味着我们不再关注立法的数量，因为现实中仍然存在无法可依的情况，在现有立法的基础上，对现在法律进行完善，对已不适应现实的法律进行修改甚至废除等，都是我们在全面推进依法治国的过程中必须做的工作，正如习近平同志所说，"人民群众对立法的期盼，已经不是有没有，而是好不好、管用不管用、能不能解决实际问题；不是什么法都能治国，不是什么法都能治好国；越是强调法治，越是要提高立法质量"，"我们要完善立法规划，突出立法重点，坚持立改废并举，提高立法科学化、民主化水平，提高法律的针对性、及时性、系统性。要完善立法工作机制和程序，扩大公众有序参与，充分听取各方面意见，使法律准确反映经济社会发展要求，更好协调利益关系，发挥立法的引领和推动作用"。①

（一）正确理解"科学立法"

1. 要提升立法的科学性，首先必须对"科学立法"有一个较为正确的认识

随着我国法治进程的不断推进，"市场经济是法治经济"已成为普遍的观念，而所谓的法治经济，首先要求法律要给人们提供一系列的有效的行为规则，立法实际上肩负着为市场经济提供规则的职责，是法治体系的逻辑起点，"法者，治之端也"②。而立法不仅包含制定出以前没有的法律规范，更包含要制定合乎要求的法律规范，不仅要立法，更要立"良法"和"善法"。"法治应包含两重意义：已成立的法律获得普遍的服从，而大家所服从的法律又应该本身是制定得良好的法律。"③"立善法于天下，则天下治；立善法于一国，则一国治。"④ 我国《立法法》也规定："立法应当从实际出发，科学合理地规定公民、法人和其他组织的权利与义务、国家机关的权力与责任。""良法""善法"为执法、司法和守法提供了前提正当的保证性，而所谓的"良法"和"善法"，用现代语言表示，就是立法的科学性或科学立法。

何谓"科学立法"？对这个问题的回答可以说是仁者见仁，智者见智。有人认为，所谓科学立法就是立法应该像自然科学一样精准，为了论证自己观点的正确性，有人甚至引用马克思早年在《论离婚法草案》中的论述，"立法者

---

① 中共中央文献研究室：《习近平关于全面深化改革论述摘编》，中央文献出版社，2014，第72页。

② 《荀子·君道篇第十二》。

③ 〔古希腊〕亚里士多德：《政治学》，吴寿彭译，商务印书馆，1965，第199页。

④ 《王安石全集》（下），吉林人民出版社，1996，第690页。

应该把自己看作一个自然科学家。他不是在制造法律，不是在发明法律，而仅仅是在表述法律，他把精神关系的内在规律表现在有意识的现行法律之中。如果一个立法者用自己的臆想来代替事情的本质，那么我们就应该责备他极端任性。"① 也有人基于对这一问题难度的考虑，更多地采用从否定方面来界定科学立法：所谓的科学立法，就是对经验立法的否定，对工程立法的否定，对政绩立法的否定，对封闭立法的否定，对主观立法的否定②。这些对"科学立法"的不同见解，为我们认识科学立法提供了不少的借鉴。但如果仅从否定方面而不是肯定方面界定的话，可能我们也难以获得对科学立法的更多的正确认识，如果将科学立法中的"科学"理解为自然科学的话，是对科学立法的过于严苛的要求，也是不现实的。因为，"法律是人建构的，并不存在科学（自然科学——作者注）意义上的客观法律"，作为和人、社会相关的一种规范，科学立法绝对不会像自然科学那样，而必然'带有鲜明的价值判断'。③但是，虽然科学立法达不到自然科学的精准程度，但立法者的随心所欲的立法显然是不行的，"说立法者——至少是我们这个时代的立法者——可以任意造法，这是不符合事实的。无论如何，如果一部法律要有较强的生命力，那么立法者事先就必须对有待规范的生活关系、对现存的规范可能性、对即将制定的规范所要加入的那个规范的整体、对即将制定的这一部分规范必然施加于其他规范领域的影响进行仔细的思考和权衡"。④

因而，所谓科学立法的科学性，是在肯定立法者主观能动性的基础上，更多强调"在充分认识和尊重事物发展的客观规律的基础上，准确回应现实社会生活关系的客观立法需求，从而实现主观与客观的统一"。⑤ 科学立法最少包括两个有机统一的方面，"第一，科学立法可以理解为'科学地立法'，即强调立法工作的权力归属、程序过程的规范性、民主性，可称之为'程序的科学性'"，"第二，科学立法还可以理解为'科学的立法'，即强调立法成果即法律文本中的各种法律规范要符合科学性的要求，可称之为'实体的科学性'"。⑥ 科学立法的判定标准分为内在和外在两个方面："内在标准主要包括

---

① 《马克思恩格斯全集》（第 1 卷），人民出版社，1995，第 183 页。
② 关保英：《科学立法科学性之解读》，《社会科学》2007 年第 3 期。
③ 郑永流：《安身立命，法学赖何？》，《法制日报》2001 年 1 月 14 日。
④ 〔德〕卡尔·拉伦茨：《论作为科学的法学的不可或缺性》，《比较法研究》2005 年第 3 期。
⑤ 易有禄、武杨琦：《科学立法的内涵与诉求——基于"法治建设新十六字方针"》，《江汉学术》2015 年第 2 期。
⑥ 李友根：《论法治国家建设中的科学立法——学习〈中共中央关于全面推进依法治国若干重大问题的决定〉的一点思考》，《江苏社会科学》2015 年第 1 期。

合法性、正义性和合目的性，外在标准主要包括完整性、明确性和协调性。[①]
因而科学立法，要求立法必须按照法定程序，从实际出发，制定出反映人民群众利益和社会现实需求，体现社会公平正义的法律规范。

2. 提升法律体系的自洽性

法律不仅是一个个的行为规范，更是一系列行为规范构成的规范体系，如果不同行为规范之间存在不一致或矛盾，人们在按照这些行为规范行事时，就会无所适从。科学立法必然意味着法律规范间的不矛盾性或和谐性，不矛盾性或和谐性，就是法律规范体系的自洽性。而行为规范间的不一致或矛盾，恰恰是法律规范间缺乏自洽性的表现。法律规范之间如果缺乏自洽性，不仅难以起到立法效果，而且会损害法律的权威性和社会对法律的信仰。因而，在制定法律规范时，规范之间的矛盾越少越好，法律规范体系内部的自洽性越高越好。

中国特色社会主义法律体系是一个由众多法律规范组成的纵向和横向交错的体系，中国特色社会主义法律体系的自洽性就必然包括纵向自洽性和横向自洽性两个方面，是这两个自洽性的有机统一。

中国特色社会主义立法体制是国情的产物。我国是多民族国家，地域辽阔、人口众多，风俗习惯、地域文化、经济社会发展等并不相同，这些国情决定了我国法律的制定，在中央拥有立法权的同时，必须赋予地方一定的立法权。根据宪法和立法法的规定，全国人大制定宪法；全国人大制定刑事、民事、国家机构方面的基本法律，全国人大常委会制定除全国人大制定的法律以外的其他法律；国务院及国务院各部委制定行政法规；各省、自治区、直辖市人大及其常委会，在同宪法、法律、行政法规不相抵触的前提下，可以制定地方性法规。这就意味着我国的立法是多层级、多主体的。从层级看，有中央立法和地方立法，从主体看，有全国人大及其常委会、国务院、国务院部委和直属机构的立法，也有一定层级的地方人大及其常委会和人民政府等的立法。从立法形式看，有法律、行政法规、地方性法规、规章等。我国法律体系是一个由众多法律规范组成的纵向和横向交错的体系，这种纵横交错的关系，不仅意味着不同规范间冲突存在的可能性，甚至意味着冲突的现实性。事实上，我国法律体系的建设过程，同时也是减少冲突的过程，是法律体系自洽性不断提升的过程。但不可否认的是，目前我国法律体系的自洽性仍存在不小的问题。这是科学立法、提升立法质量面临的和必须解决的一个理论和实践问题。

---

① 李长喜：《立法质量检测标准研究》，载周旺生主编《立法研究》（第2卷），法律出版社，2001，第113～154页。

在我国法律体系中，纵向的不同法律规范间的效力是不同的，处于高层位的规范的效力高于处于底层位规范的效力。根据我国《立法法》的规定，在我国的法律体系中，宪法处于最高层位，具有最高的法律效力，其他法律规范都不能和宪法相违背，全国人民代表大会及其常务委员会制定的法律（狭义的法律），其层位次于宪法，不能违背宪法，同时行政法规和地方性法规不能相悖于它；行政法规的效力低于宪法和法律，但高于地方性法规；地方性法规则必须和宪法、法律、行政法规相一致。宪法、法律、行政法规在全国范围内有效，地方性法规只在本行政区域内有效。所谓法律体系的纵向自洽性，就是这些不同层级规范之间的相互一致、和谐和不矛盾。

我国法律体系的不同层级法律（广义的法律），又由不同的部门法构成，而我国横向法律的众多及制定主体的多样性，为横向法律规范间理论上的冲突以及现实适用中的冲突的增加埋下了伏笔，这就要求我们在重视纵向规范间的自洽性的同时，也应注意横向间规范的自洽性。

和纵向的法律规范间具有不同的效力不同，横向的法律规范间更多地具有同等的法律效力，如全国人民代表大会及其常务委员会制定的法律（狭义的法律）之间、行政法规之间、同一地方的地方性法规之间在其适用范围内就具有同等的效力，所谓的法律体系的横向自洽性，就是这些同一层级的法律规范之间的自洽性。

在纵向冲突中，法律和宪法相违背，行政法规和法律、宪法相违背的情况虽然也有，但相对较为少见，多见的往往是地方性法规和法律、行政法规之间（包括部门规章）的冲突。和纵向冲突相比较，低层次的横向法规间的冲突似乎更多些，如行政法规之间（包括部门规章之间）、地方性法规（同一地方性法规）之间的冲突等，因而，如何摒弃部门利益和地方利益，确保有权立法的机关不超越职权而在自己的职权范围内立法，就成为科学立法一个必须重视的问题。

（三）增强立法的民主性

科学立法意味着法律体系的理性化，当然离不开专业立法人员对法律法规条文的技术化。但现代社会是一个利益主体多元化的社会，立法的过程在某种程度上就是不同利益群体相互博弈的过程，法律条文也是不同利益群体博弈的结果。这就要求"良法"和"善法"在需要专业人员的参与以保证法律的理性和技术性的同时，也需要广大公众的参与，即立法在具有技术性的同时，也必须具有民主性，并且在某种程度上，民主性也是科学立法本身的内在要求。

立法的民主性既要求立法机关必须牢固树立为人民服务、以人民利益为立法导向的立法理念,追求保障人民权益、体现人民意志、反映人民心声的立法价值目标,同时立法机关在立法过程中必须保证人民当家做主的权利,在具体立法过程中立法机关不能闭门立法,而是最大限度地吸纳民众的广泛参与,除依法需要保密的环节外,立法过程包括法律草案、法律修订、法律废除向民众公开,征求民众意见,以一定的方式反馈民众意见的采纳情况,并且通过建立健全相应制度,使群众参与立法制度化、法律化。

保障老年人权益是我国宪法的规定,为此,我们专门制定了《老年人权益保障法》。随着形势的发展和变化,为了更好地保护老年人的权益,我们在2013年对该法进行了修改,但新修订的《老年人权益保障法》颁布后,却引起舆论和社会的广泛议论,之所以会出现这种情况,其中一个重要原因就在于该法规定,与老年人分开居住的家庭成员,应当经常看望或者问候老年人,这被媒体解读为"常回家看看写入法律",不常看望老人将属违法。虽然立法的初衷是好的,立法机关希望通过立法,使家庭成员关心老年人的精神需求,尽量减少甚至杜绝忽视、冷落老年人的现象,但这些规定确实存在同我国目前的现实脱节的情况。当代,我国的城镇化不断推进,农村空心化也随之出现,父母子女异地居住情况增多,年轻人在激烈的社会竞争中的生存和发展压力增大,"常回家看看"变成许多人心有余而力不足的事,想回而不能回或无力回的情况并不是个例。难怪这则消息一经发布,就引起网络的热烈讨论,不少年轻人无奈地表示自己已违法,有人开始讨论如果违反了这条规定,法律该不该制裁、如何制裁以及被制裁子女父母的想法等问题。试想一下,如果当初修改此项法律时,通过各种途径让民众参与其中,广泛听取各方面的意见,并采纳其中合理的意见和建议,民众的反响可能就会有很大的不同。通过民众的广泛有序参与,既可以反映立法者的意愿,又能得到民众的广泛认同,从而为法律的有效实施及民众的自觉守法提供更多的保证。所以,对于关系民众基本生活的问题立法,必须倾听并反映民心声。同样,对于那些和民众日常生活关系密切的事项的立法,如物价、环境、交通等方面的立法,必须召开听证会,同时对参与听证会的人员、参会人员的参会次数、参会领域等做出规定,在防止听证会走过场和形式化的同时,体现立法的民主性。

立法除了会遇到和民众生活关系密切的事项外,还会遇到一些技术性、专业性较强的立法事项,对那些技术性、专业性较强的立法,则有必要邀请相关专家进行论证或起草建议稿,乃至委托专业机构起草法律法规草案。

不同部门间利益的不同性及立法主体的多样性,决定了在立法时不同部门间正义的不可避免性，为了尽可能避免法律的部门利益化，在立法中，"对部门间争议较大的重要立法事项，由决策机关引入第三方评估，充分听取各方意见，协调决定"。① 这里的"第三方"，是相对于人大、行政机关而言的，主要包括高等院校、研究所的专家学者及其他专业机构，这些人员或机构在具有相应的专业知识的同时，也具有利益的中立性特征，能较为专业和客观地表达中肯意见和建议。因而，技术性、专业性较强的立法，可以将这些第三方纳入立法的全过程，如立法调研、立法前评估、法规起草、立法后评估等。这样，既可以体现出立法的民主性，同时又可以提升立法的科学性。

总之，我们要"提高立法的针对性、及时性、系统性、可操作性，发挥立法引领和推动作用。要抓住提高立法质量这个关键，深入推进科学立法、民主立法，完善立法体制和程序，努力使每一项立法都符合宪法精神、反映人民意愿、得到人民拥护"。② 立法实现了科学性，制定的法律就能得到人民的拥护，从而为执法、司法、守法铺平道路。

二　严格执法：重在公开透明

执法有广义与狭义两种含义。广义的执法是指国家机关及其公职人员依照法定职权和程序，贯彻和实施法律的活动，狭义的执法是指国家行政机关及其公职人员执行法律的活动，也叫行政执法。这里的执法是狭义的执法，即行政执法。行政执法是法律实施和实现的重要环节，我国的大部分法律法规都是由行政机关负责执行的。

行政执法是依法治国的一个重要环节，"天下之事，不难于立法，而难于法之必行"。③ 习近平同志也指出，"法律的生命在于实施。如果有了法律而不实施，或者实施不力，搞得有法不依、执法不严、违法不究，那制定再多的法律也无济于事"。而执法就是实施法律的一个重要环节。

在全面推进依法治国的新举措中，对行政执法的要求是严格执法，"行政机关是实施法律法规的重要主体，要带头严格执法，维护公共利益、人民权益

---

① 《中共中央关于全面推进依法治国若干重大问题的决定》，http：//news. xinhuanet. com/ziliao/2014－10/30/c_ 127159908. htm。

② 《特别关注：习近平论依法治国》，人民网，2014 年 10 月 17 日，http：//theory. people. com. cn/n/2014/1017/c40531－25852773. html。

③ 邓雪妍主编《明史全鉴》（珍藏版），红旗出版社，2012，第 3160 页。

和社会秩序。执法者必须忠实于法律。"① 不可否认的是,随着社会主义市场经济的不断发育和各方面措施的落实及不断完善,我国行政执法的质量也在不断提升,但同样不可否认的是,在当前市场发育尚不成熟、依法治国环境和氛围还未完全形成的情况下,严格执法也面临不小的压力甚至严峻的挑战,其中来自权力、金钱、人情等对执法的干扰仍然普遍存在,选择性执法、随意执法、不公平执法、执法腐败等广为民众所诟病,不仅损害了行政机关的形象,更损害了法律的权威和尊严,因而为了进一步完善严格执法,就必须将权力关进制度的笼子,采用有效措施,防止权力、金钱、人情等对执法的侵扰。

能否严格执法与执法人的道德水平、执法能力等有密切的关系,因而,道德教育、提升执法人的执法水平,确实可以在一定程度上提升严格执法的成效,但不论是执法人员道德水平还是执法水平的提升,背后最根本的还是严格的制度保障。

(一) 建立和健全公开透明的执法制度

阳光是最好的防腐剂。执法的公开透明可以最大限度地防止暗箱操作,防止权力、金钱、人情等交易。因而执法的公开透明就成为严格执法的第一步,公开透明还不够,还必须将公开透明用制度化的形式固定下来,不因人事等的变动而随意更改。

执法包含若干不可或缺的因素,如执法主体、执法对象(行政相对人)、执法内容、执法依据、执法结果等,行政执法的公开透明制度化最主要的就是这几个因素的公开透明,用制度化的方式将每一次行政执法所有因素公开透明化。

行政执法公开透明的责任主体是执法的行政机关,不仅要求行政执法公开透明,而且必须是在规定的时间内的主动公开,只要不是涉及国家机密、商业秘密、个人隐私和其他不宜公开的,都应公开。公开的对象根据实际情形,可以是执法对象,也可以是社会公众。公开的途径既可以是传统的途径,也可以是新的途径,尤其是在互联网已普及的情况下,要充分利用网络途径实现行政执法的公开化,形成公开为常态、不公开为例外的行政执法制度。

(二) 健全对行政执法的监督机制

对行政执法的监督机制包括内部监督和外部监督两个方面。

---

① 习近平:《在十八届中央政治局第四次集体学习时的讲话》,人民网,2013 年 2 月 23 日,http://theory.people.com.cn/n/2015/0513/c40555-26993166.html。

内部监督主要是行政机关的自我监督。行政机关必须依据法律或制度，明确各执法部门的职责，做到既各司其职，又互相配合，尤其是在涉及跨部门、跨行业综合执法时尤为如此。首先，每一个执法部门通过制度建设，建立和完善执法责任制信息系统和奖惩监督制度，完善执法程序档案，将执法人员及其执法行为纳入信息化管理，通过执法记录仪等工具对执法过程进行全程跟踪记录，将执法过程、执法结果记录在案，并长久保存，对执法过程中的违规违法行为进行及时的纠正和处罚。对严格按照法律、程序执法的执法人员予以肯定甚至奖励，在行政机关内部形成良好的执法环境和严格执法的氛围。其次，建立跨行业、跨部门监督执法机制，也就是不同执法部门间的相互监督，这主要适用于联合执法。在自己履行好本身职责的基础上，通过制度建设，允许和鼓励不同执法部门间的相互工作监督，鼓励相互合作，惩处相互推诿和相互扯皮等。最后，建立并实施执法层级监督制度。行政机关分为不同的层级，上级行政机关对下级行政机关负有领导职责，在行政执法中，上级也必须履行对下级行政执法的监督职责，通过执法检查、查处重大执法过错等方式，监督并改进下级的执法活动。

行政执法的内部监督是必需的，但也是不够的，在内部监督的基础上，更需要强有力的来自社会各界的外部监督。行政执法外部监督的来源是多方面的，如人大监督、媒体监督和普通民众的监督等。

人大是我国的权力机关，代表人民行使国家权力，我国的行政机关是权力机关的执行机关，对权力机关负责，受权力机关监督。对行政机关执法活动的监督，既是人大的权利，同时也是它的职责所在，建立人大对行政执法活动的有效监督，是严格行政执法所必须具备的因素，同时也是有效的外部监督方式。

现代社会媒体发达，媒体监督已成为社会监督的一种特别重要的方式，甚至成为社会监督的常态。因而，对行政执法的监督，除权力机关的监督外，还必须充分发挥和保障媒体的监督作用，建立一系列保护媒体正常采访、正常报道、正常批评权利的体制，对阻碍媒体监督，对媒体从业人员的正常采访、报道活动进行粗暴干预尤其是动用公权危及媒体从业人员人身安全的非法行为，采用决不姑息的态度和办法。从制度上保障媒体监督的正当权利，事实上就是保障严格执法的顺利实施。

人民群众是社会生活的主体，行政执法活动就发生在他们的生活中，甚至就发生在他们的身边和身上，因而，群众是最广泛的和最直接的监督者。对于发生在他们身边、身上的行政执法行为，允许并鼓励他们进行监督，建立健全举报投诉制度，对他们所反映的执法中存在的问题，进行调查、核查、核实，对结果进行反馈，即使群众的监督意见有误，行政机关也必须本着"有则改之，无则加勉"的态度予以虚心接受，因为行政机关的宗旨就是为人民服务，一切有利于改进行政执法的建议意见，都应该受到行政机关的欢迎。

内部监督和外部监督毕竟是两种不同的监督方式，只有二者的有效结合，形成监督合力，才能真正起到监督的作用，从而促进行政机关严格执法。

（三）建立并完善行政执法问责制度

行政执法机关及其执法人员的执法活动，是一种法律活动，会产生相应的法律后果。但在很长的时间内，我国的行政执法结果更多地表现为对执法对象的影响，并不更多地表现为对执法者的影响。这其中的原因，不能不说和执法结果的好与坏、无损执法者的利益有关。不论执法结果如何，执法者享有的福利待遇不会受到太大的影响，并不排除会出现虽然腐败执法、不公正执法，但仕途仍然一帆风顺的情况。

在全面推进依法治国、推进行政机关严格执法的过程中，必须改变这种状况，通过制度化设计，建立负责任的行政执法制度，做到每一起执法活动的领导者、参与者对自身参与其中的执法活动切实负起责任来。

由于种种原因，行政执法中的腐败执法、不公正执法可能并不能在第一时间暴露，有些需要经过一段时间才会被发现，有些甚至需要经过很长的时间才会浮出水面。这就难免使有些执法人员产生侥幸心理，因而，执法者对执法活动的切实负责，不应该是一时的负责，而应是终身的负责。要做到终身负责，就必须建立行政执法的问责制度，而且是终身问责制度，一旦发现其违法执法的行为，不论过去多长时间都必须追究，而且将执法结果和执法者的终身利益挂钩，马克思说过，"人们的奋斗所争取的一切，都同他们的利益有关"[1]，对行政执法者而言也不例外，和自身终身利益挂钩，会迫使执法者更按照法律执法，在很大程度上，可以有效提升执法人员的执法责任心、执法能力和对执法依据的较为准确的理解和掌握能力，更大限度地减少腐败执法、不公正执法，杜绝因时间的变迁，执法人员的升迁、调动乃至退休就不再负责的情况，提升严格执法的水平。

三　公正司法：重在实体程序并重

司法是指国家司法机关及其司法人员依照法定职权和法定程序，具体运用

---

[1] 《马克思恩格斯全集》（第 1 卷），人民出版社，1956，第 82 页。

法律处理案件的专门活动。在我国，司法机关包括国家检察机关和审判机关。人民检察院代表国家行使法律监督权，人民法院代表国家行使审判权。除此之外，其他任何国家机关、社会组织和个人，不得行使国家司法权。

当代社会，公民、法人和其他组织保护自己合法权益的途径很多，在众多的途径中，司法被认为是保护合法权利的最后屏障，而对公民和法人权利保护的基本要求就是公正。"理国要道，在于公平正直。"①

司法公正，是司法活动过程和结果中体现公正，"公正是公平正义、没有偏私的意思，有态度公允、是非分明、惩恶扬善、利益平衡、合乎法度、合乎情理的丰富内涵"。②

司法包含在广义的执法中，所以对狭义执法（行政执法）的探讨，原则上都适用于司法。此外，和狭义执法相比较而言，司法有自身的特点，司法公正也就包含着不同于狭义执法的内涵。

司法公正是古往今来人们一直追求的价值目标，我国的《说文》将"法"解释为，"灋，刑也，平之如水，从水；廌，所以触不直者去之，从廌去"。③法"从水"说明了法所具有的公平性，"从廌去"说明了法律具有的正义性。美国的约翰·罗尔斯这样评论正义和司法正义："正义是社会制度的首要价值，正如真理是思想的首要价值一样。一种理论，无论它多么精致和简洁，只要它不真实，就必须加以拒绝或修正；同样，某些法律和制度，不管它们如何有效率和有条理，只要它们不正义，就必须加以改造或废除。"④

司法公正的内涵有哪些，虽然是仁者见仁、智者见智，但实体公正和程序公正却是大家公认的司法公正不可缺少的内涵。实体公正是指法院就实体权利和义务关系所做出的裁决是公正的，亦即法院的审判结果的内容是公正的；程序公正是指法院的审理程序是公正的，亦即审判过程在形式上是公正的。

（一）我国司法公正的传统与现实

由于历史、文化传统和法律制度的不同，不同国家、不同民族对实体公正和程序公正的理解和重视程度并不相同。中国是一个具有漫长封建社会历史的国家，在很长的时间内，商品经济及商品交换极不发达，调节商品交换的民法

① 〔唐〕吴兢：《贞观政要·论公平》。
② 最高人民法院编写组：《人民法院审判理念读本》，人民法院出版社，2011，第106页。
③ 〔东汉〕许慎：《说文解字·廌部》。
④ 〔美〕约翰·罗尔斯：《正义论》（第1版），何怀宏、何包钢、廖申白译，中国社会科学出版社，1988，第3页。

很少，法律规范以刑法为主，形成了法律主要是惩治的传统习惯，久而久之，人民形成了凡是和法律发生瓜葛的人必定是"坏人"的观念，而和较为发达的以刑法为主体的实体法相比较，程序法更为欠缺，民众普遍追求"无讼"，封建社会的"朕即法律"，不仅意味着皇权对法律内容的意定，同时也意味着有权者不经过任何程序，就可以定夺一个人的生死。

现阶段我国早已脱离了不讲法律、不讲程序的封建社会，但我国的社会主义毕竟脱胎于封建社会，几千年封建社会形成的意识和习俗在有些时候、有些地方、有些人身上还根深蒂固。加之新中国成立后的很长时间内，我国实行的是计划经济，行政权威在一定程度上高于法律权威，法制（法治）建设相对缓慢。新中国成立后我国颁布的第一部法律是《婚姻法》（1950年），紧随其后的就是《惩治反革命条例》（1951年）。1979年，我国才有了第一部诉讼法，而且是刑事诉讼法，直到1991年民事诉讼法才出台。种种历史积淀，使"决不放过一个坏人"的观念深入一些人的思想深处，只要不放过坏人就行，至于采用哪种方式不放过坏人则无关紧要了。不得不承认，这种观念在实行市场经济、强调依法治国的今天，仍然有一定的市场，在程序公正和实体公正的关系上，普通民众更多重实体公正、轻程序公正。甚至有些法律人士也不例外，我国司法中出现的有罪推定、刑讯逼供等情形，在一定程度上就和中国的传统观念的影响密切相关。要改变这种观念，绝非一朝一夕可以完成的，仍然有很长的路要走。同时在现实中，有些主管部门对司法机关考核标准并不十分科学，用破案率、审结率等纯粹量化的指标将复杂的司法工作简单化，这样的考核标准无形中会增加司法人员急于结案、急于完成任务的想法甚至做法，在司法实践中就有可能忽视甚至突破程序的规定和导致问题判决的出现。

（二）正确理解实体公正和程序公正的关系

实践中要处理好实体公正和程序公正的关系，就必须在理论上对实体公正和程序公正的关系有一个较为准确的认识。

从某种意义上讲，实体公正与程序公正的关系就是形式与内容的关系在司法领域的体现。在形式和内容的关系中，我们一般认为，内容必须通过一定的形式表现出来，离开了形式，内容就无法存在；而任何形式都是一定内容的形式，离开了内容，形式就成为摆设。因而，形式是外在的，是为内容服务的，内容才是根本的，内容决定形式。具体到司法领域，实体公正是公正的根本内容，是司法追求的根本目标，程序公正则是实现实体公正的措施和保障，是为实体公正服务的。

这种认识是存在很大偏颇的，在司法公正中，实体公正和程序公正应该是相辅相成、缺一不可的，马克思说过，"审判程序和法二者之间的联系如此紧密，就像植物的外形和植物的联系，动物的外形和血肉的联系一样。"① 实体公正和程序公正两者结合起来，才构成了司法活动的公正。

（三）现代社会处理实体公正和程序公正的原则

司法活动要求实体公正和程序公正的统一，但两者的完全统一更多地存在于理想状态中，在现实状态中，并不是总能做到两者的统一。现实中，两者在具有统一性可能的同时，其差异性似乎更为明显。和实体公正相比，程序公正不但有自己的评判标准，而且可以不依赖实体公正而存在，甚至有可能与实体公正发生冲突。程序公正并不必然导致实体公正，实体公正也未必就是程序公正的结果。这就产生了一个问题，当实体公正和程序公正无法统一时，是以实体公正优先还是以程序正义优先？按我们的传统思维，似乎应该注重实体公正，因为实体公正是根本，为了实体公正，程序不公正是可以理解的，所以，屈打成招、非法取证等就会时不时出现，似乎只要实体公正，采用什么样的程序和手段是无关紧要的。

但在现代文明社会，这一观念应该（事实上也正在）发生变化。当实体公正与程序公正发生矛盾无法统一时，应以程序公正为先，甚至可以暂时牺牲实体公正。

和程序公正比较起来，实体公正在某种意义上具有更高的价值，是司法公正的核心内容，没有实体公正，即使程序上再公正，司法公正也无从谈起。那么如何判断实体公正呢？实体公正的判定标准，只能是"以事实为依据，以法律为准绳"——正确认定案件事实、正确适用法律，但现实中对事实的正确认定却具有很强的理想性特点。司法活动是一个依靠证据事后还原事实真相的过程，法官不是事件的当事人，证据的未保存或缺失，意味着并不是所有案件的所有事实真相都可以得到还原，因而要做到百分之百案件的百分之百实体公正注定是不可能的，因而，实体公正只能是一个相对的范畴，绝对的实体公正几乎是不可能的。在这种情况下，让当事人认可司法公正的最有效的途径，就是司法结果是排除了人为因素干扰的纯客观的过程，而纯客观的过程就是程序公正，程序公正的核心是限制人为因素的干扰，即所谓的"规则公平"。如果案件结果没有问题，但程序不公正，也会引起人们对司法公正的怀疑，案件

---

① 《马克思恩格斯全集》（第1卷），人民出版社，1956，第178页。

结果虽然与当事人的期望有差距,但程序是公正的,当事人也能对案件结果产生信任。这也是包括我国在内的许多国家反对刑讯逼供、排除非法证据的原因所在。程序公正可能带来实体不公,但程序公正一定会杜绝人为因素导致的结果不公,在现有条件下,排除人为干涉的结果就应被认为是公正的。

四 全民守法:重在法律信仰

全面推进依法治国,除了科学类立法、严格执法和公正司法外,还必须有全民的守法,这里的全民,包括我国境内的一切政党、团体、企业及个人,我国宪法明确规定,"一切国家机关和武装力量、各政党和各社会团体、各企业事业组织都必须遵守宪法和法律"。

全民守法是法治国家建设的基础,没有全民守法,依法治国只能是空谈,而全民守法的关键,则在于全民对法律的信仰。

"法律必须被信仰,否则它将形同虚设"①,"一切法律中最重要的法律,既不是刻在大理石上,也不是刻在铜表上,而是刻在公民的心中"②,党的十八届四中全会决定也强调,"法律的权威源自人民的内心拥护和真诚信仰"。一个社会若没有人民对法律的信仰,即使制定再多的"善法"和"良法",法律也难以内化成民族习惯,也就难以建立法治社会和法治国家。"法者,治之端也,君子者,法之原也。故有君子,则法虽省,足以遍矣;无君子,则法虽俱,失先后之施,不能应事之变,足以乱矣。"③ 人民权益要靠法律保障,法律权威要靠人民维护。

(一) 认识法律信仰的必要性和重要性

所谓信仰,是"在无充分的理智认识足以保证一个命题为真实的情况下,就对它予以接受或同意的一种心理状态",④ 可见信仰和人主观性的密切关系,"法者,治之端也,君子者,法之原也。故有君子,则法虽省,足以遍矣;无君子,则法虽俱,失先后之施,不能应事之变,足以乱矣"。⑤ 人民权益靠法

---

① 〔美〕伯尔曼:《法律与宗教》,梁治平译,中国政法大学出版社,2003,第 12 页。
② 〔法〕卢梭:《社会契约论》(第 2 卷),何兆武译,商务印书馆,1980,第 73 页。
③ 《荀子·君道篇第十二》。
④ 中美联合编审委员会:《简明不列颠百科全书》(第 8 卷),中国大百科全书出版社,1986,第 659 页。
⑤ 《荀子·君道篇第十二》。

律保障，法律权威要靠人民信仰的维护。

法律信仰是信仰的一种，和宗教信仰不同，法律信仰"根源于人类对人性和社会生活的科学分析和理性选择，进而形成对社会法现象的信任感和依归感，以及对法的现象的神圣感情和愿意为法而献身的崇高境界"。[①]

传统中国是一个以伦理纲常为核心内容的社会，推崇权力、讲究礼仪、讲究秩序，信礼不信法、信人不信法，民众对"包青天"式的人物怀有无限期待。这种现象在今天仍未消除，而其中最为典型的莫过于公民信访不信法现象的大量存在，而信访上访中存在不少涉法涉诉信访，信访和上访已成为当今社会的热点问题，每年国家和个人在信访上访和处理信访上访上花费巨大，其原因和民众对法律的不信任有关。

当然民众对法律的不信任，不单是民众方面的问题，立法科学性的有所欠缺、司法机关不依法裁判、行政权力对司法的干预等问题都会造成民众对法律的不信任，因而，决不能忽视科学立法、严格执法和公正司法对公民树立法律信仰的巨大作用。但并不能因此就认为，只有等立法、执法和司法完美了，才会有全民的法律信仰，在某种程度上，立法、执法和司法的进步，就是法律信仰的体现。同时，立法、执法司法和法律信仰并不是按次序推进的，而是并行不悖的。因而，在现有立法、执法和司法并不是十分完美的状态下，全民法律信仰的存在仍然不仅是可能的、必要的，也是现实的。

中国正处于社会转型期，中国社会的转型，除了从传统农业社会向工业社会的转变、从封闭社会向开放社会的转变外，其实还是从"熟人社会"向"陌生人社会"的转变。在熟人社会中起作用的人情、关系、面子等，会被在陌生人社会中起作用的法律、规则、程序所替代，而对在陌生人社会中起作用的程序、规则等的信仰，就是对法律的信仰，因而，法律信仰对现代社会不仅重要，而且必要。

人民对法律的信仰不是天生的，需要不断地培养，而法律信仰的培养是一个系统工程，离不开对法律知识的学习、法律意识的确立和法律意识外化为法律行为。

（二）学习法律知识并将其内化为法律意识

法律信仰要以民众对法律的了解和掌握为前提。法律是一系列的社会规范，这些规范主要通过规定相关主体的权利和义务来调节社会关系，所以，

---

① 许章润：《法律信仰：中国语境及其意义》，广西师范大学出版社，2003，第 8 页。

可以说，权利和义务是法律的主要内容，学习法律知识，主要就是让民众理解和掌握自己的法律权利和义务。通过法律知识的学习，对权利义务的理解和掌握，增强公民的权利意识，而权利和义务是一致的，没有无权利的义务，也没有无义务的权利，这在确立自己权利意识的同时，也有助于自己义务意识的确立，而权利和义务意识的确立和正确行使，就是公民对法律信仰的现实表现。

所以树立法律信仰，必须形成学习法律知识的氛围和环境。民众学习法律知识的途径是多样的，既包括民众的自主学习，更主要的也包括学校和社会组织的有序系统学习。在各级学校中，开设法律课程或增加法律方面的知识，使学生通过各类、各层级的教育和学习，对我国法律的实质、法律的基本内容，法律规定的权利和义务有一个较为明晰的了解，为法律信仰确立知识的基础。当然除学校的教育和学习外，社会组织的各类法律知识的学习也是一个特别重要的途径。在这方面，普法教育就起到了很好的作用。1986年以来，我国已完成六个"五年普法规划"，通过普法教育，民众的法律知识明显增加。

法律知识是法律信仰的基础，但只有法律知识还是远远不够的，在具有法律知识的基础上，还必须将法律知识内化为法律意识，从内心树立起法律至上的信念，从知法达到愿意守法，从懂法达到自觉守法。

（三）将法律意识外化为守法行为

"国无常强，无常弱。奉法者强则国强，奉法者弱则国弱。"① 法律信仰的确立，还要求在具备法律意识的基础上，将法律意识外化为法律行为。因为内在的法律意识只有通过外在的法律行为才能确认，而外在的法律行为也能印证内在的法律意识。

将法律意识转化为法律行为，主要体现在按照法律理解、分析、解决问题，解决纠纷，接受法律的约束，服从依法进行的管理，承担相应的法律责任，拥护法律的规定，对一切依据法律和事实做出的决定真心接受与认可并自觉执行。

如果一个社会大多数人对法律没有信任感，认为靠法律解决不了问题，还是要靠上访、信访，要靠找门路、托关系，甚至要采取聚众闹事等极端行为，那就不可能建成法治社会。因而，形成守法光荣的良好氛围，增强对法律的信

---

① 《韩非子·有度》。

任感，使人们相信法不容情、法不阿贵，只要是合理合法的诉求，通过法律程序就能得到合理合法的结果，依法治国才能真正落到实处。

法律信仰的形成是一个过程，需要经过长期的积淀而非一蹴而就之事，"当全社会都把法治当成一种生活方式的时候，法治中国就会形成"。①

（撰稿人：西安交通大学马克思主义学院教授郑冬芳）

---

① 人民日报评论部：《让法治成为一种全民信仰——开创依法治国新局面之三》，2013 年 3 月 1 日，http：//opinionpeople. com. cn/n/2013/0301/c1003 — 20637570. html。

第三编
经济新常态与社会治理创新

第十五章　党的十八大以来协商民主的新发展

党的十八大以来，党中央高度重视协商民主建设。党的十八大报告明确提出，在发展我国社会主义民主政治的进程中，要完善协商民主制度和工作机制，推进协商民主广泛多层制度化发展。十八届三中全会强调，在党的领导下，以经济社会发展重大问题和涉及群众切身利益的实际问题为内容，在全社会开展广泛协商，坚持协商于决策之前和决策实施之中。2014年9月，习近平在庆祝中国人民政治协商会议成立65周年大会上发表了重要讲话，集中对社会主义协商民主进行了阐述。之后，十八届四中全会提出，要加强社会主义协商民主制度建设。2015年2月，中共中央印发了《关于加强社会主义协商民主建设的意见》，对社会主义协商民主做出了全面部署。中国的协商民主作为国家政治制度的重要组成部分，在选举民主的基础上，对完善民主制度、推动民主政治发展具有重要意义。

一　相关问题概述

（一）协商民主的提出与界定

20世纪80年代，西方学者提出了协商民主。1980年，美国政治学教授约瑟夫·毕塞特在《协商民主：共和政府的多数原则》一文中提出"协商民主"概念。20世纪80年代末，一些学者撰写论文谈及协商民主。90年代后期，更多的学者关注协商民主理论，罗尔斯、吉登斯、哈贝马斯等人都积极倡导协商民主。国内学术界在进入21世纪之后，开始探讨协商民主。2003年，俞可平教授在《当代西方政治理论的热点问题》一文中，介绍了协商民主理论。陈家刚认为，协商民主是民主理论的一种新发展，或者说是民主理论的一种转向。[①] 这

---

① 陈家刚：《协商民主》，上海三联书店，2004，第1页。

一理论的兴起,是针对西方代议制民主的局限,突出公民对公共利益的责任,提升公民有效参与公共决策的意识,提高公民政治参与的质量,弥补选举民主多数决定的制度缺陷。

国内学者对协商民主的内涵,从不同视角提出了不同看法,主要表现为以下几种。第一种是民主治理说,以陈家刚为代表,认为协商民主是一种民主治理形式。"所谓协商民主,指的是这样一种治理形式:平等、自由的公民,借助对话、讨论、审议和协商提出各种相关理由,尊重并理解他人的偏好,在广泛考虑公共利益的基础上,利用理性指导协商,从而赋予立法和决策以政治合法性。"第二种是民主形态说,以朱勤军为代表,认为协商民主是一种新型的民主形态。"协商民主是在吸收各种民主理论共同价值和合理成分的基础上形成的一种新型民主形态。"第三种是民主决策说,以李君如为代表,认为协商民主是一种民主的决策体制。"协商民主作为一种民主的决策体制或理性的决策形式,每个公民都能平等地参与公共政策的制定过程,自由地表达自己的意见并倾听别人的观点,……在理性的讨论和协商中做出大家都能接受的决策。"总之,协商民主一般都含有这些要素:公民参与、共同利益、平等对话、达成共识。其核心要素是协商与共识。简言之,协商民主强调普通公民就共同利益问题参与决策,通过平等对话、交流、协商,最终达成共识。因此,协商民主的基本含义是指各协商主体通过充分、民主、平等、真诚的对话、讨论达成一致,共同参与公共决策和国家治理,从而最大限度地缩小政治差异、减少政治冲突、增进政治共识、凝聚政治合力。① 协商民主理论认为,在决策过程中,人们彼此交流信息非常重要,这有利于提高人们的认识程度和决策的质量。

2015 年 2 月,中共中央印发的《关于加强社会主义协商民主建设的意见》提出:"协商民主是在中国共产党领导下,人民内部各方面围绕改革发展稳定重大问题和涉及群众切身利益的实际问题,在决策之前和决策实施之中开展广泛协商,努力形成共识的重要民主形式。"这个定义明确了协商民主的领导者、协商主体、协商内容、协商原则和协商目的。它使协商民主有了明确的发展方向,有了深刻的内涵。协商民主追求的是大众民主,认为所有人都应当被保证有权利参与和其利益相关的决策。

(二) 协商民主与选举民主的关系

协商民主与选举民主都是现代民主制度的重要内容,都以落实人民主权为

---

① 《社会主义协商民主是我国人民民主的重要形式》,《光明日报》2013 年 9 月 10 日。

目标。

选举民主是人类历史上影响最深、流传最广的民主形式，在人类文明对野蛮、民主对专制的斗争中有着重要作用。一个国家选举制度的民主性及其完善程度，可以直观地反映出该国的政治民主化水平。[①] 选举民主又称票决民主，其核心是选举，每个公民都拥有选择权，平等的个人能够做出理性的选择，所有选择的总和构成公共意志。但选举民主体现多数人的意志，而难以体现少数人的意志。协商民主是为补充选举民主的不足而产生的一种民主形式，其核心是协商，每个公民都有参与讨论、协商的平等机会，个人和组织能够通过讨论达成共识，进而采取集体行动。

选举民主保障的是公民个人的选择权，协商民主保障的是公民个人与组织的平等参与权和话语权。协商民主与选举民主在本质上统一于人民主权，但两者在落实人民主权的形式上有所不同。协商民主是一种以对话为中心的民主理论，它把对民主的理解置于公民参与讨论的观念上。协商民主以话语为形式，选举民主则以选票为形式；协商民主重视对话、沟通与共识，选举民主则重视竞争与多数决。[②] 两者的功能不同，分别在不同层面和领域中发挥着各自的作用。

协商民主和选举民主之间是互补的关系。协商民主更重视沟通与共识，协商的过程，就是各种不同意见和观点碰撞、交锋和争论的过程，就是形成一致意见或达成共识的过程。即便不能达成共识，公民也能较为自觉地接受其参与的决策。协商民主可以培养公民精神，培养公民的民族意识，培养公共理性和个人的社会责任。协商民主的发展，离不开选举民主的参与，如果缺少了选举民主，尤其是协商民主在无法达成共识的情况下，不仅会消耗公众的参与热情，也会导致治理效率的降低。[③] 选举民主强调竞争，实行多数决定的原则。它强调通过投票的方式表达个人意愿，使个体理性得到充分发挥。然而，个体理性存在一定局限，具有自利的特点，有可能出现偏执的意愿。而协商民主不仅关注个人愿望的表达，更在意经过协商、讨论、沟通，达成符合全体人民意愿的共识，即从公共理性的视角去理解别人的观点从而达成一种共识。协商民主是达到公共理性、实现公共利益较好的途径之一。选举民主的发展，如果缺少了协商民主，也难以实现真正的民主。因此，协商民主与选举民主各有其合理性，两者互为补充，各自发挥不同的作用，推进民主政治发展。

---

① 李广民、张怀勋：《选举民主与协商民主之比较》，《理论研究》2011 年第 1 期。
② 马奔：《协商民主与选举民主：渊源、关系与未来发展》，《文史哲》2014 年第 3 期。
③ 马奔：《协商民主与选举民主：渊源、关系与未来发展》，《文史哲》2014 年第 3 期。

（三） 中西方协商民主的区别

中西方都存在协商民主，就协商民主概念的基本内涵而言，中西方协商民主存在相似之处，即公民通过政治参与影响公共政策制定的过程。但由于社会背景、历史文化与传统、实践基础不同，中西方协商民主又有着明显的区别。

中国的协商民主，深深地植根于中国的实践中，是在中国革命、建设和改革开放的长期实践中逐步形成的。中国政治协商制度产生的历史背景，是中国共产党领导人民包括民主党派结成了最广泛的统一战线。作为国家基本政治制度之一的政治协商制度，体现了社会主义民主特色。中国协商民主实践的范围，已超出政治协商机构，成为党中央、全国人民代表大会以及各级政府决策的一个基本模式。这也是中国的协商民主与西方的协商民主的根本区别的一个重要方面。国家的重大决策，都是在广泛征求党内外人士以及广大人民群众意见的基础上，经过反复协商、讨论、酝酿而形成的。[①] 党的十八大报告提出了"社会主义协商民主是我国人民民主的重要形式"的论断，不仅标志着"社会主义协商民主"概念的提出，也标志着社会主义协商民主理论的正式确立。由于中国共产党很早就有协商民主的思想和实践，这一概念的提出也是中国共产党对以往协商民主思想和实践的发展。中国的协商民主深深植根于中国的历史文化传统中。历史文化传统对协商思想有重要的影响，"天下为公"观念和集体主义精神，兼容并蓄、和而不同、和衷共济等观念是中国协商民主形成的文化渊源。

西方协商民主的提出，就社会背景而言，源于西方选举民主的困境。用西方政治学的术语讲，选举民主是一种"起点民主"或者"断点民主"。每隔几年一次的选举，公民权利只能在投票活动中体现，公众基本上被排除在决策过程之外。这种断点式民主，使公民易于对选举投票或政治参与产生冷漠。而协商民主则有一个持续性的过程，它不是一个点上的民主。它是体现于公共事物决策过程中的民主，有利于增强公民平等政治参与的权利意识。西方协商民主提出的文化背景，是西方价值观念日益多元的现实。西方社会的宗教、种族以及阶级冲突，表现为利益的冲突、原则与观念的冲突，造成西方社会的政治文化困境，以及政治共同体的分裂。这种现状，迫切需要在政治层面加强社会团体与公民间的合作与对话，消除分歧，推进政治共识。协商民主理论在这种背

---

① 龚群：《中国协商民主与西方协商民主的本质区别》，《红旗文稿》2011 年第 8 期。

景下应运而生，强调平等参与及对于公共利益的共同关注。①

　　理论研究来源于现实需要，西方协商民主理论根源于西方选举民主的困境，而中国协商民主理论来源于中国民主政治建设的需要。② 中国的协商民主与西方的协商民主有着本质的区别，中国的协商民主，是中国共产党领导下的协商民主。这个协商民主既关系国家发展重大问题，也关系群众切身利益问题，是一种使人民能够持续而直接地进行政治参与的形式。西方协商民主实践者并不是政府和政党，而主要是一些科学研究组织和非政府组织，其实践形式多样，但主要是基层治理，重点关注公民教育的效果，并未上升到国家制度层面。③ 西方协商民主希望参与者通过讨论、分析各种合理的观念，以做出理性判断，从而更好地培育理性公民。

二　党的协商民主思想发展进程

　　协商民主是中国共产党和中国人民的伟大创造，源自中国共产党领导人民进行革命、建设和改革的长期实践。在中国，协商民主作为一种制度运行已有60多年的历史，作为一种思想认识，同时进行着实践探索，可以追溯到新民主主义革命时期。

（一）新民主主义革命时期协商民主思想初见雏形

　　中国共产党自成立之日起，就担负着领导人民进行民族民主革命，实现民族独立、人民解放、国家繁荣富强的艰巨使命。由于敌强我弱，要战胜强大的敌人，必须联合一切可以联合的力量，同敌人展开斗争。此时，中国共产党继承和发扬中华民族和而不同、兼容并蓄的优秀文化传统，运用协商方式建立联合战线、实行党际合作，在实践中开始了协商民主的探索。党的二大《关于"民主的联合战线"的议决案》明确提出："联合全国一切革命党派，联合资产阶级民主派，组织民主的联合战线，并决定邀请国民党等革命团体举行联席会议，共商具体办法。"④ 不久，国共两党实现了第一次合作，共同进行北伐战争，促进国民革命向前发展。抗日战争时期，中国共产党在抗日民主根据地

---

① 龚群：《中国协商民主与西方协商民主的本质区别》，《红旗文稿》2011 年第 8 期。
② 《协商民主 VS 代议民主》，北京周报网，2015 年 3 月 3 日，http：//www.beijingreview.com.cn/2009news/tegao/2015 – 03/03/content_ 672307. htm。
③ 高建：《两种不同的协商民主》，《山东社会科学》2014 年第 2 期。
④ 中央党史研究室：《中国共产党历史》（第 1 卷）上，中共党史出版社，2002，第 81 页。

建立了"三三制"政权，即抗日民族统一战线政权。在人员分配上，共产党员占1/3，非党的左派进步分子占1/3，不左不右的中间派占1/3。毛泽东告诫全党，"我们一定要学会打开大门和党外人士实行民主合作的方法，我们一定要学会善于同别人商量问题"。① 周恩来指出，"三三制"的特点之一，"就是要各方协商，一致协议，取得共同纲领，以作为施政的方针"。② "三三制"的实施取得了很好的效果，使边区各级政权有了广泛的代表性，调动了社会各界团结抗战的积极性。民主人士李鼎铭、安文钦等参加抗日政府，与共产党人共同参政、合作共事，成为政权中党与党外人士协商合作的范例。"三三制"也使边区政权决策的民主性、科学性大大加强，提高了边区各级政权机关的工作效率。"三三制"政权是中国共产党对民主政治建设的成功尝试，中国协商民主思想也初见雏形。

（二）新中国成立初期协商民主思想基本形成

1948年4月底，中国共产党为实现建立新中国的光荣使命，发出了召开新的政治协商会议、成立民主联合政府的号召。随后，这一号召迅速得到各民主党派及社会贤达的积极响应，他们接受邀请奔赴解放区，与中国共产党共商新中国成立大计。1949年9月，中国人民政治协商会议第一届全体会议在北平召开，第一届政协代行全国人民代表大会的职权，通过了具有临时宪法效应的共同纲领，完成了协商建国的使命。运用政治协商形式建立中华人民共和国，是协商民主在中国的成功实践，标志着社会主义协商民主正式形成，也标志着协商民主这种新型的民主形式在全国范围内开始实施。

新中国协商民主的显著特征是"事先协商""妥协性协商"。所谓"事先协商"，"就是会前经过多方协商和酝酿，使大家都对要讨论决定的东西事先有个认识和了解，然后再拿到会议上去讨论决定，达成共同的协议"。③ "凡是重大的议案不只是在会场提出，事先就应提出来或在各单位讨论。新民主的特点就在此。……凡是重大的议案提出来总是事先有协商的。"④ 新民主还有一个特点，即"除非最原则的问题争论不会妥协外，凡是有极大可能采纳的问题，最终可以取得妥协"，⑤ 即最终形成一致的认识。周恩来对协商进行了评

① 《毛泽东选集》（第3卷），人民出版社，1991，第810页。
② 《周恩来选集》（上），人民出版社，1980，第253页。
③ 《周恩来统一战线文选》，人民出版社，1984，第129页。
④ 政协全国委员会研究室编《老一代革命家论人民政协》，中央文献出版社，1997，第17页。
⑤ 政协全国委员会研究室编《老一代革命家论人民政协》，中央文献出版社，1997，第18页。

价，认为协商这两个字非常好，包括了民主精神，并强调"新民主主义的议事精神不在于最后的表决，主要是在于事前的协商和反复的讨论"。① 谢觉哉也认为："凡是问题，尽量讨论，反复讨论，分小组讨论，对的意见加以采纳，不对的加以说明，最后乃求得全体或绝大多数一致的通过。这种方法比旧的不作充分协商只靠简单表决的方法好得多。"②

新中国成立初期的政权是工人阶级、农民阶级、城市小资产阶级和民族资产阶级统一战线性质的政权，政治协商就成为各级人民政权运行的必然要求。中国共产党始终认为，"国事是国家的公事，不是一党一派的私事"，③ 积极、主动地和其他党派及民主人士进行合作共事。毛泽东指出："我们自己要有主张，但一定要和人家协商。"④ 凡是重大方针政策、法律法规、重要事务等都要事先进行政治协商，通过协商达成共识。1956 年 12 月，毛泽东在同工商界人士谈话中表示："我们政府的性格，你们也都摸熟了，是跟人民商量办事的，是跟工人、农民、资本家、民主党派商量办事的，可以叫它是个商量政府。"⑤ 在这一时期，民主人士受到党和政府的高度重视，他们担任了一些重要职务，以利于共商国是。当时的国家副主席，民主人士占了一半；政务院副总理，民主人士占了一半；中央人民政府各部的部长，民主人士占了 40%。⑥

1954 年人民代表大会制度确立后，中国人民政治协商会议作为政治协商机构继续在国家政治生活中发挥作用。中国共产党坚持人大代议民主与政治协商有机结合的思想。毛泽东认为："人民代表大会是权力机关，有了人大，并不妨碍我们成立政协进行政治协商。各党派、各民族、各团体的领导人物一起来协商新中国的大事非常重要。"他特别强调："人大的代表性当然很大，但它不能包括所有的方面，所以政协仍有存在的必要。"⑦ 这一时期，中国共产党和各民主党派、无党派人士主要采用了"双周座谈会""协商座谈会""最高国务会议"等行之有效的协商形式。尤其是"最高国务会议"这种协商形

① 《张献生：发挥统一战线在协商民主中的重要作用》，紫光阁网，2015 年 1 月 19 日，http：//www.zgg.org.cn/tzhqg/tzql/jyxc/201501/t20150119_495559.html。
② 《谢觉哉文集》，人民出版社，1989，第 750 页。
③ 《毛泽东选集》（第 3 卷），人民出版社，1991，第 809 页。
④ 《建国以来毛泽东文稿》（第 4 册），中央文献出版社，1990，第 635 页。
⑤ 《毛泽东文集》（第 7 卷），人民出版社，1999，第 178 页。
⑥ 张峰：《加强协商民主政治建设》，中国干部学习网，2015 年 4 月 12 日，http：//www.ccln.gov.cn/sixiang/sixiangx/shizhengjiangtan/121822.shtml。
⑦ 政协全国委员会研究室编《老一代革命家论人民政协》，中央文献出版社，1997，第 183 页。

式，周恩来认为它是统一战线的新发展。他指出："各民主党派在统一战线的责任，应该说不是轻了，而是更重了。有不少朋友参加了最高国务会议。"①从此，在中国的政治体制中，人大选举投票和政党间的政治协商各有制度、各有机构、各有群体、各自运行，有机结合、相辅相成，构成了中国政治运转系统的"双轨道"。② 综上所述，中国共产党在多党合作和政治协商制度的探索实践中，较为系统地阐述了协商民主的思想主张，标志着协商民主思想基本形成。

（三）改革开放时期协商民主思想逐步成熟

改革开放以来，中国共产党更加重视协商民主建设，先后颁发了《中共中央关于坚持和完善中国共产党领导的多党合作和政治协商制度的意见》(1989)、《中共中央关于进一步加强中国共产党领导的多党合作和政治协商制度建设的意见》(2005)、《中共中央关于加强人民政协工作的意见》(2006)等一系列重要文献，不断丰富、发展了党的协商民主思想，推进协商民主实践更好的发展。

1987 年党的十三大报告明确提出建立社会协商对话制度。1991 年 3 月，江泽民在全国两会中共党员负责人会议讲话中首次明确提出："人民通过选举、投票行使权利与人民内部各方面在选举、投票之前进行充分协商，尽可能就共同性问题取得一致意见，是我国社会主义民主的两种形式。两种形式比一种形式好，更能真实地体现社会主义社会人民当家做主的权利。"③ 1993 年，李瑞环在政协第八届全国委员会第一次会议上的讲话中进一步说明，协商民主是"中国特色社会主义民主的一大特色、一大优势"。④ 2006 年，《中共中央关于加强人民政协工作的意见》明确界定了选举民主和协商民主这两种"社会主义民主的重要实现形式"。2007 年 11 月，国务院新闻办公室发表《中国的政党制度》白皮书，第一次确认了选举民主和协商民主的概念，并强调"选举民主与协商民主相结合，是中国社会主义民主的一大特点"，"拓展了社会主义民主的深度和广度"。⑤ 协商民主既关注决策的结果，又关注决策的过程，从而拓宽了民主的深度；协商民主既关注多数人的意见，又关注少数人的意见，从而拓宽了民主的广度。2009 年 9 月，胡锦涛在庆祝中国人民政治协

① 《周恩来选集》（下），人民出版社，1984，第 394 页。
② 李金河：《如何正确认识社会主义协商民主》，《中央社会主义学院学报》2014 年第 1 期。
③ 中央文献研究室编《人民政协重要文献选编》（中），中央文献出版社，2009，第 206 页。
④ 中央文献研究室编《十四大以来重要文献选编》（上），人民出版社，1996，第 200 页。
⑤ 国务院新闻办公室：《中国的政党制度》，《人民日报》2007 年 11 月 16 日。

商会议成立 60 周年大会讲话中再次强调,"选举民主和协商民主这两种民主形式既相互衔接又相互并列,是中国人民社会主义实践的伟大创造,有力地保障了人民当家做主"。① 这是对几十年实践经验的概括和总结。

中国协商民主思想历经 60 多年的协商民主实践的发展,已经逐步走向成熟。

三 党的十八大以来协商民主思想的主要内容

选举民主是现代民主政治的一个重要标志。西方国家普遍采取选举民主这一形式,体现在总统选举、议会选举等方面。但是,西方实行的选举民主也有缺陷,它并不能最广泛地代表普通民众的利益,往往成为少数有钱人以及少数利益集团维护自身利益的工具。而我国社会主义民主吸收和借鉴了人类民主政治发展的积极成果,形成了两种民主形式,即选举民主和协商民主。尤其是协商民主,为人类政治文明提供了一种新型的民主形式。

党的十八大以来,党中央加快了协商民主制度建设的步伐。党的十八大报告第一次提出"健全社会主义协商民主制度",同时要求完善各项制度建设,并将社会主义协商民主定位为我国人民民主的重要形式。十八届三中全会通过的《中共中央关于全面深化改革若干重大问题的决定》进一步指出,"协商民主是我国社会主义民主政治的特有形式和独特优势",要"构建程序合理、环节完整的协商民主体系"。这表明,协商民主已成为中国社会主义民主政治特有的制度形式。2014 年 9 月,习近平在庆祝政协会议成立 65 周年大会的讲话中指出,"社会主义协商民主,应该是实实在在的,而不是做样子的","协商就是要真协商"。十八届四中全会,提出要建立健全社会矛盾预警机制、利益表达机制、协商沟通机制、救济救助机制,畅通群众利益协调、权益保障法律渠道。2015 年初,中央下发了《关于加强社会主义协商民主建设的意见》,意见明确了社会主义协商民主的本质属性和基本内涵,成为指导协商民主建设的纲领性文件。中国的协商民主思想日益丰富和发展。

习近平系列讲话中所体现的协商民主新理念、新观点、新思想,是对党的协商民主思想的新发展。尤其是关于社会主义协商民主的重大判断、基本定性和战略任务的深刻阐述,集中反映了习近平协商民主思想的主要内容。

---

① 《积极推进中国的协商民主建设》,新华网,2010 年 10 月 28 日,http://news.xinhuanet.com/theory/2010 – 10/28/c_ 12709613. htm。

（一）协商民主是社会主义民主政治的特有形式和独特优势

习近平指出，"我们要全面认识社会主义协商民主是中国社会主义民主政治的特有形式和独特优势这一重大判断"。[①] 中国的协商民主制度，是中国共产党领导人民在长期实践活动中形成的。协商民主不断发展，已经嵌入中国社会主义民主政治全过程，体现了坚持党的领导与发挥各方面积极作用、坚持人民主体地位与贯彻民主集中制、坚持人民民主原则与贯彻团结和谐的辩证统一关系。由此可见，社会主义协商民主不仅丰富了民主的形式，拓展了民主的渠道，而且加深了民主的内涵。

民主的实质，是实现人民当家做主。协商民主体现了社会主义民主的这一核心价值理念。2014 年 9 月 5 日，在纪念全国人大成立 60 周年大会的讲话中，习近平明确指出："各国国情不同，每个国家的政治制度都是独特的，都是由这个国家的人民决定的，都是在这个国家历史传承、文化传统、经济社会发展的基础上长期发展、渐进改进、内生性演化的结果。"共产党执政就是支持人民当家做主，动员和组织人民依法管理国家事务和社会事务，使人民实现有效的政治参与。习近平提出："实现民主的形式是丰富多样的，不能拘泥于刻板的模式，更不能说只有一种放之四海而皆准的评判标准。"[②] 中国社会主义民主，实行选举民主与协商民主两种形式。前者使人民行使投票选举、民主选举的权利，后者使人民在政治生活中拥有持续参与、民主决策、民主管理、民主监督的权利。协商民主能够兼顾社会各方面利益，尊重多数，照顾少数。通过协商、交流和对话，建立团结合作所需要的社会信任基础。习近平明确指出，"在中国社会主义制度下，有事好商量，众人的事情由众人商量，找到全社会意愿和要求的最大公约数，是人民民主的真谛"。[③] 这个商量的过程，就是发扬民主、凝聚共识、科学决策、民主决策的过程，就是实现人民当家做主的过程。协商民主强调求同存异，包容差异性，力求平等公正地对待不同利益群体的合法利益与合理要求，寻求社会最大公约数，谋求互利共存，内在地蕴含着政治文明行为。总之，选举民主与协商民主是中国社会主义民主的两种重要形

---

① 习近平：《在庆祝中国人民政治协商会议成立 65 周年大会上的讲话》，《人民日报》2014 年 9 月 22 日。

② 习近平：《在庆祝中国人民政治协商会议成立 65 周年大会上的讲话》，《人民日报》2014 年 9 月 22 日。

③ 习近平：《在庆祝中国人民政治协商会议成立 65 周年大会上的讲话》，《人民日报》2014 年 9 月 22 日。

式，两者相互补充、相得益彰，而协商民主是社会主义民主政治的特有形式和独特优势。

协商民主是中国共产党对中华优秀政治文化的继承和发展。2014 年 9 月 21 日，在庆祝中国人民政治协商会议成立 65 周年大会上，习近平明确指出："协商民主是中国社会主义民主政治中独特的、独有的、独到的民主形式，它源自中华民族长期形成的天下为公、兼容并蓄、求同存异等优秀政治文化。"① 孔子在《礼记·礼运》篇中提出了天下为公的大同政治理念，就是平等和谐的大同社会。源远流长的中华文化始终倡导"和为贵"的价值理念，把"和合"视为政治的最高境界。习近平指出："我们的祖先曾创造了无与伦比的文化，而'和合'文化正是这其中的精髓之一。'和'指的是和谐、和平、中和等，'合'指的是汇合、融合、联合等。'和合'，就是指对立面的相互渗透和统一，而且，这种统一是处于最佳状态的统一，对立的双方没有离开对方而突出自己……这种贵和尚忠、善解能容，厚德载物、和而不同的宽容品格，是我们民族所追求的一种文化理念……甚至还可以毫不夸张地说，我们中华民族传统文化的精髓也正是在于这种伟大的和谐思想。"② 习近平认为，中华文明始终崇尚和平，"和平、和睦、和谐的追求深深植根于中华民族的精神世界之中，深深溶化在中国人民的血脉之中……'以和为贵''和而不同''化干戈为玉帛''国泰民安''睦邻友邦''天下太平''天下大同'等理念世代相传"。③ 中国共产党批判性地继承和发扬这种"和合"的政治文化传统，并赋予其新的时代内涵，使协商民主既有深厚的历史文化意蕴，又彰显出鲜明的时代特色。在经济新常态下，中国共产党要发展协商民主，探索出一条根植于中国历史文化传统、符合中国政治实际、具有鲜明中国特色的民主模式。

（二）协商民主是党的群众路线在政治领域的重要体现

人民群众是历史的创造者，中国革命的胜利、建设和改革的发展，都离不开人民群众的广泛参加和支持。中国共产党早在民主革命时期就提出了依靠人民群众的思想主张，正是坚持紧紧依靠人民群众，才实现了民族独立、人民解

---

①　习近平：《在庆祝中国人民政治协商会议成立 65 周年大会上的讲话》，《人民日报》2014 年 9 月 22 日。

②　习近平：《干在实处，走在前列——推进浙江新发展的思考与实践》，中共中央党校出版社，2014，第 295～296 页。

③　习近平：《出席第三届核安全峰会并访问欧洲四国和联合国教科文组织总部、欧盟总部时的演讲》，人民出版社，2014，第 32 页。

放和国家繁荣富强。"一切为了群众,一切依靠群众,从群众中来,到群众中去"的群众路线,是党的根本工作路线,也是党的生命线。1943 年 6 月,毛泽东指出,"在我党的一切实际工作中,凡属正确的领导,必须是从群众中来,到群众中去"。① 毛泽东强调党的正确领导,必须走群众路线。"一切为了群众,一切依靠群众",凸显了人民群众的主体地位,集中体现了党和国家的根本性质。"从群众中来,到群众中去",强调广大群众主动的政治参与,同时,强调领导者要主动深入群众,是一种全面真实的参与型民主。

党的十八大以来,习近平发表了一系列重要讲话,其中对党的群众路线做了深入论述。习近平在纪念中国人民政治协商会议成立 65 周年大会上指出:"无论是中国共产党执政,还是国家机关施政,都必须坚持贯彻群众路线,紧紧依靠人民。"这是对群众路线的新认识和新定位,从而把群众路线上升到指导党治国理政实践的新高度。回顾党的历史和新中国的发展历程,我们所取得的巨大成就,靠的是始终保持同人民群众的血肉联系,靠的是"跟人民商量办事"的好传统。中国是一个拥有 13 亿人口的大国,要实现社会主义民主,不可能由全体人民直接从事国家的治理和管理,只能通过人民代表去实现人民的民主权利,这需要协商民主来解决。

协商民主将群众路线纳入民主政治制度建设范畴,使群众路线获得制度保障。2014 年 9 月,习近平明确指出:"要深刻把握社会主义协商民主是中国共产党的群众路线在政治领域的重要体现这一基本定性。"一个月后,习近平在中央全面深化改革领导小组第六次会议讲话中再次指出:"社会主义协商民主在我国有根、有源、有生命力,是中国共产党人和中国人民的伟大创造,是中国社会主义民主政治的特有形式和独特优势,是党的群众路线在政治领域的重要体现。"群众路线是党的工作路线,同时充分体现了民主的价值取向,它是党内民主和人民民主的重要形式。新中国成立后,通过中国人民政治协商会议这一组织,正式确立了新型的协商民主制度。改革开放以来,这一制度不断发展完善。共产党与民主党派、工商联各界人士、无党派人士围绕经济社会发展重大问题进行协商,干部群众就涉及群众切身利益的实际问题进行协商,问政于民、问计于民,把协商贯穿于决策之前和决策之中,充分体现了"从群众中来,到群众中去"的民主理念。因此,群众路线所体现的民主,与协商民主相契合,强调广泛的社会联系和政治参与。协商民主作为党的群众路线在政治领域的重要体现,是要把群众路线的优势转化为协商

---

① 《毛泽东选集》(第 3 卷),人民出版社,1991,第 899 页。

民主的丰富资源，使群众路线优势和协商民主优势结合起来，进一步推进协商民主发展，使协商民主植根于群众路线实践的深厚沃土，获得更为广阔的发展空间。①

协商民主自身具有广泛的独特优势。协商民主内在要求实行群众路线，而外在效用则能降低行政成本、提高决策成效。习近平指出："全心全意为人民服务，始终代表最广大人民根本利益，是我们能够实行和发展协商民主的重要前提和基础。"由于中国共产党及其领导的国家代表最广大人民根本利益，"其一切理论和路线方针政策，其一切工作部署和工作安排，都应该来自人民，都应该为人民利益而制定和实施"。② 党领导下的协商民主，具有鲜明的独特优势。一是"可以广泛达成决策和工作的最大共识，有效克服党派和利益集团为自己的利益相互竞争甚至相互倾轧的弊端"；二是"可以广泛畅通各种利益要求和诉求进入决策程序的渠道，有效克服不同政治力量为了维护和争取自己的利益固执己见、排斥异己的弊端"；三是"可以广泛形成发现和改正失误和错误的机制，有效克服决策中情况不明、自以为是的弊端"；四是"可以广泛形成人民群众参与各层次管理和治理的机制，有效克服人民群众在国家政治生活和社会治理中无法表达、难以参与的弊端"；五是"可以广泛凝聚全社会推进改革发展的智慧和力量，有效克服各项政策和工作共识不高、无以落实的弊端"。③ 总之，通过协商民主，中国共产党可以真正实现依靠人民治国理政、管理社会的目的。

"政之所兴在顺民心，政之所废在逆民心"，得人心者得天下，失民心者失天下。党的群众路线，就是全心全意为人民服务的具体体现。习近平强调："必须把人民利益放在第一位，任何时候任何情况下，与人民群众同呼吸共命运的立场不能变，全心全意为人民服务的宗旨不能忘，坚信群众是真正英雄的历史唯物主义观点不能丢。"④ 当前，我们面临的最大任务，就是要以人民群众利益为重，以人民群众期盼为念，真诚倾听群众呼声，真实反映群众愿望，真情关心群众疾苦，为群众多做好事实事。

---

① 刘靖北：《协商民主——党的群众路线在政治领域的重要体现》，中国共产党新闻网，2013年11月18日，http://theory.people.com.cn/n/2013/1118/c40531-23574946.html。

② 习近平：《在庆祝中国人民政治协商会议成立65周年大会上的讲话》，《人民日报》2014年9月22日。

③ 习近平：《在庆祝中国人民政治协商会议成立65周年大会上的讲话》，《人民日报》2014年9月22日。

④ 习近平：《在庆祝中国人民政治协商会议成立65周年大会上的讲话》，《人民日报》2014年9月22日。

（三）协商民主要广泛多层制度化发展

党的十八届三中全会提出了"推进协商民主广泛多层制度化发展"的战略任务。习近平在庆祝中国人民政治协商会议成立 65 周年大会上的讲话中围绕这一战略任务，对社会主义协商民主的长远发展做出了战略性的设计。习近平在讲话中指出："要切实落实推进协商民主广泛多层制度化发展这一战略任务。"推进这一战略任务，不仅党的组织和领导机构要实行协商民主，各个国家机关、人民团体也要实行协商民主。也就是说，协商民主应该是全方位的，而不是局限在某个方面、某个领域；协商民主应该是全国上下都要实行，党政机关、社会团体、基层组织都要实施，而不是局限在某一级、某个部门。因此，必须构建程序合理、环节完整的协商体系，确保协商民主有制可依、有规可守、有章可循、有序可遵。就广泛而言，是从协商民主的横向覆盖领域来说的。协商民主的主体具有广泛性，主要包括执政党和政府、各民主党派、无党派、社会组织、基层自治组织、各民族各界代表、社会大众和基层群众。协商民主的广泛性，有效地矫正了选举民主对主体资格的忽略，吸收了更多的利益群体进入决策领域和决策过程，确保了人民当家做主权利的真正实现。就多层而言，是从协商民主的纵向布局层级来说的。协商民主的"多层"，是通过制度体系彰显其丰富的层次性。协商民主体系是多层互补的制度体系。其中，政治协商制度、社会协商制度和基层协商制度三大制度在纵向上层层展开，构成了程序合理、环节完整的协商民主体系。加强协商民主制度化发展，把它与选举民主结合起来，正是中国社会主义民主的特色所在，也是深化政治体制改革的重要任务。推进协商民主制度化建设，能更好地保障人民当家做主的民主权利，使人民不仅可以参加投票和选举，而且可以经常讨论协商公共事务，同时能够克服西方国家民主形式的弊端，避免社会危机。就制度化而言，当前还面临着各层次协商民主的制度化、规范化、程序化不高等问题的制约。

首先，法律法规不够健全。面对新时期出现的新问题，有些法律已经不能完全适应社会发展的要求，尽管颁布了一些文件，发挥着指导性的作用，但其毕竟不是法律，真正落实还需要法律法规的支撑。其次，协商的随意性较大。协商的规范化和程序化不高，致使协商的随意性普遍存在。最后，缺乏联动机制。人民政协与人民代表大会、各级政府、中国共产党各级委员会的互动与联动关系，还没有制度规范，还需要通过相应的法律法规逐步实现制度化和规范化的协商联动。①

---

① 刘世华：《协商民主广泛多层制度化发展面临的问题及对策论析》，《理论学刊》2014 年第 4 期。

当然，政治协商制度在中央和省一级都有比较规范的制度设计和运作程序，而在市县一级仍未有具体的配套制度和运作程序。所以，政治协商制度仍需要进一步发展完善。①

习近平指出："社会主义协商民主，应该是实实在在的，而不是做样子的。"协商民主是为了听取意见和建议，凝聚智慧和力量，做出正确的决策。怎样使协商民主是实实在在的？习近平明确指出："协商就要真协商，真协商就要协商于决策之前和决策之中，根据各方面的意见和建议来决定和调整我们的决策和工作，从制度上保障协商成果落地，使我们的决策和工作更顺乎民意、合乎实际。"② 因此，真正的协商民主，应该协商于决策之前和决策中，而不是已经决策了再进行协商。协商就要有成果，应根据各方面意见和建议来决定和调整决策，并从制度上保障成果落地，而不是协商与否都一样。协商还应坚持广泛协商的发展方向。既尊重多数人的意愿，又照顾少数人的合理要求，广纳群言、广集民智，增进共识、增强合力。通过广泛协商，把人民最广泛、最大限度地涵盖进来、包容起来。实现真正的协商，必须完善协商民主，加强制度建设，把政治协商纳入决策程序，建立公开、透明的协商民主制度，逐步实现协商民主的制度化、规范化和程序化。

社会发展是一个社会阶层结构呈现新变化、社会矛盾多样化、利益诉求多元化的过程，党和政府的决策必须通过协商民主形式有效涵盖多元化利益主体的意见，保障公民正当的利益诉求能在决策过程中体现出来。只有这样，才能有效地化解矛盾、避免冲突、稳定社会、促进发展。推进协商民主广泛多层制度化发展，需要拓宽党委、人大、政府、政协、团体、企事业单位、各类智库等的协商渠道，深入开展政治协商、立法协商、行政协商、民主协商、社会协商、基层协商等多种协商。尤其要加强基层协商民主的发展，因为涉及人民群众利益的大量决策和工作，主要发生在基层。习近平指出："要按照协商于民、协商为民的要求，大力发展基层协商民主，重点在基层群众中开展协商。"他要求，凡是涉及群众切身利益的决策都要充分听取群众意见，通过各种方式，在各个层级、各个方面同群众进行协商。2014 年 10 月，习近平在中央全面深化改革领导小组第六次会议上的讲话中强调，"有事多商量，遇事多商量，做事多商量，商量得越多越深入越好，就是要通过商量出办法、出共

---

① 李金河：《如何正确认识社会主义协商民主》，《中央社会主义学院学报》2014 年第 1 期。
② 习近平：《在庆祝中国人民政治协商会议成立 65 周年大会上的讲话》，《人民日报》2014 年 9 月 22 日。

识、出感情、出团结"。① 要完善基层组织联系群众制度，推进权力运行公开化、规范化，让人民监督权力。

四　协商民主思想的重要意义

随着我国经济社会持续健康快速发展，已有越来越多的人开始关注自身所处的政治环境，关心政治，其参政议政意愿也显著增强。政治参与是现代国家政治生活的重要组成部分，是实现公民政治权利的重要途径。协商民主有助于解决政治参与诉求，建构起公民有序政治参与的制度化渠道，最大限度地包容和吸纳各种诉求，使个别的、分散的意见通过协商渠道得到反映和解决。经济新常态下协商民主思想对当代中国民主政治建设具有重要价值。

（一）扩展公民有序政治参与渠道

公民政治参与是公民在国家政治运行过程中表达自己诉求以影响公共决策和国家行为的政治活动，发展民主政治，公民政治参与意义重大。只有通过公民的政治参与，才能真正实现民主的价值，推进民主政治的运转。

公民有序政治参与，是指公民参与国家的政治生活是"依法"进行，即在宪法和法律允许的范围内进行，公民政治诉求的表达通过正常的渠道和途径展开。有序的政治参与对实现公民对公共权力的有效制约、纠正决策失误、协调各种利益关系、促进社会和谐稳定具有重要的作用。协商民主无论是作为基本政治运作过程，还是作为基本政治制度安排，都存在于现代民主政治中。协商民主是民主政治的发展方向，是在公民参与的基础上形成的一种新型民主形态。它强调程序的公正、公开，使公民政治参与能够以一定的组织和程序为基础，通过制度化、合法化的渠道来实现，从而提高其政治参与水平，同时对政府的决策产生积极影响。② 李君如认为，协商民主的实质，就是要实现公民有序的政治参与。

改革开放以来，党和政府一直强调"公民有序政治参与"，并把它作为推进中国社会主义民主政治建设的重要内容。党的十八大以来，我们党更是加快

---

① 《学习贯彻党的十八届四中全会精神　运用法治思维和法治方式推进改革》，人民网，2014年10月28日，http://politics.people.com.cn/n/2014/1028/c1024-25918747.html。
② 《发挥基层政协协商民主渠道作用实现公民有序政治参与》，中国人民政治协商会议常州市委员会网站，2014年10月22日，http://www.czcppcc.gov.cn/cms/a/team/llyj/2014/1102/5364.html。

了协商民主制度发展的步伐，主张建立多元化的协商组织，调动公民有序政治参与的积极性，扩展其政治参与渠道。协商民主采取理性对话、平等交流方式参与公共事务，有助于培育公民的责任心，并提升公民的民主意识。习近平在关于《中共中央关于全面深化改革若干重大问题的决定》的说明中做了简要概括："推进协商民主，有利于完善人民有序政治参与、密切党同人民群众的血肉联系、促进决策科学化民主化。"[①] 社会主义民主的实质在于人民当家做主，协商民主体现了这一核心价值理念。共产党执政就是领导和支持人民当家做主，最广泛地动员和组织人民依法管理国家事务和社会事务，管理经济和文化事业，实现人民最广泛、最有效的政治参与。中共中央印发的《关于加强社会主义协商民主建设的意见》，提出了政党协商、人大协商、政府协商、政协协商、人民团体协商、基层协商以及社会组织协商7个主要协商渠道。意见对这7个协商渠道，提出了不同要求，即继续重点加强政党协商、政府协商、政协协商；积极开展人大协商、人民团体协商、基层协商；逐步探索社会组织协商。这意味着人民群众可以通过这7种途径将自己的诉求传到党和政府的决策层，真正让人民群众在参与治国理政中发挥主人翁作用。关于政党协商，早在新民主主义时期中国共产党人就进行了探索和实践。把政党协商作为明确的制度规定，作为民主实践活动，是我国民主政治的特色。从历史上中国共产党与民主党派的合作，发展到如今执政党与参政党的共商国是，政党协商内容已涵盖经济社会发展的各个方面。尽管协商多种多样，但无论哪种形式的协商，都不能取代中国共产党与各民主党派、无党派人士的直接协商。从协商民主的缘起看，政党协商是"开路者"；从协商民主的功能看，政党协商是"压舱石"；从协商民主的发展看，政党协商是"风向标"。在政党协商中，让民主党派及其成员通过座谈会、协商会等形式建言献策；在政府协商中，特别是基层政府与人民群众接触最多，要根据他们的需要，采取不同方式吸纳他们的意见和诉求；在政协协商中，要让不同界别的代表将行业中突出需要解决的问题及时反馈上来，推动进入政策议程；在人大协商中，要让人民代表通过不同形式密切与人民群众联系，促进人民群众有序参与立法制定；在人民团体协商中，组织和代表联系群众参与公共事务，反映群众意愿和利益诉求，发挥人民团体的桥梁和纽带作用；在基层协商中，建立健全基层协商民主建设协调联动

---

① 习近平:《关于〈中共中央关于全面深化改革若干重大问题的决定〉的说明（5）》，中国共产党新闻网，2013 年 11 月 15 日，http://cpc.people.com.cn/n/2013/1115/c64094 - 23559310 - 5.html。

机制，解决好人民群众的实际困难；在社会组织协商中，要真正畅通社会组织与党政部门的联系渠道，使社会组织真正发挥人民群众自我管理、自我服务的作用。① 意见对 7 个协商渠道提出的具体要求，既照顾到全面，又突出重点，有利于协商民主更好发展。中国的协商民主，涵盖了各党派、各民族、各团体、社会各阶层等的人士。不同的协商渠道，有效整合社会各个阶层的政治诉求，使决策更加集思广益，形成比较一致的认识，实现了最广大人民的民主权利，也实现了公民最广泛的政治参与。

（二）促进科学民主决策

决策是国家政治生活中的核心环节，科学民主的决策，能够有效克服经验决策所带来的不足和负面影响。社会主义协商民主，不是为协商而协商、为表达而表达，而是扩大各界人士的政治参与，实现对国家事务的管理，其主要价值取向是促进民主决策与科学决策。十八大报告指出："坚持协商于决策之前和决策之中，增强民主协商实效性。"② 协商民主对于决策而言，不是赋予合法性，而是扩大民主、增强科学性，提升其民主化、科学化水平。

协商民主能够广泛吸收社会各方意见和建议，使讨论和决策过程中的社会知识最大化，进而促使决策过程更民主，决策程序更规范，决策结果更科学，有效地避免决策的随意性和盲目性，促进党和政府科学民主决策，推进国家治理体系和治理能力现代化。在党的十八大报告形成过程中，中共中央组织了46 家单位就 15 个重点课题进行调研，形成 57 份调研报告；报告起草组组成 7 个调研组，分赴 12 个省（区、市）进行专题调研；中共中央还专门听取了各民主党派中央、全国工商联领导人和无党派人士的意见。通过协商于决策之前和决策之中，确保党和政府在决策中能够听到各方面的意见建议、接受各方面的民主监督，确保事关国计民生的重大问题能充分体现民意、集中民智。因此，党的十八大报告形成的过程，就是充分发扬协商民主的过程。③

党和政府的决策事关群众的切身利益，事关人民的福祉，必须体现人民意志。协商民主能够广泛吸收决策信息，听取利益相关者意见表达，经过充分的

---

① 《社会主义协商民主就是要让人民更好的当家作主》，央视网，2015 年 3 月 9 日，http：//opinion. cntv. cn/2015/03/09/ARTI1425909884264615. shtml。

② 胡锦涛：《坚定不移沿着中国特色社会主义道路前进，为全面建成小康社会而奋斗》，《人民日报》2012 年 11 月 9 日。

③ 陈家刚：《当代中国的协商民主：比较的视野》，《新疆师范大学学报》（哲学社会科学版）2014 年第 1 期。

讨论、论证和协商，增进共识、增强合力，从而在形成共识的基础上做出科学合理的决策。因此，协商民主成为科学民主决策的重要工作机制。协商民主还体现了民主集中制原则，既尊重多数人的意愿，又尊重和照顾了少数人的合理诉求，克服了多数通过的民主决策机制的缺陷，使尊重多数和保护少数相统一。协商民主的过程，也是发扬民主、广开言路、群策群力、集思广益的过程。通过一定的规则和程序，在决策之前，中共中央进行广泛地酝酿、磋商、讨论，经过反复的民主协商，吸收有利于国家和人民的意见和主张，并将意见和主张写入决策中，实现民主与集中的辩证统一。民主协商与民主决策的结合，提高了决策的科学民主化程度。[①]

（三）推动民主政治发展

党的十八大报告明确提出"社会主义协商民主"的概念，并强调"社会主义协商民主是我国人民民主的重要形式"。这是对社会主义民主政治的重大理论创新，指出了中国民主政治发展之路。

协商民主对于中国民主政治发展的价值在于，它以一种易于操作的、稳妥的方式促进民主政治建设，同时与国家发展的现代化方向和目标并行不悖。与选举民主相比，协商民主是一种情感化民主，较选举民主更具有情感色彩，协商达成的共同意志，易被人们接受。协商民主又是开放的参与式民主，通过公民有序政治参与形成对权利的有效制衡。同时，对权力拥有者来说，通过平等对话、交流，既了解了更多的具体情况，又不会失去对事物进程的控制权。通过民主协商，民意得到充分而自由的伸张；有序参与使民众力量成为社会进步和民主政治的建设性力量，而基层民主力量则会成为推进民主政治建设的核心力量。由于协商民主秉承一种最优理念，公民通过协商对话对党和政府的决策产生影响，促使决策的形成过程更加制度化、规范化，有助于完善民主制度。

协商民主，让更多的社会成员在平等对话的基础上协商解决争端，它有助于培育心态平和、容忍异见、善于妥协、尊重规则等精神，为民主建设奠定了良好的社会文化－心理基础。中国的政治文化具有深厚的协商传统，这是发展社会主义协商民主的有利条件。中国政治文化的特点是重群体、重秩序、重和谐，强调"和而不同""求同存异"，趋向于共存而非竞争。把中国传统的和谐文化和协商精神从其旧制度的基础上剥离出来，在现代法治理念和制度框架

---

①　朱勤军：《中国政治文明建设中的协商民主探析》，《政治学研究》2004 年第 3 期。

下加以运用，为社会主义协商民主的发展提供文化支持。[1]

　　一个国家发展民主政治，最重要的任务是走出一条适合自己国情的民主政治发展道路。协商民主不仅是中国政党制度的重要理论支撑，而且也是其他各项民主政治制度进一步完善的价值取向之一。协商民主强调以共同理想为协商的目标指向，为此而协商一致，通力合作。协商民主对中国民主政治发展进行了有效探索，丰富了中国民主政治的内涵，开辟出民主政治发展的实现途径。由此得知，协商民主彰显了中国政治制度的优越性，极大地增强了中国特色社会主义道路自信、理论自信、制度自信、文化自信。

（撰稿人：西安交通大学马克思主义学院教授任培秦）

---

[1] 《协商民主：当代民主政治发展的新路向》，光明网，2013 年 11 月 27 日，http：//news. gmw. cn/2013 −11/27/content_ 9613588_ 6. htm。

第十六章　法治反腐观的理论意蕴及实践意义

以习近平为总书记的党中央高度重视反腐倡廉建设，明确提出"要善于用法治思维和法治方式反对腐败"①的重要论断，形成了一系列极为丰富、极具特色的反腐倡廉新思想，为开辟中国特色社会主义反腐新路径指明了方向。随着反腐倡廉建设的重要性日益凸显，以法治思维和法治方式开展反腐倡廉工作已成为共识，其核心在于实现反腐倡廉法治化。

一　反腐倡廉新内涵

所谓法治反腐观，就是对运用法治思维和法治方式反对腐败的认识和观点之总称。它体现了以习近平为总书记的党中央长期以来对以法治方式反腐败的思考和对廉政法治建设规律的不懈探索，它涵盖了以习近平为总书记的党中央在新的历史时期形成的有关法治反腐的理念意识、法律制度、行为方式等。其内涵主要包括以下几个方面。

（一）法治反腐观的理念层探析

1. 权为民赋、权为民用的公仆意识

人民群众是廉政法治建设的主体，人民群众的满意度是衡量法治反腐成效的最高标准。习近平曾指出，"作为执政党，党员干部与人民群众的关系就是公仆与主人的关系。离开了人民，我们将一无所有、一事无成；背离了人民的利益，我们这些公仆就会被历史所淘汰。所以，共产党人一定要坚持权为民所用、情为民所系、利为民所谋，真正为人民掌好权、执好政"。②他还多次强

---

① 《十八大以来重要文献选编》（上），中央文献出版社，2014，第135页。
② 习近平：《之江新语》，浙江人民出版社，2007，第216页。

调,"党要始终紧紧依靠群众,始终保持同人民群众的血肉联系,一刻也不脱离群众。要做到这一点,就必须坚定不移地把党风廉政建设和反腐败斗争深入进行下去。人民群众最痛恨各种消极腐败现象,最痛恨各种特权现象,这些现象对党同人民群众的血肉联系最具杀伤力。一个政党,一个政权,其前途和命运最终取决于人心向背。我们必须下最大气力解决好消极腐败问题,确保党始终同人民心连心、同呼吸、共命运"。① 这些重要论述既体现了执政者必须牢固树立公仆意识,坚持权为民赋、权为民用,"始终把人民放在心中最高的位置,把人民群众满意作为行使权力的根本标准"②,同时显示出党风廉政建设和反腐败斗争必须拥有广泛而深厚的群众基础,这也是反腐倡廉建设在思想意识层面上的最基本要求。

2. 红线不碰、底线勿越的法治观念

坚持运用法治思维和法治方式推进反腐败工作,关键在于冲破传统的"权大于法"的思想观念,树立法律红线不能触碰、法律底线不能逾越的法治理念,这是决定法治反腐能否成功的重要环节。早在浙江主政期间,习近平就曾指出,"要坚持法律面前人人平等,任何组织和个人都没有超越宪法和法律的特权,党员和干部特别是领导干部更应成为遵守宪法和法律的模范"。③ 在十八届中央政治局第四次集体学习时,他进一步指出,"各级领导干部要带头依法办事,带头遵守法律,对宪法和法律保持敬畏之心,牢固确立法律红线不能触碰、法律底线不能逾越的观念,不要去行使依法不该由自己行使的权力,也不要去干预依法自己不能干预的事情,更不能以言代法、以权压法、徇私枉法,做到法律面前不为私心所扰、不为人情所困、不为关系所累、不为利益所惑"。之后,习近平再次强调,"领导干部要牢记法律红线不可逾越、法律底线不可触碰,带头遵守法律、执行法律,带头营造办事依法、遇事找法、解决问题用法、化解矛盾靠法的法治环境。谋划工作要运用法治思维,处理问题要运用法治方式,说话做事要先考虑一下是不是合法"。④ 这种对法治的共识,贯穿于习近平治国理政的每一步,体现在反腐倡廉建设新常态的每一个环节。

---

① 《习近平关于党风廉政建设和反腐败斗争论述摘编》,中国方正出版社,2015,第6页。

② 习近平:《领导干部要树立正确的世界观权力观事业观》,《中国党政干部论坛》2010年第9期。

③ 习近平:《干在实处、走在前列:推进浙江新发展的思考与实践》,中共中央党校出版社,2006,第298、304页。

④ 习近平:《领导干部要做尊法学法守法用法的模范、带动全党全国共同全面推进依法治国》,《人民日报》2015年2月3日。

3. 依法治权、从严管权的反腐理念

深入推进中国特色反腐倡廉法治建设，必须从法律制度入手，规范和约束公权力的运行，加大在法治上、制度上、规范上预防和惩治腐败的力度。习近平在十八届中央纪委二次全会上提出："要加强对权力运行的制约和监督，把权力关进制度的笼子里，形成不敢腐的惩戒机制、不能腐的防范机制、不易腐的保障机制。"① 同时，他强调，"要推进法治政府建设，坚持用制度管权管事管人，完善政务公开制度，做到有权必有责、用权受监督、违法要追究"②。这一形象的说法凸显了其对运用刚性的法律制度来规范权力、约束权力和监督权力的重视。之后，习近平进一步指出："从前些年和最近揭露出来的一些涉及领导干部的大案要案看，其犯罪情节之恶劣、涉案金额之巨大，都是触目惊心的，搞权钱交易、权色交易简直到了利令智昏、胆大包天的地步！之所以会弄到这个地步，其中一个重要原因就是我们一些领域的体制机制还不健全。"③ "没有健全的制度，权力没有关进制度的笼子里，腐败现象就控制不住。"④ 这些提法不仅旗帜鲜明地道出了其依法治权、从严管权的反腐理念，更进一步表明以习近平为总书记的党中央将反腐败纳入法治化、常态化的态度和决心。

（二）法治反腐观的制度层解析

1. 严守纪律、严明规矩的党内法规体系

法治反腐的进一步推进有赖于用法治思维加强党的纪律作风建设，形成完善的党内法规制度体系，这是中国共产党依法执政的重要基础，同时也是反腐倡廉建设的重要体现。党的十八大以来，以习近平为总书记的党中央将党内法规制度建设提到新高度，明确指出："要完善党内法规制定体制机制，注重党内法规同国家法律的衔接和协调，构建以党章为根本、若干配套党内法规为支撑的党内法规制度体系，提高党内法规执行力。党章等党规对党员的要求比法律要求更高，党员不仅要严格遵守法律法规，而且要严格遵守党章等党规，对自己提出更高要求。"⑤ 他在十八届中央纪委五次全会上再次强调，"要加强纪律建设，把守纪律讲规矩摆在更加重要的位置。党章是全党必须遵循的总章程，也是总规矩。党的纪律是刚性约束，政治纪律更是全党在政治方向、政治

---

① 《十八大以来重要文献选编》（上），中央文献出版社，2014，第 136 页。
② 《十八大以来重要文献选编》（上），中央文献出版社，2014，第 136 页。
③ 《习近平关于党风廉政建设和反腐败斗争论述摘编》，中国方正出版社，2015，第 124 页。
④ 《习近平关于党风廉政建设和反腐败斗争论述摘编》，中国方正出版社，2015，第 125 页。
⑤ 《习近平关于党风廉政建设和反腐败斗争论述摘编》，中国方正出版社，2015，第 49 页。

立场、政治言论、政治行动方面必须遵守的刚性约束。国家法律是党员、干部必须遵守的规矩"①，并要求各级领导干部要牢固树立纪律和规矩意识，在守纪律、讲规矩上做表率。这些讲话深刻阐明了党内法规与国家法律的内在联系及其在反腐败斗争中所彰显的法治精神和价值功能。此外，从上任伊始的八项规定到整饬作风的条条禁令，再到陆续出台的《中国共产党党内法规制定条例》《中国共产党党内法规和规范性文件备案规定》《建立健全惩治和预防腐败体系 2013~2017 年工作规划》《党政机关厉行节约反对浪费条例》等一系列新举措，既体现了以习近平为总书记的党中央以规矩抓党建的法治反腐思路，同时也为我们党揭开了以"守纪律、讲规矩"为核心的党内法规体系建设新篇章。

2. 科学严密、完备管用的廉政制度体系

为了使不敢腐、不能腐、不想腐取得压倒性胜利，以习近平为总书记的党中央在坚持重拳惩腐、高压反腐的同时，高度重视反腐倡廉制度体系的改革和创新。为减少造成腐败"可乘之机"的体制障碍和制度漏洞，习近平明确提出要健全权力公开制度和权力制约监督体系。他指出，"要强化制约，合理分解权力，科学配置权力，形成科学的权力结构和运行机制；要强化监督，着力改进对领导干部特别是一把手行使权力的监督；要强化公开，推行地方各级政府及其工作部门权力清单制度，依法公开权力运行流程，让权力在阳光下运行"。② 为解决反腐败机构职能分散、腐败案件频发却责任追究不够等问题，习近平提出了健全反腐败领导体制和工作机制的要求，明确规定党风廉政建设和反腐败工作"党委负主体责任、纪委负监督责任；强化上级纪委对下级党委和纪委的监督，推动纪委双重领导体制落到实处；增强权力制约和监督效果，保证各级纪委监督权的相对独立性和权威性；全面落实中央纪委向中央一级党和国家机关派驻纪检机制"。③ 为坚决遏制腐败现象蔓延势头，发挥巡视工作在从严治党、加强党内监督等方面的震慑作用，习近平提出要用好巡视这把反腐"利剑"，并强调巡视工作要把发现问题、形成震慑作为重点，当好中央的"千里眼"，找出"老虎""苍蝇"；巡视发现的问题线索，要分类处置，做到件件有着落，确保巡视成果落到实处；要适应形势发展，推动巡视内容、方式方法、制度建设的创新，形成更大震慑力。这些论述既体现了以习近平

---

① 习近平：《深化改革巩固成果积极拓展、不断把反腐败斗争引向深入》，《人民日报》2015 年 1 月 14 日。

② 《习近平关于党风廉政建设和反腐败斗争论述摘编》，中国方正出版社，2015，第 128 页。

③ 《习近平关于党风廉政建设和反腐败斗争论述摘编》，中国方正出版社，2015，第 58 页。

为总书记的党中央通过改革体制、优化机制、完善制度不断铲除腐败现象滋生蔓延土壤的政治智慧，同时为反腐倡廉制度体系的健全和执行提供了有力保障。

（三）法治反腐观的行为层分析

1. 建立健全反腐败法律制度

"立善法于天下，则天下治；立善法于一国，则一国治。"[1] 从反腐倡廉建设的视角来看，首先要制定与廉政相关的法律法规，建立健全反腐败法律法规，使权力在法律的笼子里合法高效地运转。廉政法治建设的首要前提是完善立法。早在浙江主政期间，习近平就曾指出，"要通过立法推动政府职能的转变，做到权力运作公开化、透明化，努力建设透明、负责、法治、高效和服务的政府"。[2] 他在中央全面深化改革领导小组第二次会议上强调，"凡属重大改革都要于法有据。在整个改革过程中，都要高度重视运用法治思维和法治方式，发挥法治的引领和推动作用，加强对相关立法工作的协调"。[3] 党的十八大以来，随着反腐败走入深水区，加强反腐败法制建设的重要性愈发凸显。在习近平看来，反腐也要于法有据，因此，他在党的十八届四中全会上明确提出，"要加快推进反腐败国家立法，完善惩治贪污贿赂犯罪法律制度"[4]，同时，"对已有相关制度进行梳理，经实践检验行之有效、群众认可的，要予以重申，继续坚持、抓好落实，严肃纪律，形成刚性约束；不适应新形势新任务要求的，该修改完善的就修改完善，该废止的就废止，该制定新的就制定新的。要总结新的实践经验，建立新的制度"[5]。通过完善立法，将党在反腐败工作中的主张上升为国家意志，能够为廉政建设起到有章可循、有法可依的作用。

2. 狠抓反腐败法律制度的落实

"天下之事，不难于立法，而难于法之必行。"[6] 法律的生命力在于实施，法律的权威也在于实施。如果有了法律而不实施，束之高阁，或者实施不力、

---

① 人民日报评论部：《习近平用典》，人民日报出版社，2015，第269页。
② 习近平：《干在实处、走在前列：推进浙江新发展的思考与实践》，中共中央党校出版社，2006，第298、304页。
③ 习近平：《把抓落实作为推进改革工作的重点、真抓实干踏疾步稳务求实效》，《人民日报》2014年3月1日。
④ 《中共中央关于全面推进依法治国若干重大问题的决定》，《人民日报》2014年10月29日。
⑤ 《习近平关于党风廉政建设和反腐败斗争论述摘编》，中国方正出版社，2015，第125页。
⑥ 人民日报评论部：《习近平用典》，人民日报出版社，2015，第269页。

做表面文章,那制定再多法律也无济于事。为此,习近平特别加强对反腐败法律制度落实情况的监督。习近平在中央政法工作会议上明确指出:"要狠抓制度执行,扎牢制度篱笆,真正让铁规发力、让禁令生威。"① 他在参加河南省兰考县委常委班子专题民主生活会时再次强调:"我们的制度不少,可以说基本形成,但不要让它们形同虚设,成为'稻草人',形成'破窗效应'。我们的制度有些还不够健全,已经有的铁笼子门没关上,没上锁。或者栅栏太宽了,或者栅栏是用麻秆做的,那也不行。现有制度都没执行好,再搞新的制度,可以预言也会是白搭。所以,我说一分部署还要九分落实。制定制度很重要,更重要的是抓落实,九分气力要花在这上面。"② 这表明反腐败法规制度不在多,关键在于务实管用。习近平在党的群众路线教育实践活动总结大会上进一步指出,"要增强制度执行力,制度执行到人到事,做到用制度管权管事管人"③,同时,要坚决纠正有令不行、有禁不止的行为,使法律制度真正成为硬约束而不是"橡皮筋"。这标志着以习近平为总书记的党中央对法治反腐实效性的认识提到了一个更高的层次和水平。

3. 以零容忍的态度依法惩治腐败

法治反腐不仅需要完善的法律制度来规范党员干部的行为,更需要恪守法治、秉公执法来惩治腐败分子。坚持以零容忍的态度依法惩治腐败是反腐倡廉建设的一个鲜明特点。习近平在党的十八届一中全会上指出,"任何人触犯了党纪国法都要依纪依法严肃查处,决不姑息,党内决不允许腐败分子有藏身之地"。④ 这向全党全社会表明,不论什么人,不论其职务多高,只要触犯了党纪国法,都要受到严肃追究和严厉惩处。他在十八届中央政治局第五次集体学习时强调,"要严格依纪依法查处各类腐败案件,坚持'老虎''苍蝇'一起打"⑤,体现了新一届中央领导集体依法查处大案要案,解决不正之风的坚强决心和鲜明态度。他在十八届中央政治局常委会上进一步重申,"要以零容忍态度惩治腐败,不管腐败分子跑到天涯海角,也要把他们绳之以法,决不能让其躲进'避罪天堂'、逍遥法外"。⑥ 他在十八届中央纪委五次全会上再次强调,"坚持零容忍的态度不变、猛药去疴的决心不减、刮骨疗毒的勇气不泄、

---

① 《习近平关于党风廉政建设和反腐败斗争论述摘编》,中国方正出版社,2015,第127页。
② 《习近平关于党风廉政建设和反腐败斗争论述摘编》,中国方正出版社,2015,第129页。
③ 习近平:《在党的群众路线教育实践活动总结大会上的讲话》,《人民日报》2014年10月9日。
④ 《习近平关于党风廉政建设和反腐败斗争论述摘编》,中国方正出版社,2015,第93页。
⑤ 《习近平关于党风廉政建设和反腐败斗争论述摘编》,中国方正出版社,2015,第96页。
⑥ 《习近平关于党风廉政建设和反腐败斗争论述摘编》,中国方正出版社,2015,第100页。

严厉惩处的尺度不松，发现一起查处一起，发现多少查处多少，把反腐利剑举起来，形成强大震慑"。① 正是由于保持惩治腐败的高压态势，党的十八大以来，我国党风廉政建设和反腐败斗争才取得了巨大的成效，收到了良好的社会反响。可见，以零容忍态度依法惩治腐败的提出及其深刻阐述彰显了以习近平为总书记的党中央反腐的坚强决心，同时也成为新形势下全党深入开展党风廉政建设和反腐败斗争的行动指南。

二　法治反腐观的实践意义

法治反腐观是对中国特色反腐倡廉法治建设的经验总结与理论结晶，其中所蕴含的一系列关于法治反腐的新思想、新观点、新论断和新要求，为新形势下我们党坚持法治反腐、建设廉洁政治指明了正确方向，对深入推进当前我国反腐败治理体系和治理能力现代化具有十分重要的指导意义和实践价值。

（一）法治反腐观的精神实质，有助于反腐倡廉思想观念不断成熟

从理念层面上讲，法治反腐观是以习近平为总书记的党中央依法治国理念在党风廉政建设和反腐败工作上的集中体现，它蕴含着权为民赋、权为民用的公仆意识，红线不碰、底线勿越的法治观念，以及依法治权、从严管权的反腐理念。这些思想充分反映了人民主体、法律至上、权力制约等法治化反腐的精神实质，有助于推动我国反腐倡廉思想观念的不断成熟，对于当前我国廉政建设具有十分积极的意义。具体表现为以下几点。

首先，权为民赋、权为民用的公仆意识，要求广大党员干部在工作中必须坚持人民利益高于一切的原则，坚持走群众路线，把依靠人民参与作为廉政法治建设的基本方式，把人民满意作为检验廉政法治建设成效的根本标准。随着我国市场经济的快速发展，浓厚的"市场"意识强烈冲击着党员领导干部的思想观念，一些官员缺乏服务意识，工作态度消极，得过且过。对人民的态度不是服务而是管制，一副"官老爷"做派。从工作作风上看，有的作风漂浮、弄虚作假、瞒上欺下、论资排辈、权力欲强，放弃了"为官一任，造福一方"职责。从实情掌握上看，有的不深入基层调研，固守办公室，回避矛盾，躲避群众，缺乏工作责任心和责任感，办事推诿扯皮，该办的事或能办的事拖着不

---

① 习近平：《深化改革巩固成果积极拓展、不断把反腐败斗争引向深入》，《人民日报》2015年1月14日。

办。从工作业绩上看，有的仅满足于过去，工作重点不明确，拿"奖状"要挟人，躺在功劳簿上睡觉，有事无人做，有人无事做。从服务质量上看，有的业务素质低下，管理水平平庸，群众来访咨询时，答复不一，让群众无所适从。少数领导干部甚至群众观扭曲、脱离群众，更为严重的是把权力当作私人物品，甚至商品化，大搞权力寻租，贪污腐败。因此，只有坚持"权为民所用、情为民所系、利为民所谋"的公仆意识，才能够密切党群、干群关系，凝聚党心民心，不断扩大并增强党的阶级基础和群众基础，从而形成反腐倡廉工作合力。

其次，红线不碰、底线勿越的法治观念，要求各级领导干部在反腐倡廉实践中，必须自觉把对法治的尊崇与敬畏转化成自己思维方式和行为方式，做到在法治框架之下，而不是法治之外，更不是法治之上想问题、作决策、办事情，并告诫为政者一定要牢记不论职务大小，只要触犯了法律，都会受到法律的严厉制裁。然而，现实工作中少数领导干部依然存在法治观念淡漠、依法办事观念不强等问题，主要表现为：有的决策"拍脑袋"唯我独尊，独断专行，习惯于一言堂，以个人决策代替集体决策，以个人决策影响集体决策。做重大决策时，不遵循客观规律，不注重调查研究，不充分发扬民主，缺乏科学论证和深入实际的调查研究，缺乏长远战略眼光和发展规划，盲目追求短期政绩和眼前利益，热衷于劳民伤财的"政绩工程"，热衷于立竿见影的"面子工程"，热衷于博取眼球的"形象工程"；有的自恃特殊、以言代法、以权压法，甚至徇私枉法，把自己置于法律之上或法律之外；有的对司法机关的正常工作横加干涉，强制司法机关按照他们的意图办事等。有的在惩治腐败的高压态势下，不收敛不收手，反而变本加厉，毫无畏惧之心，甚至以身试法。有法不依、权大于法、言大于法等现象在一些地方和部门仍然严重存在。因此，只有坚持红线不碰、底线勿越的法治观念，才能在反腐败斗争全过程中形成崇尚法律权威、严格依法办事的法治氛围。

最后，依法治权、从严管权的反腐理念，要求当前我国廉政建设必须坚持从法律制度、法治方式和法治机制入手，通过制定和实施法律，限制和规范公权力行使的范围、方式、手段、条件和程序，充分发挥法治对于公权力的引导、规范、制约和惩戒作用，形成"不敢腐的惩戒机制、不能腐的防范机制、不易腐的保障机制"，从而达到减少和消除腐败的目标。近年来，随着我国社会主义民主政治建设的深入发展，党和国家权力在结构及运行机制方面加快了成熟的步伐，但仍存在一些问题。一是权力法治约束力不强，有些权力不在法律框架下设立，有些不是依法行使的权力，某些领导干部经常因程序违法，手头的工作处于被动。二是对权力法律监督不够完善，主动监督观念不到位，呈弱化趋势；对过程的监督不够，大多是个案监督和结果监督；法律监督的手段滞后，监督手段单一，导致权力寻租和腐败现象频发。三是界定权力不够清晰，一些单位政事不分、政企不分，权力的掌握者存在"一边当裁判员，一边当运动员"的不良现象，一些部门中职责交叉严重，一些领导干部权力过大，工程建设随意插手，司法审判、人事招聘也贸然插足，谋取私利情况严重。没有科学配置权力及权力结构，监督权、执行权、决策权之间相互制约程度需要加强。可见，只有坚持依法治权、从严管权的反腐理念，才能真正将反腐败斗争引向深入，使其常态化、长效化。

（二）法治反腐观的制度内涵，有助于反腐倡廉体制机制日臻完善

从制度层面上讲，反腐倡廉是以习近平为总书记的党中央依纪依法规范党员干部廉洁从政在一系列反腐败规章、制度、法律、法规中的具体表现，主要涵盖了健全严守纪律、严明规矩的党内法规体系，构建科学严密、完备管用的廉政制度体系等法治化反腐的制度内涵。这些要求有助于推动我国反腐倡廉体制机制的日臻完善，对于当前我国廉政建设具有重要的指导意义。具体表现为如下两方面。

一方面，近年来，我党已初步形成了以党章为核心的反腐倡廉党内法规体系。但是，现行党内反腐法规之间存在不适应、不协调、不一致的问题。具体表现为：反腐法规的实施主体或作用对象已不复存在或发生变动，法规的调整内容或任务目标已经完成，但是相关法规依然存在；新法规已生效、旧法规未废止带来的执行混乱。例如，"为加强对领导干部的监督和管理，推进党风廉政建设，中央先后制定了4部规范领导干部报告个人重大事项和收入申报的法规，即《关于党政机关县（处）级以上领导干部收入申报的规定》（1995）、《关于领导干部报告个人重大事项的规定》（1997）、《关于党员领导干部报告个人有关事项的规定》（2006）和《关于领导干部报告个人有关事项的规定》（2010）（以下简称1995《规定》、1997《规定》、2006《规定》和2010《规定》）。相关法规明确规定，自2010《规定》颁布实施之日起，1995《规定》和2006《规定》同时废止，但是并没有明确1997《规定》是否应该废止，这容易造成执行混乱"。因此，反腐倡廉提出要健全严守纪律、严明规矩的党内法规体系，这就要求我们必须正确认识党纪与国法的关系，用法治思维加强党的纪律作风建设，注重把反腐倡廉的成功经验和规律性认识上升为党内法规，健全党内法规制度体系，推进党内法规同国家法律的有机衔接，发挥党纪在惩

治与预防腐败中的价值功能。此外，加强党内法规体系建设，还要求全党必须将党纪、党规转化为严明的政治纪律和政治规矩加以遵守，决不允许搞团团伙伙、拉帮结派，决不允许各行其是、阳奉阴违，自觉做到"四个服从"，坚决保持与党中央高度一致，坚决维护中央的权威和党的统一。

另一方面，当前我国已经具有一套相对完备的廉政制度，但从实际情况来看，廉政制度的适应性状况不佳，腐败形势依然比较严峻。主要表现为以下几点。一是廉政制度与制度环境之间的适应性缺失，廉政制度与社会转型、权力配置结构不相适应。监督体制虽然监督主体多、机构多、方式和渠道多，但没有起核心作用的机构和渠道，各种监督力量之间缺少配合，难以形成合力，不适应经济日益市场化、公权日益扩张化的社会环境的需求。二是非正式制度与正式制度之间的适应性缺失。非正式制度是一些利益相同的人在办事过程中自觉形成的一套规则，它存在于正式制度规定之外，又伴随正式制度而生，它利用正式制度提供的资源、条件、机会，又在无形中取代了正式制度，在这种情况下，正式制度难以发挥实效。三是廉政制度与实施机制之间的适应性缺失。廉政制度在实施过程中缺乏有效的实施机制和公正的执法者；缺乏有效的监督手段与监督激励；缺少一套有效的与制度相适应的奖惩机制等。因此，反腐倡廉强调要构建科学严密、完备管用的廉政制度体系。这就要求我们必须加强对反腐倡廉工作各个环节的制度设计，将其纳入制度化运行模式；针对党风廉政建设与反腐败工作中存在的突出问题，抓紧制定实践需要、群众期待的廉政制度；尽快完善权力公开制度和权力制约与监督体系，创新反腐败领导体制和工作机制；建立政府信息公示和公务人员财产申报制度，健全选人用人管人制度、责任倒查制度、领导干部报告个人有关事项制度、集体领导与个人分工负责相结合制度、民主决策制度等相关制度体系，进一步密织权力运行的制度"笼子"。

（三）法治反腐观的行为取向，有助于反腐倡廉工作重点更加突出

从行为层面看，法治反腐观是以习近平为总书记的党中央运用法治思维和法治方式反腐败的思想观念在反腐败立法、执法、守法等法律运行环节的集中体现，主要涵盖了完善反腐败法律法规、狠抓反腐败法律制度落实、以零容忍态度依法惩治腐败等法治化反腐的行为取向。这些观点有助于推动反腐倡廉工作内容的不断丰富，工作重点更加突出，对于当前我国廉政建设具有重要的实践价值。具体表现为如下几点。

首先，健全反腐败法律制度的行为取向，要求我们必须加强反腐败立法，

完善配套法规，形成完整的反腐法律体系，发挥预防与惩治腐败的整体效能。"诚然，我国反腐败法规建设思路日渐清晰，且规范化程度明显提高，但反腐败国家立法仍显不足。一是法律体系不够完善，许多重要的、基本的法律，如《反腐败法》《监督法》《新闻法》《财产申报法》等尚未出台；二是有相当一部分法律'老化'现象比较严重，亟须修订完善；三是有些法规质量低、漏洞多，缺乏前瞻性；四是不同层级的法规之间还存在相互'打架'和衔接不够的问题。"因此，以习近平为总书记的党中央提出要完善反腐败的法律法规，这就要求我们必须及时将党关于反腐败的理念和主张通过法定程序上升为国家意志，制定惩治与预防腐败法，使之成为全党全社会共同遵循的法律规范，并根据具体形势的变化适时加以修订；必须密切结合腐败发生的不同领域、不同环节，制定专项法律法规，进行有针对性的防范、惩戒和治理；各地方还应根据本行政区域的具体情况和实际需要，制定地方性反腐败法规，既可以为地方反腐败工作提供有效的法律支持，同时也可以为反腐败国家立法积累经验。

其次，狠抓反腐败法律制度执行落实的行为选择，要求我们必须严格执行反腐败各项法规制度，真正让铁规发力，让禁令生威，切实提高法治思维和法治方式反腐的执行力。当前，少数领导干部执行反腐倡廉法律制度不严格的现象仍然不同程度地存在。主要表现为：有的把制度当"摆设"，满足于照转、照抄、照搬，简单地理解、被动地执行，而未在抓落实、求实效上下功夫；有的搞"弹性"操作，对易循的执行得紧、对难循的执行得松，对自己有利的执行得紧、对自己无利的则执行得松，要求下级执行得紧，上级却执行得松；有的搞"变通"，别出心裁另搞一套，以强调单位特殊、人员特别为由，把制度变个"法子"执行，遇到"棘手"问题，就绕开制度，搞专题会议进行"集体研究"，实则乱了制度。因此，以习近平为总书记的党中央强调要狠抓制度执行、扎牢制度篱笆，这就要求我们必须把制度的监督检查、考评与问责有机结合起来，提高法治反腐的执行力。"对各项反腐败法规制度的执行情况，特别是一些容易发生问题、滋生腐败的关键部位和环节，必须采取定期检查或不定期抽查，及时纠正或根除执行中存在的问题；必须抓紧研究制定出台科学的制度执行力评价标准和办法，适时评估各地各部门反腐败法规制度执行力状况。"此外，还应加大问责力度，切实维护反腐败法律制度的严肃性。

最后，以零容忍态度依法严惩腐败的决心与行动，要求我们对于党内的腐败分子要依法从严惩治，特别是高级干部中违法犯罪的腐败分子。近年来，尽管我们党不断加大反腐败工作力度，但腐败现象在一些地方和部门仍然易发多发，有的案件涉案金额巨大、涉及人员众多，特别是高级干部中发生的腐败案件影响恶劣；腐败行为更加复杂化、隐蔽化，揭露和查处难度加大；一些领导干部利用职权或职务影响，为配偶、子女、其他亲属和身边工作人员谋取非法利益问题突出；少数领导干部理想信念动摇，严重脱离群众，形式主义、官僚主义和铺张浪费问题比较严重；个别领导干部无视党纪国法，甚至严重违法乱纪。因此，以习近平为总书记的党中央主张要以零容忍的态度依法惩治腐败，这就要求我们在惩治腐败的问题上，必须坚持法律面前人人平等原则，有法必依、执法必严、违法必究，严肃查办发生在领导干部中贪污贿赂、买官卖官、徇私枉法、腐化堕落、失职渎职案件，严肃查办发生在重点领域、关键环节和群众身边的腐败案件。与此同时，必须严格按照国家法律、党内法规等制度规定进行查办，严格遵循合法性原则、权利与义务原则、实体与程序并重原则，一方面，要以事实为依据、以法纪条规为准绳，用法治思维和法治方式惩治腐败。另一方面，应健全执纪执法制度，规范案件初核、立案、调查、移送审理、处理结案、申诉复查等程序，用准确的法纪和严密的程序确保依纪依法办案，切实提高依纪依法严惩腐败的实效性。

（撰稿人：西安交通大学马克思主义学院副教授韩锐；西安交通大学马克思主义学院教授范高社）

第十七章　农村社会治理的
问题及解决之道

一　问题的提出

（一）研究背景

近年来，我国经济增长速度逐年放缓。2013 年 GDP 增速为 7.6%，2014 年 GDP 增速为 7.4%，2015 年 GDP 增速为 6.9%，2016 年 GDP 增速为 6.7%。"经济增长速度从高速转变为中高速"是经济新常态的第一个特征，但是新常态的含义绝不仅是经济增长速度的变化。"增长速度换挡期、结构调整阵痛期、前期政策消化期""三期叠加"的特殊阶段对中国经济提出了前所未有的严峻挑战，其中也蕴藏着前所未有的机遇。我们不仅要习惯和接受逐渐放慢的经济增长速度，更要把经济结构的优化、发展方式的转型和经济效率的提高作为新常态下我们努力的主攻方向。当前，中国经济已逐渐摆脱投资驱动和出口驱动的传统增长模式，以往拉动经济高速增长的人口红利、土地红利、环境红利等的作用正在逐渐衰减[①]，质量、效益和创新的地位更加突出，生态文明和民生改善更应得到关注。在这个过程中，过去的数量型指标必须向效益型指标转变，过去被忽视或无视的问题必须得到重视。

中央把解决好"三农"问题作为全部工作的重中之重，提出了"以工促农、以城带乡"的统筹城乡发展基本方略，以 12 个中央一号文件为载体，陆续出台了一系列强农、惠农、富农政策，农业和农村发展取得了举世瞩目的成绩。但是农业和农村的弱势地位并没有得到根本的改变，党的十八届三中全会指出："城乡二元结构是制约城乡发展一体化的主要障碍。必须健全体制机

[①]　史晓红、窦祥铭：《中国经济"新常态"的理论逻辑与路径选择》，《商业经济研究》2015 年第 28 期。

制，形成以工促农、以城带乡、工农互惠、城乡一体的新型工农城乡关系，让
广大农民平等参与现代化进程、共同分享现代化成果。"经济新常态下，农村
发展面临着更加复杂的国内外环境和新的挑战。农村的各种资源逆向流向城
市，青壮年劳动力、受教育程度相对较高的劳动力、男性劳动力向城市流动，
农村人口的老龄化、妇女化趋势不断加剧，剩下都是所谓"386199"队伍。
在一些农村地区不但出现了青壮年劳动力短缺、农忙季节劳动力短缺、区域性
劳动力短缺等问题，而且留守儿童、留守老人、留守妇女的问题日益尖锐。根
据国家统计局的调查数据，2015 年，全国农民工总量达到 27747 万人，比上
年增长 1.3%。这个数量庞大的群体仍然在城乡间奔波，既不甘于接受强度
大、收入低的农业劳动，又未能被城市彻底接纳。困扰他们的是"子女教育"
"父母赡养""中年失业""未来养老"等种种不确定的未来，而农村则日渐
"空心化"、"过疏化"。问题的背后折射出面向农村的政策系统性不足、政策
的城乡衔接薄弱、政策执行效果递减等，这一问题也伴随着农村缺乏经济活
力、基层政权的公信力丧失、公共服务缺失、主流意识形态建设出现空白、乡
村传统文化衰落等严重的后果，这一切拷问着农村社会治理的现实，也提出了
迫切的对未来多元化治理模式的需要。2016 年伊始，中国一线城市里悄然上
演了一股"返乡潮"，越来越多的农民工想要离开曾经梦想的大城市，和"伪
幸福"说再见。同时，大城市里对保姆、餐饮服务人员、民工等服务人员的
需求越来越大。外来务工人员"返乡潮"从一个侧面反映了打破城乡壁垒的
困难，也启示我们中国的乡村并没有完全失去活力和吸引力。[①] 关键是如何正
确地看待这种现象。农民工之所以能够回到农村，很大程度上是因为还有一块
土地，以及他们不能割舍的种种。由此，我们能不能反思，与其迫切地期待城
市接纳农村，不如从改变农村入手，这种改变不是把农村简单地变为城市，也
不是农村融入城市，而是在现代化的视野下重新审视农村社会治理问题，借助
经济新常态的机遇发展农村。

（二）问题界定

马克思指出："社会不是坚实的结晶体，而是一个能够变化并且经常处于
变化过程中的有机体。"[②] 这一有机体是由多种互相依存、互相联系的要素所

---

① 吴恩远：《互联网+时代，中国乡村社会并未失去活力》，新华网，2016 年 4 月 11 日，http://
www. gd. xinhuanet. com/newscenter/2016 - 04/11/c_ 1118580439. htm。

② 马克思：《资本论》（第 1 卷），人民出版社，2004，第 10、13 页。

构成的。根据马克思主义的历史唯物主义观点，一定社会的经济结构和经济发展方式决定了其上层建筑的状况，经济和政治的问题会反映到文化和价值观念的层面上，反过来一个社会的文化导向又会影响未来社会的发展走势。马克思主义从历史和辩证唯物主义角度出发，指出人的利益起源于人的需要，人们结成社会关系的基本动因是实现自身的需要，从而深刻揭示出利益在政治行为过程中的作用和本质。作为观念存在的政治心理和政治思想，来自人们的政治利益，反映着人们特定的利益内容和利益要求。"离开'利益'这一本源，任何政治心理和政治思想都无从解释，'思想'一旦离开'利益'，就一定会使自己出丑。"[1]　新常态虽然是从经济角度对未来中国发展趋势和发展特点的判断，但是经济的变化不可避免或早或迟会对社会政治生态和文化生态产生影响。本章试图对新常态下的农村社会治理进行考察，分析经济新常态下农村社会治理中经济、政治、文化面临的问题，为了解决这些问题，农村社会治理应该采取什么样的路径和模式，以实现农村社会物质与精神的平衡发展。本章致力于回答三个问题：新常态的新变化和新特点是什么？这些变化对农村社会治理产生了或将要产生哪些影响？用什么措施应对这些问题？

（三）经济新常态对社会治理的影响

党的十八届三中全会提出创新社会治理体系，要求改进社会治理方式，激发社会组织活力，创新有效预防和化解社会矛盾的体制。在经济新常态下，社会治理面临着更复杂的形势和问题。

社会治理创新的重要性日益凸显。改革开放后，以"经济建设为中心"的发展思路和提法揭示了经济发展对于国家发展的重要性，也表明了经济生活在整个社会生活中的主导地位。我们在完成经济跨越式发展的同时，也逐渐塑造了独特的国家形态和发展模式。举世瞩目的经济成就也造成了诸多经济、社会与环境问题，特别是在保障社会公平，改善民生、共享发展成果等领域存在历史欠账，面临着一定的质疑。可以说，与"新常态"相对应的，不是"旧常态"，而是"超常态"，即高速经济增长伴随着社会问题的不断积累、社会矛盾的激化。近年来，党和国家不断做出新的定位和新的论述，慢慢将社会建设、社会治理纳入现代化建设的总体布局，就是对改革过程中出现的种种不协调、不公正、不透明做出的回应，对"超常态"的反省。

我国面临超越发展型国家的新机遇。我国原有的发展模式注重对地方政府

---

① 《马克思恩格斯全集》（第 2 卷），人民出版社，1957，第 103 页。

的经济绩效考核，鼓励政府深度介入经济活动，使政府官员有短期利益驱动下的经济偏好。2013 年，中组部印发《关于改进地方党政领导班子和领导干部政绩考核工作的通知》，规定今后不能只把 GDP 和增长率作为政绩评价的主要指标。经济新常态下，不再以过高的 GDP 增长衡量各级政府的政绩。提出"防止把发展简单化为增加生产总值，一味以生产总值排名比高低、论英雄"。在党政干部的考核中调整思路和眼光，使手段方法更加多样化，从经济发展、社会进步、民生改善、生态效益等多个方面和层次考量一个区域的发展现状和发展潜力，评价一个官员的显现绩效和对未来的可能影响。在探索 GDP 外的考核方式上，美国麻省理工学院于 2015 年 4 月 9 日发布的《2015 年社会进步指数》做了一些有益尝试。该报告提出了涵盖一国社会表现的 52 项指标，形成了对以往单一 GDP 评价体系的有力补充，也有助于建立更加完善的国家表现评价体系，从而为各国领导人和各国人民群众提供了全面考察国家发展图景的重要参考。

经济新常态提供了社会治理创新的有利条件。2015 年"互联网＋"行动计划出现在政府工作报告中，这是对经济新常态下新业态的肯定，也是对中国如何更好地利用互联网发展新经济前景的规划展望。经济活动主体的多元化和经济活动内容的多样化必然带来社会生活的丰富多彩和发声渠道的改变。以社会组织发展为例，互联网特别是移动互联网的发展给社会组织发展提供了前所未有的历史机遇。2014 年底，我国在民政部门登记注册的社会组织共 60 万家，而腾讯微信群可能有 125 万个，QQ 群可能超过 200 万个，它们分别是线下登记注册社会组织总量的 2 倍和 3 倍多。此外，以互联网为载体的教育、医疗、理财、交通、政务等活动在不断给人们提供便利的同时，也促使人们思考给社会治理带来的挑战和机遇。与抽样数据、局部数据基础上的社会治理相比，大数据、云计算将成为全面治理、微治理的有效工具和基础。如果说传统的社会管理考验的是政府，社会治理则面对的政府和每一个公民。

经济新常态带来社会治理的新挑战。随着我国财政收入的增加，我们在保障和改善民生方面也不断有新的举措，并取得了显著的成果。但是随着经济增长速度、财政收入增速的放缓，如何保证承诺投入的可持续性就存在不确定性。2014 年我国 GDP 增长速度为 6.9%，财政总收入增长速度为 8.6%，国家对教育、医疗、社会保障和就业等狭义民生领域的财政支出占财政总支出的比重也呈下降态势，从 2012 年的 32.61% 下降为 2014 年的 32.25%。在财政总收入增速下降的同时，狭义民生支出占比下降，这意味着我国政府对民生的投入在未来不会大幅度提升。因此，在经济新常态下，经济增速下行可能会对社会领域的可持续发展带来压力。国家卫生计生委发布的《中国家庭发展报告（2015 年）》显示，中国家庭之间的收入差距非常明显，收入水平最高的 20%的家庭，与收入水平最低的 20% 的家庭之间，差距已经为 19 倍左右。[①] 在收入差距如此大的背景下，往往那些低收入家庭面临更大的风险和落入贫困的可能，他们在传统行业就业的比例也较高。经济转型和效益提升本身也可能带来新的社会问题。如产能转移造成的就业压力。过去吸纳大量就业人口的行业如煤炭、建筑、钢铁等都是产能过剩的"重灾区"，这些行业的经济发展转型在短期内可能影响社会稳定。又如，创新驱动是未来经济发展的方向，但也会带来颠覆性的后果。胶卷相机被数码相机取代、液晶技术颠覆显像管技术，这些新技术和创新模式都曾使旧的产业和就业人口面临困境。当前专车服务对传统出租车行业，电子商务对实体经济不仅会带来强烈的冲击，也会给社会治理带来新问题。

二　农村社会治理中存在的问题

"新常态"既描述了当前中国经济发展所处的战略性阶段，又预测了未来中国发展可能的走势。我们不得不承认的是，新常态的背后可能隐藏着一个或许有些残忍的状况，当高速的经济增长被中高速增长替代，那些在高速经济增长下被掩盖的社会问题很有可能集中爆发或出现。这其中必须引起重视的是种种农村社会生活中的问题。[②] 在我国的整个宏观经济格局中，农村长期处于附属和边缘化的部分，为城市提供日常生活的粮食、蔬菜、水果；为城市提供大量年轻的廉价劳动力；成为城市垃圾的掩埋和倾倒场所。城乡一体化的思路虽然提出多年，具体做法仍然是城市攻占、农村沦陷的城镇化过程。经济新常态下，农村不可避免地会受到强烈的冲击，而且由于各种保障性措施相比城市不够完善，城市化进程中的农村社会面临更剧烈的变动，社会治理会遇到更多的问题。

（一）　经济增长放缓

改革开放以来，虽然我国城乡居民的收入都在不断增长，生活状况不断改

---

① 《〈中国家庭发展报告（2015 年）〉发布，家庭收入最高差距达 19 倍》，新华网，2015 年 5 月 14 日，http：//news.xinhuanet.com/house/xa/2015－05－14/c_1115276914.htm。

② 田洪星、林乐兴：《新常态背景下社会秩序的转换与重塑》，《学习论坛》2015 年第 10 期。

善。近年来，农村居民收入增长加快，高于城镇居民收入增幅，在一定程度上是"补欠账"。2010年，我国城乡居民收入差距为3.23倍，由于国家采取了一系列扶农惠农、提高低收入者收入的措施，到2014年，城乡居民收入缩小至2.75倍，2015年进一步缩小至2.73倍。相对于城市，农村在各方面仍然处于弱势地位。长期以来服务于国家整体的经济发展战略以城市为中心，乡村从属于城市，服务于城市，跟随和模仿城市。具有中国特色的农民工群体、留守儿童群体、留守老人群体正是这种战略尚未消亡仍在发挥作用的证明。中国经济发展包容性不足的问题，植根于计划经济时代的制度性不平等。例如，政府的行政垄断遍及经济领域，个人在经济活动中少有自由决策空间，薪酬分配中的平均主义与附着于官员等级制上的特权并存等，都是旧体制的遗迹。随着市场化改革的深入，行政垄断的领域缩小，个人的经济自由增加，收入分配中的平均主义被打破，经济发展的包容性将有所增强。不过，由于经济体制的转轨尚未完成，不同社会群体之间的权利平等尚未完全实现，从而造成市场经济中的不平等竞争，并使不平等竞争的后果继续复制并加剧不平等。如珠三角等地曾出现过十多年间农民工的平均月工资只涨了68元的状况。

经济增长速度放缓，对农村社会造成的影响首先表现为就业状况的恶化，外出务工的大量农民工可能会面临失业，2015年全年农民工总量为27747万人，比上年增加352万人，增长1.3%。当前农民收入中工资性收入与家庭经营收入双增长格局基本形成。但从结构看，来自农业的收入比重在逐年下降。2015年农民工资性收入绝对额首超家庭经营收入，成为农民第一大收入来源。而以农业收入为主的农民家庭经营收入比重从2008年之前的50%以上下降到42.6%，平均每年约下降2个百分点。反观现行农业政策，无论是各部门支农项目还是"四补贴"，主要目的都在于强化和支持农业生产经营，即农业政策的导向和着力点仍然局限在农业。随着城镇化和农地流转加速，城乡劳动力市场逐步完善，农民职业化程度大幅度提高，农民的工资性收入必将进一步增长，对农民经营决策的影响权重将继续加大。如果支农政策不能对此做出及时调整，那么方向性偏差所带来的负面效应将越来越明显。①

城乡二元经济结构导致了农村劳动力供应充足，价格低廉。改革开放以来，农村劳动力大量流向城市。2012年的调查数据显示，25岁以下的农村劳动力有70%不在农村了，人口红利伴随着2004年出现的民工荒和以工资上涨为标志的"刘易斯拐点"逐渐丧失了。新常态下经济增长放缓可能导致对农

---

① 钟真、孔祥智：《经济新常态下的中国农业政策转型》，《教学与研究》2015年第12期。

村弱势产业和弱势群体的挤压。面对宏观经济与发展战略的变化，各行各业都会主动积极地认识新常态，适应新常态，引领新常态。这些变化会直接或间接地对农村社会治理产生影响。[①] 农村地区的经济活动与经济资源的竞争，可能对农村产生两种不利的后果。一种是市场竞争产生的排斥弱者的力量，市场的自发作用本身就有"马太效应"，使占有社会资本、人力资本和金融资本较少的农村地区经济发展空间更小，在与城市的竞争中处于劣势。另一种是对农村地区优势资源的消耗性而不是开发性吸引力增强，导致农村地区面对利益诱惑，选择短期内容易带来更多经济收益的发展模式，而忽视了长期发展和未来多样性的发展可能。例如，破坏性地资源开发与输出、掠夺性地使用土地和环境资源、以传统文化资源的异化和断裂为代价发展旅游业等。无论是过度开发利用，还是过分利益诱惑，都会成为一种破坏资源平衡的危险因素。

城镇化被认为是中国经济未来长期增长的主要引擎之一。但是，几十年来传统城镇化的实践累积了大量深层次矛盾，这些矛盾涉及不同领域，在新常态下会逐渐显露并演变成问题。我国传统的城镇化战略基本上是城市的自我复制和城市规模的扩张，是一种单向的、以城市为中心的发展思路的反映。建设过程轰轰烈烈，对建设的效益和未来影响评估不够，往往会出现建成区人口密度下降、人均建成区面积提高等不良后果。在城镇化中对农村居民的利益关注不够，甚至以牺牲农村居民的利益为代价换取城市的发展，自然无法承担城乡一体化的历史重任。城镇化多由政府主导，房地产的巨额投资开路，对产业的协调发展和人的需求规划不够，人为规划的商圈大量闲置。更可怕的是过度膨胀的房地产业和高房价，导致钢铁、水泥等建筑材料产能过剩，高房价也弱化了年轻人的创业创新动力。从经济增长因素的角度看，传统的城镇化战略更侧重于从需求面认识城镇化，即寄望于通过城镇化带动基础建设投资和城市消费等国内需求，以支撑经济增长。相反，与城镇化高度相关的产业集聚、规模经济、人力资本积累、知识外溢等对长期可持续发展更为重要的供给面因素，则一直未被重视。城镇化是一个长期的、自然的、历史的过程。西方国家的城镇化大都经历了几百年或近百年，而中国的快速城镇化却主要是在最近三十年发生的，无论是规模还是速度，都属空前。过于追求城镇化率的上升，片面强调速度，往往会导致诸如造城运动、农民上楼、征地拆迁、"鬼城"、集聚效应和规模效应不足、就业不足、创新不足等一系列更为棘手的问题。

---

① 刘解龙：《经济新常态中的精准扶贫理论与机制创新》，《湖南社会科学》2015 年第 4 期。

（二）社会稳定失序

随着农村经济体制的改革和治理模式的转变，建立在人民公社体制基础上、依托于国家权力和意识形态的强控制而形成的以同质化和静态化为主要特征的农村社会结构逐步瓦解。在各种因素的共同作用下，农村社会结构以"碎片化"和"再组织"两种看似矛盾的状态进行自身转型和再造，这是当前农村社会结构嬗变过程中最突出的特点并隐含着多种变化的可能性。农村社会的"碎片化"特征主要表现为农村原有的社会关系网络日益破碎，新的社会纽带和关系网络尚未建构起来。现有的村民自治体系没有为农村社会纽带和关系网络的重构提供有效的支撑和载体。以家庭为单位的个体化生产和经营是目前农村生产生活的主体，农村传统的集体生活瓦解，由于公共活动和共同价值的缺乏，社会成员对村集体的依赖度低，彼此之间的互动和信任也日益减少。各种公共事务无人问津，"搭便车"现象盛行。目前农村社会的再组织不再是国家权力主导的产物，而是基于农村社会自身发展的需要，以及农民维护自身权力和利益的现实需求。首先表现为，"再组织"是在社会结构碎片化背景下进行的，因此秩序性不强，缺少必要的价值认同和规则意识。其次，由于国家权力"傲慢"的惯性，对农村社会的尊重和重视不足，国家权力既缺乏与农村社会沟通的耐心，又缺乏与农村社会沟通的渠道与能力。农村社会再组织中的政治冷漠现象在滋长，政治参与度不足。政治冷漠或不信任成为农村社会的主流，农民的政治参与度没有得到根本性的提升。

乡村两级组织弱化现象加剧，农村公共服务、公共产品供给严重不足，直接影响广大农民的生产生活，制约着农业和农村的可持续发展。农村基层组织软弱涣散、功能弱化情况较为严重。干群关系疏离，集体经济薄弱，村自治组织运转缺少物质保障、组织保障和人才保障，作用难以有效发挥。[①] 农民原子化生产生活状况更为明显，农民的绝对生活水平得到了大幅度提高，维系公共理念的纽带却进一步松弛，其政治认同水平和政治归属感有所下降和弱化。经济增长放缓，对农村最重要的影响是农村老龄化、青壮年外出带来的"留守老人""留守儿童"问题。社会保障缺失，保障水平低。教育投资和教育资源分布不均衡。公共服务设施不完备，服务体系不健全。

---

① 王丽：《公共治理视域下乡村公共精神的缺失与重构》，《政治学研究》2015 年第 11 期。

村级基层管理者的贪腐和不作为是农村社会治理中具有典型性的问题。湖南省吉首市一名村干部因贪腐被查后，竟反问："我当村干部不就是为了捞两个吗，这怎么还违法了？"道出了村官贪腐问题的严重性和基层治理中法治观念的缺失。村官贪腐的重要原因之一是村级治理制度不够健全。沿海发达地区农村和具有大量资源的有些地区，村一级可能有大量公共资源，有各种获利机会。然而，由于法律制度不健全，一般村规民约又很难有效监督村官，结果出现了村官贪腐的情况。甚至在有些地区，上级政府为了让村官完成诸如征地拆迁任务，有意纵容村官从集体资源的模糊地带捞取好处，那些城中村和靠近城市的农村在城镇化过程中集体土地资源大幅度升值，村官可以获利数十万元、上百万元甚至几百万元。但这样的情况毕竟是少数，绝大多数的中国农村地区，农村治理最为难办的问题不是村官贪腐，而是村官不作为及无能力作为。除了有限的上级转移支付，村集体几乎没有可以使用的公共资源；村干部误工补贴少，想为村民办事，因为没有资源而办不成事。村干部越是办不成事，村民就越不信任村干部，村干部就越是当得没意思，于是全国农村普遍出现了村级治理的消极无为。①

农村社会结构在"碎片化"的同时，也逐步开始了重构和再组织的历程，所谓的"农村社会再组织"，就是指农村社会在自身结构碎片化的背景下按照特定的逻辑和规则重建部分社会联结和沟通机制，使农村社会的各种主体在某种程度上得以重新建立联系，并逐步形成了一些特有的运行秩序或趋势。在再组织进行的过程中，各种农村社会关系和纽带也存在再次断裂、重新陷入碎片化的可能，但从整体来看，农村社会结构发展的未来趋势是不断实现组织化。农村社会在再组织的过程中呈现一些新的特点。第一，农村社会再组织的动力机制发生变迁。在相当长的一个历史时期内，执政党和国家权力运行的逻辑就是农村社会组织和发展的逻辑。当前的农村社会再组织具有明显的"去行政化"或"非权力化"的趋势，整个农村社会的再组织不再是国家权力主导的产物，而是基于农村社会自身发展的需要，以及农民维护自身权力和利益的现实需求。第二，农村社会再组织的秩序性不强，发展风险性不断提升。各种社会主体基于自身的利益诉求和期望逐步建构起特有的关系网络，导致在整个社会结构转型的过程中缺少必要的价值认同和规则意识，存在失序的风险。市场经济的渗透和城乡一体化战略的实施带来的农村流动性进一步增加了农村社会重构的风险性和不确定性。第三，农村社会再组织中的政治冷漠现象在滋长，

---

① 贺雪峰：《村官贪腐空间有多大》，《人民论坛》2016 年第 3 期。

政治参与度不足。农村社会再组织的过程中，政治冷漠或低政治参与的状态可能演变成一种对正式权威的漠视和质疑，以及对基本社会规则和秩序的挑战。社会农村组织中除了"半体制化"的政治类组织，如村民自治组织和村级党组织的附属组织（如共青团组织、妇联组织和民兵组织等）外，其他类型的组织也在快速发展，并逐渐成为农村的主流。如农村经济互助合作组织，包括农村专业经济协会、经济合作社、各种经济联合体等；社会服务和文化公益类组织，包括乡村剧团、村民调解委员会、老年协会、计生协会、文体活动协会、红白喜事协会等。以上各种类型的社会组织要么依照相关国家法律而成立，要么经过特定的程序进行了注册或登记，要么得到上级党委政府的支持和默许，因此都是农村地区合法存在的正式组织。此外，农村社会还存在相当数量的未经注册和登记的非正式民间组织，例如，一些基于血缘、信仰和特定生活空间而形成的宗族组织、宗教组织、邻里互助组织、维权组织以及一些邪教组织和黑恶势力组织。随着农村社会的再组织，大量农村社会组织或民间组织不断产生，其影响力已经不可小觑，在承认其积极意义的同时，我们也必须认识到，农村社会组织发展也可能带来一系列的负面影响，如导致乡村社会的正式组织被弱化；一些组织的诉求可能超越当前体制所能给予的空间，引发农民过当的政治压力；部分社会组织可能为了维护成员的不法利益，抵抗国家法律法规的执行；部分乡村精英利用社会组织资源榨取弱势群体利益等。这些负面作用可能会对村级党组织的权威和话语权产生一定的挑战。在法律意识单薄、传统约束手段失效、金钱至上和拜金主义盛行的情况下，某些社会组织甚至成为非法财富的获取手段。

（三）信仰和道德领域问题突出

农村陈腐观念的复活和外来宗教的乘虚而入，打麻将赌博成风，干群关系不和谐，与农村集体经济的削弱、农民组织化程度的下降、农村精神文化生活的贫乏不无关系。[①] 社会价值的碎片化、主流价值观对农村社会的影响力和整合力不足，各种农村亚文化不断兴起和扩张，争夺农村受众，农村社会在一定程度上陷入了价值观真空的状态，导致了农村社会的自我约束能力和自我纠错能力不断下降。良好的村风民俗被打破，各种封建落后思想沉渣泛起，甚至极端思潮（如邪教等）蔓延的趋势开始出现。农民普遍缺乏公共精神，以实现

---

① 简新华：《中国新常态：实施三个新战略》，《财经科学》2015 年第 8 期。

个人和家庭利益最大化为主要导向，奉行"事不关己，高高挂起"的处事原则，对村集体的认同感和归属感降低，参与公共事务的积极性不足。

农民政治认同和政治归属感下降。农民的政治认同本质上是农民对现存政治制度、政治秩序、政治价值观的情感倾向和心理归属。我国是一个农业大国，农村人口占总人口的 50% 以上，农民的政治认同是党执政的重要基础，对乡村社会的和谐稳定发展和良好秩序的建立与维护起着重要作用。20 世纪 80 年代以来，经过农村土地制度改革和税费改革，国家治理乡村社会的理念和方式正在转型，乡村社会本身也正在经历治理方式、农民价值观念以及基础社会结构的变化。农村土地制度改革和税费改革使广大农民切实分享改革开放和现代化建设的成果，得到了实实在在的利益。但乡村治理带有更为明显的运行机制与利益群体非均衡博弈的复杂性特征，政府主导与乡村社会自主性两股力量的失衡加剧，面临诸多矛盾与问题。国家权威式的干预进一步减弱，基层政府权力"悬浮"，遭遇制度困扰、经济难题，治理能力与水平下降，不能有效作为，难以完成从汲取型政府向服务型政府的转型。乡村两级组织弱化现象加剧，农村公共服务、公共产品供给严重不足，直接影响广大农民的生产生活，制约着农业和农村的可持续发展。农村基层组织软弱涣散、功能弱化情况较为严重。干群关系疏离，集体经济薄弱，村自治组织运转缺少物质保障、组织保障和人才保障，作用难以有效发挥。农民原子化生产生活状况更为明显，农民的绝对生活水平得到了大幅度提高，维系公共理念的纽带却进一步松弛，其政治认同水平和政治归属感有所下降和弱化。农民希望发挥群体力量但又缺乏现代公共精神和社区意识，使乡村政治建设和公共治理陷入两难困境。具体表现为：农民的政治认同是基于经济利益的认同，而缺乏政治价值体系的倾向与心理归属，呈现复杂性、层次性和区域性特点。农民在日常的生产生活中，尽可能使自身利益最大化，更多关注的是与自身利益密切相关的国家政策和制度体系，经济利益的满足程度成为农民政治认同的标准和逻辑起点。农村改革以来，党和政府向农民输送政治理念、政治信仰、政治价值观的渠道和方式日益多样化，所推出的一系列惠农政策在一定程度上提高了党和政府在农民群体中的政治认同水平，但这并不能掩盖农民在政治价值体系和信仰方面的阙如。改革开放以来，农村政治生态环境发生了巨大变化，农村社会发展的基础由过去国家意志的组织变为村民自治组织，农村价值体系随之呈现"碎片化"状态，同时由于多元文化带来的冲击，以及农民自身的一些原因，农民难以完全接受主流价值的引导，无法完全进行正确的政治价值选择和判断，他们对党的方针政策认识存在偏差。虽然其争取民主权利意识和政治参与意识在逐步增强，但对政治参与的性质、目的以及自身的责任和基本权利却缺乏足够的了解，农民的政治参与行为缺少理性的支撑，现实中难免会带来政治参与的随意性抑或政治冷漠和政治离散的消极心理状态，其结果是非制度化的政治参与。思想文化建设本来是我们党的优势，但在目前的农村却体现不出这种优势。原有的价值体系和思想观念逐步瓦解，思想教育深入不到农民群众内心，农民思想意识缺少主流价值的支撑，农村出现了严重的信仰危机，农村社会陷入集体意识衰落状态。封建迷信在整个农村社会死灰复燃，并有日趋猖獗之势，打牌赌博和地下彩票赌博在一些农村盛行。

农民责任意识比较淡漠，缺乏参与公共事务的热情。农民的责任意识是农村乃至整个国家和谐发展的思想基础和非制度性资源，要建构农村良好的政治新秩序，实现农村的健康有序发展，必须要培育现代农民，而要培育现代农民则要先培育农民的公共精神和责任意识。让农民在承担个体责任的基础上，不断超越狭隘的个体局限，参与乡村公共事务的管理，为农村和国家的发展与社会的进步贡献力量。农民公共精神和责任意识的形成与其所处的环境、角色地位和价值取向密切相关，正如马克思所阐释的，"在不同的占有形式上，在社会生存条件上，耸立着由各种不同的、表现独特的情感、幻想、思想方式和人生观构成的整个上层建筑"。但现实的困境恰恰是农民缺少甚至没有公共精神和责任意识，这里所言的农民责任意识缺失主要是指农民公共责任的缺失。在广大的农村，实行农村家庭联产承包责任制后，农民由公社时期的"社员"变成自主经营的个体，分散的小农经济结构使农民的自主意识、利益意识明显增强，"社会人"意识趋于淡薄，公共精神与公共责任意识消失殆尽。大多数村民极少考虑到自己是国家的公民、社会的成员、所在村庄的一分子，缺少对社会责任和集体责任的担当。多数的农民遇事只考虑个人私利，对村庄的建设、村里的公益事业漠不关心，认为乡村建设和公益事业是国家的事情，是政府的事情，是村干部们抓的事情。对村里的公益性建设缺乏关心与热情，更不愿意通过集资出义务工等方式参与村里公益事业。目前，农民对公共事务的态度正如亚里士多德所言，"凡是属于最多数人的公共事物常常是最少受人照顾的事物，人们关怀着自己的所有，而忽视公共的事务，对于公共的一切，他至多只留心到其中对他个人多少有些相关的事物"。由于公共精神与公共责任意识的缺乏，农民在公共选择时往往利用博弈规则实现自身利益的最大化，而绝少考虑公共利益，以至于农村社会集体行动困难，合作互助难以展开。

农民更多地关注个人利益，缺少维护公共利益的精神。在公共治理视角下，政府是公共利益的主要维护者，而作为公共治理的主体之一，公民有责任和义务参与公共治理，维护公共利益。目前我国农村发展正处于全面转型阶段，农村社会利益关系发生了重大变化，农民阶级发生了新的分化和组合，呈现利益结构多元化、利益差别扩大化、利益对立关系显性化和利益表达公开化等特点。针对这一现实，认识并处理个人利益与公共利益的关系，是整合社会利益、实现乡村社会和谐的关键。而现实情况是：农村改革后，实行了一家一户的小生产经济形式，集体经济不复存在，集体精神被边缘化甚至被逐步消解。由于利益主体的多元化，加上长期以来农村精神文明建设的滞后，主流价值观被侵蚀，农民的国家、集体观念在逐渐淡化，在日常的生产生活中表现出较强的个人主义倾向。这种个人主义"在摆脱了传统伦理束缚之后往往表现出一种极端功利化的自我中心取向，在一味伸张个人权利的同时拒绝履行自己的义务，在依靠他人支持的情况下满足自己的物质欲望"。一些人不仅没有集体主义观念、顾全大局的意识，而且小生产意识浓厚，自私自利倾向严重，遇事把个人利益摆在第一位，只关注一家一户的利益得失，追求个人利益最大化，一旦出现国家、集体利益与个人利益的矛盾，往往把个人利益摆在第一位，要求集体利益服从个人利益。事关国家、集体、他人利益时"事不关己，高高挂起"，事关自己利益时决不让步。一些人为了自身利益不惜以损害社会他人利益为手段。近年来，各地农村频繁出现的农民破坏国家、集体公共设施的案件在一定程度上说明了农民公共精神、公德意识的缺失，同时也提醒我们农民公共精神和理应承担责任的缺失，农村极端实用个人主义的出现已不是个别现象，如不加以重视并予以矫正的话，会对农村以至整个国家社会的发展带来消极的影响。

三　农村治理"三位一体"模式的构建

《中共中央关于全面推进依法治国若干重大问题的决定》指出，中国未来的发展要"更好维护和运用我国发展的重要战略机遇期，统筹社会力量、平衡社会利益、调节社会关系、规范社会行为，使我国社会在深刻变革中既生机勃勃又井然有序，实现经济发展、政治清明、文化昌盛、社会公正、生态良好"。新常态下经济正在向形态更高级、分工更复杂、结构更合理的阶段演化[①]。中国社会主义的特色在于马克思主义的一般理论与中国国情的结合。广阔的农村和大量的农村人口是中国不能回避的国情，何况我们的传统文化本身

---

① 《中央城市工作会议在北京举行》，《人民日报》2015 年 12 月 22 日。

就是植根于深厚的乡村土壤中。经济新常态让我们从单纯追求增长的迷思中回过神来，重新反省人与物的关系的定位，反省发展的意义和价值。如果说近代以来，我们追随着向西方学习的步伐，要改变受欺辱被压迫的地位，改革开放以来在经济发展上我们仍然吸收了发达国家的很多经验。今天，当中国成为世界第二大经济体的时候，我们必须要正视和回答一个问题，即发展的目的是什么。习近平指出："没有农村的小康，特别是没有贫困地区的小康，就没有全面建成小康社会。"他强调："发展不能是城市像欧洲、农村像非洲，或者这一部分像欧洲，那一部分像非洲，而是要城乡协调、地区协调。"因此，农村社会治理应该是一个系统工程，从经济、政治到思想文化做一个全方位的改变和完善。从价值理念层面看，"社会治理"最初是以一种意识形态的政府话语而呈现的，其背后蕴含的是一种行政权力，表现为党和政府对当下社会改革的期许；从制度设计层面看，"社会治理"表现为一种对过去单一的、强制性的社会管理体制的变革，目标是设计出能够容纳多元社会主体共同参与的制度框架，并界定各类主体的权责边界，保证除政府外的其他治理主体的参与权和决策权；从行动策略层面看，"社会治理"表现为多元主体共同参与处理各类社会问题，并在制度框架的范围内，依法行使各自的权益，共同促成治理共同体的构建。[①]

（一）提高农村经济发展的包容性

农村社会治理要解决的核心问题是：避免农村的封闭化和边缘化，前者是与外部隔绝，后者是成为城市的附属、城市的低劣复制品，失去独立的存在价值和文化意义。经济增长包容性的提高是经济新常态的一个不可或缺的重要方面，特别是重塑城乡关系。中国经济新常态旨在推进包容性发展，最大限度地增进社会公共利益。区域和城乡发展不平衡是中国经济公共性实现的瓶颈。经济新常态倡导的包容性经济发展模态，对于改变中国经济发展不平衡所造成的"公共性的失落"，实现发展成果的公正分配具有重要意义。

本轮国际金融危机以来，我国的基尼系数有所回落，2014 年中国居民收入基尼系数为 0.469。这是基尼系数自 2009 年以来连续第六年下降，表明收入分配状况趋向好转。为解决包容性不足问题，"实现发展成果更多更公平惠及

---

① 沈东、杜玉华：《"社会治理"的三维向度及其当代实践——基于价值理念、制度设计与行动策略的分析》，《湖南师范大学社会科学学报》2016 年第 1 期。

全体人民"的目标，理所当然地成为中共十八届三中全会决定中深化改革的重要组成部分，教育、就业、社保、收入分配等领域的改革都已经破题。不过，在制度设计和实施过程中，提高增长的包容性仍有许多工作要做。首先，要保障起点公平。这就需要政府在教育、营养和医疗卫生方面做出足够的努力，保障全社会居民的基本医疗，降低个人医疗对于家庭收入的依赖程度，降低儿童因为生病看不起病而耽误人力资本积累的可能；应保障居民，特别是儿童和青少年的膳食营养，接受充分的教育，降低人们的受教育程度对家庭收入的依赖，让他们的人力资本水平取决于自己的聪明才智。其次，要保障居民自由迁徙的权利，要大力排除或改革劳动力自由迁移的制度障碍，那些阻碍劳动力自由流动的医疗保障制度、养老保险制度、土地制度等，再也不能继续下去了。最后，切实缩小居民收入差距。由于城镇居民收入差距在我国总体收入差距中所占比例将越来越大，因此，未来要控制中国的收入差距，工作重心应主要转变到控制城镇居民收入差距上来。未来缩小收入差距的重点，可能也应置于打破行业垄断、完善公共资源出让制度和收益分享制度等体制变革方面。[1]

经济新常态的特征不只体现在经济增速下行上，它更应体现在经济发展的质量和效益的提升方面。通过经济发展结构和动力的改善超越以往靠投资驱动的粗放发展模式，才是经济新常态的本质特征。产业结构和城乡结构转变是实现新常态经济结构失衡到优化再平衡的重要途径。由此伴随的劳动力空间结构和行业结构的变迁将成为人口红利考察视角之一。传统人口红利的消退，是社会经济发展的必经阶段，并且随着人口结构问题的逐步显现，我国的要素禀赋结构不可避免地发生演变，进而倒逼经济结构形态的变迁。作为多部门宏观经济模型，通过人口指标相关的劳动生产率、"工资"、城市化等关键参数改变可用于模拟结构转变对整体经济的影响。最后，从社会经济政策环境的角度挖掘我国第二次人口红利的源泉更具有现实意义。有利的人口规模及结构只是人口红利的必要条件，人口红利的实现更取决于政策制度改革。新常态下的改革红利包括两方面，需求方的改革，通过缩小收入差距完善社会保障体系，推动户籍制度改革，从而促进国内消费成为可持续经济增长的拉动因素，优化经济需求结构；供给方的改革，优化资源配置和改革国有企业，提高全要素生产率，提高教育水平进而提高人力资本贡献，调整生育政策等。[2]

---

[1]　李扬、张晓晶：《"新常态"：经济发展的逻辑与前景》，《经济研究》2015 年第 5 期。

[2]　陈卫、聂真真、杨胜慧：《CGE 模型在新常态下人口红利研究中的应用——兼对人口红利三种经济学分析框架的比较》，《人口与经济》2015 年第 6 期。

　　为了实现经济的快速增长，许多国家都经历了先污染后治理的道路，中国亦是如此。以往以 GDP 增长速度为唯一考核标准使经济建设走了牺牲环境、过度开发资源的道路。环境问题已经成为制约中国发展的重要因素，从肆虐的"沙尘暴"到人人自危的"雾霾"，无不使中国的经济成就褪色，使人质疑"以环境换发展"的意义何在。2013 年习近平总书记提出：经济增长不再简单以 GDP 论英雄，中国不再以 GDP 论英雄是负责任的。这扭转了过去"唯 GDP 论"的错误评价指标，提供了经济发展的正确思路和方向。在经济"新常态"背景下，一方面要淘汰高能耗、高污染的生产工艺与技术；另一方面开发新能源，尤其是洁净能源风能、水能、太阳能等，减少对环境的污染，增强人们的环保意识，提倡绿色出行，在经济增长的同时，实现人与自然的和谐发展。[①]

　　在中国经济步入"新常态"后，经济增速将有所放缓，此时，维持经济发展的稳定性和可持续性才是经济发展的重点所在。在经济增速放缓、经济结构调整的关键时期，应当发挥财政支出结构对经济波动的影响机制，增加服务性支出所占的比重，降低生产性支出和消费性支出所占的比重；应当摒弃过去那种一旦经济增速有所下滑就加大政府生产性支出的做法。因为在"新常态"下，即使经济增速是 7% 左右，但无论是速度还是体量，在全球也是名列前茅的，如果沿用过去的做法，继续加大政府生产性支出所占的比重，最后的结果又是加剧经济波动，同时，也不利于经济结构的调整。[②]

　　为城镇化率而推进的城镇化以及忽略了城乡发展一体化的城镇化，是违背经济发展规律的。对待城镇化发展应有历史耐心，要因势利导，使城镇化成为一个顺势而为、水到渠成的过程，不要把提高统计意义上的城镇化率作为硬任务，不能靠行政命令层层加码、级级考核，不要急于求成、拔苗助长，更不要去搞大跃进和大干快上。未来城镇化发展不能因循过去的老路，需要全面转型。第一，在城乡一体化框架下重新定位城镇化，特别是要进一步缩小城乡居民在医疗、教育、养老等方面的差距，实现公共服务均等化。第二，在城镇化中，始终遵循市场在资源配置中起决定性作用的原则，尊重企业和居民等微观主体的自主选择，同时，更好地发挥政府在提供公共服务、维护市场公平竞争等方面的作用。第三，进一步推动建立城乡一体的要素市场，使农民公平地享

---

① 史晓红、窦祥铭：《中国经济"新常态"的理论逻辑与路径选择》，《商业经济研究》2015 年 28 期。

② 邓明、魏后凯：《公共支出结构偏向的经济波动效应研究——兼论新常态下的公共支出结构调整经济管理》，《公共管理》2015 年第 9 期。

有城镇化过程中的土地增值收益，弥合城乡收入差距。同时，更好地维护农民权益，防止"被市民化"。第四，始终以提高效率特别是提高土地利用效率为城镇化导向，使之有利于促进诸如住房、交通通信、医疗保健、教育卫生、休闲娱乐等消费型投资迅速增长，有利于促进基础设施改善和新能源、节能环保、电动汽车等新型战略产业大发展，有利于人口和生产要素的不断聚集，为教育水平的大幅度提高和生活质量的持续改善提供条件，从而助力改善中国的人力资本。第五，建立科学合理的产业布局和城市规划，充分发挥城市在产业积聚、规模经济、人力资本积累、知识外溢等方面的积极作用，使城镇化成为提高效率、促进经济健康可持续发展的长期和重要的支撑。①

经济增长下行，以创新为动力的产业结构调整，可能会使基本的劳动群体挣钱不易，对于进城务工的农民工群体的冲击可能更大。如果不能提高这一群体的素质，就可能使其更加底层化，进而使社会结构固化。在走向经济发展新常态的过程中，原来的基本劳动群体特别是其中的年轻劳动群体都没有上升的机会，既是经济问题，也是社会问题。当基本劳动群体的经济机会降低或被边缘化时，他们在劳动就业场域中可以利用的社会资源减少，有效的社会资本也会降低。新的社会政策要防止基本劳动群体的社会沉淀，即防止这一群体变为社会结构中的底层而固定下来。解决底层群体经济上的困难，增强他们走出困境的实际能力，给予他们真实可感的社会支持，是避免发生底层群体社会沉淀的措施，也是社会政策应有的内容。②

（二）确立农村基层治理体系中法治的核心地位

我们要用法治精神来建设现代经济、现代社会、现代政府③。毫无疑问，确立社会治理的新态势，必须超越管控维稳模式。郁建兴指出，社会治理的新态势要实现三个转变：目标愿景从"维持社会稳定"转变为"追求社会公平正义"；治理主体从"政府单一主体控制"转变为"社会多元主体共治"；实现手段从"行政理念与命令"转变为"法治思维与方式"。④ 这同样适用农村社会治理，特别是治理手段，将行政主导和乡土文化相混合的治理模式改变为以法治为核心的治理模式，消除农村社会治理中的"过度作为"和"不作为"

---

① 李扬、张晓晶：《"新常态"：经济发展的逻辑与前景》，《经济研究》2015 年第 5 期。
② 王思斌：《新常态下积极托底社会政策的建构》，《探索与争鸣》2015 年第 4 期。
③ 《国务院总理李克强会见中外记者　回答记者提问》，中国网，2014 年 3 月 13 日，http://www.china.com.cn/guoqing/2014-03/13/content_31774750.htm。
④ 郁建兴：《走向社会治理的新常态》，《探索与争鸣》2015 年第 12 期。

并存的奇怪现象。所谓"过度作为",体现为与民争利和基层政权过分热衷于追逐经济利益,"不作为"则是指对农村居民的权利保障不够,对侵权行为没有给予及时的制止和干预。

法治是重塑政府与社会组织关系的必要手段。社会治理是运用政治权威或行政权力,维持社会秩序的过程。社会治理秩序本质上表示一种权力关系。塑造社会组织在社会治理结构中角色的关键是重构政府与社会组织之间的权力关系。在人类的历史经验中,限制权力的手段主要有两种:制度与道德。道德方式倚重于治者的品德与自觉性,难免陷入人治的深渊。法治的基础是法律制度与规则,因而相对于权力与道德,更具规则性、制度性与稳定性。法治的基本功能就是限权,能够对社会治理结构中政府的权力加以限制、规范和管理。只有在法治的框架下,政府才能在担负维持秩序之责以外,保障社会组织的独立地位。①

遵循市场经济公共规则,在法治的轨道上推动经济社会的理性发展。市场经济是一种理性经济形态,尽管人们都怀有自我利益最大化的诉求,但人们希望在一个各主体共同接受的制度框架下实现这一诉求,这就在各种利益博弈中凝聚起了市场公共理性,而市场经济公共规则是市场公共理性的固化形态,反映了各市场主体的公共意志,体现了市场主体对完善市场秩序化的价值诉求。"没有合适的法律和制度,市场就不会产生任何价值最大化意义上的'效率'②。"社会主义市场经济是法治市场经济,经济新常态致力于实现经济公共理性,通过对市场主体之间、市场规律与政府调控之间、经济发展与生态保护之间的综合平衡,以期达到一种相互圆融的和谐状态。以法律为核心的市场经济公共规则表现为以下两方面。一方面,市场经济公共规则有利于规范市场主体行为。公共规则能够保障市场主体的权利,优化商品质量,完善市场竞争,严控市场准入门槛,提升市场资源配置质量,规范市场公共秩序,调控企业的经济责任、社会责任和生态责任,防止市场主体自利性的盲目膨胀而损害公共利益,有利于彰显经济发展的公共理性。另一方面,市场经济公共规则有利于优化政府与市场的关系。引领经济新常态,要依法规制政府的经济权力,要求政府运用法治思维和法制方式,更加准确地把握市场公共规律,完善政府功能定位,促进经济发展公共理性的不断完善,让有限政府释放更

① 胡琦:《法治与自治:社会组织参与建构社会治理新常态的实现路径》,《探索》2015 年第 5 期。
② 〔美〕詹姆斯·布坎南:《自由、市场和国家》,桑伍、曾获、吴良健译,北京经济学院出版社,1988,第 89 页。

强大的公共能量。①

社保制度改革要实现农村城市标准统一，以更好地推进人力资源要素的全社会流动。经济新常态下我国人口红利消失对于国家经济发展必然产生重大影响。经济学普遍认为人口数量是推动经济发展速度的关键要素，人口质量是经济发展质量提高的抓手。一定的劳动力规模的存在是保证经济在一定水平上得以维持的基础。我国经济发展进入新常态发展轨道，老龄化与少子化特征严重制约国家经济的发展后劲，需要设计科学的制度以弥补劳动力缺失。其中农民工进城推动国家经济发展是潜在的劳动力释放领域。要推动农民进城与城市资源紧密结合，就要扭转以往农民工与城市居民同工不同酬现象发生，以制度保障农民以无差别身份融入城市生活，而非以往所谓仅仅在城市打工赚取劳动收入，而其个人与家庭生活的方方面面仍受制于城市户籍等体制因素而停留在农村的状况。新常态下，释放消费、寻找新的投资领域是经济得以继续发展的关键。农民市民化的过程绝非简单的农民工进城打工那么简单。在社会保障体系制度改进方面，需要我们统一标准，建立城市、农村统一规范、衔接紧密的社保制度体系，推动农村人力资源要素得以有效通过市场配置进入城市发挥其劳动力优势，赚取可观的劳动收入。同时，给予其与城市居民相同的社保制度保障，推动其生活、生产在城市中的无差异性，进而推动消费、投资达到更高的水平，整体上推动我国经济发展活力不断增强。②

提供公共产品应该成为农村基层政权重要的服务内容。第一，不断提升公共产品的供给能力和供给水平。公共产品是能够满足社会公共需求的产品。公共产品的公共性表现为以下几点。公共需求既是公共产品的生成根据，也是衡量公共产品效用实现的主要依据。需求超越个体私人性而具有群体公共性，才产生了满足这一共同需求的公共产品；公共产品也只有达到满足公共需求的效果，才真正称得上公共产品。第二，公共产品供给过程具有公开性。公共产品的供给需要与公众对话，了解公众公共需求，在公开环境下不断实现。第三，公共产品的目标在于维护社会公平正义。公平正义是公共产品根本价值取向。在公共产品的供给主体上，存在两种声音：一种认为公共产品只能由政府供给；另一种认为公共产品既可以由政府供给，也可以由市场供给。前者认为由于公共产品的非排他性，许多人不必付出任何费用就可享受福利，即存在公共

---

① 张九章：《中国经济新常态的公共性价值》，《东岳论丛》2015 年第 36 卷第 9 期。
② 董武全：《经济"新常态"下完善我国社会保障制度的几点思考》，《理论导刊》2015 年第 9 期。

产品消费的"搭便车"现象，因为公共产品的边际成本很低，按照边际成本决定价格的原理，市场主体的利润无法补偿其生产成本，众多市场主体不愿提供公共产品，公共产品只有也只能由政府提供。后者认为，由于信息传达不到位、对私人市场的控制能力不足、个别政府成员不良私人动机等限制，"政府失灵"现象也会存在，因此不能将供给公共产品的责任完全交予政府。中国经济新常态旨在正确处理市场和政府的关系，着力克服市场和政府单方面的不足，承认公共产品供给的"双主体"，调动市场和政府两个积极性。①

农村社区建设以打造社会生活共同体为要义，更偏重社会生活的有机性、互动性和共同性层面，强调内部各个要素、结构和组成部分之间的有机联系，强调现代社区生活对提升和保障人们社会生活品质的基础性地位。因此，根据"四个全面"战略布局的新要求，在社会主义市场经济条件下统筹城乡社区建设，应该包含如下内容。一是实现城乡社区治理内容上的全面性。城乡社区能够满足居民生活的基本需要，并不断为居民发展、提高居民的生活水平提供更好的条件和环境。社区应成为居民的聚居区、社会生活的有机共同体和居民的精神共有家园，成为居民满足社会交往、情感慰藉的重要场所。二是实现城乡社区发展机会的均等性。在资源投入上，兼顾城乡社会和居民发展的需要，注重城乡社会发展的均衡性，转变在公共资源投入上的不平等和歧视现象，以城乡基本公共服务均等化为重点推进城乡社区一体化建设，"积极开展城乡社区结对帮扶活动，整合城乡服务资源，将城市社区便民服务和农村社区惠民服务有机结合，探索建立城乡互助新机制"。推动社会治安、公共安全、文化娱乐、风尚情操、公共教育、文化水平、卫生医疗、健康水平、社会保障、生活质量、基础设施、社区功能等方面的差距逐步缩小。三是实现城乡社区治理发展的协调性。科学合理地制定社区发展的远期、中期、近期发展目标，社区建设与治理要有区域规划，有发展规划，有顶层设计，有制度安排，有社会张力，有保障措施，使乡社区建设与治理有机统一于社会建设和基层民主政治建设过程中。②

（三）重塑农村道德价值观念

我们往往把城乡一体化的过程简单等同于农村的消失和城市的扩张，这其实无视了农村具有独立的社会基本结构和文化观念这一事实，我们习惯于从时

---

① 张九童：《中国经济新常态的公共性价值》，《东岳论丛》2015 年第 36 卷第 9 期。
② 张艳国、刘小钧：《十八大以来我国社区治理的新常态》，《社会主义研究》2015 年第 5 期。

间的维度思考农村问题的解决方案，认为这一问题的解决依赖于随着时间推移农村的变化。作为空间的一种独立存在，农村有它的独特文化价值，特别是作为中国传统文化的载体的特殊意义。在文化观念上将乡村真切地纳入一种城乡关系的整体规划中，才是中国社会从纯粹的农业社会昂首阔步走出来的一条必由之路。

美国经济学家道格拉斯·C. 诺思为阐释经济制度的演进规律，提出了著名的路径依赖理论，这一理论引起了学界的重视，并且被其他学科广泛采用。道格拉斯·诺思在《制度、制度变迁与经济绩效》的前言中指出："今天和明天的选择是由过去决定的。"[①] 他认为，任何事物的发展在时间维度上都有三个阶段，即过去、现在和未来，事物的发展具有连贯性，类似于物理学中所说的"惯性"，过去发生的事情不管人们喜欢与否，总会影响到目前和将来。历史上传承下来的东西是过去人们集体学习、反复实践、不断纠错的结果，是被广泛认可后才得以保持并且流传下来的。它们最终形成一些规则和规范被人们普遍遵守，它们对每个人都有益，因为"它们降低了人们相互作用的成本"[②]。后来者习得了这些传统的因素，就可以如鱼得水般地生活在既存的社会中。[③]这一理论对我们重新认识我国的传统文化提供了帮助。我国的传统文化在历史的长河中积淀了大量的思想精华，这些精华不仅在数千年的历史中对整个中华民族的团结统一和生生不息起着积极的作用，而且具有与时俱进的品质。它们能够适应现代化过程中的各种变化与挑战，反思现代化过程中出现的各种问题，也能和马克思主义理论相契合，因而具有新的时代价值。

2014 年 10 月 15 日，习近平同志在文艺工作座谈会上指出"文艺不能在市场大潮中迷失方向"，又提出"中华优秀传统文化是中华民族的精神命脉"。可见现代性社会及其精神生活的重构，以物质生活条件的极大改善为基础，更离不开特定社会制度的创新与核心价值体系的建设。[④] 社会转型带来了社会生活方式的变迁，从传统走向现代、从农业文明走向工业文明，文化由一元走向多样的过程中关键要使人们的行为目标与行为方式真正实现向现代的全面转化。[⑤]

---

① 〔美〕道格拉斯·C. 诺思：《制度、制度变迁与经济绩效》，杭行译，格致出版社，2014，第 1 页。
② 〔美〕道格拉斯·C. 诺思：《制度、制度变迁与经济绩效》，格致出版社，2014，第 49 页。
③ 肖海鹰：《路径依赖理论视域下中华传统文化的时代价值研究》，《内蒙古社会科学》2014 年第 4 期。
④ 庞立生：《历史唯物主义与精神生活的现代性处境》，《哲学研究》2012 年第 2 期。
⑤ 邹广文：《论文化自觉的三重意蕴》，《中国特色社会主义研究》2012 年第 2 期。

"中国农村的历史和现实决定了农民从整体上不可能转移到都市当市民，也不可能变成发达国家那样的农场主和农业工人。"① 除了 2.6 亿流动的农民工外，乡村仍然是大多数农民安身立命的地方，城市化不仅是"土地的城市化"，更应该是"人口的城市化"，即农村居民的人格转型和文化转型。而文化的养成是一个渐进的过程，文化的转换也是一个渐进的过程。从习以为常的乡村文化向陌生的城市文化的跳跃式转换对于原来的农村居民来说是一个巨大的现实挑战和观念冲击。现有的城市化注重的是生产方式和居住方式等物质层面的城市化，对价值理念、心理需求等精神层面的城市化重视不够，导致一系列的社会问题：道德观念的淡薄、约束机制的弱化，进而影响到多元养老体制的构建中家庭责任的实现和老年人口真正的"老有所依"。在实现了地域、职业、身份的转换以后，对城市的文化适应是进城农民完成城市化的最后一个步骤。要使农民真正融入城市，完成城市化进程，就必须通过改革来消除农民融入城市的体制、机制与政策障碍，帮助农民从经济和社会两个层面融入城市。

通过新型城镇化建设改变城乡二元结构，使发展机会和成果惠及全体人民。城乡二元结构是指在一个经济社会系统中同时存在传统的自给自足的农业经济体系和现代工业经济体系，其突出表现是城乡差距过大。农村的交通、通信、基础设施建设等的水平低于城市，农民的经济收入、社会保障、医疗条件、教育方面的水平低于市民。农民对于城市文明的渴望掀起了"农民工浪潮"，但受到文化水平的限制，大多只能从事脏、苦、累、险的工作，且收入很低，很多农民工虽然常年在城市生活，但在身份、就业、收入、社会保障、子女入学、消费水平、价值观念等方面与原有居民差异明显，城市与农民工之间认同感较低，歧视农民工的现象也时有发生。城乡二元结构反映了我国城乡市场资源配置的严重不均衡，而新城镇化建设是解决这种不均衡的重要途径。然而，由于片面追求城镇化的人口集聚数量，忽视了人生存发展的内在需要，相应的配套设施远远滞后，农民依然难以真正融入城市。中国经济新常态着力缩小城乡差距，推动城乡的包容性发展，实现经济成果的公正分配。新型城镇化建设应做到两个统一。一是新型城镇化建设与民生平衡改善的有机统一。新型城镇化不仅是农村人口向城市的单向迁移，更主要的是改变农村落后风貌，兴建新的"卫星城镇"，为农民提供优质的城镇化公共环境。应引导资源向农村等落后地区倾斜，把更多资源配置到"三农"等重点领域和薄弱环节，推

---

① 曹桂生、曹阳：《文化全球化语境下多元文化的碰撞与融合》，《西安交通大学学报》（社会科学版）2014 年第 6 期。

进农村向城镇的转化，促进传统农业向现代农业的转型，改善城镇的医疗、住房、社会保障条件，提高经济发展对民生的贡献率，不断提高农民城镇化的质量和水平。二是城乡发展机会和发展成果的有机统一。新型城镇化是"以人为核心"的城镇化，应引导公众增强对农民"市民身份"的价值认同，营造更加公平的竞争环境；建立农民工岗前培训机制，增强农民自身的主体能力；完善农民工工资增长机制，满足农民的切身需要，让各个阶层的人拥有改善生活条件的机会，平等共享经济发展成果，不断增进社会公共利益，深化经济新常态的公共性价值，为实现全社会"共同富裕"的公共目标创造更多有利条件。①

（撰稿人：西安交通大学马克思主义学院讲师樊晓燕）

---

① 张九童：《中国经济新常态的公共性价值》，《东岳论丛》2015 年第 36 卷第 9 期。

第十八章　新常态下的国有企业改革观

经济新常态是党的十八大以来以习近平同志为核心的党中央在科学分析国内外经济发展新形势和准确把握中国经济发展规律的基础上，对当前我国经济发展阶段性特征的理论概括和战略判断，是对我国经济增速放缓、结构调整阵痛和前期刺激政策消化的现实回应，更是对我国经济保持中高速增长、迈向中高端水平满怀信心的明确宣示。国有企业改革观是关于国有企业改革和发展的根本观点和总体认识，坚持什么样的国有企业改革观，从根本上决定了国有企业改革的方向命运和成败得失。经济新常态背景下，我国国有企业改革迫切需要新的国有企业改革观作为根本指导。习近平总书记上任以来，关于国有企业改革发表了一系列重要论述，全面诠释了经济新常态下的国有企业改革观。深入学习习近平总书记关于国有企业改革的重要论述，深刻把握经济新常态下的国有企业改革观，对继续推进国有企业深化改革具有重要意义。

一　国有企业改革性质观

改革的性质决定了改革的方向和道路，中国的改革是中国特色社会主义制度的自我完善和发展，这就决定了我国国有企业改革也是中国特色社会主义制度的自我完善和发展，这是国有企业改革必须坚持的性质观。

（一）改革的性质决定改革的方向和道路

任何改革都不会是一帆风顺的，改革既有支持者同样也有反对者，甚至是别有用心的阻挠者。我国的改革历程一直充斥着资本主义和社会主义两种社会制度、两种意识形态、两条发展道路的分歧与斗争。同时，国内外敌对分子和敌对势力也从来没有停止过对我国社会主义制度侵蚀和颠覆的政治图谋。改革开放以来，它们更是利用各种手段乘机对我国实施西化、分化以及和平演变的战略企图。中国在粉碎"四人帮"后一度出现盲目过分崇拜西方资本主义国家"民主""自由"，否定社会主义制度的自由化思潮。邓小平旗帜鲜明地强调：我们的改革是有前提的，即必须坚持四项基本原则。我们的改革不能离开社会主义道路，不能搬用西方那一套所谓的民主，不能搬用它们的资本主义制度。对于中国改革的这一性质，美国前总统尼克松曾经在《1999，不战而胜》中写道："他们广泛的经济改革的目标不是改变中国的实质，而是在不改变实质的情况下，通过引进那些适用于中国的外来影响使中国强大起来。"

根据邓小平同志确立的改革指导思想，江泽民同志在十六大报告中明确指出，推进政治体制改革，必须坚持从我国国情出发，总结自己的实践经验，同时借鉴人类政治文明的有益成果，绝不照搬西方政治制度的模式。十六大以来，以胡锦涛同志为总书记的党中央把坚持党的领导、人民当家做主和依法治国更好地统一于社会主义民主政治建设的实践中，统一于社会主义现代化建设的全过程中。胡锦涛同志强调：我们要建设的是社会主义政治文明，这是由我国的社会主义性质决定的。全党同志特别是领导干部必须保持清醒的头脑，坚定不移地推动政治文明建设沿着社会主义方向前进。

改革开放以来，邓小平、江泽民和胡锦涛同志三代党中央领导集体，始终坚持社会主义性质的改革，在不改变社会主义制度的前提下改革，坚决排除国内外敌对分子和敌对势力的干扰和阻挠，坚决抵制自由化思潮对我国改革的侵蚀和误导，从而保证了我国改革的社会主义性质，保证了我国改革的社会主义方向和道路。党的十八大以来，以习近平同志为核心的党中央继往开来，更加强调坚持社会主义方向，坚持改革的社会主义性质，开启了全面深化改革的新纪元。

（二）国有企业改革的性质是中国特色社会主义制度的自我完善和发展

改革是社会主义制度自我完善和发展的根本途径。不改革，不进行体制创新，很多问题的解决就没有出路。社会主义发展的各个历史阶段，都需要根据经济社会发展的要求，适时地通过改革不断推进社会主义制度自我完善和发展，只有这样才能使社会主义制度充满生机和活力。

"中国的改革是中国特色社会主义制度的自我完善和发展。"习近平总书记多次强调中国改革的性质问题。"面对新形势新任务，我们必须通过全面深化改革，着力解决我国发展面临的一系列突出矛盾和问题，不断推进中国特色社会主义制度自我完善和发展。""要正确推进改革，坚持改革是社会主义制

287

度自我完善和发展。""中国特色社会主义制度是特色鲜明、富有效率的，但还不是尽善尽美、成熟定型的。中国特色社会主义事业不断发展，中国特色社会主义制度也需要不断完善。""实现党的十八大描绘的全面建成小康社会、加快推进社会主义现代化、实现中华民族伟大复兴的宏伟蓝图，要求全面深化改革。坚持和发展中国特色社会主义，不断推进中国特色社会主义制度自我完善和发展，进一步解放和发展社会生产力、继续充分释放全社会创造活力，要求全面深化改革。"

国有企业改革的性质是中国特色社会主义制度的自我完善和发展。国有企业改革是经济新常态下全面深化改革的关键环节，国有企业改革的性质是经济新常态下全面深化改革性质的直接体现，因此，国有企业改革的性质也是中国特色社会主义制度的自我完善和发展。早在 2009 年新中国成立 60 周年时，习近平同志就强调，"旗帜问题是党和国家工作的首要问题，也是国有企业的首要问题"。"国有企业的发展和进步，必须同国家和民族的命运紧紧联系在一起。""国有企业是中国特色社会主义的重要支柱，是我们党执政的重要基础，也是贯彻和实践党的基本理论的重要阵地。"旗帜问题是国有企业的首要问题，因此，全面深化国有企业改革必须首先明确国有企业改革的性质问题。国有企业改革的性质决定国有企业发展的方向和道路，国有企业改革只有坚持中国特色社会主义制度的自我完善和发展，才能不犯根本性的错误，才能保证国有企业改革沿着正确的方向和道路。同时，习近平总书记反复强调，国有企业是国民经济发展的中坚力量，对国有企业要有制度自信。之所以对国有企业要有制度自信，正在于国有企业是中国特色社会主义制度优势的集中体现，全面深化国有企业改革是加强国有企业在中国特色社会主义中的支柱地位，更好地发挥国有企业对国民经济发展的主导作用，是中国特色社会主义制度的自我完善和发展，而不是削弱。

坚持和发展中国特色社会主义制度是贯穿党的十八大报告的一条主线，明确了我国全面深化改革的性质问题，同样也决定了我国国有企业改革的性质问题。只有始终坚持和发展中国特色社会主义制度，才能保证全面深化改革始终沿着正确的方向和道路，在根本问题上不犯错误，也才能保证国有企业改革始终沿着正确的方向和道路。

二　国有企业改革方向观

国有企业改革的方向决定国有企业的命运和国有企业改革的成败得失。中国经济发展进入新常态，理论界对国有企业改革的方向争论不休，在国有企业改革难以突破的形势下，习近平总书记关于国有企业改革的方向发表了一系列重要论述，形成了经济新常态下国有企业改革的方向观，为新一轮国有企业改革明确了方向。

（一）做大做强做优国有企业

关于国有企业改革的方向问题，我国理论界一直存在两种截然不同的观点。一种观点主张大力发展国有企业，加强国有经济的主导作用，巩固公有制的主体地位，坚决反对任何形式的私有化。例如，程恩富、方兴起认为深化经济改革的首要任务绝不是国有企业私有化，主张在维护和巩固国有经济的主导地位的同时发展民营企业。[①] 宗寒指出要坚持以公有制为主体，进一步发展壮大国有经济，发挥主导支柱作用。[②] 王宏波、陶惠敏强调要坚决反对和防止任何将国有企业私有化的主张，坚决反对和防止企图削弱国有企业的主体地位和主导作用的做法。[③] 另一种观点则认为国有企业存在"与民争利"、效率低下、垄断等问题，要通过国有企业私有化降低国有经济比重。例如，2011 年天则经济研究所发布《国有企业的性质、表现与改革》，提出国有企业的终极目标是将国有企业转变为非营利性公法企业，为此国企必须从营利性领域（而不单是从竞争性领域）中逐步退出。2013 年世界银行发布的《2030 年的中国：建设现代、和谐、有创造力的高收入社会》报告提出，国有资本要逐步退出非公共产品提供领域，除少数国防企业外，其他都要退出，到 2030 年，国有经济比重要降到 10% 等。

在国有企业改革方向上的不同观点，实质上折射出当前国有企业改革背后指导理论的混乱以及改革共识的难以达成。在这种复杂的改革形势下，习近平总书记关于国有企业改革多次发声，为新一轮国有企业改革指明了方向。2014年 3 月 5 日，习近平在参加十二届全国人大二次会议上海代表团审议时强调"深化国企改革是大文章，国企不仅不能削弱，而且要加强。国有企业加强是在深化改革中通过自我完善，在凤凰涅槃中浴火重生，而不是抱残守缺、不思进取、不思改革，确实要担当社会责任，树立良好形象，在推动改革措施上加大力度。"2015 年 7 月 17 日，习近平总书记在吉林省调研时强调，"国有企业是推进现代化、保障人民共同利益的重要力量，要坚持国有企业在国家发展中

---

① 程恩富、方兴起：《国企与民企要同舟共进》，《光明日报》2012 年 6 月 10 日。
② 宗寒：《坚持公有制为主体问题》，《河北经贸大学学报》2013 年第 2 期。
③ 王宏波、陶惠敏：《中西国有企业的性质和功能比较》，《思想理论教育导刊》2015 年第 7 期。

的重要地位不动摇，坚持把国有企业搞好、把国有企业做大做强做优不动摇"。在同企业职工座谈时，习近平总书记指出："我们要向全社会发出明确信息：搞好经济、搞好企业、搞好国有企业，把实体经济抓上去。"2016 年 7月 4 日，习近平总书记在全国国有企业改革座谈会上再次做出重要指示强调，国有企业是壮大国家综合实力、保障人民共同利益的重要力量，必须理直气壮做强做优做大。

这些重要论述为深化国有企业改革这篇大文章从根本上指明了方向：做强做优做大国有企业，而不是削弱。一方面，做强做优做大国有企业符合宪法的基本规定。《中华人民共和国宪法》第六条规定："国家在社会主义初级阶段，坚持公有制为主体、多种所有制经济共同发展的基本经济制度。"第七条规定："国有经济，即社会主义全民所有制经济，是国民经济中的主导力量。国家保障国有经济的巩固和发展。"宪法作为我国的根本大法，对公有制的主体地位、国有经济的主导作用做了明确规定，国有企业改革必须在宪法上述基本规定的前提下进行，否则，任何否定公有制主体地位、削弱国有经济主导作用的主张都与宪法相违背，必须坚决反对。另一方面，实践证明国有企业可以做强做优做大。作为共和国的"长子"，国有企业的主体地位有其历史渊源，在国民经济中发挥主导作用是其实现人民根本利益责无旁贷的使命。国有企业造出了新中国第一辆汽车、第一艘万吨轮船、第一架喷气式飞机，造出了第一颗原子弹、氢弹、卫星；没有国有企业就没有神舟飞天、嫦娥奔月、北斗导航，也没有西电东送、西气东输、南水北调，国有企业是中国特色社会主义的支柱和基石，是维护和发展中国经济的长城和大堤，毫不夸张地说，没有国有企业就没有新中国 60 多年的辉煌。

根据财富中文网公布的数据，中国企业入榜世界企业 500 强的数量从2003 年的 12 家增至 2014 年的 100 家，其中国有企业数量从 11 家增至 83 家。从世界 500 强中国有企业占中国企业数量的比重情况来看，国有企业的比重一直保持在 70% 以上（见图 1）。2014 年世界企业 500 强排行榜，前 100 位的中国上榜企业都是国有企业。

根据财富中文网公布的中国企业 500 强数据，国有企业一直保持主导地位。其中 2013 年中国企业 500 强中国有企业共有 310 家，占总数的 62.00%；实现营业收入 40.9 万亿元，占 500 强企业营业收入总额的 81.94%；资产总额为 137.76 万亿元，占 500 强资产总额的 91.26%；实现利润总额 1.87 万亿元，占 500 强企业利润总额的 85.91%（见图 2）。另外，2014 年中国企业 500 强中国有企业共有 300 家，前 37 位均为国有企业。

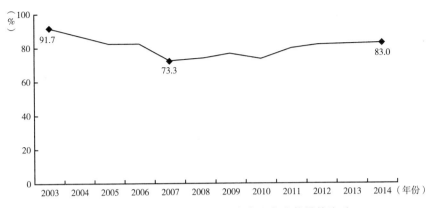

图1　世界500强中国有企业占中国企业数量的比重

资料来源：根据财富中文网数据整理。

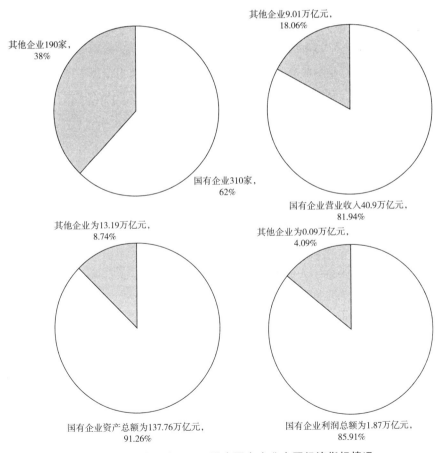

图2　2013年中国企业500强中国有企业主要经济指标情况

资料来源：根据财富中文网数据整理。

（二）加强国有企业支柱作用

2014 年 8 月 18 日上午，习近平总书记在中央全面深化改革领导小组第四次会议上发表重要讲话指出，国有企业特别是中央管理企业，在关系国家安全和国民经济命脉的主要行业和关键领域占据支配地位，是国民经济的重要支柱，在我们党执政和我国社会主义国家政权的经济基础中也是起支柱作用的，必须搞好。在明确了经济新常态下国有企业改革的基本方向是做强做优做大，而不是削弱的前提下，习近平总书记上述讲话为如何做强做优做大国有企业进一步指明了努力的方向，那就是要不断加强国有企业的支柱作用。

国有企业的支柱作用主要体现在两个方面，一方面，国有企业是国民经济的重要支柱。从国有企业资产行业分布来看，我国国有企业覆盖面很广，分布和存在于国民经济各个行业。据统计，在国民经济 95 个大类中，国有经济涉及 94 个行业。其中，在 396 个国民经济行业类中，国有经济涉足 380 个行业，行业分布面达 96%。从 2001 年和 2011 年国有企业资产在各行业的分布比重情况来看，虽然各行业国有资产比重发生了变化，但仍然可以看出国有企业资产广泛分布于第一、第二、第三产业的各行业中，其中，国有企业资产在工业、交通运输仓储业、社会服务业、贸易业等行业中的比重较大，渔业、餐饮业、畜牧业等行业的国有企业资产比重相对较小（见表 1）。

表 1　2001 年和 2011 年国有企业资产不同行业占比情况

国有企业资产的行业占比	2001 年	2011 年
10% 以上	工业(51.66%) 交通运输仓储业(13.81%)	工业(37.70%) 交通运输仓储(13.33%) 社会服务业(13.20%)
5%～10%	贸易业(9.64%) 社会服务业(8.26%) 邮电通信业(7.73%)	机关社团及其他(9.62%) 房地产业(6.76%) 建筑业(6.61%) 贸易业(6.05%)
1%～5%	房地产业(4.93%) 建筑业(4.52%) 铁路运输业(4.47%) 仓储业(3.67%) 机关社团及其他(2.40%) 道路运输业(1.76%) 航空运输业(1.62%) 农业(1.11%) 水上运输业(1.03%)	铁路运输业(4.92%) 道路运输业(4.57%) 邮电通信业(3.62%) 水上运输业(1.10%) 仓储业(1.04%)

续表

国有企业资产的行业占比	2001 年	2011 年
1% 以下	教育文化广播业（0.63%） 林业（0.34%） 信息技术服务业（0.27%） 餐饮业（0.15%） 畜牧业（0.11%） 渔业（0.11%） 卫生体育福利业（0.04%）	航空运输业（0.96%） 教育文化广播业（0.54%） 卫生体育福利业（0.21%） 信息技术服务业（0.16%） 林业（0.16%） 畜牧业（0.05%） 餐饮业（0.03%） 渔业（0.02%）

从国有企业资产的分布结构来看，国有资产主要集中在关系国家安全、国民经济命脉的重要行业和关键领域，发挥支柱作用。目前，在食品制造、纺织、木材加工等一般生产加工行业中，国有企业资产比重仅占 12% 左右；在军工、电信、民航、石油及天然气开采和电力供应领域，国有企业则占 90%以上（见图 3）。另外，国有企业是参与经济竞争、拉动经济增长的主导力量。国有企业不仅是参与国内竞争的主体，同时以国有企业为代表的中国企业在国际市场上集体崛起，显示出国有企业在参与国际竞争中的主体地位和优势。

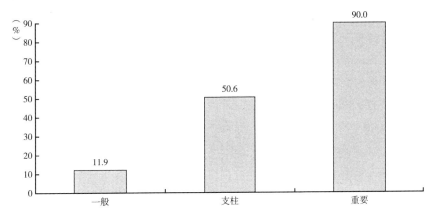

图 3　国有企业资产不同领域占比情况

另外，国有企业是我们党执政的重要支柱。在经济危机下，国有企业是保增长、保民生、保稳定的重要支柱，保证经济社会安全平稳发展。2008 年由美国"次贷危机"引发的国际金融危机席卷全球，我国是世界上受金融危机影响较大的国家，同时也是应对国际金融危机最成功、经济表现最出色的国家。2008 年和 2009 年我国经济增长率分别达到 9.0% 和 8.7%，不仅保持了我国经济快速发展的趋势，而且促进整个世界经济的企稳回升。我国成功应对国际金融危机，掌握国家经济命脉的国有企业功不可没。我国国有企业生产经营保持了平稳运行的态势，并在保增长、保民生、保稳定中发挥了中流砥柱作用。[①] 在经济新常态下，国有企业是全面深化改革的中坚力量和重要支柱。国有企业发挥着引导全面深化改革发展方向的重要作用，是中央政策的积极践行者，是调控和引导经济发展的通道，不断发挥改革的扩散效应。尤其是在经济结构优化升级和依靠创新驱动发展方面，国有企业更是发挥了主力军和排头兵的导向作用。[②]

三　国有企业改革路径观

习近平总书记不仅对国有企业改革的性质和方向做了重要论述，对国有企业改革的具体路径在不同场合也有具体阐释，这些构成了新常态下我国国有企业改革的路径观，概括起来主要包括以下几点。

（一）坚持党的领导，将党的建设与国有企业改革同步谋划

首先，坚持党的领导是我国国有企业的独特优势。坚持党对国有企业的领导是深化国有企业改革必须坚守的政治方向、政治原则。要贯彻全面从严治党方针，充分发挥企业党组织政治核心作用，加强企业领导班子建设，创新基层党建工作，深入开展党风廉政建设，坚持全心全意依靠工人阶级，维护职工合法权益，为国有企业改革发展提供坚强有力的政治保证、组织保证和人才支撑。习近平多次强调，对国有企业要有制度自信。这种制度自信恰恰来源于我国国有企业始终坚持党的领导这一独特优势。中国共产党具有高度的自觉性和先进性，始终代表最广大人民群众的根本利益，因此，党领导下的国有企业作为社会主义公有制的主体，始终属于全民所有，始终代表和维护最广大人民群众的根本利益。国有企业是社会主义制度优越性的集中体现，将党的政治优势转化为企业的核心竞争力，综合发挥国有资本优势、制度优势和组织优势，为广大人民群众谋福利。具体体现在国有企业除了维持自身发展外还上缴利润的10%～25%，且上缴比例逐渐增大；国有企业还是社会责任的主要承担者，在

---

① 吴强：《从国际金融危机看国有经济控制国家经济命脉的合理性》，《红旗文稿》2010 年第 6 期。

② 王宏波、陶惠敏：《中西国有企业的性质和功能比较》，《思想理论教育导刊》2015 年第 7 期。

维护经济社会稳定和改善民生、提供社会公共服务、满足社会公共需求、发展社会公益事业等方面都积极践行作为党领导下的社会主义公有制企业的自觉性和先进性。

其次，党的建设要与国有企业改革同步。2015年6月5日，习近平总书记在中央全面深化改革领导小组第十三次会议上强调，把国有企业做强做优做大，不断增强国有经济活力、控制力、影响力、抗风险能力，要坚持党的建设与国有企业改革同步谋划、党的组织及工作机构同步设置，实现体制对接、机制对接、制度对接、工作对接，确保党的领导、党的建设在国有企业改革中得到体现和加强。党的建设与国有企业改革同步谋划，就是要加强国有企业党组织的建设，发挥国有企业党组织在国有企业改革过程中的领导、组织和协调作用，从而不断增强国有经济活力、控制力、影响力、抗风险能力。充分发挥国有企业党组织政治核心作用。把加强党的领导和完善公司治理统一起来，将党建工作总体要求纳入国有企业章程，明确国有企业党组织在公司法人治理结构中的法定地位，创新国有企业党组织发挥政治核心作用的途径和方式。在国有企业改革中坚持党的建设同步谋划、党的组织及工作机构同步设置、党组织负责人及党务工作人员同步配备、党的工作同步开展，保证党组织工作机构健全、党务工作者队伍稳定、党组织和党员作用得到有效发挥。坚持和完善双向进入、交叉任职的领导体制，符合条件的党组织领导班子成员可以通过法定程序进入董事会、监事会、经理层，董事会、监事会、经理层成员中符合条件的党员可以依照有关规定和程序进入党组织领导班子；经理层成员与党组织领导班子成员适度交叉任职；董事长、总经理原则上分设，党组织书记、董事长一般由一人担任。国有企业党组织要切实承担好、落实好从严管党、治党责任。坚持从严治党、思想建党、制度治党，增强管党、治党意识，建立健全党建工作责任制，聚精会神抓好党建工作，做到守土有责、守土负责、守土尽责。党组织书记要切实履行"一岗双责"，结合业务分工抓好党建工作。中央企业党组织书记同时担任企业其他主要领导职务的，应当设立1名专职抓企业党建工作的副书记。加强国有企业基层党组织建设和党员队伍建设，强化国有企业基层党建工作的基础保障，充分发挥基层党组织战斗堡垒作用、共产党员先锋模范作用。加强企业党组织对群众工作的领导，发挥好工会、共青团等群团组织的作用，深入细致做好职工群众的思想政治工作。把建立党的组织、开展党的工作，作为国有企业推进混合所有制改革的必要前提，根据不同类型混合所有制企业特点，科学确定党组织的设置方式、职责定位、管理模式。

另外，要坚持党管干部原则。按照习近平总书记的重要指示，坚持党管干部原则就要求国有企业党组织要承担好从严管党治党的责任，建立适应现代企业制度要求和市场竞争需要的选人用人机制。要把加强党的领导和完善公司治理统一起来，明确国有企业党组织在公司法人治理结构中的法定地位。进一步加强国有企业领导班子建设和人才队伍建设。根据企业改革发展需要，明确选人用人标准和程序，创新选人用人方式。强化党组织在企业领导人员选拔任用、培养教育、管理监督中的责任，支持董事会依法选择经营管理者、经营管理者依法行使用人权，坚决防止和整治选人用人中的不正之风。加强对国有企业领导人员尤其是主要领导人员日常监督管理和综合考核评价，及时调整不胜任、不称职的领导人员，切实解决企业领导人员能上能下的问题。以强化忠诚意识、拓展世界眼光、提高战略思维、增强创新精神、锻造优秀品行为重点，加强企业家队伍建设，充分发挥企业家作用。大力实施人才强企战略，加快建立健全国有企业集聚人才的体制机制。

（二）推进混合所有制改革，积极发展混合所有制经济

党的十八届三中全会提出"国有资本、集体资本、非公有资本等交叉持股、相互融合的混合所有制经济，是基本经济制度的重要实现形式"的重要论断，由此开启了以混合所有制改革为突破口的国有企业改革。习近平总书记在参加十二届全国人大二次会议安徽代表团审议时强调，"发展混合所有制经济，基本政策已明确，关键是细则，成败也在细则。要吸取过去国企改革经验和教训，不能在一片改革声浪中把国有资产变成牟取暴利的机会。改革关键是公开透明"。这为经济新常态下推进混合所有制改革、积极发展混合所有制经济指明了方向和路径。

首先，推进混合所有制改革要注意遵循正确的操作规范和法则。习近平总书记所说的"细则"，就是混合所有制改革过程中应该遵循的具体操作规范，就是混合所有制改革过程中应该遵循的基本法则，更是混合所有制改革过程中不能触碰的"高压线"。深化国有企业改革一定要遵循正确的操作规范和法则，要稳妥、规范、有序发展混合所有制经济，坚持一企一策、因业施策、因企施策，宜独则独、宜控则控、宜参则参，防止大轰大嗡，防止"一混了之"，坚决不触碰"高压线"，否则就可能如总书记所说的"在一片改革声浪中把国有资产变成牟取暴利的机会"。其次，推进混合所有制改革要防止国有资产流失。习总书记反复强调，国有企业改革一定要吸取过去的经验和教训，防止国有资产流失。同时指出，防止国有资产流失，要坚持问题导向，立足机制制度创新，强化国有企业内部监督、出资人监督和审计、纪检巡视监督以及

社会监督，加快形成全面覆盖、分工明确、协同配合、制约有力的国有资产监督体系。最后，推进混合所有制改革要公开透明。把公开透明当作改革的关键所在，是在告诫那些试图将国有企业改革当成损公肥私、中饱私囊机会之人："莫伸手，伸手必被捉"。

国有企业通过混合所有制改革积极发展混合所有制经济从而统帅国民经济，因此，积极发展混合所有制经济对发展国有企业意义重大。首先，国有企业通过混合所有制，有利于广泛吸纳社会资本，放大国有资本功能，从而达到"四两拨千斤"的效果。其次，国有企业通过混合所有制，有利于加速国有企业与市场融合，进一步增强国有企业的活力和竞争力。另外，国有企业通过混合所有制，有利于促进国有经济与民营经济相互融合，国有经济引导、带动民营经济，从而实现"国民共进"、共同发展。

（三）改革国有企业负责人薪酬制度，规范国有企业收入分配秩序

国有企业收入分配问题，尤其是国有企业内部薪酬差距过大问题，一直饱受争议。为此，2014 年 8 月 18 日，习近平总书记主持召开中央全面深化改革领导小组第四次会议，会议审议了《中央管理企业主要负责人薪酬制度改革方案》《关于合理确定并严格规范中央企业负责人履职待遇、业务支出的意见》，由此拉开了国有企业收入分配改革的序幕。

习近平总书记强调，合理确定并严格规范中央企业负责人履职待遇、业务支出，是改作风的深化，也是反"四风"的深化，国有企业要做贯彻落实中央八项规定精神、厉行节约反对浪费的表率。要合理确定并严格规范中央企业负责人履职待遇、业务支出，除了国家规定的履职待遇和符合财务制度规定标准的业务支出外，国有企业负责人没有其他的"职务消费"，按照职务设置消费定额并量化到个人的做法必须坚决根除。改革开放以来，中央管理企业负责人薪酬制度改革取得积极成效，对促进企业改革发展发挥了重要作用，同时也存在薪酬结构不尽合理、薪酬监管体制不够健全等问题。要从我国社会主义初级阶段基本国情出发，适应国有资产管理体制和国有企业改革进程，逐步规范国有企业收入分配秩序，实现薪酬水平适当、结构合理、管理规范、监督有效，对不合理的偏高、过高收入进行调整。中央企业负责同志肩负着搞好国有企业、壮大国有经济的使命，要强化担当意识、责任意识、奉献意识，正确对待、积极支持这项改革。

《中共中央、国务院关于深化国有企业改革的指导意见》提出要实行与社会主义市场经济相适应的企业薪酬分配制度。企业内部的薪酬分配权是企业的

法定权利，由企业依法依规自主决定，完善既有激励又有约束、既讲效率又讲公平、既符合企业一般规律又体现国有企业特点的分配机制。建立健全与劳动力市场基本适应、与企业经济效益和劳动生产率挂钩的工资决定和正常增长机制。推进全员绩效考核，以业绩为导向，科学评价不同岗位员工的贡献，合理拉开收入分配差距，切实做到收入能增能减和奖惩分明，充分调动广大职工积极性。对国有企业领导人员实行与选任方式相匹配、与企业功能性质相适应、与经营业绩相挂钩的差异化薪酬分配办法。对党中央、国务院和地方党委、政府及其部门任命的国有企业领导人员，合理确定基本年薪、绩效年薪和任期激励收入。对市场化选聘的职业经理人实行市场化薪酬分配机制，可以采取多种方式探索完善中长期激励机制。健全与激励机制相对称的经济责任审计、信息披露、延期支付、追索扣回等约束机制。严格规范履职待遇、业务支出，严禁将公款用于个人支出。

国有企业薪酬制度改革作为 2015 年全面深化国有企业改革的重要任务之一，顶层设计方案陆续出台，改革正稳步有序推进。据新华网报道，薪酬改革首批将涉及 72 家央企的负责人，此番改革中，央企负责人薪酬将由过往基本年薪和绩效年薪两部分构成，调整为由基本年薪、绩效年薪、任期激励收入三部分构成。人社部副部长邱小平说："与现行政策相比，改革后多数中央管理企业负责人的薪酬水平将会下降，有的下降幅度还会比较大。"另外，根据改革方案，对于年度或任期考核评价不合格的央企负责人，将不得领取绩效年薪和任期激励收入。这意味着，如果央企负责人干得不好，已经发放的薪酬或将面临追索扣回。①

（四）遵循市场经济规律，完善国有企业治理模式

习近平总书记在长春召开部分省区党委主要负责同志座谈会时强调，要深化国有企业改革，完善企业治理模式和经营机制，真正确立企业市场主体地位，增强企业内在活力、市场竞争力、发展引领力。经过 30 多年的改革发展，国有企业治理模式不断完善，市场化程度不断提高，效率和竞争力不断增强，在总体上已经同市场经济相融合。但面对日益严峻的市场化、国际化的新形势，尤其是在国际经济普遍低迷、国内经济进入新常态的情况下，国有企业要想真正确立市场主体地位，改革任务仍然十分艰巨。

---

① 《央企高管降薪正式实施　涉及72家央企负责人》，新华网，2015 年 1 月 3 日，http：//news. xinhuanet. com/fortune/2015－01/03/c_ 1113855111. htm。

　　根据十八届三中全会通过的《中共中央关于全面深化改革若干重大问题的决定》精神，遵循市场经济规律，完善国有企业治理模式主要从以下几个方面重点突破。第一，推动国有企业完善现代企业制度。国有企业必须适应市场化、国际化新形势，以规范经营决策、资产保值增值、公平参与竞争、提高企业效率、增强企业活力、承担社会责任为重点，进一步深化国有企业改革。第二，进一步破除各种形式的行政垄断。实行以政企分开、政资分开、特许经营、政府监管为主要内容的改革，根据不同行业特点实行网运分开、放开竞争性业务，推进公共资源配置市场化。第三，健全协调运转、有效制衡的公司法人治理结构。建立职业经理人制度，更好地发挥企业家作用。深化企业内部管理人员能上能下、员工能进能出、收入能增能减的制度改革。建立长效激励约束机制，强化国有企业经营投资责任追究。第四，国有企业要合理增加市场化选聘比例，合理确定并严格规范国有企业管理人员薪酬水平、职务待遇、职务消费、业务消费。

　　遵循市场经济规律，完善国有企业治理模式，当前的核心内容和关键环节是实现由以管资产为主向以管资本为主的国有经济管理模式转变。首先，以管资本为主推进国有资产监管机构职能转变。国有资产监管机构要准确把握依法履行出资人职责的定位，科学界定国有资产出资人监管的边界，建立监管权力清单和责任清单，实现由以管企业为主向以管资产为主的转变。大力推进依法监管，着力创新监管方式和手段，改变行政化管理方式，改进考核体系和办法，提高监管的科学性、有效性。其次，以管资本为主改革国有资本授权经营体制。改组组建国有资本投资、运营公司，探索有效的运营模式，通过开展投资融资、产业培育、资本整合，推动产业聚集和转型升级，优化国有资本布局结构；通过股权运作、价值管理、有序进退，促进国有资本合理流动，实现保值增值。另外，以管资本为主推动国有资本合理流动优化配置。坚持以市场为导向、以企业为主体，有进有退、有所为有所不为，优化国有资本布局结构，增强国有经济整体功能和效率。紧紧围绕服务国家战略，落实国家产业政策和重点产业布局调整总体要求，优化国有资本重点投资方向和领域，推动国有资本向关系国家安全、国民经济命脉和国计民生的重要行业和关键领域、重点基础设施集中，向前瞻性战略性产业集中，向具有核心竞争力的优势企业集中。最后，以管资本为主推进经营型国有资产集中统一监管。稳步将党政机关、事业单位所属企业的国有资本纳入经营性国有资产集中统一监管体系，具备条件的进入国有资本投资、运营公司。加强国有资产基础管理，按照统一制度规范、统一工作体系的原则，抓紧制定企业国有资产基础管理条例。建立覆盖全部国有企业、分级管理的国有资本经营预算管理制度，提高国有资本收益上缴公共财政比例，更多地用于保障和改善民生。

市场经济作为实现资源优化配置的一种有效形式，一方面具有平等性、竞争性、法制性、开放性等特点，另一方面市场经济具有盲目性、事后性等内在缺陷，容易失灵。因此，完善国有企业治理模式，既要遵循市场经济规律，也要注意避免市场经济的盲目性。正如习近平总书记强调的，"深化国有企业改革，要沿着符合国情的道路去改，要遵循市场经济规律，也要避免市场的盲目性，推动国有企业不断提高效益和效率，提高竞争力和抗风险能力，完善企业治理结构，在激烈的市场竞争中游刃有余"。

四 国有企业改革标准观

全面深化改革进入攻坚期、深水区，尤其是经济新常态下，改革的任务更加艰巨，改革难度前所未有。国有企业改革作为全面深化改革的重头戏和关键环节，涉及的矛盾更加突出，利益关系更加复杂，不仅需要敢于碰硬骨头的勇气和善于啃硬骨头的智慧，更需要引导改革方向的目标体系和评价改革成效的价值标准。为此，习近平总书记在吉林考察调研期间提出了"三个有利于"，为经济新常态下国有企业改革提供了目标指引和价值标准，同时也是对深化国有企业改革提出的基本要求和方向。

（一）国有企业改革要有利于国有资本保值增值

习近平总书记反复强调，国有企业改革一定要吸取过去的经验和教训，防止国有资产流失。防止国有资产流失是国有企业改革的底线，国有企业要想真正做强做优做大，不仅仅是防止国有资产流失，而且需要通过不断深化改革，使国有资本保值增值。国有资本能否保值增值是判断国有企业改革成效，判断国有企业是否做强做优做大的重要标准。

国有企业改革要有利于国有资本保值增值的标准必然要求国有经济管理体制从原来的管资产向管资本转变。资本管理与资产管理既有联系又有区别，资本管理离不开资产管理，同时又区别于资产管理。在管理形态上，资产管理的对象是物质资产，资产以实物形态存在，是死的；资本管理的对象是资本，资本以价值形态存在，是活的。在管理方式上，资产管理以具体商品的生产经营为对象，采用"投入－生产－营销"的特定类型商品生产管理方式；资本管理是以资本增值为对象的管理，因此，管理方式以资本增值为目标，采用多样化的、不特定类型的商品生产管理方式，它更加注意产品的升级换代和不断调整去扩展利润空间，追求资本不断增值。在管理方向上，资产更多的反映的是所有者的静态财产，但并不反映其与利润、增值之间的动态关系，资产虽然具有产生利润的可能性，但没有产生利润的必然性。因此，资产管理具有两个不同的发展方向，一个是资产管理可能使资产升值，另一个是资产管理也可能使资产贬值；资本是通过不同形态循环和周转实现利润和增殖的资产，是动态财产，是可以生产出更多财产的财产。资本运营也有盈亏两种可能。然而，在市场经济条件下资本的盈亏体现着经济的增长，支配着资产规模的扩大和缩小。在管理目标上，国有资本管理强调国有资本增值，而不仅仅是物质资产保值增值，如金融资本的管理就超出实物资本的范围。

国有企业以管资本为主，因此，衡量其价值的标准就应该是资本的增加与减少，保值增值是一个基本要求。因为深化国有企业改革的一个基本目标就是要改掉亏损，通过转方式、调结构等多项改革措施使国有企业盈利。国有企业是国民经济和社会发展的中坚力量，是共产党的执政基础，也是全面建设小康社会的主要经济源泉，所以国有资本保值增值是基本的也是最重要的标准。在国有资本管理的思路下，将资本管理与资产管理结合，以管资本为主加强国有资产管理，逐步实现从国有资产管理到国有资本管理的思路转变，使国有企业在市场经济的海洋中扬帆前进，在世界市场的竞争中发挥独特优势。

（二）国有企业改革要有利于提高国有经济竞争力

习近平总书记指出，要深化国有企业改革，真正确立企业市场主体地位，增强企业内在活力、市场竞争力、发展引领力。在市场经济条件下，企业经济竞争力是企业生存发展的核心和关键，国有企业要想在激烈的市场经济中立于不败之地，必须通过深化改革不断提高国有经济竞争力，这既是国有企业改革的目标，也是评价国有企业改革的重要标准之一。

首先，坚持社会主义市场经济改革方向，这是深化国有企业改革必须遵循的基本方向。坚持社会主义市场经济改革方向，要适应市场化、现代化、国际化的新形势，以解放和发展社会生产力为标准，以提高国有资本效率、增强国有企业活力为中心，完善产权清晰、权责明确、政企分开、管理科学的现代企业制度，完善国有资产监管体制，防止国有资产流失。同时，国有企业改革要遵循市场经济规律和企业发展规律，坚持政企分开、政资分开、所有权与经营权分离，坚持权利、义务、责任相统一，坚持激励机制和约束机制相结合，促使国有企业真正成为依法自主经营、自负盈亏、自担风险、自我约束、自我发展的独立市场主体。做强做优做大国有企业，不断增强国有经济活力、控制力、影响力、抗风险能力，主动适应和引领经济发展新常态，促进经济社会持续健康发展。

其次，推进混合所有制改革，完善现代企业制度，这是深化国有企业改革的重要途径。推进国有企业混合所有制改革，要以促进国有企业转换经营机制，放大国有资本功能，提高国有资本配置和运行效率，实现各种所有制资本取长补短、相互促进、共同发展为目标。对通过实行股份制、上市等途径已经实行混合所有制的国有企业，要着力在完善现代企业制度、提高资本运行效率上下功夫；对于适宜继续推进混合所有制改革的国有企业，要充分发挥市场机制作用，坚持因地施策、因业施策、因企施策，宜独则独、宜控则控、宜参则参，不搞拉郎配，不搞全覆盖，不设时间表，成熟一个推进一个。改革要依法依规、严格程序、公开公正，切实保护混合所有制企业各类出资人的产权权益，杜绝国有资产流失。加大集团层面公司制改革力度，积极引入各类投资者实现股权多元化，大力推动国有企业改制上市，创造条件实现集团公司整体上市。根据不同企业的功能定位，逐步调整国有股权比例，形成股权结构多元、股东行为规范、内部约束有效、运行高效灵活的经营机制。允许将部分国有资本转化为优先股，在少数特定领域探索建立国家特殊管理股制度。引入非国有资本参与国有企业改革。鼓励非国有资本投资主体通过出资入股、收购股权、认购可转债、股权置换等多种方式，参与国有企业改制重组或国有控股企业上市公司增资扩股以及企业经营管理。实行同股同权，切实维护各类股东合法权益。

最后，将坚持增强企业竞争力和强化监管相结合，这是深化国有企业改革必须把握的重要关系。增强企业竞争力是全面深化国有企业改革的本质要求，加强监管则是深化国有企业改革的重要保障，要切实做到两者的有机统一。一方面，通过继续推进简政放权，依法落实企业法人财产权和经营自主权，进一步激发企业活力、创造力和市场竞争力；另一方面，进一步完善国有企业监管制度，健全公司法人治理结构，切实防止国有资产流失，确保国有资产保值增值。重点是推进董事会建设，建立健全权责对等、运转协调、有效制衡的决策执行监督机制，规范董事长、总经理行权行为，充分发挥董事会的决策作用、监事会的监督作用、经理层的经营管理作用、党组织的政治核心作用，切实解决一些企业董事会形同虚设、"一把手"说了算的问题，实现规范的公司治理。要切实落实和维护董事会依法行使重大决策、选人用人、薪酬分配等权利，保障经理层经营自主权，法无授权任何政府部门和机构不得干预。加强董事会内部的制衡约束，国有独资、全资公司的董事会和监事会均应有职工代表，董事会外部董事应占多数，落实一人一票表决制度，董事对董事会决议承担责任。改进董事会和董事评价办法，强化对董事的考核评价和管理，对重大决策失误负有直接责任的要及时调整或解聘，并依法追究责任。进一步加强外部董事队伍建设，拓宽来源渠道。同时，建立国有企业领导人员分类分层管理制度。坚持党管干部原则与董事会依法产生、董事会依法选择经营管理者、经营管理者依法行使用人权相结合，不断创新有效实现形式。上级党组织和国有资产监管机构按照管理权限加强对国有企业领导人员的管理，广开推荐渠道，依规考察提名，严格履行选用程序。根据不同企业类别和层级，实行选任制、委任制、聘任制等不同选人用人方式。推行职业经理人制度，实行内部培养和外部引进相结合，畅通现有经营管理者与职业经理人身份转换通道，董事会按市场化方式选聘和管理职业经理人，合理增加市场化选聘比例，加快建立退出机制。推行企业经理层成员任期制和契约化管理，明确责任、权利、义务，严格任期管理和目标考核。

（三）国有企业改革要有利于放大国有资本功能

十八届三中全会开启了国有企业由资产管理向资本管控的新时代，资本管控更加强调通过一系列改革措施，放大国有资本功能，增强国有资本控制力和影响力。混合所有制改革正是通过国有资本、集体资本、非公有资本等交叉持股、相互融合，从而达到放大国有资本功能、实现国有资本保值增值、提高国有经济竞争力的目的。

首先，通过分类推进国有企业混合所有制改革，增强国有企业活力。《中共中央、国务院关于深化国有企业改革的指导意见》第一次从中央层面提出了国有企业的分类办法，指出：根据国有资本的战略定位和发展目标，结合不同国有企业在经济社会发展中的作用、现状和发展需要，将国有企业分为商业类和公益类。因此，分类推进国有企业混合所有制改革，必然要求在合理划分商业类和公益类国有企业前提下，分别制定两类国有企业混合所有制改革的目标、导向、具体措施等。具体来说，对于主业处于充分竞争行业和领域的商业类国有企业混合所有制改革，要按照市场化、国际化要求，以增强国有经济活力、放大国有资本功能、实现国有资产保值增值为主要目标，以提高经济效益和创新商业模式为导向，充分运用整体上市等方式，积极引入其他国有资本或各类非国有资本实现股权多元化。坚持以资本为纽带完善混合所有制企业治理结构和管理方式，国有资本出资人和各类非国有资本出资人以股东身份履行权利和职责，使混合所有制企业成为真正的市场主体。对主业处于关系国家安全、国民经济命脉的重要行业和关键领域、主要承担重大专项任务的商业类国有企业，要保持国有资本控股地位，支持非国有资本参股。对自然垄断行业，实行以政企分开、政资分开、特许经营、政府监管为主要内容的改革，根据不同行业特点实行网运分开、放开竞争性业务，促进公共资源配置市场化，同时加强分类依法监管，规范营利模式。对于公益类国有企业要积极引导其规范开展混合所有制改革。在水电气热、公共交通、公共设施等提供公共产品和服务的行业和领域，根据不同业务特点，加强分类指导，推进具备条件的企业实现投资主体多元化。通过购买服务、特许经营、委托代理等方式，鼓励非国有企业参与经营。政府要加强对价格水平、成本控制、服务质量、安全标准、信息披露、营运效率、保障能力等方面的监管，根据企业不同特点有区别地考核其经营业绩指标和国有资产保值增值情况，考核中要引入社会评价。

其次，通过鼓励各类资本参与国有企业混合所有制改革，放大国有资本功能。一方面，鼓励非公有资本参与国有企业混合所有制改革。非公有资本投资主体可通过出资入股、收购股权、认购可转债、股权置换等多种方式，参与国有企业改制重组或国有控股上市公司增资扩股以及企业经营管理。非公有资本投资主体可以货币出资，或以实物、股权、土地使用权等法律法规允许的方式出资。企业国有产权或国有股权转让时，除国家另有规定外，一般不得在意向受让人资质条件中对民间投资主体单独设置附加条件。另一方面，支持集体资本参与国有企业混合所有制改革。明晰集体资产产权，发展股权多元化、经营产业化、管理规范化的经济实体。允许经确权认定的集体资本、资产和其他生产要素作价入股，参与国有企业混合所有制改革。研究制定股份合作经济（企业）管理办法。同时，有序吸收外资参与国有企业混合所有制改革。引入外资参与国有企业改制重组、合资合作，鼓励通过海外并购、投融资合作、离岸金融等方式，充分利用国际市场、技术、人才等资源和要素，发展混合所有制经济，深度参与国际竞争和全球产业分工，提高资源全球化配置能力。按照扩大开放与加强监管同步的要求，依照外商投资产业指导目录和相关安全审查规定，完善外资安全审查工作机制，切实加强风险防范。此外，积极探索实行混合所有制企业员工持股。坚持激励和约束相结合的原则，通过试点稳妥推进员工持股。员工持股主要采取增资扩股、出资新设等方式，优先支持人才资本和技术要素贡献占比较高的转制科研院所、高新技术企业和科技服务型企业开展试点，支持对企业经营业绩和持续发展有直接或较大影响的科研人员、经营管理人员和业务骨干等持股。完善相关政策，健全审核程序，规范操作流程，严格资产评估，建立健全股权流转和退出机制，确保员工持股公开透明，严禁暗箱操作，防止利益输送。混合所有制企业实行员工持股，要按照混合所有制企业实行员工持股试点的有关工作要求组织实施。

最后，通过建立健全混合所有制企业治理机制，保障国有资本功能的发挥。一方面，进一步确立和落实企业市场主体地位。政府不得干预企业自主经营，股东不得干预企业日常运营，确保企业治理规范、激励约束机制到位。落实董事会对经理层成员等高级经营管理人员选聘、业绩考核和薪酬管理等职权，维护企业真正的市场主体地位。另一方面，健全混合所有制企业法人治理结构。混合所有制企业要建立健全现代企业制度，明晰产权，同股同权，依法保护各类股东权益。规范企业股东（大）会、董事会、经理层、监事会和党组织的权责关系，按章程行权，对资本监管，靠市场选人，依规则运行，形成定位清晰、权责对等、运转协调、制衡有效的法人治理结构。此外，推行混合所有制企业职业经理人制度。按照现代企业制度要求，建立市场导向的选人用人和激励约束机制，通过市场化方式选聘职业经理人依法负责企业经营管理，畅通现有经营管理者与职业经理人的身份转换通道。对职业经理人实行任期制和契约化管理，按照市场化原则决定薪酬，可以采取多种方式探索中长期激励机制。严格职业经理人任期管理和绩效考核，加快建立退出机制。

在国有企业全面深化改革的关键之年，在国有企业改革从酝酿具体方案到推出顶层设计的关键节点，习近平总书记提出的"三个有利于"内涵丰富、意义深远，具有鲜明的改革指向性和现实针对性，既是方向，又是标准，为推进国有企业深化改革指明了根本方向，为评价国有企业深化改革成效提供了价值标准。

（撰稿人：西安交通大学马克思主义学院博士生陶惠敏；西安交通大学马克思主义学院副教授李勤）

第四编
经济新常态与文化建设创新

第十九章　十八大以来党的文化建设思想的现实基础和逻辑结构

联合国教科文组织提出："发展最终应以文化概念来定义，文化的繁荣是发展的最高目标。"随着生产力水平不断提高，物质产品极大丰富，我国文化建设与经济社会发展不相匹配的状况越来越严重。提供积极向上、优质高雅、人民喜闻乐见的文化产品，引领社会、引领时代、引领潮流，满足群众日益强烈的文化需求，成为当前非常重要的一项任务。党的十八大之后，以习近平总书记为核心的新一代领导集体，励精图治、奋发有为，各方面工作有条不紊，文化建设也卓有成效。

一　十八大以来党的文化建设思想研究现状

近年来，习近平同志对我国文化建设提出了很多新观点，做出了很多新论断。受此鼓舞，学术界、理论界多次掀起研究十八大以来党的文化建设思想的热潮，相关专家层出不穷，优秀成果与日俱增。2013 年 9 月，中宣部理论局编辑出版《指导新时期宣传思想文化工作的纲领性文献：学习习近平总书记在全国宣传思想工作会议上的重要讲话文章选》，重点内容是习总书记"8·19"讲话精神、刘云山会议讲话和《人民日报》五篇社论。2013 年 10 月，文化部政策法规司司长韩永进在《文艺报》发表《中国梦与文化强国建设——学习习近平同志关于文化建设的重要论述》一文，认为习近平同志关于宣传思想文化工作的重要讲话，站在党和国家全局的高度，运用马克思主义立场、观点和方法，深刻阐述了事关长远发展的一系列重大理论和现实问题，体现了新一届中央领导集体的执政理念和执政方略。2014 年 1 月，《人民日报》发表武汉大学沈壮海教授的文章《创造中华文化新的辉煌——学习习近平总书记关于文化建设的论述》，作者在梳理习近平同志关于文化建设新观点、新论断的基础上指出："这些论述紧扣当代中国发展进步的总命题和当代中国文化建设的新课题，深刻揭示了文化建设的战略意义，阐明了文化发展中历史与当下、传承与创新、国内与国外、开放与自主等重大关系问题，提出了建设社会主义文化强国的一系列任务要求，为我们创造中华文化新的辉煌确立了科学的理论指引。"2014 年 5 月，中国社会科学院马克思主义研究院联合深圳大学，举办了"学习习近平总书记关于文化建设论述的思考——提高文化软实力，建设文化强国"学术研讨会，吸引了中山大学、香港理工大学的 50 多位学者出席。2014 年 8 月，中央党校范玉刚教授为《人民论坛》杂志撰写《习近平文化思想深刻意蕴》一文，他认为习总书记文化战略思想，即弘扬社会主义核心价值观、提升国家文化软实力、建设社会主义文化强国，是当前和今后一个时期国家发展和文化建设的指导思想，习近平文化思想具有高远的文化理想、深远的文化情怀、平远的文化视野。2015 年 3 月，刘春田、马运军发表《习近平文化建设思想初探》一文，在引述分析的基础上，提出"习近平文化建设思想既是对历届中共领导集体文化建设思想的继承，又结合新实际开拓创新，是党的文化建设工作理论创新发展的最新成果"的观点。

在国外，2014 年，新加坡国立大学郑永年教授出版专著《大格局——中国崛起应该超越情感和意识形态》，他说，中国国家主席习近平与美国总统奥巴马不久前在美国加州的非正式会谈十分引人注目，信奉"大国政治悲剧"逻辑的西方对倡导构建"新型大国关系"的中国存在担忧，为了消解疑虑，中国政府近年来选择了文化"走出去"的方针。这里的理论前提是：外在世界之所以对中国有这样的误解，主要是因为外在世界不了解中国、中国的和平文化等，如果外在世界了解了中国文化的方方面面，那么外在世界的这种担忧就会消失。他说，无论从历史还是从现实来看，一种文化要成为软力量，至少需要三个条件。第一，这个文化，不管是产自本土还是结合了从外边输入的因素，必须是能够解释自己的；第二，这种文化必须能够让"他者"信服、信任；第三，也是更为重要的，"他者"能够"自愿"接受这种文化，自愿性是软力量的本质。他认为，中国目前还没有发展出能够让其他国家欣赏和接受的文化价值。中国的软力量文化的建设就是要把自己的核心价值和作为人类共同体一员的共享价值有机地结合起来。华盛顿大学沈大伟教授 2015 年 6 月在提前出版的《外交》杂志（双月刊，7~8 月号）发表题为《中国推进软实力》的文章，他指出，随着中国的全球实力增长，北京意识到国家形象很重要。虽然中国拥有强大的经济和军事实力，但该国的软实力严重不足。根据一些全球性民调，中国在人们心中的国际形象很复杂。为了改善形象，北京近年来展开大规模公关行动，并动辄为这些行动投入数百亿美元的资金。尽管此项公关行动早在 2007 年就已启动，但在习近平领导下更加密集地展开。中国在世界上提出一系列新倡议，包括"中国梦""亚太梦""丝绸之路经济带""21 世纪海上丝绸之路"等。北京的"走出去"战略的一项重要内容是，为中国媒体在海外扩张提供资金支持，目标是建立中国的全球媒体帝国，打破所谓的"西方媒体垄断"。其中最引人注目的是官方新闻机构新华社的扩张。新华社有 180 个境外分支机构，这些机构正在扩充人员，并大力发展网络、音视频业务。孔子学院是打造中国教育软实力的另一个重要举措。中国在 120 多个国家和地区开办了 475 所孔子学院，数量大大超过德国著名的歌德学院和英国文化协会。北京正积极地通过体育、美术、音乐、电影、文学、建筑等领域，向海外推广中国文化和风俗。

以上这些成果，代表了目前国内外学者研究十八大以来党的文化建设思想的最高水平，为我们进一步深化认识奠定了基础。如果说稍有不足的话，那就是对意义、地位、重要性阐述很多，而对习近平文化建设思想产生的国际环境、社会土壤，以及内在逻辑结构分析较少，需要继续探讨。

二　十八大以来党的文化建设思想形成的现实基础

十八大以来党的文化建设思想是新领导集体治国理政思想的重要组成部分，是应对国内外形势变化做出的理性选择，体现着实事求是的精神。

1. 文化建设是塑造国家形象、增强国际互信的需要

习近平同志指出："我们所处的是一个风云变幻的时代，面对的是一个日新月异的世界。"经济全球化、政治多极化、文化多元化、社会信息化已经成为时代潮流，"各国相互联系、相互依存的程度空前加深，人类生活在同一个地球村里，生活在历史和现实交汇的同一个时空里，越来越成为'你中有我，我中有你'的命运共同体"。同呼吸、共命运的国际社会行为体，本该相互理解、相互尊重、相互支持，维护和平、促进发展，但可惜的是，有些国家的领导人，"身体已进入 21 世纪，而脑袋还停留在过去，停留在殖民扩张的旧时代里，停留在冷战思维、零和博弈老框框内"，使"霸权主义、强权政治和新干涉主义有所上升，军备竞争、恐怖主义、网络安全等传统安全威胁和非传统安全威胁相互交织"，世界仍不太平。

近些年来，随着中国经济实力不断增强，国际影响力迅速扩大，以及新任领导集体展示出的勇于担当、积极进取精神，国外某些别有用心的人惊慌失措、手忙脚乱，他们一面造谣生事，煽动本国政府和民间的仇视情绪；一面老

调重弹，鼓吹"中国威胁论"，意图遏制中国崛起。面对这些聒噪和杂音，我们不能熟视无睹，也不能听之任之。应对办法很多，其中最根本的就是"讲好中国故事，做好对外宣传"，让世界各国人民充分了解中国历史、倾听中国声音、认可中国理念、摒弃固有成见，进而发挥积极作用，影响政府决策。一句话就是，润物无声，"以理服人、以文服人、以德服人"。习近平指出："文化交流是民心工程、未来工程，要让青年人了解对方国家的历史和现在，学习对方国家的语言和文化，进行心灵的沟通。只有多交流、多接触，认识才能更全面、更深刻。"① "宣传阐释中国特色，要讲清楚每个国家和民族的历史传统、文化积淀、基本国情不同，其发展道路必然有着自己的特色；讲清楚中华文化积淀着中华民族最深沉的精神追求，是中华民族生生不息、发展壮大的丰厚滋养；讲清楚中华优秀传统文化是中华民族的突出优势，是我们最深厚的文化软实力；讲清楚中国特色社会主义植根于中华文化沃土、反映中国人民意愿、适应中国和时代发展进步要求，有着深厚历史渊源和广泛现实基础。中华民族创造了源远流长的中华文化，中华民族也一定能够创造出中华文化新的辉煌。独特的文化传统，独特的历史命运，独特的基本国情，注定了我们必然要走适合自己特点的发展道路。"② 他说："我们要广泛深入宣传我国坚持走和平发展道路的战略思想，引导国际社会正确认识和对待我国的发展，中国发展绝不以牺牲别国利益为代价，我们绝不做损人利己、以邻为壑的事情，将坚定不移做和平发展的实践者、共同发展的推动者、多边贸易体制的维护者、全球经济治理的参与者。""要注重塑造我国的国家形象，重点展示中国历史底蕴深厚、各民族多元一体、文化多样和谐的文明大国形象，政治清明、经济发展、文化繁荣、社会稳定、人民团结、山河秀美的东方大国形象，坚持和平发展、促进共同发展、维护国际公平正义、为人类做出贡献的负责任大国形象，对外更加开放、更加具有亲和力、充满希望、充满活力的社会主义大国形象。"③建设中国特色社会主义文化，提高文化的竞争力、吸引力、感召力，是应对国际形势新变化的需要，也是中国走向世界的必然选择。

2. 文化建设是消除文化发展领域各种弊端的需要

新中国成立后特别是改革开放以来，经过全国人民坚持不懈的努力奋斗，我国在基础设施、现代产业、高新技术、文化教育、群众生活等领域都取得了

---

① 《习近平会见俄罗斯汉学家、学习汉语的学生和媒体代表》，《人民日报》2015 年 1 月12 日。

② 《习近平在全国思想工作会议上的讲话》，《人民日报》2013 年 8 月 21 日。

③ 《习近平在全国思想工作会议上的讲话》，《人民日报》2013 年 8 月 21 日。

巨大成就，国家气象焕然一新，民族凝聚力显著增强；但是，从总体上看，我国依然处在由传统社会向现代社会的转型时期，经济体制、社会结构、利益格局、思想观念的深刻调整，带来了许多前所未有的新矛盾、新问题。与此相适应，文化领域也是先进与落后并存、优秀与糟粕共生，前景喜人，但形势不容乐观，文化建设任重道远。

第一，某些地方和单位对文化建设重要性、必要性、紧迫性认识不够。它们没有敏锐把握时代变化，特别是信息网络时代的到来对经济转型的挑战和机遇，不能正确处理经济建设和文化建设的关系，重物质、轻精神，一手硬、一手软的现象长期存在，决策的短期化、功利性无法根除。

第二，政府和市场的关系未妥善处理，束缚文化生产力发展的体制机制问题尚未根本解决。我国计划经济到市场经济的转型没有完成，政府和市场两个主体的关系还没有明确界定，很多长期形成的传统习惯仍在发挥作用，尤其是政府部门依旧扮演"运动员"和"裁判员"双重角色，使它们在文化发展微观领域的"越位"和宏观领域的"缺位"都十分严重，客观上变成阻碍力量。

第三，有些领域道德失范、诚信缺乏，有些社会成员人生观、价值观扭曲。近年来，引起社会广泛关注的"郭美美"事件、"宝马女拖行交警"事件、"高校女生心仪黄世仁"事件等，都是物质主义泛滥的恶果。2011 年 4 月 14 日，温家宝总理也指出，近年来相继发生"毒奶粉""瘦肉精""地沟油""彩色馒头"等事件，这些恶性的食品安全事件足以表明，诚信的缺失、道德的滑坡已经到了何等严重的地步。一个国家，如果没有国民素质的提高和道德的力量，绝不可能成为一个真正强大的国家、一个受人尊敬的国家。振聋发聩、催人深省。

第四，舆论引导能力需要提高，网络建设和管理亟待加强改进。随着电视、手机、电脑的普及和网络技术的发展，我国新闻媒体的影响力大大增强，社会成员每天生活在各种介质构建的信息世界里，有时是非难辨、真假难分。某些媒体和所谓知名人士，为了提高关注度和点击量，打着公众代言人的旗号，故意背离公序良俗和道德规范，歪曲事实、无中生有，甚至造谣中伤、抹黑国家。

第五，文化产业规模不大、结构不合理。我国文化产业规模小、水平低，虽然文化产业经营单位众多，但基本上处于"割据"状态，资源分散、集约化程度不高，难以产生规模效应、形成整体的品牌优势，文化产业链条的延伸也受到限制。在结构方面，民营文化企业适应市场，但缺资金、缺技术，国有文化企业有基础，但压力小、动力弱；影视产业、图书出版发展迅猛，动漫、软件产业发展不足。

第六，公共文化服务体系不健全，城乡、区域文化发展不平衡。公共文化一般是由政府直接提供或由政府出资购买的、满足广大民众需求的社会文化资源，比如学校教育、文化馆、科技馆、图书馆、民教馆、活动中心、电子阅览室、有地方特色的文化项目等。对于公共文化服务体系究竟有哪些组成部分，该如何架构，理论界认识不清晰，各地建设水平也参差不齐。优质文化服务向城市集中的趋势非常明显，农村文化基础设施投入不足。

第七，文化"走出去"较为薄弱，中华文化国际影响力需要增强。文化是民族国家的世界名片，是提升国际认可度的基础和前提。美国维持其国际影响力，主要靠科技、教育、电影、音乐、游戏等，不仅有丰厚的物质回报，更是传输了个人至上的价值观。布热津斯基说，"文化统治是美国全球性力量的一个没有受到足够重视的方面。不管你对美国大众文化的美学价值有什么看法，美国大众文化具有一种磁铁般的吸引力。"① 目前我国文化"走出去"较为薄弱，且面临重大挑战：首先，国外对中国当代文化艺术认知匮乏、存在盲点，把宣扬封建糟粕或扭曲人性的作品当作文化主流；其次是郑永年先生的观点，他认为中国现有文化要么依附传统，要么依附西方，缺乏能够解释经济巨大成功的文化艺术作品。

第八，文化人才队伍建设亟须加强。人才队伍是文化建设的根本，直接关系到文化建设的成败。我国文化人才大致分为两种，一种是专门从事原创性文化产品开发及研究的知识分子，主要集中在高等院校和科研单位。比较科学的估计，目前我国高等院校专任教师 1449686 人，1998 年全国科研机构从业人员 64 万人，两者总计 200 多万人。另一种是对既有文化产品进行深加工、提高其附加值的脑力劳动者，主要集中在文化产业领域。2004 年从业人员 996.35 万人，占全部从业人员（7.52 亿人）的 1.32%，占城镇从业人员（2.65 亿人）的 3.67%，在文化产业法人单位中从业的有 873 万人，占全部文化从业者的 87.7%；在文化产业非法人单位中从业者 34 万，占 3.5%；在文化产业个体经营户（36.2 万户）中从业人员 89 万人，占 8.9%。与此相比，2004 年文化产业从业人员比例美国为 4.77%，英国为 7.70%，加拿大为 3.9%，均超过农业人口。某招聘网最新统计信息显示，2004 年传媒、出版、印刷、包装类的职位空缺平均每月是 5344 个。自 2005 年 5 月以来，这些职位

---

① 〔美〕布热津斯基：《大棋局》（第 1 版），中国国际问题研究所译，上海人民出版社，2007，第 22 页。

的需求已经上涨到 6896 个。教育和培训行业与娱乐、体育、休闲行业，2012
年平均每月的职位空缺数量分别是 2888 个和 1896 个，而 2013 年 5 月，这两
个行业的职位需求分别是 5288 个和 2076 个，增幅分别是 83% 和 10%。我国
文化人才匮乏，地区、行业分布不均。

　　除此之外，还有十分重要的一点，就是马克思主义的主体地位受到侵蚀。
意识形态是维系社会正常运转、提供凝聚力的重要源泉，具有社会整合与规
范、价值引导与教育、社会变革导向等功能。一个社会的稳定和发展，既要靠
坚强的政治团体、雄厚的经济基础、完备的法律制度，又要靠统一的理想追求
和价值取向。在当代中国，否定马克思主义、否定毛泽东思想、否定中国特色
社会主义，就是要否定革命、建设、改革的历史，就是否定中国共产党执政的
合法性和权威性。马克思主义是科学的世界观和方法论，是指导革命、建设、
改革取得巨大胜利的思想武器，是中国共产党和中国人民非常宝贵的精神财
富。马克思主义学说对人类影响巨大，因此遭受到的非议也颇多。美国学者悉
尼·胡克说："马克思主义'破产''崩溃''堕落'成为众多论文和书籍的
主题，甚至已经有人写好了它的尸体解剖报告，虽然那是过早的。""在某些
把社会主义理想的正确性当作理所当然的地方，对这种理想的信心已经遭受无
形的摧残。世界各国的马克思主义运动，似乎已在一个世纪中首次丧失了先前
在危机中维持它的那种有了方向和满怀信心的感觉。"[1] 法国思想家德里达说：
"不能没有马克思，没有马克思，没有对马克思的记忆，没有马克思的遗产，
也就没有将来。"奥地利研究者熊彼特指出："马克思思想的完备性就在于，
它在每个细节上都表现出正确性，并且使他的所有研究者都能领受到智慧的魔
力。"20 世纪 80 年代以来，随着多种文化思潮的相互激荡，马克思主义理论
在中国遇到前所未有的挑战。

　　首先，从微观方面分析，西方学术界对马克思主义的具体内容及理论依据
进行的分析评价和重新思考，在国内知识界变成关注的焦点。鲍得利亚在
《生产之境》等著作中提出马克思创立历史唯物主义的工作主要集中在经济领
域，其后果是，马克思的经济学分析并没有真正超越资产阶级政治经济学的叙
事框架；马克思把"生产"作为历史唯物主义的基础性概念，其结果是，马
克思哲学理论的深层逻辑正好认同了生产理性主导的资本主义意识形态。1900
年，西美尔出版了《货币哲学》一书，本书被视为《资本论》的扩充，书中
对马克思劳动价值理论进行了批判，学术界认为其重要建树就是弥补了被马克

---

[1]　Sidney Hook, *Reason*, *Social Myths and Democracy*, The Humanities Press, New York, 1950.

思忽略的由资本活动带来的现代生活感觉变化，把货币现象从政治经济学问题转化为文化社会学问题。马克斯·韦伯认为，资本主义的起源不能归因于经济生活因素，而应该归因于某种特殊精神气质和价值观念，从而挑战马克思的历史唯物主义。拉克劳、墨菲拒绝马克思关于工人阶级在争取社会主义斗争中享有特权地位的观点，彻底放弃马克思为激进政治理论设置的阶级还原论基础，重新构想社会主义的政治方案。

其次，从整体角度来看，某些思想正企图从根本上动摇马克思主义理论大厦的基础，在中国社会的影响力不断增强。

（1）新自由主义

新自由主义是垄断资本推行全球一体化理论体系的重要组成部分，属于资产阶级的意识形态，自20世纪30年代产生以来，经历了从理论探讨、学术研究到政治化、意识形态化的发展过程。在经济理论方面，它大力宣扬"三化"——自由化、私有化、市场化，认为自由是效率的前提，"若要让社会裹足不前，最有效的办法莫过于给所有人强加一个标准"；认为私有制是人们能够以个人身份来决定我们要做的事情，从而成为经济发展的基础；认为离开市场就谈不上经济，无法有效配置资源，反对任何形式的国家干预。在政治理论方面，它重点突出"三个否定"——否定公有制、否定社会主义、否定国家干预，认为当集体化的范围扩大后，经济变得更糟而不是更具有"生产率"，不能搞公有制；在他们看来，社会主义是对自由主义的限制和否定，必然导致集权主义，集权主义思想的悲剧在于它把理性推到至高无上的地位，却以毁灭理性而告终，因此是一条通往奴役之路；新自由主义者认为，任何形式的国家干预都只能造成经济效率的损失。在战略政策方面，它竭力鼓吹以超级大国为主导的全球一体化，即全球资本主义化，认为美国模式是后发国家追求现代化的样板。1990年的华盛顿共识是新自由主义的影响世界的标志性事件。

（2）民主社会主义思潮

2007年2月，学者谢韬在《炎黄春秋》杂志发表《民主社会主义模式与中国前途》一文，指出："中国没有在苏东巨变中垮台，这要归功于邓小平在这之前实行了改革开放政策。当改革开放路线得到大多数人支持取得主流地位以后，从中共十一届三中全会开始，邓小平和他的主要助手胡耀邦等同志顶住'复辟资本主义'的指责，解散人民公社，实行包产到户，废止近乎单一的公有制（1978年公有制比重占99.1%），实行多种所有制共同发展，允许一部分人先富起来，把资本家请回来了，把先进生产力请回来了。读者可以看到，这一系列新政策属于民主社会主义，但为了避免'修正主义'之嫌，我们称之为中国特色的社会主义道路。"那什么是民主社会主义，它与科学社会主义有什么区别，对我国意识形态安全产生哪些影响？民主社会主义是一种主张在民主体制里进行社会主义运动的政治意识形态。大多数民主社会主义分子支持多样型经济发展，并要求国家提供良好的福利保障以及进行财富的再分配。1899年伯恩斯坦在《社会主义的前提和社会民主党的任务》一书中，首次提出"民主社会主义"的概念。1951年6月，社会党国际成立时通过宣言《民主社会主义的任务与目标》，明确提出了以"民主社会主义"为自己的奋斗纲领，民主社会主义成为系统化理论。民主社会主义的主张包括理论基础上宣扬多元性，主张放弃统一的世界观；政治上主张联合专政，否认阶级和阶级斗争，主张多党制，认为工人阶级要通过议会多数掌握国家权力，建立一个政治民主、经济民主、文化民主和社会民主的社会；经济上主张建立"混合经济"，即合作制和私有制、计划经济和自由竞争相结合，反对消灭私有制，主张实行国家干预和计划，逐步扩大国有化；社会建设方面鼓吹实施社会保障制度和建立福利国家，主张改革税制，通过扩大公民经济权利和社会福利，进行收入和财富的再分配，以实现经济平等。可见，民主社会主义学说具有两面性，既反对资本主义剥削制度，又反对暴力革命与阶级斗争。民主社会主义与科学社会主义有本质区别，首先是对待马克思主义的态度。科学社会主义坚持马克思主义的指导地位，并推动马克思主义的民族化、时代化和具体化；而民主社会主义则坚持世界观中立和指导思想多元。其次是对待资本主义与社会主义的态度。科学社会主义认为资本主义有其存在的历史必然性和现实依据，但也具有其自身难以克服的固有矛盾和弊端，因此，社会主义代替资本主义是社会历史发展不可逆转的总趋势；而民主社会主义则以资本主义"病床边的医生和护士"自居，把无产阶级争取政治、经济权利的斗争完全局限在资本主义框架下。民主社会主义思潮对马克思主义在意识形态领域的指导地位、我国现行的政治制度以及中国革命的历史都提出严重挑战。

（3）宗教信仰

经济全球化时代，我国宗教已经成为世界宗教运动的一个组成部分。特别是在旧的信仰体系遭遇严重危机而新的信仰体系尚未完全确立的背景下，有些人试图把宗教作为提升道德约束的最后一根稻草。于是，境外宗教势力通过各种途径大举入侵，它们发展教民、宣扬教义，开展形形色色的宗教活动。范围之广、影响之大，以至于共产党内也出现宗教"解禁"的声音。马克思主义世界观是辩证唯物主义，而宗教属于唯心主义范畴，在哲学上，唯物主义和唯心主义之间的分野是根本性的，马克思一开始就在共产主义和宗教之间划出明确界限："共产主义是径直从无神论开始的。"列宁指出："我们党的纲领完全是建立在科学的而且是唯物主义的世界观上的。因此，要说明我们的党纲，就必须同时说明产生宗教迷雾的真正的历史根源和经济根源。"马克思主义经典作家揭示了宗教产生、发展和消亡的客观规律，认为只有宗教赖以存在的外部条件全部消失后，宗教才可能消亡，如果企图以行政力量消灭宗教，只会激发人们对宗教的兴趣，反而不利于宗教的真正消亡，因此，我国宪法明确规定公民有信教和不信教的自由。然而，我们的意识形态是马克思主义，奋斗的目标是共产主义，就一定要警惕宗教意识形态的消极作用。这些思潮尽管对我们深化认识起到了重要作用，但其主观目的却是宣扬、美化西方的价值观，否定中国革命、建设、改革的伟大探索，否定科学社会主义，容易引发社会意识领域的混乱和无序。

三 十八大以来党的文化建设思想的逻辑结构

文化是特定民族在改造主客观世界过程中创造出来的精神产品，有其相对独立的内容和形式，内容包括精神信仰、理想追求、价值取向、意识形态、思想观念等，是文化建设的根本；形式是内容的客观载体，包括语言文字、文学艺术、新闻出版、广播影视、文化设施、信息资源等。内容决定形式，形式表现内容，形式具有相对的独立性。"文化存在于各种内隐的和外显的模式之中，借助符号的运用得以学习与传播，并构成人类群体的特殊成就，这些成就包括他们制造物品的各种具体式样，文化的基本要素是传统（通过历史衍生和由选择得到的）思想观念和价值，其中尤以价值观最为重要。"① 习近平文化建设思想就是从内容和形式两个方面的相互联系中逐渐展开，逻辑清晰，重点突出。

第一，意识形态是文化建设的灵魂。马克思曾经对资本主义意识形态进行过深刻批判，认为作为统治阶级的思想，意识形态总是自觉不自觉地掩蔽人们现实生活和交往关系的真相，以便维护一种长治久安的统治。列宁在革命实践中发展了马克思主义意识形态理论，他认为资本主义意识形态具有欺骗性和虚假性，而社会主义意识形态即马克思主义是为无产阶级、劳苦大众来服务的，所以是科学的世界观和方法论。中国共产党是用马克思主义武装起来的先进政党，权为民所用、情为民所系、利为民所谋，奉行全心全意为人民服务的宗旨。马克思主义既是中国共产党的指导思想，也是合法性的重要来源。因此，

---

① 《中国大百科全书·社会学》（第 1 版），中国大百科全书出版社，1991，第 409 页。

"意识形态工作是党的一项极端重要的工作"。巩固马克思主义在意识形态领域的指导地位，首先，要认真学习马克思主义理论。"这是我们做好一切工作的看家本领，也是领导干部必须普遍掌握的工作制胜的看家本领"，"党校、干部学院、社会科学院、高校、理论学习中心组等都要把马克思主义作为必修课，成为马克思主义学习、研究、宣传的重要阵地"，要在掌握马克思主义立场、观点、方法上下功夫。其次，要将马克思主义中国化。"马克思主义必定随着时代、实践和科学的发展而不断发展，不可能一成不变，社会主义从来都是在开拓中前进的"，"在当代中国，坚持中国特色社会主义理论体系，就是真正坚持马克思主义。""中国特色社会主义，是科学社会主义理论逻辑和中国社会发展历史逻辑的辩证统一，是根植于中国大地、反映中国人民意愿、适应中国和时代发展进步要求的科学社会主义，是全面建成小康社会、加快推进社会主义现代化、实现中华民族伟大复兴的必由之路。"[1]

第二，社会主义核心价值观是文化建设的重点。"富强、民主、文明、和谐，自由、平等、公正、法治，爱国、敬业、诚信、友善，传承着中国优秀传统文化的基因，寄托着近代以来中国人民上下求索、历经千辛万苦确立的理想和信念，也承载着我们每个人的美好愿景。"社会主义核心价值观三句话二十四个字，包含国家层面的价值目标、社会层面的价值取向和个人层面的价值规范，体现着共同富裕、人民至上、和谐相处的基本理念。习近平指出，一个民族的文明进步，一个国家的发展壮大，需要一代又一代人接力努力，需要很多力量来推动，核心价值观是其中最持久、最深沉的力量。它是决定文化性质和方向最深层次的要素。一个国家的文化软实力，从根本上说，取决于其核心价值观的生命力、凝聚力、感召力。培育和弘扬核心价值观，有效整合社会意识，是社会系统得以正常运转、社会秩序得以有效维护的重要途径，也是国家治理体系和治理能力的重要方面。历史和现实都表明，构建具有强大感召力的核心价值观，关系社会和谐稳定，关系国家长治久安。我们要在全社会牢固树立社会主义核心价值观，全体人民一起努力，通过持之以恒的奋斗，把我们的国家建设得更加富强、更加民主、更加文明、更加和谐、更加美丽，让中华民族以更加自信、更加自强的姿态屹立于世界民族之林。[2]

第三，理想信念是文化建设的基础。习近平指出："理想指引人生方向，信

---

① 习近平：《在新进中央委员会委员、候补委员学习贯彻党的十八大精神研讨班开班式上的讲话》，《人民日报》2013 年 3 月 4 日。

② 习近平：《在北京大学师生座谈会上的讲话》，《人民日报》2014 年 5 月 5 日。

念决定事业成败。没有理想信念，就会导致精神上'缺钙'。"对领导干部，他谆谆告诫：坚定理想信念，坚守共产党人精神追求，始终是共产党人安身立命的根本。对马克思主义的信仰，对社会主义和共产主义的信念，是共产党人的政治灵魂，是共产党人经受住任何考验的精神支柱。形象地说，理想信念就是共产党人精神上的"钙"，没有理想信念，理想信念不坚定，精神上就会"缺钙"，就会得"软骨病"。在现实生活中，一些党员、干部出这样那样的问题，说到底是信仰迷茫、精神迷失。共产党员特别是党员领导干部要做共产主义远大理想和中国特色社会主义共同理想的坚定信仰者和忠实践行者。对青年学生，他语重心长地说："功崇惟志，业广惟勤。"中国梦是全国各族人民的共同理想，也是青年一代应该牢固树立的远大理想。中国特色社会主义是我们党带领人民历经千辛万苦找到的实现中国梦的正确道路，也是广大青年应该牢固确立的人生信念。把理想信念建立在对科学理论的理性认同上，建立在对历史规律的正确认识上，建立在对基本国情的准确把握上，不断增强道路自信、理论自信、制度自信，增强对坚持党的领导的信念，永远紧跟党，高高举起中国特色社会主义伟大旗帜。①

第四，优秀传统文化是文化建设的源泉。习近平指出：中国传统文化博大精深，学习和掌握其中的各种思想精华，对树立正确的世界观、人生观、价值观很有益处。古人所说的"先天下之忧而忧，后天下之乐而乐"的政治抱负，"位卑未敢忘忧国""苟利国家生死以，岂因祸福避趋之"的报国情怀，"富贵不能淫，贫贱不能移，威武不能屈"的浩然正气，"人生自古谁无死，留取丹心照汗青""鞠躬尽瘁，死而后已"的献身精神等，都体现了中华民族的优秀传统文化和民族精神，我们都应该继承和发扬。他说，要认真汲取中华优秀传统文化的思想精华和道德精髓，大力弘扬以爱国主义为核心的民族精神和以改革创新为核心的时代精神，深入挖掘和阐发中华优秀传统文化讲仁爱、重民本、守诚信、崇正义、尚和合、求大同的时代价值，使中华优秀传统文化成为涵养社会主义核心价值观的重要源泉。要处理好继承和创造性发展的关系，重点做好创造性转化和创新性发展。

第五，提升文化软实力是文化建设的途径。社会主义文化建设的最终目标是满足人民群众日益增长的文化需求，提升文化软实力则是实现这一目标的现实途径。习近平指出：文化实力和竞争力是国家富强、民族振兴的重要标志。要坚持把社会效益放在首位、社会效益和经济效益相统一，推动文化事业全面繁荣、文化产业快速发展。发展哲学社会科学、新闻出版、广播影视、文学艺

---

① 习近平：《同各界优秀青年代表座谈时的讲话》，《人民日报》2013 年 5 月 5 日。

术事业。加强重大公共文化工程和文化项目建设，完善公共文化服务体系，提高服务效能。促进文化和科技融合，发展新型文化业态，提高文化产业规模化、集约化、专业化水平。构建和发展现代传播体系，提高传播能力。增强国有公益性文化单位活力，完善经营性文化单位法人治理结构，繁荣文化市场。扩大文化领域对外开放，积极吸收借鉴国外优秀文化成果。营造有利于高素质文化人才大量涌现、健康成长的良好环境，造就一批名家大师和民族文化代表人物，表彰有杰出贡献的文化工作者。[①]

第六，文艺工作是文化建设的现实抓手。鲁迅说过，文艺是国民精神所发的火光，同时也是引导国民精神的前途的灯火。文艺作品是传承文化、宣扬价值的重要载体。习近平在文艺座谈会讲话中指出，文艺是时代前进的号角，最能代表一个时代的风貌，最能引领一个时代的风气。他勉励文艺工作者要创作生产出无愧于我们这个伟大民族、伟大时代的优秀作品。用栩栩如生的作品形象地告诉人们什么是应该肯定和赞扬的，什么是必须反对和否定的，做到春风化雨、润物无声。要把爱国主义作为文艺创作的主旋律，引导人民树立和坚持正确的历史观、民族观、国家观、文化观，增强做中国人的骨气和底气。

第七，体制改革是文化建设的保障。十八届三中全会决定指出："按照政企分开、政事分开原则，推动政府部门由办文化向管文化转变，推动党政部门与其所属的文化企事业单位进一步理顺关系。建立党委和政府监管国有文化资产的管理机构，实行管人管事管资产管导向相统一。健全坚持正确舆论导向的体制机制。健全基础管理、内容管理、行业管理以及网络违法犯罪防范和打击等工作联动机制，健全网络突发事件处置机制，形成正面引导和依法管理相结合的网络舆论工作格局。整合新闻媒体资源，推动传统媒体和新兴媒体融合发展。推动新闻发布制度化。严格新闻工作者职业资格制度，重视新型媒介运用和管理，规范传播秩序。"

在党的文化建设思想中，意识形态、核心价值观、共产主义理想信念是基石；弘扬优秀传统文化、提升文化软实力是途径；文化体制是保障。三个方面相互影响、相互制约，构成文化建设的有机系统。

（撰稿人：西安交通大学马克思主义学院副教授田建军）

[①] 习近平：《建设社会主义文化强国，着力提高国家文化软实力》，《人民日报》2014 年 1 月 2 日。

第二十章　发展中国优秀传统文化的内涵及路径

"文化,从不同的分类上有不同的释义,据美国文化学家克罗伯和克拉克洪 1952 年出版的《文化:概念和定义的批评考察》中统计,世界各地学者对文化的定义有 160 多种。"[1] 对于具有五千年历史的中华民族来说,悠久的传统文化是支撑其不断向前发展的精神动力,尤其是随着近些年"国学热"和儒学的"第三次复兴"的兴起,中国传统文化越来越成为社会各界讨论的热衷话题。但是我们同时还要清楚地看到由于我国具有特色的社会主义制度、规范、机制尚在发展与成长中,社会规范还没有完善和刚性化,文化理念还只是传统文化的自发表现,没有内化于民众的心中。在当今社会大背景下充分发挥优秀传统文化的巨大作用,对我们来说是机遇与挑战并存。

一　发展中国优秀传统文化的内涵

中国当前处于一个高速发展的运行时期,习近平总书记在 2014 年 5 月考察河南的行程中说:"中国发展仍处于重要战略机遇期,我们要增强信心,从当前中国经济发展的阶段性特征出发,适应新常态,保持战略上的平常心态。"这也是习近平总书记第一次提出"新常态"这个概念,实际上指的就是一种趋势性、不可逆的发展状态,这个时间段,中国的发展是与过去 30 年的发展有所不同的。作为经济基础的上层建筑——中国传统文化,发展也具有不同的表现和特点。

(一) 发展的内涵

哲学上发展被定义为"新事物的产生和旧事物的灭亡",发展是事物从出

---

① 殷海光:《中国文化的展望》,国立台湾大学出版中心,2009。

生开始的一个进步变化的过程，是事物的不断更新，是指一个连续不断的变化过程，既有量的变化，又有质的变化；既有正向的变化，也有负向变化。"根深蒂固的观点是把低级和高级同简单和复杂联系起来，认为发展即是事物由低级的简单状态，过渡到高级的复杂状态。"① 不管任何时期的发展都是在一定的大背景下逐渐过渡的，对于当前经济新常态的背景，发展同样有着新的内涵。

　　当前中国的发展处于重要战略机遇期，"新常态"是指中国社会建设呈现新常态、创新社会治理体制以及推进法治社会建设等，例如，北京市老百姓国学会等一大批社会组织紧跟党走在时代前列，倡导社会风尚，促进和谐社会、幸福社会的建设。同时"新常态"也使我国传统文化发展进入新阶段，发展呈现新常态。这个时间段的发展虽然有了不少机遇，但是面对更多的是挑战，尤其是国内外的双重压力、生态环境的不断恶化等使我们不得不去重视这些问题。因此，党的十八大以后，发展策略产生了明显的转变，习近平总书记提出"经济要发展，也要保住国家的青山绿水，要让老百姓记得住'乡愁'，发展经济要与保护环境、节约资源结合起来，这是对地方政府的一大挑战。告别对增长速度的过度崇拜，对地方政府的政绩考核不再唯 GDP 论英雄，而是以全面提高人民群众的幸福指数作为主要考量指标。"② 所谓的"乡愁"在一定意义上也是对我们传统文化的一种继承发展，所以从前几年我们国家就开始放慢GDP 的发展速度，不再急功近利似的发展，物质文明和精神文明开始同时提上发展的日程，作为精神文明重要的一个组成部分——中国传统文化，这一重要的发展对象更是我们所要发展的重中之重。因此，可以得出，在不同的时期，发展的内涵、方向和目的都是不同的，它也是随着社会的发展变化而变化的。发展就是要在新环境和新时代的背景下不断地向上、向前进步，不断地赋予它能在当前时代促进社会进步的新内涵。

（二）发展中国传统文化的内涵

　　"传统，是指人类创造的不同形态的质，经由历史凝聚而沿袭着、流变着的各种文化因素构成的有机系统。传统是来自过去，而现在仍有生命力的东西。所以说，传统不仅有历史意义，而且拥有超越历史的意义。"③ 但是对于传统文化，成长于文化断层期的现代人多数没有什么清晰的认识。给文化前面

---

① 丁立群：《发展是什么？》，《求是学刊》1987 年第 1 期。
② 金碚：《中国经济发展新常态研究》，《中国工业经济》2015 年第 1 期。
③ 窦坤、刘新科：《中国传统文化的当代价值及其传承》，《西北农林科技大学学报》（社会科学版）2010 年第 3 期。

加了个定语"传统"这两个字，并不是代表我们可以就字面那么简单地认识和理解，也并不是在历史上出现过所有的文化都可被称为传统文化。有所涉猎的人会认识到，中国传统文化博大精深、源远流长；兼容并蓄、和而不同。通过一些历史事件来讲，例如，从洪秀全的太平天国起义、曾李的洋务运动、康梁的维新变法、何子渊的教育革新，到孙中山的民主革命，其间既有狂风暴雨式的革命，也有和风细雨般的变革，但最后都殊途同归，目的只有一个——维系中华民族这个大家庭并推动我们社会不断向前发展，这不能不归功于中国传统文化的影响，同时这也是中华五千年文明的魅力所在。人类历史上的四大文明古国，只有中国文化作为文化主体保留至今。以传统文化为立国之基的中国在世界上存在了长达五千年，对比在历史上强盛几千年的其他帝国来说，早已不复存在。然而，近百年来，中国传统文化遭到了史无前例的压制和废弃，列强入侵的破坏、国人无视的悲哀等。回想以前在传统文化深入人心的时代，人民身心安稳，过着夜不闭户、路不拾遗的生活，而当今的人们却不光将自己锁在一道道铁栏内，社会活动中还会受到频发恶性事件的威胁，在我们感叹人性泯灭的同时，是应该问问自己我们的道德底线是否还存在。

习近平总书记指出，"体现一个国家综合实力最核心的、最高层的，还是文化软实力，这事关一个民族精气神的凝聚。我们要坚持道路自信、理论自信、制度自信，最根本的还有一个文化自信。要从弘扬优秀传统文化中寻找精气神"。习总书记的讲话呼应了时代的需求。改革开放30多年来，中国走出了一条高速和平发展之路，但我们应该清楚地认识到自身GDP的增长并不能够说明一切，硬实力是有了，软实力还差得远，尤其是中国科技和文化，我国下一步就应该是注重内功的修养。西方世界现在已经把眼光都瞄向了中国的传统文化，认为这个延续了几千年来仍长盛不衰的古老文明博大精深，现在愈发凸显出它的张力和影响力。在这种情况下，我们也要对自己的传统文化进行反思，进行批判性的改进和创新，才能使其重新焕发光彩。关于传承和发扬我们优秀的传统文化是我们国家多少年来永恒不变的话题，那么在新常态的背景下怎么传承、怎么发扬又是我们需要讨论的另一个话题，尤其是在当今我们所面临全球化的冲击下，我国的传统文化也面临着前所未有的紧迫感。

在2013年8月19日全国宣传思想工作会议上，习近平总书记指出，"中华民族创造了源远流长的中华文化，中华民族也一定能够创造出中华文化新的辉煌。独特的文化传统，独特的历史命运，独特的基本国情，注定了我们必然要走适合自己特点的发展道路。对我国传统文化，对国外的东西，要坚持古为今用、洋为中用，去粗取精、去伪存真，经过科学的扬弃后使之为我所用"。

中国传统文化就其性质来说也有优秀的传统文化和糟粕的传统文化之分，"取其精华，去其糟粕"是继承中国传统文化的原则所在，这也许是当代人对待一切事物所普遍具有的两种态度。从不同的角度看待当然就会得出不同的回答，我们现在对传统文化也应该持有这样的态度，辩证地看待其发展进程和对社会所做出的贡献，随着历史的发展，符合发展规律的传统文化必然会被历史和人民所选择。我们所延续下来的优秀传统文化不仅是推动我国社会向前发展的重要推动力，而且还是提高我国在国际社会中影响力的重要一面。那么在当前新常态的状况下，面对多元化的增长动力，合理的经济结构和简政放权下的市场环境，传统文化市场也要保持新态势和新发展，只有这样才能满足多元化发展下的文化需求。所以当前以一种带有鲜明时代特色与中国特色的核心价值观去凝聚社会共识，激发道德力量，弘扬和发展优秀的传统文化成为全社会的迫切需要，这是在新常态下传统文化发展最正确的途径。其实冯友兰先生曾有过这样的提问，"若说中国文化的精神基础是伦理，不是宗教，这是否意味着中国人对于高道德价值的价值，毫无觉解?"① 从这些可以看出，中国传统文化自古以来就是以儒家伦理为其依托的对象，而不像国外大多是以宗教为其精神的寄托，这在一定程度上说明中国人的道德意识和道德理论都是在日常行为的潜移默化中形成的，所以，中国传统文化对当今社会的发展不光能促进自身提高，同时也能对当今社会的建设和发展注入新的动力。

二　发展中国优秀传统文化的意义

中国传统文化可谓博大精深，可以说从人类产生以来伴随着人与环境的互动，文化现象也就逐渐产生了。并且经过时间的流逝和历史的验证，中国传统文化足以使中国人和华人引以为自豪，它是中华民族的重要凝聚力。虽然中国人的思想观念、思维行为和生活方式都在发生重大的变化，中国传统文化也在全方位地转换和发展，但是不管怎么变化和发展，优秀的中国传统文化带给当代社会的进步和发展不可小觑。关于中国优秀传统文化的作用也不是很统一，中华文明上下五千年，在这其中可承载的东西实在是太多了，传统文化虽然是历史的产物，但它并不是博物馆里的陈列品，毫无改变地保存并传给子孙后代，也不是几本古书或者背诵几首唐诗宋词，更不是风水预测之学，而是具有强大生命力的东西，不夸张地说，其可以用来修身、齐家、治国、平天下。

---

①　冯友兰、涂又光:《中国哲学简史》，北京大学出版社，1985。

（一）有利于促进社会生产力的进步

当前传统文化的发展面临着新的大环境和大背景，以我国传统文化为核心的文化产业在整个社会中崛起。文化作为存在物具有精神和物质双重属性，正是文化的双重属性，决定了文化在社会发展过程中是不可忽视和不应偏废的。而传统文化作为文化体系中重要组成部分对我国的社会、经济、政治，包括文化自身发展的影响力都有着不可小觑的作用。从上层建筑的相互关系上说，传统文化既是精神之父，同时又是"体制之母"；从与经济基础的关系上说，传统文化既是经济发展之根，又是经济发展之果。同时传统文化的影响力有正逆之分，这是作为精神力和制度力基础的文化的本质属性所产生的。不同性质的传统文化对社会发展的作用也不同，先进的传统文化推动社会进步与发展，落后的传统文化则阻碍社会的进步与发展，无论是东方还是西方，各个国家自身的传统文化对社会发展的影响力如今都已得到确认。

我国优秀的传统文化是被世界所公认的，在交流中更能引起各个国家之间的共鸣，在这种环境下，传统文化越是得到广泛的传播，就越能够得到弘扬，越能增进不同国家、地区和民族之间的交流。所以，传统文化对于我们积极融入世界潮流的大发展具有重要的作用，同时也有利于我们进一步实现全球化的战略目标。通过我们传统文化自身的魅力和特性所发展的文化产业，也能提升不同国家和地区人们的兴趣，更能推动文化产品和服务的不断丰富，使这些文化产品和服务日益广泛地进入不同地域、不同国度，人们的生活也能得到陶冶，素质得到提升，人们的整体生活质量会越来越高。优秀传统文化的传播不仅增进了与各个国家之间的友好关系，也进一步带动了我国经济效益的增加。

（二）有利于提高我国的国际影响力

中国几千年的巅峰地位是靠中华传统文化支撑的，可以说传统文化是国家兴旺发达的原动力，我们不能因噎废食，因为列强曾经打败过我们就抛弃原有的一切，认为原有的一切都是不合时宜的，盲目去追求西方所崇尚的东西。

要摧毁一个国家，军事上、经济上的打击都不可怕，都不一定致命，最可怕的是一个国家在文化上没有自尊自信，自己的文化上先垮了，那么这个国家虽存犹亡，正如一个人，精神的崩溃可以让他立即颓然倒闭。一个国家应靠一种文化精神支撑而自立，正如一个人也是靠一种精神和信念而活着，要挺起中华民族的脊梁，必须发展自己的传统文化。就如我们所熟知的美国可乐、法国美食、德国制造等这些深入人心的文化符号，其实就代表着它们的文化软实力，同样我们也认识到它们是文化强国。作为当代青年的我们应该保持批判性思维、怀疑精神、自我意识和不卑不亢的态度对待我国的优秀传统文化。论文化，我们优秀的传统文化的高度不是西方文化所能企及的，中华传统文化在当今也是西方人们苦苦寻找的社会真理，随着这几年"中文热"的兴起，中国传统文化在世界各地也开始发挥一定的影响力。例如，遍布世界的"孔子学院"，我们正是在用我们优秀传统文化的核心——儒家文化去感染世界的文化氛围。然而，我们依然要清晰地认识到我们的文化软实力建设刚刚起步，文化软实力"西强我弱"的局面还没有根本改变，与我国不断上升的国际地位和丰富的文化资源现状不相适应，要改变这种局面，大力提高国家文化软实力，就必须继承和发展我国优秀的传统文化，这是我国文化建设的一个战略重点，同时也是我国建设和谐世界战略思想的重要组成部分。当今时代，我国优秀的传统文化越来越成为民族凝聚力和创造力的重要源泉、越来越成为综合国力竞争的重要因素。正如国学大师季羡林先生说过一样，要把我们的优秀传统文化"送出去"，我们"拿进来"的已经太多了，这也正是和当今我们提出文化"走出去"战略相适应，进一步提高我们在世界中的影响力和话语权。习近平主席在访问各个国家时经常能信手拈来引用古诗并且融会经典，在比喻与各个国家之间的发展关系时，生动自然，又深刻有力，引发媒体聚焦解读。不仅给人思考启迪，让人印象深刻，也以厚重的国学根底，向世界展示中华文明的源远流长与中国领导人的文化修养。

（三）有利于促进个人的全面发展

马克思、恩格斯在《共产党宣言》中说，取代资产阶级的社会"将是这样一个联合体，在那里，每个人的自由发展是一切人的自由发展的条件"。随后，马克思在《资本论》中指出，社会生产力的发展，将为未来的社会奠定现实的基础，未来社会将是"一个把每一个人都有完全的自由发展作为根本原则的高级社会形态"。我国随着物质资料的丰富和社会的进步，也逐渐地把人们的幸福指数作为衡量社会进步的标准。

对于个人来说，中国优秀的传统文化对个人品格的塑造有许多值得借鉴的地方。第一，自强不息的奋斗精神。中国传统文化历来关注现实人生，孟子强调说，"天将降大任于斯人也，必先苦其心志，劳其筋骨，饿其体肤，空乏其身，行拂乱其所为"。屈原也是以"路漫漫其修远兮，吾将上下而求索"的人生态度告诉我们这种入世哲学，所以，中华民族也敢于向一切自然与社会的危害和不平进行顽强抗争的精神。第二，知行合一观。中国儒家文化所讲的"力行近于仁"，在一定程度上体现了"行重知轻"的认识论思想，这与实践品格具有某种一致性，正如马克思在《关于费尔巴哈的提纲》中所指出"哲学家们只是在用不同的方式解释世界，而问题在于改变世界"① 是一样的道理。也能看出其实在几千年以前中国人民就用勤奋踏实肯干的优秀品质，建造出现在的长城、故宫等一系列堪称世界奇迹的建筑。第三，重视个人的诚信问题。中国传统文化非常重视人的内在修养与个人诚信，鄙视那种言而无信和不遵守约定的行为。《论语·学而》强调"吾日三省吾身：为人谋而不忠乎？与朋友交而不信乎？传不习乎？"，这是对个人品格最根本的要求，在古人看来如果一个人连诚信都做不到的话是不可能立身处世的，这种传统美德，对现代人格的塑造，也是非常可贵的。第四，追求真理，勇于奉献的精神。中国传统文化蔑视那种贪生怕死、忘恩负义、追逐名利的小人。古人在谈到对真理的追求时，认为"朝闻道，夕死可矣"。宣扬"勿以恶小而为之，勿以善小而不为"的精神。这种对真理执着、献身精神也是推动现代化的强大动力。第五，舍小家为大家和重义轻利的伦理规范。古人说："以家为家，以乡为乡，以国为国，以天下为天下。"一个社会只有形成"天下兴亡、匹夫有责"的社会风气，把天下的事作为自己的分内之事，具有家国天下的使命感和责任感，整个社会才能充满温馨与和谐，也才能给人带来希望与力量。上述种种也仅是中华传统文化精华中的一部分，而"和谐精神逐渐泛化为中华民族普遍的社会心理习惯"，② 仅此就足以体现中国传统文化的博大精深，更能体现中华优秀的传统文化对丰富和提高个人的文化素养、约束和规范个人的言行的重要意义，成为一个有中国气派、中国传统和中国精神的人是极其重要的。罗素曾说，"中国文化的长处在于合理的人生观"。这正是在对中国传统文化的一种深刻认识基础上概括总结出来的。

三　发展中国优秀传统文化的途径

文化是随着社会的变化发展而发展的，不同的社会形态下其发展的方向和方法是不同的，在同一社会形态的不同发展阶段也是不同的。当前我国社会处于"新常态"的发展阶段，习近平总书记强调指出，要"努力实现传统文化

---

① 马克思：《关于费尔巴哈的提纲》，1845。
② 李志英：《弘扬中国传统"和"文化构建社会主义和谐社会》，《学术论坛》2006 年第 7 期。

的创造性转化、创新性发展，使之与现实文化相融相通，共同服务以文化人的时代任务"。"我国的传统文化源远流长，博大精深，如何接续传统文化传承的这根千年文脉，这将是我们面对的一个永恒的话题。"① 哈佛大学的教授杜维明先生也说，"传统是心灵的栖息地，是每一个人塑造理想的地方，我们的信仰，我们的人生观，我们的宇宙观，乃至人与人之间的关系和我们对自我的理解，皆发源于此。如果我们心灵的栖息地不去发扬的话，不去理解它，只是把它作为一个必须消除的对象，那么有可能真正的价值被排除了，它的阴暗面反而依然存在"。② 正如邓小平所说的，"社会主义要赢得与资本主义相比较的优势，就必须大胆吸收和借鉴人类社会创造的一切文明成果，吸收和借鉴当今世界各国包括资本主义发达国家的一切反映现代社会化生产规律的先进经营方式、管理方法"。③ 那么当下对优秀传统文化如何"创造性转化、创新性发展"是我们必须关注的重大现实问题。

（一）保护中华民族优秀传统文化

1. 建立健全相关保障体系

对于优秀传统文化的保护是非常必要的，在当前人们还没有普遍形成这种保护意识的时候，使用一些相关的政策法律法规是可行的，但是目前我国对传统文化的保护模式过于粗放和简单，把对传统民间文化进行保护的责任归咎于地方政府。就其行政权力而言，地方政府只能制定一些保护范围狭窄的文化保护条例，并没有一些实际的行动。因而，地方政府因其行政保护能力有限，保护范围小，与传统文化需要保护涉及面广之间产生矛盾，所以要制定一些完整和有效的法律政策，真正地从一点一滴去实施，这样才能使我国五千年的灿烂文化得到有效的保留。对于法律的一些规范性的措施和一些惩处条例要真正贯彻落实到实处，不能空有条例而没有实施。所以需要我们去进一步完善对优秀传统文化保护的法律法规，出台相应的政策和措施，健全法律对传统文化的保障体系。法律的明确规定，使国家对传统文化的各个方面也要做到"有法可依，有法必依"，对体现中华民族优秀传统文化，具有历史、文学、艺术、科学价值的各个方面都要采取传承、传播等措施予以保护。法律的颁布和实施在很大程度上是对我国优秀传统文化的强有力的保护，也是对文化法制建设中一

---

① 王志华：《日本政府促进传统文化保护和发展的措施及其对中国的启示》，长春工业大学硕士学位论文，2013。

② 杜维明：《中国传统文化的当代价值》，《江海学刊》2011 年第 2 期。

③ 《邓小平文选》（第二卷），人民出版社，1993。

种强有力的手段。

2. 规范文化遗产管理，加大文物保护力度

习近平总书记 2014 年 2 月 25 日在北京市考察工作时讲道，"历史文化是城市的灵魂，要像爱惜自己的生命一样保护好城市历史文化遗产。北京是世界著名古都，丰富的历史文化遗产是一张金名片，传承保护好这份宝贵的历史文化遗产是首都的职责，要本着对历史负责、对人民负责的精神，传承历史文脉，处理好城市改造开发和历史文化遗产保护利用的关系，切实做到在保护中发展、在发展中保护"。《中华人民共和国非物质文化遗产法》就是为了继承和弘扬中华民族优秀传统文化，促进社会主义精神文明建设，加强非物质文化遗产保护、保存工作而制定的。这部法律的出台，对于加强我国的非物质文化遗产保护、保存工作，继承和弘扬中华民族优秀传统文化，促进社会主义精神文明建设，推动文化大发展大繁荣，必将产生重大而深远的影响。

2016 年两会结束后李克强总理在"答记者问"的会议上，有记者提出当前中国这么大，要解决的问题这么多，政府的工作又这么忙，部署加强文物保护工作是否有这么紧迫。李克强总理说，"我们保护文物实际上也是在推动文化事业的发展，来滋润道德的力量，传承我们的传统优秀文化，来推动经济和社会协调发展。现在经济领域有不少大家诟病的问题，像坑蒙拐骗、假冒伪劣、诚信缺失，这些也可以从文化方面去找原因、开药方。市场经济是法治经济，也应该是道德经济。发展文化可以培育道德的力量，我们推动现代化，既要创造丰富的物质财富，也要通过文化向人民提供丰富的精神产品，用文明和道德的力量来赢得世界的尊重"。这些实实在在的历史文物在一定程度上也是我国优秀传统文化的物质载体，在未来，我们依旧要增强文化遗产和文物保护的信心和决心，不仅体现着我们古人的智慧和创造力，在一定程度上也是我们实实在在的宝贵财富。

（二）壮大中华民族优秀传统文化

1. 充分挖掘中国优秀传统文化的丰富资源

中华民族优秀传统文化在各个方面都是博大精深的。比如，在传统文学上，以儒学为例，儒家传统思想作为中国长期封建社会的正统思想，它的作用并不只是教育民众。拿论语来说，论语体现的是孔子的思想，其初衷应该是建立一个和谐有序的礼仪之邦，所以，论语展现的也是道德理念与规范，是孔子理想中的万民之所向。当然，儒学思想并不只是这样狭隘的一部分。它包含的还有人生观与价值观、认识论与方法论，它的社会作用应当是规范人们的行为。在传统艺术上，国画、国乐、书法等这一部分当属传统文化中的佼佼者，不论是国画，还是国乐、书法的创作者及其作品，都深含一种灵魂与神韵。它们展现的是中华民族优秀而高超的创作才艺，同时，也蕴含着创作者的思想境界与价值观，是中国传统文化中艺术性极强的代表。它们的作用除供人鉴赏、瞻仰，最主要的是能够让人修身养性、提升境界。中国传统文化其实就体现在我们生活的方方面面，更是渗透在我们的一言一行当中，所以我们有必要对中国传统文化的精华进行深入研究，做到"古为今用"。在这方面，习近平总书记为我们起到了榜样的作用，在国内外的讲话中习总书记无时无刻不在强调着中华民族优秀的传统文化是我们得天独厚的历史优势，我们现在所挖掘的还只是很浅层次的一小部分，还有更多的部分等着我们去挖掘。

2. 增加传统文化教育活动

我国传统文化教育由来已久，但是随着近些年科技和经济的快速发展，很多传统的教育方式被现代媒介所取代，很多人会认为我们在逐渐丧失一些关于传统文化最基本的东西。比如，以前的观天象辨方向被现在的 GPS 等各种智能软件所取代等，但是这并不能说明我们丢掉了我们的传统文化，时代的进步带给我们更多的是方便和快捷。2014 年 3 月，教育部在《完善中华优秀传统文化教育指导纲要》中要求"要以推进大中小学中华优秀传统文化教育一体化为重点，整体规划、分层设计、有机衔接、系统推进，促进青少年学生全面发展，培养富有民族自信心和爱国主义精神的社会主义事业建设者和接班人"。具体制定了针对不同年级段开展有层次教育的方式、在课程建设和课程标准修订中强化中华优秀传统文化内容、修订相关教材和组织编写中华优秀传统文化普及读物以及提高整个教师队伍的传统文化和素质水平等。其实除学校切实操作教育外，本文认为许多学校还可以利用目前网络大众化的特点来开展线上教育以更好地吸引学生的眼球，利用好现有全国文化资源共享工程、公共电子阅览室建设工程、数字图书馆推广计划等数字文化惠民工程的数据资源成果，推动优秀传统文化网络传播，制作适合互联网、手机等新兴媒体传播的传统文化精品佳作。重点打造一批有广泛影响力的传统文化特色网站，支持和鼓励学校网站开设传统文化专栏，就像《百家讲坛》和"国学频道"一样通过媒体和线上平台来讲述我们的文化传统。

3. 利用各种有效手段，加大宣传力度

继承和弘扬我国优秀传统文化的还是主要由教育系统长期担任着，从小学阶段开始的"学生守则"到中学期间的历史文化的学习，再到能够对当期社会现实做出独立判断的时候，我们大多数接触传统文化可以说是通过一种灌输式的教育，实际上自己真正用心去感受传统文化所带给我们的感触也是十分表面的。充分利用当今先进的媒体技术，加强传统文化宣传的文学、文艺创作，通过文学、影视、动漫等多种形式，使对传统文化精髓的解读、弘扬与现代高科技紧密结合；充分发挥大众传播媒介的功能和作用，通过广播、电视、互联网等先进便捷的途径和手段，在形成正确的舆论导向的同时，全方位、多角度、深层次地大力传播、弘扬中华传统文化中积极、健康、向上的成分和内容等。21 世纪是科技飞速发展的时代，联合科技的力量，带我们真正去感受那些传统文化的魅力是十分重要的，或许有一天，我们真能身临其境地去感受，我们的古人建造长城时候的那种毅力和魄力。

4. 重视相关传统文化节日

在弘扬中国优秀的传统文化的这条道路上，我们也有多种多样的继承手段。比如，设立各种各样的传统节日，以端午节为例，其起源就不详述了，目的是纪念屈原。百姓们纪念他，主要是因为他忠君爱国，这就是传统的、优秀的、值得发扬的中国传统文化思想。其作用显而易见是教育、感化，能够凝聚民族团结力。这也在一定程度上说明了，虽然说事物变化发展的根本原因在于其内因，但是一定的外因也对其具有促进作用的。这些优秀的传统节假日也是我国传统文化固有"形"的体现，继承和发展这些在一定程度上可以发挥作为传统文化其"神"的载体的作用。面对近年来邻近国家跟我们争夺一些传统文化名人和文化节日所有权的问题，我们应该清楚地认识到其所具有的宝贵性，一个国家和民族延续其发展下来最重要的无非就是这些具有代表性的传统文化了，所以我国政府也要做好相关的保障工作，在加强对自己的传统文化和习俗保护的情况下，也要进一步推进其发展的进程。比如，传统节假日学校和单位组织关于传统文化习俗的一些活动，增加关于传统文化节日的电视节目和网络平台信息的推送等，从人们的日常生活中进一步加深人们对我们传统节日的认同感和感知度。

随着经济水平的不断提高，道德生活的规范性也日益成为我们当今生活谈论的重点，目前，中国的社会道德建设已经取得了显著成效，但由于我们自身机制和体制尚未健全，社会道德规范还没有完善和刚性化，所以，所谓的"道德滑坡"现象也逐渐成为媒体和公众关注的焦点话题。其实引发当前各种社会道德问题的本质根源不完全在于公民道德水平问题，而在于社会转型期政治、经济、法律等制度建设的不完善性，那么如何把在当前转型时期和新常态下的道德水平提升一个层次，对于拥有五千年文化古国的我们来说，从中国传统文化入手可以说是最好的解决途径。我国的传统文化就其特点和历史渊源来说也有许多值得我们去挖掘和学习的地方。第一，从人与自然的关系上来看，中国传统文化比较注重人与自然的和谐统一，也可以说是对大自然有一种天生的敬畏感，所以古代人经常会有拜神灵、祭天神等一些封建迷信的举动，但是，同时这种对大自然的敬畏在一定程度上也保护了他们自己，更是保护了整个自然界的平衡性和可持续性的发展。第二，在人与人的关系上也强调各个方面的和谐。注重人与人之间的互助合作，强调群体牺牲精神，强调以义生利，勤劳敬业，义利观构成了儒家经济伦理在生产行为方面的价值取向。第三，在个人与社会的关系上，儒家文化提倡庄重自制，重视教育感化，追求技能，提倡社会责任感，强调勤奋工作，很少强调私利，这就促进群体的和谐和有效率的发展。我国传统文化就是以"和"字贯穿了发展的始终，不管在为人还是处事方面都能体现出"和为贵"。

党的十六大以来，我国文化领域体制机制改革不断深化，国有文艺院团焕发出新的生机，文化市场监管效能也得到显著提高。公共文化服务设施免费开放范围不断扩大，乡镇综合文化站、文化信息资源共享工程等一批惠民工程扎实推进，人民基本文化权益得到了有效保障。但是在此基础上，如何让传统文化艺术生产进一步繁荣、传统文化产业蓬勃发展以及传统文化遗产保护工作不断加强，依然是我们需要重视和探讨的话题。随着国家的发展，中华传统文化影响力在不断地扩大，一个全方位、多层次、宽领域的对外文化交流格局正在形成。习近平总书记也不止一次地在各类国内和国际会议上提出要把我们国家优秀的传统文化提升到战略发展的位置，用这些优秀的传统文化去解决我们在现实生活中面临的许多问题也是一个很有效的方法。

总的来说，中国优秀的传统文化对社会和个人的发展具有巨大的影响作用，而且是非常积极的影响。比如说，《易经》，就是一本解开人生密码的书，可以指导人怎么生活、怎么工作、怎么处世、怎么做领导、怎么经商等；儒家学说，教会人诚信、忠厚、宽恕、自省、仁爱、勤俭等美德；老子的《道德经》，是一本深沉的哲学书、处世经典书，它教会人更真实地生活，更踏实地生活；庄子教会人许多生活的智慧，让人活得更加豁达平和。中国传统文化可以为现代社会建立道德观、人生观、世界观之类，还可以为各个行业提供各种参考与帮助。比如在幼儿及青少年教育中融入传统文化，帮助适龄学子建立完善的道德观，树立远大志向，培养基本的道德操守，养成良好的品行品质。在一些行业当中，如医学、教育、机工、冶炼铸造等，需要参考古文献，借鉴先人的智慧。尤其在习近平总书记亲自践行中国优秀传统文化的带领下，我们全社会要共同做中国优秀传统文化的躬行者，只有这样才能让世界听见中国声音，也才能给中国梦的实现奠定浓厚的文化基础。

（撰稿人：西安交通大学马克思主义学院硕士生袁欣）

第二十一章　习近平对社会主义核心价值观的新阐析

核心价值观是指占主导地位的优秀价值观，在社会思想观念体系中处于核心地位，是一定形态社会性质的集中体现，在很大程度上决定着社会制度、社会运行的基本原则，制约着社会发展的基本方向，承载着一个民族、一个国家的精神追求，是国家民族发展的最持久、最深层的力量。中共十八大以来，习近平总书记发表的一系列有关社会主义核心价值观的重要讲话，提出了不少新观点、新思想，着重阐释了培育与弘扬社会主义核心价值观的重大战略地位，深入、系统地阐释了它的丰富精神内涵与实质，并提出了培育和践行社会主义核心价值观的具体途径，具有重大的现实指导意义，值得深入研究。

一　培育和弘扬社会主义核心价值观的战略地位

所谓文化，主要是指特定的人们约定俗成的思想观与行为方式的总和，包括价值观念、思维方式、审美情趣、行为模式等，核心在于它的价值观。如果说文化的根本在于它的价值观，那么核心价值观则是文化的根本的根本，是文化中最深层次的心理结构，是文化软实力的根本实质，深刻地影响着人们的思想观念与行为模式，规范着一个国家民族的前行方向，并为社会发展提供不竭的精神动力。正如习近平所反重强调的那样，"核心价值观，承载着一个民族、一个国家的精神追求，体现着一个社会评判是非曲直的价值标准"。[1]"核心价值观是文化软实力的灵魂、文化软实力建设的重点。这是决定文化性质和方向的最深层次要素。"[2] 面对世界范围内的思想文化交流交融交锋形势下价值观较量的新态势，面对改革开放和发展社会主义市场经济条件下思想意识多

[1] 《习近平谈治国理政》，外文出版社，2014，第168页。
[2] 《习近平谈治国理政》，外文出版社，2014，第163页。

元、多样、多变的新特点，培育和弘扬具有强大生命力与感召力的核心价值观对于建设社会主义文化强国的重大价值就日益显现出来。

（一）发挥文化力量、提高文化软实力的关键

所谓文化的力量，指的是文化对社会发展所发挥的积极作用。毛泽东在《新民主主义论》一文中指出："新的政治力量，新的经济力量，新的文化力量，都是中国的革命力量。"[1] 党的十六大报告再次肯定了"文化力量"这个提法。优秀的文化价值观是维系一个国家民族团结奋进的主要纽带与精神动力，直接关系到一个民族的凝聚力与向心力，这从根本上来说，就表现为一个国家民族的文化软实力。美国的政治学家塞缪尔·亨廷顿也曾指出：文化的重要作用是用价值观影响人类的进步。[2] 看一个国家民族的文化价值有多大，主要就取决于它为人类文明的进步提供了哪些独特的价值观。对此，习近平精辟地指出："一个国家的文化软实力，从根本上说，取决于核心价值观的生命力、凝聚力、感召力。"[3] 促进"文化大发展大繁荣"目标的实现，就是要将我国建设成社会主义文化强国，形成与我国"世界第二大经济体"地位相匹配的文化软实力。而提升文化软实力的核心就是要培育出在全球视野中具有竞争力的核心价值观。从我国历史来看，中国开化甚早，其所以年稷久远，相承勿替，迄今犹存，无疑有一种伟大的力量孕育其中，这就是中华文明独有的价值体系。习近平热烈地肯定了这一点，认为中华民族绵延数千年，能顽强生存和不断发展的重要原因，就在于中华民族一脉相承的"精神追求、精神特质、精神脉络"。[4] 因此，构建和培育在全球视野中具有竞争力的社会主义核心价值观无疑对中华民族的伟大复兴具有重要的战略意义。内部意义体现在社会主义核心价值观将为我国国民提供一种新的生活价值取向、一种新的认同感，并赋予国民新的、崇高的生活意义。这是我国现代化建设的思想基础和动力来源。它关乎国家的富强、人民的福祉。因此，习近平提出，"要把培育和弘扬社会主义核心价值观作为凝魂聚气、强基固本的基础工程"来推进。[5] 外部意义体现在社会主义核心价值观将回答中国代表着一种怎样的价值、中国体现的

①　《毛泽东选集》第 2 卷，人民出版社，1991，第 695 页。
②　〔美〕塞缪尔·亨廷顿、〔美〕劳伦斯·哈里森主编《文化的重要作用》，程克雄译，新华出版社，2002，第 1 页。
③　《习近平谈治国理政》，外文出版社，2014，第 163 页。
④　《习近平谈治国理政》，外文出版社，2014，第 168 页。
⑤　《习近平谈治国理政》，外文出版社，2014，第 163 页。

是一种怎样的软实力。毕竟，在国际社会上，处理国与国的关系不仅仅是外交政策的事情，也需要文化上的依托。这就需要通过提高文化软实力来"努力提高国际话语权"，提升中国的国际形象，从而为中国的现代化建设创造更加有利的国际环境，为人类文明进步做出更大贡献。

（二）社会系统得以正常运转、社会秩序得以有效维护的重要途径

一个国家社会系统能否正常运转、社会秩序能否有效维护，涉及的因素很多，其中一个关键的要素就在于能否达成全社会的价值共识。因此，习近平强调："培育和弘扬社会主义核心价值观，有效整合社会意识，是社会系统得以正常运转、社会秩序得以有效维护的重要途径。"① 社会主义核心价值观在为国民提供了新的生活价值取向和认同感、赋予国民崇高生活意义的同时，也将为国民在社会行为方面提供软约束，构成社会的凝聚力。历史和现实一再表明：社会的发展是政治、经济、文化等多重因素共同作用的结果，一旦离开核心价值观的建设，失去科学合理的价值导向，社会成员就会失去团结奋进的思想基础，社会发展就会陷入混乱状态。我国历史上的魏晋南北朝时期，国家之所以四分五裂，停滞不前，一个重要的原因就在于当时国家缺乏核心的主导价值取向，社会上各种价值多元并存，不能明辨，导致人们思想混乱、行为失范，社会涣散、灾难深重。在国际上，苏共的垮台、苏联的解体都深刻印证了这一点。中共十八大综合考虑全国各族人民共同认同的价值观，提出"三个倡导"，就是要凝聚共识，使我国各族人民"同心同德、共同奋进"，这是中华民族、社会主义中国繁荣昌盛"最持久、最深层的力量"。②

（三）推进国家治理体系和治理能力现代化的重要内容

习近平指出："推进国家治理体系和治理能力现代化，必须解决好价值体系问题。"③ 因此，"我们要大力培育和弘扬社会主义核心价值体系和核心价值观，加快构建充分反映中国特色、民族特性、时代特质的价值体系"。④ 这是我们党在历史上首次将核心价值观与国家治理体系联系起来论述，具有重要的时代价值。国家治理体系和治理能力与核心价值体系、核心价值观有着内在的紧密联系。习近平认为："国家治理体系和治理能力是一个国家制度和制度执

① 《习近平谈治国理政》，外文出版社，2014，第163页。
② 《习近平谈治国理政》，外文出版社，2014，第168页。
③ 《习近平谈治国理政》，外文出版社，2014，第49页。
④ 《习近平谈治国理政》，外文出版社，2014，第49~50页。

行能力的集中体现。"① 而社会主义核心价值体系、核心价值观"都体现了社会主义意识形态的本质要求，体现了社会主义制度在思想和精神层面的质的规定性，凝结着社会主义先进文化的精髓"。② 从这个意义上讲，国家治理体系是制度体系，是"国之制"。价值体系是道路、理论体系和制度的价值表达，是"国之魂"。只有两者高度契合、相得益彰，才能有效地治理国家与社会。一方面，社会主义核心价值体系、核心价值观作为兴国之魂，是推进国家治理体系和治理能力现代化的价值导向，起着引领者的作用。在现实中，我国的国家治理体系和治理能力还有许多亟待完善的地方，我国的制度体系还可以更加完善和定型。在推进其现代化的过程中，社会主义核心价值观对其中的具体制度安排，将发挥评价判断与协调规范的作用，确保国家治理体系的价值取向与社会主义核心价值观的要求相一致。另一方面，社会主义核心价值观的建设，也是国家治理体系与治理能力现代化的题中应有之义，后者是前者的承载和保证。可以说，习近平主席关于社会核心价值观与我国国家治理体系和治理能力现代化两者关系的论述，是其对我国管理制度走向成熟的重要贡献。

二　中国特色社会主义核心价值观的精神蕴涵

中共十六届六中全会明确提出"建设社会主义核心价值体系"后，关于社会主义核心价值观的研究就迅速成为全党、全国、全社会广泛关注的重大课题。尤其是 2011 年以来，理论界围绕"如何凝练社会主义核心价值观"展开了广泛而深入的讨论。党的十八大首次提出"三个倡导"的社会主义核心价值观，在多元中立主导，在多样中谋共识，在多变中定方向，最大限度地统一了思想、明确了方向。党的十八大以来，习近平主席在一系列重要讲话中，立足于历史、当代、国际等多个视角，从国家、社会、公民等不同层面，深刻论述了社会主义核心价值观的历史渊源、发展脉络、构成要素。他指出："我们提出的社会主义核心价值观，把涉及国家、社会、公民的价值要求融为一体，既体现了社会主义的本质要求，继承了中华优秀传统文化，也吸收了世界文明有益成果，体现了时代精神。"③ 这段话集中阐明了社会主义核心价值观的精神实质与内在要求。

---

① 习近平：《切实把思想统一到党的十八届三中全会精神上来》，《求是》2014 年第 1 期。
② 《习近平谈治国理政》，外文出版社，2014，第 93 页。
③ 《习近平谈治国理政》，外文出版社，2014，第 170 页。

（一）体现社会主义的本质要求

以科学社会主义的核心价值理念为基础和灵魂，这体现了我国社会主义核心价值观的"一般性"。习近平指出，我国所要建设的社会主义，是"科学社会主义理论逻辑和中国社会发展逻辑的辩证统一"，[①] 中国特色社会主义，是"社会主义"而不是其他主义，"科学社会主义基本原则不能丢，丢了就不是社会主义"。[②] 中国特色社会主义的立足点是中国处于并将长期处于社会主义初级阶段，作为一种社会理论、社会实践、社会制度，归根结底属于科学社会主义的范畴。社会主义核心价值观作为中国特色社会主义建设的重要内容，必须建立在科学社会主义价值目标的基础之上，这是中国特色社会主义核心价值观的一个最本质的内容。而按照马克思主义经典作家的论述，科学社会主义的价值目标和理想诉求主要体现在进一步解放和发展社会生产力、实现公平正义这两大核心价值上，这也是科学社会主义的本质要求。科学社会主义的两大核心价值理念在历史上风起云涌的社会主义运动中曾产生过巨大的实践效应，今后仍将作为我国社会主义核心价值观的重要基础，它为中国乃至全世界提供了一整套迥异于资本主义的全新的价值范式。当代中国的价值观念，就是"中国特色社会主义价值观念"。

（二）以中华优秀传统文化为源泉

创造性地继承中华优秀传统文化，这体现了我国社会主义核心价值观的"特殊性"。具体来说，就是社会主义核心价值观不仅要坚持"科学社会主义"的价值理念"不能丢"，还要与中华优秀传统文化相承接，从中汲取智慧与涵养，否则就会失去根本，割断精神命脉。习近平指出："牢固的核心价值观都有其固有的根本。抛弃传统、丢掉根本，就等于割断了自己的精神命脉。博大精深的中华优秀传统文化是我们在世界文化激荡中站稳脚跟的根基。"中华优秀传统文化是中华民族共有的精神家园，也是中华民族最深厚的文化软实力。我们要高度重视中华优秀传统文化在"文化强国"战略中的基础性地位，继承和发扬中华优秀传统文化中的思想精华和道德精髓，挖掘和阐发中华优秀文化中"讲仁爱、重民本、守诚信、崇正义、尚和合、求大同"等理念的时代

---

① 《习近平谈治国理政》，外文出版社，2014，第 21 页。
② 《习近平谈治国理政》，外文出版社，2014，第 22 页。

价值，使"中华优秀传统文化成为滋养社会主义核心价值观的重要源泉"。[①]同时，培育和弘扬社会主义核心价值观，必须"立足中华优秀传统文化"。中华文明绵延数千年，积淀为中华民族独特的思想价值体系，深深地植根于每一位中华儿女的内心，潜移默化地影响着人们的思维方式和行为方式。"三个倡导"之所以能够成为全社会的价值共识，就是因为它"传承着中国优秀传统文化的基因"。[②]培育和弘扬社会主义核心价值观，必须与中华文化相结合，否则就不会具有强大的影响力和生命力。中华文化在数千年的历史中，曾对周边国家和地区产生过巨大影响，时至今日，这种影响在亚洲国家依然随处可见。我们需要将这种影响力持续下去，经济上的崛起使当今中国国富民强，但只有完成文化和政治上的转型，中国才能实现真正的崛起。"越是民族的越是世界的。"[③]

（三）吸收世界文明有益成果

吸收人类文明中具有普遍意义的价值理念，尤其要批判性继承与吸收近代以来西方启蒙思潮的积极思想成果。这体现了我国社会主义核心价值观的"开放性"与"包容性"。对此，习近平要求我们要加强宣传和报道世界形势的新变化、新情况、新事物，各国涌现的新思想、新观点、新知识，以有利于"积极借鉴人类文明创造的有益成果"。[④]他在一系列重要讲话中多次强调，我们在弘扬中华优秀文化的同时，要批判性继承人类文明的一切优秀成果，加强与不同文明的对话交流，兼容并包、博采众长。"要虚心学习借鉴人类社会创造的一切文明成果。"[⑤]郑永年先生提出，一种文化要成为"软实力"要具备三个条件：一是"必须能够解释自己"，二是"必须能够让'他人'信服、信任"，三是"'他人'能够自愿接受这种文化，这三点是文化'软力量'的本质"。[⑥]中国的社会主义核心价值观作为文化"软实力"的核心，对内要能够凝聚人心，吸引本国意识形态的人民，对外要能够在世界各国的文化价值中争得国际话语权，吸引世界不同意识形态的人们。因此，社会主义核心价值观的立足点在我国，但不应狭隘封闭，要面向全人类开放。而西方文明流传至今其

---

① 《习近平谈治国理政》，外文出版社，2014，第164页。
② 《习近平谈治国理政》，外文出版社，2014，第169页。
③ 《习近平谈治国理政》，外文出版社，2014，第174页。
④ 《习近平谈治国理政》，外文出版社，2014，第156页。
⑤ 《习近平谈治国理政》，外文出版社，2014，第171页。
⑥ 郑永年：《为中国辩护》，浙江人民出版社，2012，第114页。

中必定包含有益人类的具有普遍意义的价值理念，社会主义中国不能因为与西方意识形态不同，而将其排斥在外，否则就是对本民族文化发展的自我束缚。中国特色社会主义核心价值观要想为世界提供一种崭新的文化范式，就必须批判性吸收人类文明一切有益成果，以世界的眼光发展中国文化。中共十八大确立的"三个倡导"，明确将"自由""平等""法治""公正"等理念作为社会主义的核心价值提了出来，充分体现了我们党的理论勇气和理论智慧，站在文化发展的制高点上，敢于并善于用马克思主义的立场、观点和方法，将西方进步的启蒙思想家提出的优秀价值理念赋予新内涵、新诠释，使之提升到更高层次的人类普遍追求的价值理想上。

（四）与时代精神相结合

这包括与近代以来的中华民族精神相结合，这反映了我国社会主义核心价值观的"时代性"。具体而言，就是要与以爱国主义为核心的民族精神和以改革创新为核心的时代精神相结合。习近平明确强调这种精神是兴国之魂、强国之魄，并指出"爱国主义始终是把中华民族坚强团结在一起的精神力量，改革创新始终是鞭策我们在改革开放中与时俱进的精神力量"，我们一定要弘扬这种伟大的民族精神和时代精神，"不断增强团结一心的精神纽带、自强不息的精神动力"。[①] 以爱国主义为核心的民族精神在我国历史上，对中华民族的兴旺发达意义非凡，尤其在民族遭受外敌入侵、政权易主的危难之时，总能成为激励人民奋勇前进、反对压迫的强大的精神力量。我国的现代化建设任重路远，以爱国主义为核心的民族精神将能最大限度地"凝心聚气"，是我们的"一大法宝"。以改革创新为核心的时代精神，就是坚持解放思想、锐意创新、开拓进取的精神。我国改革开放 30 多年所取得的瞩目成就，就是因为秉承改革创新的时代精神，与时俱进。这是我们民族前进的重要力量。培育和弘扬社会主义核心价值观是一项伟大的创造性事业，需要我们将这种民族精神和时代精神、这种优良的文化传统，纳入社会主义核心价值观的建设中来，这是中华民族的"精气神"。

三 培育和践行社会主义核心价值观的具体途径

习近平在北京海淀区民族小学主持召开座谈会时的讲话中指出，我们所倡

---

① 《习近平谈治国理政》，外文出版社，2014，第 40 页。

导的社会主义核心价值观，不仅体现了"仁人志士的夙愿""革命先烈的理想"，也寄托了"各族人民对美好生活的向往"，"只要是中国人，就应该自觉践行社会主义核心价值观"。① 为此，他还提出了培育和弘扬社会主义核心价值观的具体途径，具体地说，就是要"通过教育引导、舆论宣传、文化熏陶、实践养成、制度保障等途径"，"切实把社会主义核心价值观贯穿于社会生活的方方面面"，使之"内化为人们的精神追求，外化为人们的自觉行动"。② 这就为培育与践行社会主义核心价值观提供了总体路径。其中主要有以下几个方面。

（一）教育引导是基础性工作

我们必须要将社会主义核心价值观融入国民教育全过程。"培育与践行社会主义核心价值观，教育引导是基础性工作"。③ 我们的社会主义核心价值观是相对稳定的，是能够长期发挥作用的。因此，这个价值观需要在全社会宣传推广，为广大社会成员所感知、所认同、所接受、所掌握，尤其对于少年儿童和青年更为重要。习近平特别强调："任何一个思想观念，要在全社会树立起来并长期发挥作用，就要从少年儿童抓起。""少年儿童是祖国的未来，是中华民族的希望。"④ "青年的价值取向决定了未来整个社会的价值取向，而青年又处于价值观形成和确立的时期，抓好这一时期的价值观养成十分重要。这就像衣服扣扣子一样，如果第一粒扣子扣错了，剩余的扣子都会扣错。人生的扣子从一开始就要扣好。"⑤ 这就需要我们将广大学生对社会主义核心价值观的价值认同、生活实践、价值自信结合起来，养成对社会主义核心价值观的价值信仰。新加坡前总理李光耀在回忆新加坡社会建设时，曾讲道：我们之所以必须要传授给年轻的一代以共同价值观，是因为"这些准则、价值观以及教条将能塑造完整的未来新加坡人"。⑥ 对社会主义核心价值观的信仰是保持我们民族精神的重要支撑，是我们塑造优秀的社会主义建设者和接班人的重要保证。同时，每位教员也要努力成为社会主义核心价值观的坚守者、弘扬者，追求"真善美"，传递正能量。"以人格魅力引导学生心灵，以学术造诣开启学生的智慧之门。"⑦

① 《习近平谈治国理政》，外文出版社，2014，第181页。
② 《习近平谈治国理政》，外文出版社，2014，第164页。
③ 《习近平总书记系列重要讲话读本》，人民出版社，2014，第94页。
④ 《习近平谈治国理政》，外文出版社，2014，第181页。
⑤ 《习近平谈治国理政》，外文出版社，2014，第172页。
⑥ 〔新加坡〕李光耀：《李光耀40年政论选》，现代出版社，1991，第395页。
⑦ 《习近平谈治国理政》，外文出版社，2014，第175页。

（二） 高度重视道德建设

我们必须将社会主义核心价值观融入精神文明建设全过程。习近平认为，要将"社会主义核心价值观的要求融入各种精神文明创建活动之中"，吸引广大人民群众参与进来，为家庭谋幸福，为他人送温暖，为社会做贡献，以此来推动全社会"提高精神境界，培育文明风尚"。① 习近平明确指出，培育和弘扬社会主义核心价值观，不仅仅是教育实践相结合的过程，也是思想道德建设不断深化的过程，对此，还特别强调了道德建设的重要性。

我国的社会主义核心价值观具有深刻的德行的特征，在本质上就是一种德，它"既是个人的德"，也是"国家""社会"的"大德"。② 践行社会主义核心价值观，就要"加强道德修养，注重道德实践"。③ 这就要求我们，要按照党的十八大提出的培育和践行社会主义核心价值观的要求，高度重视道德建设。在实践中做到尊重价值主体承继的价值观，重视在日常生活中深化价值观，重视宣传的重要性。尊重价值主体承继的价值观，就是要弘扬中华传统美德，构筑精神文明建设的信念基础。中华民族的优秀传统美德，代代流传，深入人心，即使在今天，也依然存在于人们的意识当中，具有顽强的生命力，这是社会主义精神文明的根基。习近平特别强调："中华传统美德是中华文化精髓，蕴含着丰富的思想道德资源。"④ 中华传统美德积淀着中华民族最深厚的精神追求和最根本的精神基因，不仅包含着人类社会道德发展的精髓，与人类社会发展方向也是一致的，具有"超越时空""跨越国度"的永恒魅力。对历史传承下来的道德规范和价值理念，我们要有所扬弃和继承。重视在日常生活中深化价值观，就是要养成广大人民群众的价值自觉，构筑精神文明建设的社会基础。习近平指出，社会主义核心价值观要真正发挥作用，就"必须融入社会生活，让人们在实践中感知它、领悟它"。⑤ 因此，要坚持将社会主义核心价值观的要求同人们日常生活紧密联系起来，将其转化为社会公德、职业道德、家庭美德和个人道德，将其融入市民公约、乡规民约、机关准则、企业规章、学生守则等，使其成为人们日常生活的基本遵循。此外，习近平还十分强调宣传阵地的重要性。要使社会主义核心价值观的宣传不仅仅局限于党政机

---

① 《习近平谈治国理政》，外文出版社，2014，第165页。
② 《习近平谈治国理政》，外文出版社，2014，第168页。
③ 《习近平谈治国理政》，外文出版社，2014，第172页。
④ 《习近平谈治国理政》，外文出版社，2014，第164页。
⑤ 《习近平谈治国理政》，外文出版社，2014，第165页。

关、事业单位、社会团体之中，也要使老百姓能够"听得到""听得懂"。同时，习近平强调在培育和弘扬社会主义核心价值观的过程中，要"润物细无声"，这就要发挥"精神文化产品潜移默化的作用"。运用"各类文化形式""高质量高水平的作品"生动形象地表现社会主义核心价值观，体现什么是"真善美"和"假恶丑"、"值得肯定和赞扬的"、"必须反对和否定的"。① 当然，在建设社会主义核心价值观的进程中，党员、干部要起到模范带头作用，"榜样的力量是无穷的"，要"用自己的模范行为和高尚人格感召群众、带领群众"。②

（三）充分利用制度、政策、法律的规范和约束

我们必须将社会主义核心价值观纳入社会管理全过程。习近平指出，培育和弘扬社会主义核心价值观，"必须使之融入社会生活，让它的影响像空气一样无所不在、无时不有"。③ 这就要求不仅要将社会主义核心价值观同人们日常生活紧密联系起来，还必须要同社会治理紧密结合起来。首先，各种社会管理要切实承担起责任。要按照社会主义核心价值观的要求，"健全各行各业的规章制度、行为规范"，"要建立和规范礼仪制度，组织开展各种形式的纪念庆典活动，传播主流价值，增强人们的认同感和归属感"。④ 其次，发挥政策导向的作用。做到习近平主席所要求的"使经济、政治、文化、社会等方方面面的政策都有利于社会主义核心价值观的培育"。⑤ 最后，通过法律来推进。要把社会主义核心价值观融入法律体系，用法律的形式来推进、落实社会主义核心价值观。充分利用制度、政策、法律的规范和约束，使"符合核心价值观的行为得到鼓励、违背核心价值观的行为受到制约"，明确提倡什么、反对什么、使社会主义核心价值观的要求入规入法渗透到各个领域，全面巩固和提升社会主义核心价值观的引领地位，为全社会稳定、持续地认同社会主义核心价值观奠定良好的社会生态环境。

（四）以弘扬中华优秀传统文化为载体

习近平指出："今天，我们提倡和弘扬社会主义核心价值观，必须从中汲

① 《习近平谈治国理政》，外文出版社，2014，第165页。
② 《习近平谈治国理政》，外文出版社，2014，第165页。
③ 《习近平谈治国理政》，外文出版社，2014，第95页。
④ 《习近平谈治国理政》，外文出版社，2014，第95页。
⑤ 《习近平谈治国理政》，外文出版社，2014，第165页。

取丰富营养，否则就不会有生命力和影响力。"[1] 培育社会主义核心价值观首要的根本任务还在于在本国人民内部凝聚力量、形成共识，得到本民族广大人民的认可。而要想得到本民族广大人民的认同，就必须深入本民族认同价值形成的文化价值中，即必须扎根于本民族的传统文化中。中华优秀传统文化已经成为中华民族的基因，根植在中国人内心，潜移默化地影响着中国人的思想方式和行为方式。因此，中国传统文化在社会主义核心价值观的培育中占有举足轻重的地位，是社会主义核心价值观的根基，抛开中国传统文化谈社会主义核心价值观如同无源之水、无本之木，失去了其最具活力和最具特色的部分。"要利用好中华优秀传统文化蕴含的丰富的思想道德资源，使其成为涵养社会主义核心价值观的重要源泉。"[2] 创造性地"努力用中华民族创造的一切精神财富来以文化人、以文育人"。[3] 以弘扬中国优秀传统文化为载体，不失为培育和践行社会主义核心价值观的重要依托。这是我们加强文化自觉和文化自信的重要途径，也是夯实社会主义核心价值观基础十分关键的环节。

（撰稿人：西安交通大学马克思主义学院教授陆卫明；西安交通大学马克思主义学院博士生吕菲；西安交通大学马克思主义学院博士生曹芳）

---

[1] 《习近平谈治国理政》，外文出版社，2014，第96页。
[2] 《习近平谈治国理政》，外文出版社，2014，第96页。
[3] 《习近平谈治国理政》，外文出版社，2014，第164页。

第二十二章　社会主义核心价值观
传播面临的挑战及应对

　　党的十八大明确提出建设社会主义核心价值体系的重要任务。2013 年 12 月，中共中央办公厅印发《关于培育和践行社会主义核心价值观的意见》，将十八大提出并倡导的社会主义核心价值观高度概括为 24 个字——富强、民主、文明、和谐，自由、平等、公正、法治，爱国、敬业、诚信、友善，其中，"富强、民主、文明、和谐"是国家层面的价值目标，"自由、平等、公正、法治"是社会层面的价值取向，"爱国、敬业、诚信、友善"是公民个人层面的价值追求，社会主义核心价值观成为社会主义发展的主流价值。同时，意见明确提出"新闻媒体要发挥传播社会主流价值的主渠道作用""建设社会主义核心价值观的网上传播阵地"和"发挥精神文化产品育人化人的重要功能"等具体要求，意见成为新形势下新闻媒体培育与践行社会主义核心价值观的指导思想与行动指南。

　　从控制论的角度看，传播工具来到这个世界上最为深刻的意义是使社会在要素重组、资源重组和运作方式方面呈现新态势、新格局和新构造。① Web2.0 环境日益成熟，移动互联网技术不断衍生出新媒体形态，传媒业发展加快媒体融合步伐，多元思潮下舆论引导呈现新格局，这种基于互联网的社会信息传播领域新态势，深刻影响着社会主义核心价值观的传播环境、传播方式和传播效果，新的机遇与挑战并存。党的十八大以来，以习近平为总书记的党中央围绕宣传思想工作提出的诸多重要论述，既是马克思主义新闻传播理论的重大创新，也为新常态下社会主义核心价值观的媒体传播提供了方法论。

一　培育和践行社会主义核心价值观是党的
新闻传播事业的重要使命

　　2014 年 2 月 24 日，习近平总书记在中央政治局进行第十三次集体学习时

---

①　喻国明：《用互联网思维构建传媒"新常态"》，《传媒》2015 年第 6 期。

讲话指出："要切实把社会主义核心价值观贯穿于社会生活方方面面。要通过教育引导、舆论宣传、文化熏陶、实践养成、制度保障等，使社会主义核心价值观内化为人们的精神追求，外化为人们的自觉行动。"并强调，"要利用各种时机和场合，形成有利于培育和弘扬社会主义核心价值观的生活情景和社会氛围，使核心价值观的影响像空气一样无处不在，无时不有"。① 新闻媒体作为"社会公器"，对思想文化建设具有价值导向和引领作用，承担着社会主义核心价值观传播主渠道、主阵地的神圣使命。用马克思主义的观点正确认识中国新闻传播事业的属性及其在社会结构中的重要地位和作用，对坚持新闻传播事业的正确政治方向、充分认识新闻传播事业在培育和践行社会主义主流价值方面的价值，有着极其重要的意义。

唯物史观认为，经济基础决定上层建筑，上层建筑对经济基础有着巨大的反作用。新闻传播业，作为社会上层建筑的重要组成部分，是一定社会的经济基础通过新闻传播手段的反映。"支配着物质生产资料的阶级，同时也支配着精神生产资料"，② 社会经济形态决定新闻传播业的性质和体制。中国的新闻传播业是在社会主义经济基础上产生和发展起来的，以公有制为主体的社会主义经济基础，决定了中国新闻传播业本质上是人民的事业，坚持为人民服务、为社会主义服务的方向，始终把社会效益放在第一位。这也是区别于资产阶级新闻事业只为资产阶级服务的根本标志。习近平强调，"经济建设是党的中心工作，意识形态工作是党的一项极端重要的工作"。③ "宣传思想工作就是要巩固马克思主义在意识形态领域的指导地位，巩固全党全国人民团结奋斗的共同思想基础。"④

培育和践行社会主义核心价值观是党的新闻传播事业的重要使命。马克思指出："如果从观念上来考察，那么一定的意识形式的解体足以使整个时代覆灭。"⑤ 新闻传播业生产具有强烈意识形态的精神产品，中国新闻传播业是中国共产党领导下的社会主义事业的重要组成部分，承担着传播新闻、引导舆论和服务社会的社会职能。与哲学、文学、艺术、宗教相比，新闻传播业对经济基础的作用更直接、更强烈、更具有鲜明的阶级性和政治性，对政治、经济、

---

① 《习近平在中共中央政治局第十三次集体学习时强调：把培育和弘扬社会主义核心价值观作为凝魂聚气强基固本的基础工程》，《人民日报》2014 年 2 月 26 日。

② 马克思、恩格斯：《马克思恩格斯文集》（第 1 卷），人民出版社，2009，第 550 页。

③ 《习近平谈治国理政》，外文出版社，2014，第 193 页。

④ 《习近平在全国宣传思想工作会议上强调　胸怀大局　把握大势　着眼大事　努力把宣传思想工作做得更好》，《人民日报》2013 年 8 月 21 日。

⑤ 马克思、恩格斯：《马克思恩格斯文集》（第 8 卷），人民出版社，2009，第 170 页。

文化生活等各个领域产生着巨大影响和强有力的干预。

2016 年 2 月 19 日，习近平主持并召开党的新闻舆论工作座谈会，会上，他将党的新闻舆论工作的职责和使命凝练为 48 个字："高举旗帜、引领导向，围绕中心、服务大局，团结人民、鼓舞士气，成风化人、凝心聚力，澄清谬误、明辨是非，联接中外、沟通世界。"[①] 继报刊、通讯社、广播、电视等传统媒体之后，互联网技术的飞速发展催生了新媒体时代的到来，开放的经济环境、海量的信息和多样化的信息传播渠道，打破了传统的信息传播方式，受众的主体意识明显增强，互联网已经成为社会各阶层信息传播、情感宣泄、利益表达、思想碰撞的重要渠道。从国际上看，世界上各种思想文化交流交融交锋更加频繁，国际舆论领域斗争激烈复杂，以美国为首的西方国家对中国意识形态的渗透有增无减；从国内看，改革进入深水区，各种社会矛盾和问题相互叠加，人们价值观念、思想意识多元化。新闻传播业担负着外塑形象、内聚人心的重大使命，在反映和引导舆论、宣传和引领社会主义主流价值方面责无旁贷，一马当先。

二　以互联网为代表的新媒体是社会主义核心 价值观有效传播的重要引擎

目前，国内外尚未对"新媒体"形成统一的定义。联合国教科文组织将"新媒体"定义为，以数字技术为基础，以网络为载体进行信息传播的媒介。清华大学熊澄宇认为，所谓新传媒，或称数字媒体、网络媒体，是建立在计算机信息处理技术和互联网基础之上、发挥传播功能的媒介总和。它除了具有报纸、电视、电台等传统媒体的功能外，还具有交互、即时、延展和融合的新特征。[②] 中国人民大学匡文波提出"数字化"和"互动性"是新媒体的主要标准。[③] 可以说，"新媒体"是一个相对而又宽泛的概念，是继报刊、广播、电视等传统媒体之后发展起来的新的媒体形态，包括电脑、手机、数字电视、PDA 等以数字技术为基础支撑的终端设备。

近 20 年来，互联网等新媒体技术以一日千里的发展速度，迅速融入社会

---

① 《习近平在党的新闻舆论工作座谈会上强调　坚持正确方向创新方法手段　提高新闻舆论传播力引导力》，《人民日报》2016 年 2 月 20 日。

② 熊澄宇、廖毅文：《新媒体——伊拉克战争中的达摩克利斯之剑》，《中国记者》2003 年第 5 期。

③ 匡文波：《"新媒体"概念辨析》，《国际新闻界》2008 年第 6 期。

的方方面面，广泛影响着人们的生产生活方式，彻底打破了传统传播模式和舆论格局。新媒体技术已经成为影响中国社会发展的重要变量，也深刻改变了主流价值观的传播环境、传播方式和传播效果。当前，以网络媒体和手机媒体为代表的新媒体已成为弘扬社会主义核心价值观的重要引擎，在引领社会思潮、凝聚社会共识、弘扬主旋律、传播正能量方面有着巨大推动作用。

1. 新媒体拓展了主流意识形态的传播渠道和辐射范围

社会主义核心价值观大众化是一项覆盖全社会、全民族的事业，但是目前社会主义核心价值观的重点对象仍集中于党政干部和高校师生队伍中，忽视了广大群众的理论需要，缺乏对基层群众尤其是新社会阶层的理论传播和普及。[①] 互联网、手机等新媒体凭借独有的低门槛性、自主性、开放性以及强大的交互功能，大大拓展主流意识形态的覆盖范围和影响广度，甚至填补了社会主义核心价值观传播过程当中的某些空白地带。中国互联网信息中心（CNNIC）发布的数据显示，截至 2015 年 12 月，中国网民规模达 6.88 亿人，互联网普及率达到 50.3%，其中手机网民规模达 6.2 亿人，有 90.1% 的网民通过手机上网。随着网络技术的快速发展，马克思、恩格斯《共产党宣言》中的如下预言似乎正在变成现实："过去那种地方的和民族的自给自足和封闭自守状态，被各民族的各方面的互相往来和各方面的互相依赖所代替了。物质的生产是如此，精神的生产也是如此。各民族的精神产品成了公共的财产。"通过网络，意识形态的影响力不仅局限于地区、民族或国家，而且辐射到世界、全球，高效率、广覆盖、强影响的互联网平台必将有效促进社会主义核心价值观的大众化传播。

2. 新媒体提升了社会主义核心价值观理论的表现力

新媒体最主要的特征就是科学技术的进步所带来的数字化传播方式。[②] 新媒体技术集图、文、声、像于一体，以信息资源海量性、内容产品个性化和表现形式灵活多样为特征，有利于把理论层面的主流价值观具象为大众化、接地气的传播产品，避免了居高临下的空洞说教和照本宣科的泛泛之谈。在分众化、差异化传播趋势下，我们可以借助互联网大数据平台，掌握并利用不同媒体属性和优势，精准推送满足不同用户需求的个性化内容，以提升传播效果。

2015 年适逢歌剧《白毛女》首演 70 周年，由文化部组织复排的大型歌

---

① 卢黎歌、吴欢：《社会主义核心价值观大众化探析》，《郑州大学学报》（哲学社会科学版）2015 年第 6 期。

② 喻国明：《解读新媒体的几个关键词》，《广告大观》（媒介版）2006 年第 5 期。

剧《白毛女》在延安首演获赞，其中新媒体报道功不可没。从 2015 年 11 月 5 日到 7 日短短三天时间，"《白毛女》延安首演"话题全面升温，红色经典成功刷屏。其间，各大门户网站纷纷开设新闻专题，刊发原创稿件 46 篇，阅读量达 248.5 万次；制作推出 7 个 H5 动态页面，点击量超过 16.5 万次；演出当晚，新浪微博话题"歌剧《白毛女》延安首演"阅读量突破 40 万次，截至 11 月 9 日 10 时，阅读量超过 130 万次，百度搜索相关新闻超过 2000 条。其中，陕西传媒网的 H5 动态页面通过经典回顾及故事解读的方式，为网友呈现了一个全面深刻的白毛女艺术形象。新华网陕西频道通过高清主图、H5 手机海报、高清幻灯片等形式，让经典艺术在数字化平台焕发新活力，使更多的网民足不出户就能获得经典艺术享受，提升了经典文艺作品在年轻人群中的影响力。

3. 新媒体增强社会主义核心价值观的凝聚力和向心力

Web 2.0 时代，微博、微信等社交媒体彻底打破了传统媒体时代以传者为中心的信息生产和传播机制，传播主体由一元走向多元化，传播模式从单向被动变成双向互动，受众思维被用户思维所代替。以微信公众平台为例，凭借精准推送、强关系传播提高了信息到达率，增强了用户的主体性，是互联网与手机媒体融合实践的产物。运营者可以通过后台用户分组和分地域控制实现文字、图片、语音、视频等信息的精准推送，与网站广覆盖、海量信息生产、微博的病毒式传播相比，微信的这种垂直传播有效地减免了传播中的噪音干扰，而精简的文本内容是对信息碎片化的有效补偿。

网络平台既发挥着新闻信息传播主渠道作用，也形成了一个空前巨大、人人置身其中的网络舆论场，成为人们精神文化生活的新空间。新媒体文化的最显著特点是能够超时空地把人们连接成一个交互沟通的网络，使每一个人从作为个体的存在，经由互联网与其他无数个体的人聚合从而扩展为群体或共同体。[1] 新媒体环境下意识形态建设，不仅要充分利用网络媒体传播主流意识形态，更要用代表主流意识形态的声音牢牢占领网络思想文化阵地。创新宣传思想工作的重要内容就是，善于通过微博、微信、APP 等新媒体渠道宣传道德模范、典型人物，促进主流价值文化在网络空间的广泛认同与共鸣，进一步增强社会主义价值观的凝聚力和向心力。

---

① 金民卿：《用社会主义核心价值体系引领新媒体文化的发展方向》，《党建》2011 年第 12 期。

三　作为舆论平台的新媒体对社会主义
核心价值观传播的挑战

在 2013 年 8 月 19 日召开的全国宣传思想会议上，习近平指出，要加强社会主义核心价值体系建设，积极培育和践行社会主义核心价值观，全面提高公民道德素质，培育知荣辱、讲正气、作奉献、促和谐的良好风尚。他强调，我们正在进行具有许多新的历史特点的伟大斗争，面临的挑战和困难前所未有，必须坚持巩固壮大主流思想舆论，弘扬主旋律，传播正能量，激发全社会团结奋进的强大力量。网络媒体作为社会舆论的集散地和放大器，以其独特的开放性和互动性，在通达社情民意、疏导公众情绪、引领道德风尚、弘扬社会正气等方面发挥主渠道作用，但也应该正视网络化环境给主流意识形态传播带来的新压力、新挑战。

1. 影响社会主义核心价值观的传播动员能力

复杂的舆论环境，纷繁多元的网络文化，影响社会主义核心价值观的传播动员能力。

社会舆论是一种控制社会生活的外在价值力量，它能够造成一种道德氛围，无形地控制和影响每个社会成员的言行，因而对人的思想意识、价值取向和情感旨趣等发挥巨大的影响作用。社会舆论可以通过对各种现实问题的分析研究达成共识，实现价值取向基本趋同，从而促进社会主导价值观的传播。[①]网络媒体的信息传播可以使人们逐渐消除不确定性，同时网络媒体所传递的信息也会引导着人们按照网络媒体所设置的方式来认识事物，从而在一定程度上影响人们的生活方式和行为方式，甚至影响人们的思维方式和价值判断。[②] 在纷繁多元的网络文化背景下，各种社会思潮交融碰撞，人们的价值观念和利益诉求趋向复杂化多元化，造成社会成员理想信念、价值取向和道德意识的困惑与混乱，尤其是一些落后的、消极的、低俗的甚至是反动的网络文化影响着社会主流价值观的传播动员能力。

2. 弱化社会主义核心价值观的传播实效

新兴媒体传播规律意识缺失，传统舆论引导模式失灵，弱化社会主义核心价值观的传播实效。

① 粟迎春：《重视社会主义核心价值观的舆论引导》，《新疆日报》2013 年 5 月 2 日。
② 郑洁：《网络媒体传播社会主义核心价值观的机制探析》，《社会科学家》2014 年第 1 期。

网络赋权下"人人都有麦克风，个个都是通讯社"，每个人都可能成为敏感热点问题的意见表达者或突发公共事件的爆料者，其中网络大V、网络名人、"公知"、"推手"往往有着极高的关注度和影响力，多元复杂的舆论生态加大了主流意识形态传播的难度。但是，我们在许多方面还存在跟不上、不适应和不到位的问题，原因就在于缺乏对新兴媒体的全面认识，习惯于用传统媒体的思维看待新兴媒体。① 这种"跟不上、不适应和不到位"，在主流意识形态传播实践中表现为，单向式的宣传模式、以灌输和说教为主的传播思维以及"假大空"的话语套路。特别是，在现实中，主流意识形态或核心价值体系仅仅停留在官方倡导的层面，官方的主流与民间的或群体自我认同的主流往往并不一致。②

从东莞扫黄行动、马航失联、郭美美刑拘，到毕福剑不雅言论视频、天津塘沽爆炸案、快播涉黄案等，近年诸多公共事件无一不涉及意识形态的论争，同时，在这些事件的舆情处置中，皆存在对新兴媒体运作规律和传播属性的掌握不够和认知淡薄的问题，非理性、极端化的杂音噪声在论坛、微博、微信等网络舆论场大肆横行。以2016年1月7日、8日的快播涉黄案为例，按照现实社会对"传播淫秽色情"的价值伦理认知，社会舆论应该以谴责基调为主，但实际上的舆情走势却事与愿违，网络上不断涌现"为什么偏偏要查快播""因为庭辩完胜，所以快播无罪""我们都是快播人""技术无罪"等各种充满戏谑和调侃色彩的言论，一些网络大V还为快播案的辩护人辩词点赞叫好，网易更是推出"快播王欣与时代的最后一场虐恋"的新闻报道，不到48小时关于"快播涉黄案"的微博话题讨论量已过1亿次，在微博病毒式传播的推动下，舆情不断发酵、延烧，一场严肃的庭审实录在网络舆论场里俨然变成全民狂欢。

3. 国内外敌对势力的网络意识形态渗透日益加剧

国内外敌对势力的网络意识形态渗透日益加剧，社会主义核心价值观的主导地位受到冲击。倡导开放、平等、多元的互联网作为重要的信息通道和载体，各种思潮在此得以共存并发生激荡，不同意识形态不断交锋与碰撞，信息选择不断多样化，普通民众的价值判断很容易受到影响。在互联网背景下，国内外敌对势力利用网络进行意识形态渗透成为惯用伎俩，加剧了意识形态领域

---

① 陈力丹：《习近平的宣传观和新闻观》，《新闻记者》2014年第3期。
② 曹泳鑫：《关于当前社会主义意识形态面临的不利因素的思考》，《当代世界与社会主义》2013年第4期。

斗争的复杂性、隐蔽性和难控性。丑化抹黑社会主义国家历史、形象，传播西方"普世价值""民主社会主义""人权高于主权"等论调，否定社会主义核心价值体系，散布消极思想和负面谣言，进而达到颠覆社会主义意识形态，瓦解中华民族意志，"西化""分化"中国的丑恶目的。

互联网领域已经成为当前敌对势力和不法分子对社会主义意识形态进行渗透、攻击的新战场，这为中国当前网络意识形态的安全问题敲响了警钟。打好意识形态主动战，必须筑牢互联网主阵地，我们要清醒地认识到当前互联网意识形态斗争的严峻性和复杂性，苏联意识形态的全面崩溃是苏联解体的先导，历史教训证明，意识形态工作比外敌入侵有着更大的威胁。

4. 信息失衡导致社会主义核心价值观的对外传播乏力

社会主义核心价值观对外传播乏力的主要原因是信息话语权失衡。对外传播是国家新闻宣传工作的重要分支，对营造有利于我国的国际舆论环境和塑造良好的国际形象有着举足轻重的作用。改革开放 30 多年来，中国的对外宣传能力、实力逐步增强，明显改善了中国的国际舆论环境和国际形象。但是，从现有国际舆论格局来看，西强我弱的态势并未得到根本性扭转，美联社、路透社、法新社、合众国际社西方四大通讯社仍然占据世界新闻发稿量的绝大多数，一些境外媒体习惯戴着有色眼镜看中国，主导国际舆论场，蓄意在思想文化领域丑化社会主义、抹黑中国形象。在国际舆论环境中，长期缺乏"中国形象""中国内涵"的完整呈现，导致国外受众对中国印象的碎片化片面化。特别是随着新技术手段的迅速兴起，西方国家在传播观念、传播手段、传播模式上也不断推陈出新。有学者指出，"美国始终将大众传播媒介作为意识形态输出的主要工具，在意识形态宣传的实践中对传媒的运用驾轻就熟，炉火纯青，经常以大量虚假的宣传欺骗广大受众"。[①] 从中东发生的"阿拉伯之春""叙利亚内乱""埃及革命"等事件，到美国"占领华尔街"、英国"占领伦敦"、瑞士"占领苏黎世"等政局动荡，其背后都有社会化媒体推波助澜。

当前，在全球思想文化领域交流、交融、交锋日益激烈的背景下，中国在国际传播中的声音依然微弱，这与不断提升的国际地位和与日俱增的影响力极不相称。"重主题轻主角、重体现轻展现、重论述轻叙述"的传统做法极大地削弱了对外宣传实效，"有理说不出""说了传不开""传开叫不响"成为长期以来外宣工作的困局。

---

① 董德：《论美国对华意识形态输出途径的多样性》，《江海学刊》2012 年第 6 期。

四　当前社会主义核心价值观传播的因应之道

在 2013 年全国宣传思想工作会议上，习近平总书记指出："今天，宣传思想工作的社会条件已大不一样了，我们有些做法过去有效，现在未必有效；有些过去不合时宜，现在却势在必行；有些过去不可逾越，现在则需要突破。做好宣传思想工作，比以往任何时候都更加需要创新。"① 习近平总书记从 2012 年开始全面主持党中央工作，对党的宣传思想工作提出了许多新思想、新观点、新举措，既紧扣现实国情，又体现着全球视野，科学地回答了新形势下宣传思想工作中亟待解决的重大现实问题，也为互联网时代社会主义核心价值观的媒体传播提供了方法论。

（一）社会主义核心价值观的传播必须及时、真实、客观

习近平在党的新闻舆论工作座谈会上强调，"新闻观是新闻舆论工作的灵魂，是管根本、管方向、管长远的东西"。② 宣传思想工作以正确的理论指导为前提，党的新闻传播事业必须要用马克思主义新闻观武装头脑指导工作。马克思主义新闻观是指在马克思主义理论视野下对新闻现象和新闻传播活动的总的看法。

马克思主义新闻观既是一种世界观，也是一种方法论，它在批判资产阶级新闻观基础上形成，其核心是马克思主义关于无产阶级及其政党新闻事业的工作性质、工作原则和工作规律的基本观点。具体涉及新闻本质、新闻本源以及新闻传播规律等许多根本性的问题，也包括新闻传播、宣传政策，以及组织内部交流的思想。马克思主义新闻观是马克思主义理论宝库的重要组成部分，直接体现马克思主义基本原理，是资产阶级新闻观的"批判的武器"。因而，在学习和运用马克思主义新闻观时，要将其置于马克思主义宏大的理论视野，在辩证唯物主义和历史唯物主义的基础上，既要厘清马克思主义新闻观与资产阶级新闻观的根本分歧，也要运用马克思主义基本立场、观点、方法去观照现实情境，充分研究党的新闻事业发展中的新情况和解决新问题的正确观点与科学论断。

---

① 中共中央文献研究室编《习近平关于全面深化改革论述摘编》，中央文献出版社，2014。
② 《习近平在党的新闻舆论工作座谈会上强调　坚持正确方向创新方法手段　提高新闻舆论传播力引导力》，《人民日报》2016 年 2 月 20 日。

社会主义核心价值观和马克思主义新闻观两者在本质上都体现着鲜明的阶级性，并有着共同的理论基础和价值目标，即以马克思主义理论为基础，充分体现着社会主义的本质属性和价值导向。唯物史观认为，人民群众是历史的创造者，是推动历史前进的决定力量，并把实现人的自由全面发展作为社会发展的最终目标。中国共产党是工人阶级的先锋队，在长期的革命斗争和社会主义建设中始终以马克思主义为指导，代表着最广大人民群众的根本利益，为实现广大人民群众的愿望和利益而努力奋斗。马克思主义新闻观鲜明地回答了无产阶级新闻事业为谁服务和怎样服务的问题，体现了马克思主义无产阶级的根本立场。

社会主义核心价值观是社会主义思想文化、意识形态、道德规范的综合体，是对社会主义国家精神、社会理念和公民道德的抽象概括。[①] 马克思认为，"批判的武器当然不能代替武器的批判，物质力量只能用物质力量来摧毁；但是理论一经掌握群众，也会变成物质力量。理论只要说服人，就能掌握群众；而理论只要彻底，就能说服人"。[②] 社会主义核心价值观从来不是束之高阁的理论，也不是遥不可及的信条。社会主义核心价值观的实践主体是普通大众，社会主义核心价值观的大众化其实也是党的新闻媒体在马克思主义新闻观指导下将社会主义核心价值观向社会大众有效传播的过程，把实现满足社会大众精神需要与主流价值引领相统一的过程。习近平指出，宣传思想工作就是做人的工作，人在哪儿重点就在哪儿。坚持社会主义核心价值观传播的及时性，就是要充分利用各种传统媒体和新兴媒体，把社会主义核心价值观主动、及时地传播到广大人民群众中去，像空气一样无处不在，无时不有，这也是社会主义核心价值观为人民群众广泛认同的第一步。坚持真实性和客观性是社会主义新闻事业的根本原则。坚持社会主义核心价值观传播的真实性和客观性，就是要将社会主义核心价值观的基本内涵和意义准确、全面、深刻地传播到民众那里，将之与人们的利益诉求和价值愿望相结合，有效引导人们分清是非荣辱，明辨善恶美丑，增强抵御腐朽意识形态的免疫力，影响并规范人们的社会认知。

（二）尊重新闻传播规律和新兴媒体发展规律创新传播理念

尊重新闻传播规律，是青年马克思最重要的新闻传播思想，也是马克思主

[①] 冯留建：《社会主义核心价值观培育的路径探析》，《北京师范大学学报》（社会科学版）2013年第2期。

[②] 《马克思恩格斯选集》（第1卷），人民出版社，1995，第9页。

义新闻观的根本性问题。1843 年，马克思在社论《〈莱比锡总汇报〉的查禁和〈科隆日报〉》中论述"人民报刊"概念时，深刻揭示了报刊所具有的内在规律性，即"要使报刊完成自己的使命，首先必须不从外部为它规定任何使命，必须承认它具有连植物也具有的那种通常为人们所承认的东西，即承认它具有自己的内在规律，这些规律是它所不应该而且也不可能任意摆脱的"。① 在马克思、恩格斯充分意识到新闻传播规律并以之指导党报实践的基础上，中国共产党的多位领导人，对新闻传播规律进行过理论与实践两个方面的探索，并且取得了极为丰硕的成果。② 胡锦涛 2008 年视察人民日报社时正式提出，"按照新闻传播规律办事"，是对马克思相关论述的直接继承，这对新媒体环境下增强社会主义核心价值观传播的实效性起到重要的指导作用。

在媒体融合发展背景下，习近平强调，"推动传统媒体和新兴媒体融合发展，要遵循新闻传播规律和新兴媒体发展规律"，其中，"遵循新闻传播规律"是对马克思"报刊内在规律"的直接继承，而"新兴媒体发展规律"则是新形势下顺应媒体格局变化，对新闻传播规律的新认识、新发展。在这里，"新兴媒体"并非指具体媒体，而是指动态演进、尚未成熟的媒体形态。辩证唯物主义认为，"规律是事物本身固有的本质的、必然的联系，是事物运动变化的基本秩序和必然趋势"。③ 那么，这种"联系"就应该成为探索、认知规律的着眼点。从媒介生态学角度来看，新兴媒体发展规律是指新兴媒体构成要素之间（如信息生产与传播、媒介规制）和新旧媒体之间（如媒介竞争与融合）以及新兴媒体与外部环境（社会、经济、政治、文化等）之间的"固有的本质的、必然的联系"。认识和遵循这些"联系"，是推动传统媒体和新兴媒体在内容、渠道、平台、经营、管理等方面深度融合的必要前提，也是打造互联网主流意识形态传播阵地、培育和践行社会主义核心价值观的牢固基石。

如果一种理论无法跟实践相结合，没有真正地掌握群众，没有有效地指导实践，那么这种理论就会成为脱离社会、不接地气的精神漂浮物，只会成为文化精英自娱自乐的消遣之物。这是包括"西方马克思主义"和"后现代"理论等在内的一切局限于单纯的"文化"层面的思想启蒙和文化改造潮流之所以在残酷的现实社会面前孱弱无力的根本原因。④ 因此，《关于培育和践行社

---

① 《马克思恩格斯全集》（第 1 卷），人民出版社，1995，第 397 页。
② 丁柏铨：《论中国共产党对新闻传播规律的探索与认知》，《新闻大学》2011 年第 3 期。
③ 陶富源：《实践主导论——哲学的前沿探索》，安徽人民出版社，2001，第 222 页。
④ 娄丽景、阎会茹：《社会主义核心价值观的媒体大众化策略》，《甘肃社会科学》2015 年第 2 期。

会主义核心价值观的意见》明确指出，要"适应互联网快速发展形势，善于运用网络传播规律，把社会主义核心价值观体现到网络宣传、网络文化、网络服务中，用正面声音和先进文化占领网络阵地"。① 新媒体时代，推进社会主义核心价值观的大众化，不仅要靠传统媒体，更需要充分利用新兴媒体手段，创新社会主义核心价值观的传播理念。若忽视或违背新兴媒体特点及其发展规律，把传统媒体的思维观念、宣传模式生搬硬套强加于新兴媒体，势必受到规律的惩罚。规律具有客观性，不以人的主观意志为转移，但规律可以被发现和利用。

任何有效的传播依赖于畅通无阻的媒介渠道、相当质量的信息和积极主动的受众协调运作。尊重新兴媒体发展规律，创新社会主义核心价值观的传播理念，就要在传播过程中，摒弃枯燥说教的宣传方式和照搬传统媒体内容的做法，注重研究不同新兴媒体属性和用户特点，充分尊重用户媒体使用习惯，提供个性化、多样化的信息服务，建立线上线下的互动反馈机制，及时把握舆论热点，将关心群众生活、体现群众利益和主流价值舆论引导相结合，达到春雨润物的传播效果。这就对新媒体工作者提出了较高要求，既要具备过硬的政治素质水平和较高的理论修养，又要懂得互联网思维，熟悉并利用新兴媒体的传播规律，充分了解公众的价值期望和心理诉求，在信息传播、交流、互动过程中潜移默化，引导全体社会成员形成对社会主义核心价值观的广泛认同。

（三）树立大宣传工作理念，拓宽社会主义主流价值观的传播渠道

由毛泽东明确提出的"全党办报、群众办报"思想是中国共产党新闻事业的重要方针，也是马克思、列宁新闻思想与中国报刊实践相结合的产物。从马克思的人民报刊思想到列宁关于"报纸不仅是集体的宣传员和鼓动员，而且是集体的组织者"的经典论断，都是"全党办报、群众办报"的思想渊源。"全党办报、群众办报"方针把坚持党的领导和群众路线相统一，是社会主义新闻事业党性与人民性高度一致的本质体现，也是党的群众路线在新闻宣传工作中的具体运用。

习近平在强调全党动手做好宣传思想工作时，首次提出"要树立大宣传的工作理念"，要求"动员各条战线各个部门一起来做，把宣传思想工作同各个领域的行政管理、行业管理、社会管理更加紧密地结合起来"。② 在这里，

① 《中共中央办公厅印发〈关于培育和践行社会主义核心价值观的意见〉》，《光明日报》2013年12月24日。
② 《习近平在全国宣传思想工作会议上强调 胸怀大局 把握大势 着眼大事 努力把宣传思想工作做得更好》，《人民日报》2013年8月21日。

"树立大宣传的工作理念"是在中国网络社会迅速崛起背景下对"全党办报、群众办报"传统的继承和理念升华。大宣传理念是社会治理施政理念在宣传思想工作领域的映射。党的十八届三中全会通过的《中共中央关于全面深化改革若干重大问题的决定》首次使用"社会治理"概念，提出推进国家治理体系和治理能力现代化的新要求。现代的社会治理体现出自由平等、民主法治、多元参与、协同共治的理念，在治理方式上追求自上而下与自下而上相结合的双向互动的治理过程。①

网络信息流动加速，社会互动性增强，民意表达空前释放，打破了主流意识形态自上而下的环境架构，而民间舆论场的出现在一定程度上分化着意识形态的官方话语权威，各级政府部门必须正视社会舆论的考验和拷问。意识形态工作是党的一项极端重要的工作，意识形态工作也绝不是宣传部门的一家之事，把意识形态工作贯穿于国家政治、经济、文化、社会、生态文明的"五位一体"建设当中，既要由各级党委负起政治责任和领导责任，又要动员不同领域、不同部门合力推动。构建社会主义核心价值体系有赖于各个领域、各个层面的协同努力。

当前，互联网已经成为宣传思想工作的主战场，培育和践行社会主流价值的重大任务仅凭党委宣传部门的单打独斗是无法与互联网技术裂变式发展相抗衡的，迫切需要动员和鼓励社会力量参与其中，形成线上线下互动态势，壮大主流思想舆论。其中，意见领袖的力量不可小觑。网络大V经常是舆情引爆的关键性节点，甚至能够左右舆论走向，影响社会认知。在2015年5月中央统战工作会议上，习近平提出，要加强和改善对新媒体中的代表性人士的工作，建立经常性联系渠道，加强线上互动、线下沟通，让他们在净化网络空间、弘扬主旋律等方面展现正能量，②首次将以网络大V、部分新媒体从业者为代表的"新媒体中的代表性人士"列为统战重点，通过对其培养、团结和赋权，增强网民理性和公民意识。这是主动适应网络社会发展趋势的明智之举，充分彰显了中国共产党自信开放的执政风格和亲民态度，不仅对掌握舆论引导工作的领导权、管理权、话语权有着重要作用，更有利于壮大主流舆论、凝聚社会正能量。

维护网络安全、实现网络强国战略需要构建大宣传格局。没有网络安全就

---

① 王宏波、张振：《社会治理是系统工程》，《西安交通大学学报》（社会科学版）2015年第3期。

② 《习近平在中央统战工作会议上强调　巩固发展最广泛的爱国统一战线　为实现中国梦提供广泛力量支持》，《人民日报》2015年5月21日。

没有国家安全，没有信息化就没有现代化。近年来，国内外互联网安全事件频发，通过从美国棱镜门、韩国政府网站遭攻击、eBay 数据泄露到微软 XP 停维事件、中国互联网 DNS 大劫难等诸多案例，必须深刻认识到网络安全和信息化问题的重要性和紧迫性。2014 年 2 月 27 日，由习近平牵头负责的中央网络安全和信息化领导小组成立，随后各地比照成立地方网信办，从中央到地方的专项机构设立，表明中国已将网络安全和信息化提到前所未有的高度，也标志着中国正由网络大国向网络强国挺进。在网络法规方面，2015 年 7 月 8 日审议通过的《网络安全法（草案）》，为"互联网＋"时代党管网信提供了合理性、合法性依据，也为公民网络言行标出了法律红线，可谓依法治国顶层设计下共享共建的治网重典。从党管媒体到党管网信，总体布局统筹各方，构建由全党动手、整体联动、各方参与的大宣传格局，为维护网络安全、实现网络空间治理提供基础保障。

理念创新、手段创新和基层工作创新是宣传思想工作的三大方向，其中理念创新最关键。大宣传理念是宣传工作的理念创新，它生动地体现了中国共产党人主动适应新常态的高度自觉，党领导下的大宣传工作格局为培育和践行社会主义核心价值观提供了丰厚土壤和现实基础。

（四）增强主流媒体在社会主义核心价值观传播中的影响力

2014 年 2 月 27 日，习近平主持召开中央网络安全和信息化领导小组第一次会议并发表重要讲话，他指出："做好网上舆论工作是一项长期任务，要创新改进网上宣传，运用网络传播规律，弘扬主旋律，激发正能量，大力培育和践行社会主义核心价值观，把握好网上舆论引导的时、度、效，使网络空间清朗起来。"① 把握"时、度、效"是对宣传思想工作的精练概括和高度总结，也为当前提升社会主义核心价值观的引导力和传播力提供了方法论。

1. 把准舆论引导的时机和时效

信息即时传播的网络时代，舆论引导既要利用首因效应先声夺人但又避免草率回应、结论过早。在重大舆情面前，做到关键时刻不乱语，重大问题面前不缺位，大是大非上不含糊。习近平在全国宣传思想工作会议上曾经强调，做好宣传工作要"胸怀大局、把握大势、着眼大事，找准工作切入点和着力点，做到因势而谋、应势而动、顺势而为"。"时"就是把大局意识同新闻时效性

---

① 《习近平：总体布局统筹各方创新发展　努力把我国建设成为网络强国》，《人民日报》2014 年 2 月 28 日。

相统一，在信息真实性和准确性前提下牢牢抢占舆论阵地的制高点。

2. 把准舆论引导的尺度和限度

网络问政拓宽了民意渠道，网络舆情在某种程度上成为社情民意的晴雨表，但是也应该充分认识到信息的不对称性，既要重视网络舆情又要正确科学研判舆情，正确处理局部和全局、支流与干流的关系。舆情危机处置既要积极应对又要避免反应过度，明确处置权限和职责，不逃避不推诿不越位。部分新媒体为了博人眼球，常常断章取义、以偏概全甚至妄加猜测，把"点"的问题炒成"面"的问题，混淆视听，极易误导公众。"度"就是坚持以正面宣传为主的方针，面对负面报道时把握报道尺度，最大限度地坚持团结稳定鼓劲传递正能量。

3. 讲究舆论引导的动机与效果的辩证统一

"效"是"时"与"度"的出发点和落脚点。舆论引导的目的在于塑造正面舆论，强势化解负面声音，疏导公众情绪缓解社会矛盾，但是，实际工作中常常出现好心办坏事、出力不讨好、自说自话、传而不通等现象。官方、民间两个舆论场之间以及舆论引导与舆论表达之间的良性互动关系远未达成，舆论引导的效果也不尽如人意。究其原因，主要在于，社会公共事务治理者及其主流价值传播者作为舆论引导主体，其新媒体传播素养还远远不能适应互联网传播的新要求。[①] 增强舆论引导的实效性，就是要不断提升新媒体传播素养，解决好"本领恐慌"问题，真正成为运用现代传媒新手段新方法的行家里手。

4. 媒体融合更加凸显传统媒体的主流地位

媒体融合战略为加快传统媒体数字化转型、增强舆论引导能力、打通官方和民间两个舆论场、助推国家治理现代化提供了崭新契机和现实路径。依托互联网生成的民间舆论场，既充斥着真假难辨、纷繁芜杂的信息，也经常出现众声喧哗、莫衷一是的局面，这就需要传统主流媒体充分发挥内容生产优势、品牌优势和公信力优势，借力新兴媒体渠道，在发布权威信息、报道重大事件、关注舆情热点中遵循网络传播规律，树立正确舆论导向，集聚网上舆论引导合力，使主流媒体成为培育和践行社会主义核心价值观的"马先卒"。

（五）提升社会主义核心价值观对外传播的亲和力和有效性

核心价值观是凝结在文化中的深层内核和精髓，社会主义核心价值观就是社会主义先进文化的精髓和灵魂。加强社会主义核心价值观的对外传播，就是

---

① 夏德元：《媒体融合时代影响舆论引导效果的主因及对策》，《当代传播》2014 年第 6 期。

要让世界正确、全面地了解什么是中国特色的社会主义道路。准确阐释"中国特色",讲好中国故事,是提升社会主义核心价值观对外传播效果的根本性需求。

习近平任总书记以来,充分发挥政治领袖的示范作用,在国际舞台上传播中国声音,成为习式外交的一大特色。如索契冬奥会期间习近平对执政理念的深情表达,接受特立尼达和多巴哥、哥斯达黎加、墨西哥拉美三国媒体采访时对中国梦的生动阐释,在 G20 峰会期间《澳金融评论报》上发表署名文章谈及中国改革,还有在坦桑尼亚尼雷尔国际会议中心发表演讲时提及中国电视剧《媳妇的美好时代》在坦的热播等。习近平夫人彭丽媛展现出亲民、典雅、大方的"中国第一夫人"形象,积极投身公益事业,成为中国国家形象和软实力的加分项。

当代中国正在为实现中国梦而奋斗,而社会主义核心价值观是中国梦的精神内核和价值支撑,它向国际社会表明:中国人民和世界其他国家的人民一样,向往幸福美好生活,追求经济社会进步;中国的利益和诉求与发展中国家高度一致,与发达国家相互融通;中国梦的实现过程,也是中国与世界各国扩大利益汇合点、构建利益共同体的过程。[①] 在"8·19"讲话中,习近平提出把"引导人们更加全面客观地认识当代中国、看待外部世界"作为宣传思想工作的基本任务来抓,是提升当前国际舆论引导的迫切需要。在此基础上,习近平提出"宣传阐释中国特色,要讲清楚每个国家和民族的历史传统、文化积淀、基本国情不同,其发展道路必然有着自己的特色;讲清楚中华文化积淀着中华民族最深沉的精神追求,是中华民族生生不息、发展壮大的丰厚滋养;讲清楚中华优秀传统文化是中华民族的突出优势,是我们最深厚的文化软实力;讲清楚中国特色社会主义植根于中华文化沃土、反映中国人民意愿、适应中国和时代发展进步要求,有着深厚历史渊源和广泛现实基础"。这里用四个"讲清楚"和"三个独特"生动阐释了"中国特色"的丰富内涵,立足民族传统、历史背景、文化积淀、基本国情,用中国文化本位提升国家软实力,体现着高度的理论自信、制度自信、道路自信,有助于中国人民在世界思想文化交锋中保持坚定信念和强大定力。

思想文化之争,关键是话语权。恩格斯曾说,语言是意识形态的工具,当你使用一种语言时,就是接受推广一种意识形态。在"西强我弱"的国际舆

① 中国社会科学院中国特色社会主义理论体系研究中心:《从国际视域认识社会主义核心价值观》,《人民日报》2014 年 7 月 4 日。

论格局下，要有效破解社会主义核心价值观对外传播的现实困局，就必须将创新对外宣传方式、构建中国话语体系作为着力点。2013 年 12 月 30 日，习近平在主持十八届中央政治局第十二次集体学习时，明确提出本届中央政治局展开对外传播工作的关键是"提高国际话语权"，要通过拓展对外传播平台和载体，把当代中国价值观念贯穿于国际交流和传播各个方面。只有当一个国家的文化传统和价值观念得到国际的普遍认同时，国家软实力才能真正提升。讲好故事，事半功倍。中华民族优秀文化源远流长，我们从来不缺少中国好故事，欠缺的是讲好故事的本领。做好"中国故事、国际表达"，就要加强对跨文化传播的深刻理解和运用，并充分汲取中华民族优秀传统文化和世界先进文化的精华，打造融通中外的新概念新范畴新表述，构建让国内外民众听得到、听得懂、听得进的话语体系。唯其如此，我们才能紧跟国际思想文化和技术发展动态，防御各种负面影响，在国际舆论市场发出主流、权威、真实、客观的声音，向世界展示和平友好的中国形象，让社会主义核心价值观在国际上引起积极回应和广泛认可，扩大社会主义核心价值观在世界范围内的影响力，特别是给发展中国家以鼓舞，为中国特色社会主义和世界社会主义注入新活力。

（撰稿人：西安交通大学新闻与新媒体学院院长、教授李明德；西安交通大学马克思主义学院博士生高如）

第二十三章　社会主义核心价值观的
实现路径

　　十八大报告明确提出，全面建成小康社会，实现中华民族伟大复兴，必须走中国特色社会主义文化发展道路，并对中国特色社会主义文化建设发展的方向、方针、原则做出阐释。报告强调指出："倡导富强、民主、文明、和谐，倡导自由、平等、公正、法治，倡导爱国、敬业、诚信、友善，积极培育和践行社会主义核心价值观。"这一论断明确表述了社会主义核心价值观的具体内涵，也是新常态下党中央对于社会主义价值观建设的新的要求。

　　"富强、民主、文明、和谐"是从国家层面对社会主义核心价值观基本理念的概括，也是社会主义现代化国家建设的基本目标，在社会主义核心价值观中居于最高层次，对其他价值理念起统帅作用。富强指富足而强盛，是社会主义现代化国家经济建设应该达到的目标，是国家和人民的共同心愿，是广大人民群众幸福安康的物质基础。民主是人民民主，实质和核心是人民当家做主，是社会主义现代化国家政治层面的要求。文明是社会主义现代化国家文化建设的应有状态，是社会发展进步的重要标志。和谐是中国优秀传统文化一以贯之的价值理念，主要体现在学有所教、劳有所得、病有所医、老有所养、住有所居。

　　"自由、平等、公正、法治"是从社会层面对社会主义核心价值观基本理念的凝练。自由在哲学概念上是指对必然的认识和在此基础上产生的实践活动，在政治意义上是指公民可以自我支配，凭借自由意志而行动，并为自身的行为负责。平等是指公民在法律面前一律平等，尊重和保障人权，社会各个成员在各个领域的发展上应享受同等的待遇，不应该因性别、身份、民族等产生不同。公正是指公平正义，是国家、社会应然的根本价值理念。法治是指依法治国，这是治国理政的基本方式，坚持法律至上的原则，通过法律来保障社会成员的根本利益。

　　"爱国、敬业、诚信、友善"是从个人行为层面对社会主义核心价值观基本理念的凝练，是公民基本道德规范。爱国是调节个人与祖国关系的道德要求、政治原则和法律规范，要求公民要热爱自己的祖国，自觉报效祖国。敬业是公民职业道德的基本要求，从业人员应该热爱自己的工作岗位，勤奋努力，尽责尽职。诚信是中华民族优秀道德传统，要求公民诚实守信，诚恳待人。友善是指公民在日常交往中要友好和睦、与人为善。

　　党的十八大以来，习近平总书记多次就培育和践行社会主义核心价值观做出重要论述，提出明确要求，强调核心价值观是推动民族文明进步、国家发展壮大最持久最深沉的力量，是国家治理体系和治理能力的重要方面，关系社会和谐稳定和国家长治久安；强调把培育和弘扬社会主义核心价值观作为凝魂聚气、强基固本的基础工程，贯穿于社会生活方方面面，通过教育引导、舆论宣传、文化熏陶、实践养成、制度保障等，推进核心价值观日常化、具体化、形象化、生活化，使之内化为人们的精神追求，外化为人们的自觉行动，做到明大德、守公德、严私德；强调在落细、落小、落实上下功夫，利用各种时机和场合，形成有利于培育和弘扬社会主义核心价值观的生活情景和社会氛围，使核心价值观的影响像空气一样无所不在、无时不有；强调发挥政策导向作用，使经济、政治、文化、社会等方方面面政策都有利于核心价值观的培育。总书记的这些重要论述，为我们培育和践行核心价值观指明了具体方向。认真学习领会习近平总书记的系列重要讲话精神和中央部署，深刻认识培育和践行社会主义核心价值观的重要性和紧迫性，把握社会主义核心价值观的具体内涵，弘扬和践行社会主义核心价值观，把社会主义核心价值观的要求贯彻到工作生活的各个方面。梳理习近平总书记关于社会主义核心价值观的相关论述，凸显社会主义核心价值观具体内涵与实质，落实社会主义核心价值观的具体路径，是理论工作的重要任务。

一　加强宣传教育，营造良好的社会文化氛围

　　社会主义核心价值观增强民族凝聚力和向心力，巩固全党全国人民团结奋斗的共同思想基础，是推进全面深化改革的强大动力。改革开放是党领导全国各族人民进行的新的伟大革命，是决定中国命运和实现"中国梦"的关键抉择。[①] 面对新形势、新任务，改革开放进入"全面深化改革"的崭新阶段。十

---

① 《深入学习实践科学发展观　推进哲学社会科学繁荣发展》，《马克思主义研究》2008 年第12 期。

八届三中全会制定了改革的路线图，习近平总书记指出，"改革的目的是人民""我们全面深化改革，就要增进人民福祉、促进社会公平正义。一切改革归根结底都是为了人民，是为了让老百姓过上好日子"。① 全会决定强调要使改革发展的成果更多更公平地惠及全体人民。这与社会主义核心价值观中的公平理念相契合，更加彰显了人民至上、共同富裕的理念。改革是一个长期的过程，"改革只有进行时，没有完成时"，要将这种人民为主体的价值理念贯穿于改革的全过程。当前，改革不仅要注重效率，更要注重公平。全面深化改革应该把维护社会公平正义作为着力点。目前，我国贫富差距较大，要逐步建立起完善的社会保障体系，缓解地区之间和城乡之间的收入差距扩大的趋势。全面深化改革要以解决人民群众的实际问题为出发点，时刻关注和回应人民群众的现实需求，解决好人民群众最直接最现实的利益问题。只有这样，广大人民群众才能更加积极热情地投入现代化事业建设中，激励和引导广大干部群众万众一心，为实现社会主义现代化和中华民族伟大复兴而顽强奋斗、艰苦奋斗、不懈奋斗。

（一）将社会主义核心价值观培育融入公民教育体系中

社会主义核心价值观的培育是一个长期的过程，同时与社会上每一个公民的实际生活相关。当某一种理论层面存在的价值观还只是被少数人信奉和遵从的时候，其还不能被称为社会的核心价值观。社会的核心价值观也不是凭空的产生到每个人的意识之中的。因此，要使社会主义核心价值观真正被大多数人接受，还需要不断加强思想教育，注重新闻媒体的舆论导向，在全社会形成人人讲并且积极践行社会主义核心价值观的良好氛围。

社会主义核心价值观是中国特色社会主义现代化建设的内在要求。"国无德不兴，人无德不立。如果一个民族、一个国家没有共同的核心价值观，莫衷一是，行无依归，那这个民族、这个国家就无法前进。这样的情形，在我国历史上，在当今世界上，都屡见不鲜。"② 社会主义核心价值观"使全体人民同心同德、团结奋斗，关乎国家前途命运，关乎人民幸福安康"。"社会主义核心价值观实际上回答了我们要建设什么样的国家、建设什么样的社会、培育什么样的公民的重大问题。""建设富强、民主、文明、和谐的社会主义现代化

① 习近平：《唯改革者进，唯创新者强》，人民网，2014 年 11 月 9 日，http://xj.people.com.cn/n/2014/1109/c188514-22854314.html。
② 《习近平谈治国理政》，外文出版社，2014，第 168 页。

国家，是我们的目标，也是我们的责任，是我们对中华民族的责任，对前人的责任，对后人的责任。我们要保持战略定力和坚定信念，坚定不移走自己的路，朝着自己的目标前进。"① "理想信念就是共产党人精神上的钙，没有理想信念，理想信念不坚定，精神上就会缺钙，就会得软骨病。现实生活中一些党员、干部出这样那样问题，说到底就是信仰迷茫，精神迷失。"② 强调社会主义核心价值观建设的重要性。

按照马克思主义经典作家的论述，科学社会主义的核心价值和理想诉求主要体现在解放和发展生产力，实现社会的公平正义。建设富强、民主、文明、和谐的社会主义现代化国家，实现中华民族的伟大复兴，是中华民族的最高利益和根本利益。中国特色社会主义是社会主义，社会主义核心价值观是中国特色社会主义建设的重要内容。中国特色社会主义是一种现代文明，以人的自由全面发展为目标。它是一种"五位一体"全面发展的模式，不仅需要完善的政治、经济、社会和生态文明，更需要强大的文化"软实力"；不仅需要有丰富的物质生产和生活资料，更需要有对于精神生活方面的不懈追求。在实现"两个一百年"、实现中华民族伟大复兴的中国梦的征途中，中国共产党人和中国人民在继承优秀传统文化，借鉴人类文明优秀成果，特别是在革命、建设、改革中逐步形成和发展起来的价值观念和价值追求，核心就是社会主义核心价值观，本质地反映着社会主义制度的本质属性和价值取向。因此，加强思想教育注重价值观的引领，对于中国特色社会主义现代化建设具有相当重要的作用。

核心价值观的宣传要做到理论上通俗化、宣传上具体化、实践上生活化，使人民大众易于接受。核心价值观要融入大众生活的方方面面，就要通过大众化的传播手段，将抽象理论转化为大众喜闻乐见的通俗话语，尽量贴近普通民众的生活和内心情感。既要把握核心价值观宣传的科学性、准确性和完整性，又要注重核心价值观表达的简洁性和通俗化，从而达到感染群众、凝聚人心、达成共识、强化认同的传播效果，使之更容易被大众感知、认同并自觉践行。

重视教育手段的运用，做到学校教育、社会教育和家庭教育相结合，把核心价值观贯穿于国民教育的全过程。教育是学校、社会和家庭的共同责任。做什么人，立什么志，具备什么样的道德素养，拥有什么样的世界观、人生观和价值观，教育起基础性作用，充当着关键角色。要针对不同年龄段的青少年采取不同的引导方式，形成课堂教学、社会教育和家庭教育多位一体的育人平

① 《习近平谈治国理政》，外文出版社，2014，第169页。
② 《习近平谈治国理政》，外文出版社，2014，第15页。

台，将核心价值观教育融入学校教育、家庭教育、社会教育的各个环节和各个方面。首先，要注重对于社会媒体和文化载体的引导和创新。运用电视、广播、网络、报纸等形式，向全社会传播社会主义核心价值观。同时，要紧跟时代步伐，充分利用好新兴的文化载体，保证其发展方向。其次，要注重家庭教育，提高家长的知识文化水平和自身素质。再次，要创新学校教育的内容和形式，积极推进学生对社会主义核心价值观的认同。充分挖掘书本和现实案例的价值观导向，建立以学生为中心的教学模式，构建"学生式"的话语形式。最后，推进自我教育。前三种教育方式均属于外因，但外因终究还是通过内因起作用的，社会个体价值观的形成还是要通过自身的心理机制起作用的。加强社会主义核心价值观的宣传教育，要注重针对性和有效性，因材施教因地制宜。在日常的工作和生活中能够潜移默化地增进人民群众对于社会主义核心价值观的理论认同、情感认同。

（二）用守土意识占领舆论主阵地

随着改革开放以来经济体制和利益格局的深刻变化，群众的观念和社会思潮越来越复杂多变，人们思想观念的选择性增多，差异性增大。在这种大背景下，积极培育和践行社会主义核心价值观是整合社会多种价值观的重要手段，我们应该坚持尊重差异、包容多样的方针，把社会主义核心价值观打造成为一个核心，将多样的价值观汇聚到周围，并对其进行引导，从而形成强大的社会力量。社会主义核心价值观的这种包容性的特点能够激发社会的发展活力，维护社会的公平正义，促进社会的和谐。

在市场经济条件下，由于经济利益的诱惑和冲击，社会上的功利主义、拜金主义、享乐主义、个人主义等盛行，特别是改革开放以来，全球多样化的社会思潮纷至沓来。西方一些别有用心的政治家和学者鼓吹新自由主义和"意识形态终结论"等；西方发达国家利用其经济和科技方面的优势，向我国加大意识形态的攻势；并向我国大量输入文化产品，从文化层面进行价值观的渗透。在这种背景之下，党中央更是要加强舆论宣传，占领舆论主阵地。

新闻媒体要与党中央保持高度一致，舆论要把握正确的导向，大力弘扬社会主义核心价值观，倡导社会主旋律。由于社会不同社会阶层的知识水平和接受程度有所差异，舆论宣传也应根据不同的特点选择不同的方式，这样才能让广大人民群众普遍接受，增强舆论宣传的针对性、时效性。利用社会上的各种新闻媒体，抓住群众关心的问题进行报道并做出正确的分析和评价，以此去影响人民群众。首先，要发挥传统媒体，如报纸、杂志、电视广播等的优势，形成合力，使用正面的积极向上的舆论引领社会思潮。其次，媒体多种形式，它们具有共同的特点，宣传的内容贴近群众，宣传是从大多数群众的视角出发。舆论报道要采取人民群众喜闻乐见的方式方法以及群众能够理解的语言，吸收中外文化中优秀的部分，利用文艺作品等具体可见的载体，使宣传更加具体化、形象化、大众化。

（三）　充分发挥新媒体在社会主义核心价值观培育中的重要作用

当前我们处于信息时代和网络时代，对广大人民群众进行社会主义核心价值观培育的方式多种多样，加之理论化的社会主义核心价值观内涵较为枯燥，因此，我们应该运用多种现代教育方式，避免单一的教育模式，以免引起人民群众的不满。由于网络媒体特有的快速、便捷、覆盖面广等特征，广大群众特别是年轻一代人使用微信、微博等的人数越来越多，频率越来越高，因此，通过网络的方式宣传社会主义核心价值观也日益便捷和有效用。针对不同教育对象的特点，引进现代教育理论，因材施教，才能更好地达到教育效果。

首先，社会主义核心价值观教育网站的建设要贴近广大人民群众，贴近社会主义核心价值观的主题。网站应该从群众的需要出发，报道社会发生的新闻；网站还应提供丰富的学习资源供阅读和下载。及时更新、连接当前关于社会主义核心价值观的最新研究成果；对于党的政策、方针进行主题报道，并邀请专家进行分析；对于典型培育和践行社会主义核心价值观的实际进行专题报道，帮助学生更好地认识社会主义核心价值观。其次，开通新型网络互动平台。随着科技的进步，社会媒体日益多样化，微博、微信、二维码等进入大众的生活。培育社会主义核心价值观要重视新型的互动平台，使其成为社会主义核心价值观培育的新渠道。可以通过微博发布相关新闻，让群众了解全国各地的资讯；还可以通过分享、评论、转发的形式与专家等互动，增强双方的交流和理解。最后，加强对网络的监督管理。但是从现实看，一些严重违反核心价值观的丑恶现象利用网络广为传播，如果不能从网络上接受正面力量的潜移默化，负面信息就会乘虚而入，直接影响公民核心价值观的形成。因此，要高度重视网络文化建设，完善网络交流平台，加强网络管理，善于运用网络空间褒扬真善美、抵制假丑恶、集聚正能量，唱响社会主义核心价值观的主旋律。

二　引领示范和分层引导

中国是一个有着 13 亿多人口、56 个民族的大国，如何形成强大的凝聚力，是关涉中国特色社会主义发展前景与命运的重大问题。全面建成小康社会，实现中华民族伟大复兴，必须提高国家文化软实力，发挥文化引领风尚、教育人民、服务社会、推动发展的作用。而提升文化的软实力的核心就是要培育出在全球视野中具有竞争力的核心价值观。习近平提出："把培育和弘扬社会主义核心价值观作为凝魂聚气、强基固本的基础工程，继承和发扬中华优秀传统文化和传统美德，广泛开展社会主义核心价值观宣传教育，积极引导人们讲道德、尊道德、守道德，追求高尚的道德理想，不断夯实中国特色社会主义的思想道德基础。"[1] 榜样的影响作用能够引导社会的风气，利于形成良好的社会文化氛围。

（一）充分发挥榜样的引领示范作用

把核心价值观贯穿到社会生活的方方面面，必须大力褒扬身边的模范人物，充分发挥榜样的典型示范作用。通过典型引导、先进示范，让人们接受榜样身上所蕴藏的价值观、道德观，达到润物无声的效果。核心，人民网，2013年4月29日，http：//politics. people. com. cn/n/2013/0429/c1001 价值观不是虚无缥缈的大理论，也不是空头概念，而是实实在在的价值体现，是生活中真善美的本来面目。要让典型成为人们思想上的引路人，成为人们价值取向的坐标，成为衡量我们这个时代精神高度的标尺，从而在全社会激发自觉践行核心价值观的正能量。

特殊群体如党员干部、学校教师、政府人员等对于社会风气具有重要的引导和示范的作用，因此应该加强对这类群体的思想政治教育工作。"要自觉践行社会主义核心价值观，发扬我国工人阶级的伟大品格，用先进思想、模范行动影响和带动全社会，不断为中国精神注入新能量，始终做弘扬中国精神的楷模。"[2] 榜样的力量是无穷的。充分利用生活中的资源，善于挖掘，选取符合社会主义核心价值观的榜样，我们必须深入挖掘历史典故和现实生活中鲜活的典型，引导人们模范的学习和遵守。榜样在言行举止和社会生活中以身作则，用自己的模范行为和高尚的人格影响带动广大人民群众学习和贯彻社会主义核心价值观，发挥言传身教的作用。将抽象的社会主义核心价值观具体化，以典型的形象对民众产生影响。

---

① 《习近平谈治国理政》，外文出版社，2014，163 页。

② 习近平：《在同全国劳动模范代表座谈时的讲话》，人民网，2013 年 4 月 29 日，http：//politics. people. com. cn/n/2013/0429/c1001 – 21323279. html。

榜样可以是多种多样的，包括伟人的典范、教师的师范和学生的典型。教师在课堂上和工作场合的表现，往往对大学生的行为和思想起导向作用。因此，教师自身要提升自己的思想道德素质，积极学习社会主义核心价值观的内容，并不断理解、认同和践行社会主义核心价值观。学生典型源于学生，是学生中践行社会主义核心价值观的典型。学生典型越是真实，对学生的影响力就越大。因此要深入挖掘学生典型。同时，建立长效机制来宣传榜样。榜样的影响是长期性的，而不是短期性的。运用校园媒体宣传好人好事，宣传榜样，让不道德和不文明的行为置于聚光灯之下，引导学生分辨真善美与假恶丑。

（二）实施有效的分层引导

每一个社会成员都是培育和践行社会主义核心价值观的最广泛的、最基础的主体力量。社会主义核心价值观是依据中国社会长期的实践经验和广大人民群众的根本利益而形成的价值观，是中国大多数人价值理念的集中体现。提出社会主义核心价值观是充分考虑社会各个阶层、各个职业、各个地域的具有共性的价值追求，体现了中国特色社会主义文化建设的包容性和开放性的原则。社会主义核心价值观的实践来源是各个阶层的广大人民群众，培育和践行社会主义核心价值观是增强民族凝聚力的重要途径，要兼顾每一个社会成员的需求，因材施教，追求培育效果的最大化，要尊重每一个社会个体的自我价值，同时要采取分层引导教育的方法，根据不同层次的人的需求采取不同的引导方法。

培育和践行社会主义核心价值观的最广泛的群体是城乡居民，其中农民阶级是人数最多、最深厚的依靠力量。在中国，由于农民依旧是我国社会主义现代化建设的最可靠的力量，也是培育和践行社会主义核心价值观的最广泛力量，社会主义核心价值观如何落地，是全社会应该关注的重要问题。对于城乡居民而言，我们要将理论化的社会主义核心价值观的文字转化为可被理解的语言和行为，将社会主义核心价值观与人民群众的精神文化生活相结合，与各个种类的组织的日常管理活动相结合。在乡村建设上，紧密关注农村发展的动态，了解农村精神文化建设的现状，既要发展农村的经济、规范农村的政治生活，又要提升农村整体的知识文化水平和素质。完善基本的行为规范，让社会主义核心价值观成为人民日常生活和工作的基本理念。

学生是培育和践行社会主义核心价值观的生力军。学校教育是培育和践行社会主义核心价值观的重要阵地。在社会主义核心价值观的培育过程中，应该充分利用价值观教育隐蔽性、渗透性的特点，将社会主义核心价值观融入学生的培养计划中，融入教学的各个环节，使学生在潜移默化中培育社会主义核心价值观。在教育过程中，建构符合学生的话语表达形式。尊重学生的主体地位，充分了解学生的需求，因材施教，解决学生的实际问题，将学生的全面发展作为根本的出发点和落脚点。大学生是社会主义核心价值观培育的重点人群，大学生的价值观现状关系到整个社会精神文化的风气。因此，必须做好高校思想政治理论课的工作，创新教学的内容方式和途径，使社会主义核心价值观的理念进教材、进课本、进人心。

（三）开展各类主题教育实践活动

"要深入开展中国特色社会主义宣传教育，把全国各族人民团结凝聚在中国特色社会主义伟大旗帜之下。"① 主题教育实践活动是社会主义精神文化建设的重要组成部分，也是社会主义核心价值观培育的重要形式。为了使主题教育活动举办得更加有成效，我们就应该丰富活动的形式和内容，结合活动主体的特点开展，逐步将社会主义核心价值观的理念渗透到社会成员的日常生活中。例如，社会工作人员或组织可以开展教育活动或者开展团体的文艺活动和比赛，将社会主义核心价值观融入居民日常生活；在校园内有许多组织，如少年队组织、学生会、兴趣小组等，参加这类组织，能够丰富学生的课余生活，锻炼学生的组织和交往的能力，培养学生的责任意识、团队意识等，培养学生形成正确的价值观。但是这些组织成员并不会自发地形成正确的价值观，需要学校相关老师做好教育引导的工作，保证此类组织沿着正确的方向前进。经常鼓励学生参加各类组织举办的校园活动，在活动中学生能够更真实、深入透彻地得到不同的感受，便于学生有所比较和得出正确的判断。

三 用实践养成促进外化于行

马克思曾说过，全部社会生活在本质上是实践的。马克思认为，"人的思维是否具有客观真理性，这不是一个理论的问题，而是一个实践的问题"。② 实践是所有的价值关系产生的基础。对于社会成员每一个人而言，价值观并不是自发产生于头脑中的，而是在长期的社会实践过程中日积月累形成的。理论来源于实践，最终作用于实践。一方面，实践是验证理论是否正确的唯一途径，当广大人民群众真正了解党中央提出的核心价值观的丰富内涵和重大意义

① 《习近平谈治国理政》，外文出版社，2014，第154页。
② 《马克思恩格斯选集》（第1卷），人民出版社，1995。

时，才能通过自身的实践活动来使这种认识得到证实。另一方面，认识还需要在实践的过程中不断得到升华和发展。时代在发展变化，理论要紧跟时代步伐。对于社会主义核心价值观也是如此，社会主义核心价值观是依据中国特色社会主义现代化建设的实践而提出来的，最终目的是指导人民群众的社会实践，将社会主义核心价值观付诸客观实际的活动中。这是社会主义核心价值观内化于心、外化于行的过程。因此，培育社会主义核心价值观的一个重要途径就是提倡实践养成。引导群众将自身的知识技能运用到社会实践中去，在社会实践中形成自身的价值观，使群众在自觉自愿的态度下参与，不断丰富和升华人民的精神世界。

（一）日常生活融入社会主义核心价值观

一种价值观要真正发挥作用，必须融入社会生活，让人们在实践中感知它、领悟它。要注意把我们所提倡的与人们日常生活紧密联系起来，在落细、落小、落实上下功夫。按照习近平总书记的要求，从三个方面着力：健全各行各业规章制度，完善市民公约、乡规民约、学生守则等行为准则，使社会主义核心价值观成为人们日常工作生活的基本遵循；建立和规范一些礼仪制度，组织开展形式多样的纪念庆典活动，传播主流价值，增强人们的认同感和归属感；把核心价值观的要求融入各种精神文明创建活动中，吸引群众广泛参与，推动人们在为家庭谋幸福、为他人送温暖、为社会做贡献的过程中提高精神境界、培育文明风尚。总书记的这一系列要求，具体而微地指明了社会主义核心价值观怎样落细、落小、落实，进而在全社会"扎根"的路径和方法。

落细，就是要针对核心价值观的内涵，特别是个人层面的价值准则，从细节抓起，从习惯养成做起，持之以恒、不断矫正。在个人价值观的培育上，目标要细，要求要细，责任要细，措施要细。落小，就是不能大而无当，而是要把握价值观传播的规律，坚持大处着眼、小处着手。要通过宣传教育，使人们感受到，核心价值观离你我他并不遥远，就在现实生活的点点滴滴中。要从具体行为入手，坚守正道、敬业奉献、虔诚勤勉、孝老爱亲，自觉将爱与善播撒，让向上、向善、向美的良性互动更多涌现，让核心价值观变成社会主流。落小，还需防微杜渐。在党员干部队伍中坚持反"四风"，实质上也是从小处抓起，倡导社会风气的改善。落实，就是在落细、落小的基础上抓实，再抓实。要通过教育引导、舆论宣传、文化熏陶、实践养成、制度保障等，把社会主义核心价值观贯穿于社会生活方方面面。推进社会公德、职业道德、家庭美德、个人品德的教育，倡导爱国、敬业、诚信、友善等基本道德规范，培育知荣辱、讲正气、作奉献、促和谐的良好风尚，加强政务诚信、商务诚信、社会诚信和司法公信建设，完善信用记录，健全诚信系统，惩戒失信行为，强化核心价值观内在与外在的约束力。

"广大青年要把正确的道德认知、自觉的道德养成、积极的道德实践紧密结合起来，自觉树立和践行社会主义核心价值观，带头倡导良好社会风气。"[①] 培育社会主义核心价值观目的是提升精神境界，但同时也是落实在实践层面。实践的方法较多，但要具体问题具体分析，注重实践方法的可操作性。

（二）充分利用传统节日培育社会主义核心价值观

培育和弘扬社会主义核心价值观必须立足中华优秀传统文化，深入挖掘和阐发中华优秀传统文化的时代价值，使中华优秀传统文化成为涵养社会主义核心价值观的重要源泉。

文化是通过载体来呈现的，中国是一个尤其注重传统文化的国家，中国文化有几千年的历史，中国传统节日是体现中国文化的载体。社会主义核心价值观本身就体现了中国传统文化，传统节日为社会主义核心价值观的养成提供了现实的载体。中共中央办公厅印发的《关于培育和践行社会主义核心价值观的意见》也明确提出，要重视民族传统节日的思想熏陶和文化教育功能。

中国传统节日不仅是一个节日，更重要的是其中包含的深刻的文化内涵，这些传统文化内涵既能反映出富强、民主、文明、和谐的国家层面的价值目标，也能反映出自由、平等、公正、法治的社会层面的价值取向，还能反映出爱国、敬业、诚信、友善的公民个人层面的价值准则，在具有历史意义的同时，又包含着崭新的现代意义，凝聚着中华民族自强不息的精神追求和历久弥新的精神财富，是发展社会主义先进文化和培育社会主义核心价值观的深厚的民族基础。

当然对传统文化的作用一定要全面认识，取其精华、去其糟粕，古为今用、推陈出新，发挥传统节日在传播、培育社会主义核心价值观中的优势，让更广泛的人民群众有机会感受历史，感受传统的伟大，弘扬民族精神和时代精神，在民族节日活中，潜移默化地将社会主义核心价值观融入人们的心中。

---

① 习近平：《在同各界优秀青年代表座谈时的讲话》，人民网，2013 年 5 月 5 日，http：// politics. people. com. cn/n/2013/0505/c1024 - 21366181. html。

（三）　用制度保障社会主义核心价值观落到实处

把培育和践行社会主义核心价值观落实到经济发展和社会治理中，要求把社会主义核心价值观融入制度建设和治理工作中，形成科学有效的诉求表达机制、利益协调机制、矛盾调处机制、权益保障机制，最大限度地增进社会和谐。相信凭借每一位中国人爱国、敬业、诚信、友善的操守，和他们在自由、平等、公正、法治的社会环境中不畏艰难的勤勉奋斗，我国的经济建设和社会发展必将达到富强、民主、文明、和谐的目标，这是社会主义核心价值观的最终指向，也是实现中华民族伟大复兴中国梦的壮丽征途。

习近平强调，要发挥政策导向作用，使经济、政治、文化、社会等方方面面政策都有利于社会主义核心价值观的培育。要用法律来推动核心价值观建设。各种社会管理要承担起倡导社会主义核心价值观的责任，注重在日常管理中体现价值导向，使符合核心价值观的行为得到鼓励、违背核心价值观的行为受到制约。

道德和法律是进行社会管理的两种重要手段。社会主义核心价值观的培育是我国道德建设的重要战略性措施，但也必须依靠制度的保障，才能充分发挥社会主义核心价值观培育的最大功用。依法治国是党中央治理国家的基本方略，是现代化国家的重要标志。法律法规具有强制性的特点，这就可以有效应对社会主义核心价值观培育过程中出现的新问题，保障人民在制度的约束下形成良好的行为习惯。社会主义核心价值观是理论化的表现形式，广大人民群众对其的理解程度不够深入。将其制度化之后转换成为老百姓看得见的制度规范，百姓就可以按照这种规范去操作。在社会思潮多样化的今天，将社会主义核心价值观制度化就变得更加必要，通过法律的形式来维护社会主义意识形态，来保障社会主义精神文明建设沿着正常的轨道前进。

社会主义核心价值观要深入政治经济社会和生态各个领域，仅仅依靠道德的约束是不够的，需要依靠强制性手段来保障实施。企业在开展经济活动时要严格遵循社会主义核心价值观的要求，在追求经济利益的同时要讲社会责任、做到诚信守法。"与人们生产生活和现实利益密切相关的具体政策措施，要注重经济行为和价值导向的有机统一，经济效益和社会效益的有机统一，实现市场经济和道德建设的良性互动。"[1]

---

[1]　《中共中央办公厅印发〈关于培育和践行社会主义核心价值观的意见〉》，《党建》2014年第1期。

把培育和践行社会主义核心价值观落实到经济发展和社会治理中，要求充分发挥法律法规的保障作用。要把社会主义核心价值观贯彻到依法治国、依法执政、依法行政的实践中，落实到立法、执法、司法、普法和依法治理各个方面，用法律的权威来增强人们培育和践行社会主义核心价值观的自觉性。厉行法治，严格执法，公正司法，捍卫宪法和法律尊严，维护社会公平正义。要加强法制宣传教育，培育社会主义法治文化，弘扬社会主义法治精神，增强全社会学法尊法守法用法的意识，并把社会主义核心价值观相关要求上升为具体法律规定，充分发挥法律的规范、引导、保障、促进作用，形成有利于社会经济发展和社会治理的现代社会管理机制，形成有利于培育和践行社会主义核心价值观的良好法治环境。

培育和践行社会主义核心价值观是国家从宏观方面提出的加强精神文化建设的重要论断，是应对新常态下纷繁复杂的社会思潮的精神支柱。理论的提出不仅仅是解释世界，更是要改造世界。培育和践行社会主义核心价值观不仅仅是从上而下，依靠国家在总体上的指导和建设，更要依靠社会成员的每一个人切实地根据社会主义核心价值观的思想去参与，做到沟通交流，最终使其得到落实。培育的主体是多样化的，应该将社会教育、家庭教育和学校教育相结合；将宣传教育、引领示范、实践养成和制度规范相结合，与时俱进，优化社会主义核心价值观的培育路径。

（撰稿人：西安交通大学马克思主义学院副教授张科豪；西安交通大学马克思主义学院博士生王静宜）

参考文献

［1］《全国新城新区规划人口达 34 亿 严重失控》，http：//finance. ifeng. com/
a/20150922/13987306_ 0. shtml。

［2］《14 年间百人以上群体事件发生 871 起》，新京报网，http：//www. bjnews.
com. cn/graphic/2014/02/24/306216. html。

［3］《2014 年财政收支情况》，财政部，http：//gks. mof. gov. cn/zhengfuxinxi/
tongjishuju/201501/t20150130_ 1186487. html。

［4］《2015 年财政收支情况》，财政部，http：//gks. mof. gov. cn/zhengfuxinxi/
tongjishuju/201601/t20160129_ 1661457. html。

［5］习近平：《人民对美好生活的向往就是我们的奋斗目标》，《文摘报》2012
年 11 月 17 日。

［6］习近平：《顺应时代前进潮流，促进世界和平发展》，《人民日报》2013
年 3 月 24 日。

［7］习近平：《在同全国劳动模范代表座谈时的讲话》，《人民日报》2013 年 4
月 29 日。

［8］习近平：《在接受金砖国家媒体联合采访时的讲话》，《人民日报》2013
年 3 月 26 日。

［9］习近平：《切实把思想统一到党的十八届三中全会精神上来》，《人民日
报》2014 年 1 月 1 日。

［10］习近平：《在纪念毛泽东同志诞辰 120 周年座谈会上的讲话》，《人民日
报》2013 年 12 月 27 日。

［11］习近平：《在党的十八届二中全会第二次全体会议上的讲话》，《人民日
报》2013 年 3 月 1 日。

［12］习近平：《在中共中央政治局专门会议上的讲话》，《人民日报》2013 年
6 月 26 日。

[13] 习近平:《在十八届中共中央政治局第七次学习时的讲话》,《人民日报》2013年6月27日。

[14] 习近平:《在十二届全国人民代表大会第一次全体会议上的讲话》,《人民日报》2013年3月17日。

[15] 习近平:《推动全党学习和掌握历史唯物主义更好认识规律更加能动地推动工作》,《人民日报》2013年12月5日。

[16] 习近平:《在全国宣传思想会议上强调胸怀全局把握大势着眼大事努力把宣传思想工作做得更好》,《中国社会科学报》2013年8月21日。

[17] 习近平:《毫不动摇坚持和发展中国特色社会主义在实践中不断有所发现有所创造有所前进》,《光明日报》2013年1月6日。

[18] 习近平:《携手合作,共同发展》,《人民日报》2013年3月27日。

[19] 习近平:《坚持开放的发展、合作的发展、共赢的发展》,《光明日报》2013年7月25日。

[20] 习近平:《改革开放是我党最鲜明的旗帜》,《文摘报》2013年11月16日。

[21] 习近平:《在广东考察时强调增强改革的系统性整体性协同性做到改革不停顿发展不止步》,《人民日报》2012年12月12日。

[22] 习近平:《在中央经济工作会议上的讲话》,《人民日报》2012年12月16日。

[23] 习近平:《在中共中央政治局对照检查中央八项规定落实情况讨论研究深化改进作风举措的专门会议上的讲话》,《人民日报》2013年6月26日。

[24] 习近平:《在同各界优秀青年座谈时的讲话》,《人民日报》2013年5月5日。

[25] 习近平:《中国梦非洲梦世界梦》,《人民日报》2013年3月26日。

[26] 习近平:《在参加上海代表团审议时强调坚定不移深化改革开放加大创新驱动发展力度》,《人民日报》2013年3月6日。

[27] 习近平:《在武汉召开部分省市负责人座谈会时强调加强对改革重大问题调查研究提高全面深化改革决策科学性》,《人民日报》2013年7月25日。

[28] 习近平:《共同创造亚洲和世界的美好未来》,《人民日报》2013年4月8日。

[29] 习近平:《坚持和发展中国特色社会主义的基本遵循》,《人民日报》

2013 年 9 月 5 日。

［30］习近平：《在十八届中共中央政治局第二次集体学习时的讲话》，《人民日报》2013 年 1 月 2 日。

［31］人民日报评论员：《协调推进"四个全面"是引领民族伟大复兴的重要战略布局》，《党建》2015 年第 3 期。

［32］《马克思恩格斯全集》，人民出版社，1995。

［33］《习近平谈治国理政》，外文出版社，2014。

［34］《中共中央关于制定国民经济和社会发展第十三个五年规划的建议》，《人民日报》2015 年 11 月 4 日。

［35］习近平：《让工程科技造福人类、创造未来》，《人民日报》2014 年 6 月 4 日。

［36］韩正：《着力探索推进可复制可推广的制度创新》，《人民日报》2014 年 4 月 21 日。

［37］习近平：《加快实施创新驱动发展战略　加快推动经济发展方式转变》，《人民日报》2014 年 8 月 19 日。

［38］习近平：《在中国科学院第十七次院士大会、中国工程院第十二次院士大会上的讲话》，《人民日报》2014 年 6 月 10 日。

［39］《干在实处永无止境　走在前列要谋新篇》，《浙江日报》2015 年 6 月 8 日。

［40］习近平：《看清形势适应趋势发挥优势　善于运用辩证思维谋划发展》，《人民日报》2015 年 6 月 19 日。

［41］《习近平出席全国宣传思想工作会议并发表重要讲话》，《实践》（思想理论版）2013 年第 9 期。

［42］习近平：《聚焦发力贯彻五中全会精神　确保如期全面建成小康社会》，《人民日报》2016 年 1 月 19 日。

［43］王永磊：《五大发展理念的三大鲜明特质》，《前线》2016 年第 1 期。

［44］习近平：《共同维护和发展开放型世界经济》，《人民日报》2013 年 9 月 7 日。

［45］《十二届全国人大一次会议在京闭幕》，《人民日报》2013 年 3 月 18 日。

［46］尹庆双：《坚持共享发展理念，全面建成小康社会》，《经济学家》2015 年第 12 期。

［47］胡锦涛：《坚定不移沿着中国特色社会主义道路前进　为全面建成小康社会而奋斗》，《人民日报》2012 年 11 月 9 日。

[48] 蒋永穆、张晓磊:《共享发展与全面建成小康社会》,《思想理论教育导刊》2016年第3期。

[49] 习近平:《推进国家治理体系和治理能力现代化》,《人民日报》2014年2月18日。

[50] 习近平:《把培育和弘扬社会主义核心价值观作为凝魂聚气强基固本的基础工程》,《人民日报》2014年2月25日。

[51] 中国共产党第十八届中央委员会第三次全体会议:《中共中央关于全面深化改革若干重大问题的决定》,2013年11月16日。

[52] 钱学森、乌家培:《组织管理社会主义建设的技术》,《经济管理》1979年1月。

[53] 王宏波:《社会工程研究的综合性特点及意义》,《教学与研究》2010年第8期。

[54] 习近平:《在中共中央政治局第二次集体学习时的讲话》,《人民日报》2013年1月2日。

[55] 习近平《掌握工作制胜的看家本领——关于科学的思想方法和工作方法》,《人民日报》2014年7月12日。

[56] 王宏波:《论社会工程学的意义、内容与学科特征》,《西安交通大学学报》2011年第1期。

[57]《马克思恩格斯选集》(第4卷),人民出版社,1995。

[58] 霍小光等:《主动把握和积极适应经济发展新常态 推动改革开放和现代化建设迈上新台阶》,《人民日报》2014年12月15日。

[59] 曲青山:《党的十八大与"四个全面"提出和形成的历史过程》,《中共党史研究》2015年第3期。

[60] 国家统计局科研所:《中国全面建设小康社会进程统计监测报告》,2011年12月19日,http://www.stats.gov.cn/tjfx/fxbg/t20111219_402773172.html。

[61] 习近平:《弘扬丝路精神 深化中阿合作》,中国共产党新闻网,2014年6月5日,http://cpc.people.com.cn/n/2014/0606/c64094-25110795.html。

[62] 中央农村工作领导小组办公室:《小康不小康 关键看老乡》,人民出版社,2013,第1页。

[63] 徐中、倪明胜:《"四个全面":引领实现中国梦的战略布局》,《光明日报》2015年6月28日。

[64] 新华社:《在新的历史起点谱写改革新篇章——中国共产党十八届三中全会公报摘要》,《行政与机构》2013年第1期。

［65］《习近平谈执政理念：担当起该担当的责任》，《广州日报》2014 年 2 月 10 日。

［66］习近平：《敢于啃硬骨头，敢于涉险滩》，新华网，2012 年 12 月 11 日，http：//news. xinhuanet. com/politics/2012 – 12/14/c_ 114034110. htm。

［67］《紧紧依靠人民推动改革——七论认真贯彻落实十八届三中全会精神》，新华网，2013 年 11 月 21 日，http：//news. xinhuanet. com/politics/2013 – 11/21/c_ 118242701. htm。

［68］罗湖平：《增强改革系统性整体性协同性的四个着力点》，《光明日报》2014 年 9 月 17 日。

［69］习近平：《关于〈中共中央关于全面推进依法治国若干重大问题的决定〉的说明》，《当代贵州》2014 年第 31 期。

［70］习近平：《在首都各界纪念现行宪法公布施行 30 周年大会上的讲话》，2012 年 12 月 4 日，http：//news. xinhuanet. com/politics/2012 – 12/04/c_ 113907206. htm。

［71］《习近平强调：依法治国依法执政依法行政共同推进》，新华网，2013 年 2 月 24 日，http：//news. xinhuanet. com/politics/2013 – 02/24/c _ 114 782088. htm。

［72］《习近平出席中央政法工作会议：坚持严格执法公正司法》，新华网，2014 年 1 月 28 日，http：//news. xinhuanet. com/politics/2014 – 01/08/c _ 118887343. htm。

［73］《习近平论依法治国：各个环节都通上高压线》，中评网，2014 年 10 月 17 日，http：//www. crntt. com/doc/1034/3/2/7/103432741. html？ coluid = 0&kindid = 0&docid = 103432741&mdate = 1017100217。

［74］岳雪侠：《全面从严治党思想的新发展——深入学习习近平总书记系列讲话精神》，2015 年 1 月 6 日，http：//theory. people. com. cn/n/2015/0106/c40537 – 26334956. html。

［75］习近平：《实现党的十八大目标任务　关键在党关键在人》，天津网，2013 年 6 月 30 日。

［76］傅兴国：《守纪律讲规矩：全面从严治党的根本要求》，《求是》2015 年第 10 期。

［77］《五个问题带你读懂"全面小康"》，《理论导报》2015 年第 3 期。

［78］中共中央文献研究室编《习近平关于协调推进"四个全面"战略布局论述摘编》，中央文献出版社，2015，第 13 页。

[79] 《习近平在中共中央政治局第二十次集体学习时强调：坚持运用辩证唯物主义世界观万法论，提高解决我国改革发展基本问题本领》，新华网，2015 年 1 月 4 日，http：//news. xinhuanet. com/2015 – 01/24/c_1114116751. htm。

[80] 郝立新：《从"四个全面"到"五大发展理念"》，《光明日报》2015 年 12 月 7 日。

[81] 《邓小平文选》（第 2 卷），人民出版社，1994，第 237 页。

[82] 胡耀邦：《全面开创社会主义现代化建设的新局面——在中国共产党第十二次全国代表大会上的报告》，http：//news. xinhuanet. com/ziliao/2003 – 01/20/content_696971. htm。

[83] 江泽民：《高举邓小平理论伟大旗帜，把建设有中国特色社会主义事业全面推向二十一世纪——在中国共产党第十五次全国代表大会上的报告》，http：//news. ifeng. com/mainland/special/zhonggong18da/content – 4/detail_2012_11/04/18821363_0. shtml。

[84] 江泽民：《全面建设小康社会，开创中国特色社会主义事业新局面——在中国共产党第十六次全国代表大会上的报告》，中国网，2009 年 7 月 13 日，http：//www. china. com. cn/zyjy/2009 – 07/13/content_18122614. htm。

[85] 胡锦涛：《高举中国特色社会主义伟大旗帜 为夺取全面建设小康社会新胜利而奋斗——在中国共产党第十七次全国代表大会上的报告》，新华网，2007 年 10 月 24 日，http：//news. xinhuanet. com/newscenter/2007 – 10/24/content_6938568. htm。

[86] 《中华人民共和国国民经济和社会发展第十三个五年规划纲要》，2016 年 3 月 17 日，http：//news. xinhuanet. com/politics/2016lh/2016 – 03/17/c_1118366322. htm。

[87] 中共中央文献研究室：《习近平关于全面深化改革论述摘编》，中央文献出版社，2014，第 72 页。

[88] 《十三五规划：文化产业成国民经济支柱性产业》，《文化产业评论》2015 年 11 月 3 日，http：//mp. weixin. qq. com/s？__biz = MjM5ODc1NDI4MA = = &mid = 400203135&idx = 3&sn = 8ebba469539ea647467ecc7d13da 63f4&3rd = MzA3MDU4NTYzMw = = &scene = 6#rd。

[89] 《文化部部长雒树刚："十三五"文化产业将成为国民经济支柱产业》，浙江在线，2016 年 3 月 13 日，http：//zjnews. zjol. com. cn/system/2016/

03/13/021063393. shtml。

［90］《城乡居民收入差距有望缩至"相对合理水平"》，2016 年 2 月 6 日，http：//www. banyuetan. org/chcontent/sz/szgc/201626/181920. html。

［91］《收入分配强调"更公平" 发展成果惠及全体人民朝着共同富裕方向前进》，《北京娱乐信报》2012 年 11 月 12 日，http：//news. hexun. com/2012 - 11 -12/147829390. html。

［92］汪三贵：《补齐全面建成小康社会的突出短板》，《农民日报》2015 年 4 月 1 日。

［93］《习近平到河北阜平看望慰问困难群众讲话》，人民网，2012 年 12 月 30 日， http：//politics. people. com. cn/n/2012/1231/c70731 － 20059517. html。

［94］《习近平在海南考察：加快国际旅游岛建设 谱写美丽中国海南篇》，2013 年 4 月 10 日，http：//news. xinhuanet. com/politics/2013 － 04/10/c_ 115342563. htm。

［95］《习近平在福建调研》，新华网，2014 年 11 月 2 日，http：//cpc. people. com. cn/n/2014/1102/c64094 －25958997. html。

［96］汪克强：《创新驱动：打造经济升级版的根本途径》，《学习时报》2013 年 11 月 26 日，http：//theory. people. com. cn/n/2013/1126/c40531 － 23656221. html

［97］习近平：《谋求持久发展 共筑亚太梦想》，《人民日报》2014 年 11 月 10 日。

［98］蓝蔚青：《用历史唯物主义观点指导全面深化改革》，《杭州日报》2014 年 5 月 22 日。

［99］新华社：《中央经济工作会议在北京举行》，《人民日报》2014 年 12 月 12 日。

［100］洪银兴：《论新阶段的全面深化改革》，《南京大学学报》2015 年第 4 期。

［101］苑秀丽：《学习和运用历史唯物主义全面深化改革——学习〈德意志意识形态〉关于历史唯物主义的论述》，《思想政治教育研究》2014 年第 8 期。

［102］张占斌、周跃辉：《新常态下的全面深化改革》，《学习时报》2015 年 3 月 2 日。

［103］赵付科、季正聚：《习近平全面深化改革思想论纲》，《中共中央党校学

报》2014 年第 12 期。

[104] 张占仓：《中国经济新常态与可持续发展新趋势》,《河南科学》2015
年第 1 期。

[105] 韩玉芳、何军：《习近平全面深化改革思想的方法论特征及其启示》,
《新视野》2014 年第 6 期。

[106] 习近平：《唯改革者进，唯创新者强》, 环球网, 2014 年 11 月 9 日,
http：//china. huanqiu. com/article/2014 - 11/5196146. html。

[107]《习近平：接受金砖国家媒体联合采访》, 新华网, 2013 年 3 月 20 日,
http：//china. huanqiu. com/article/2014 - 11/5196146. html。

[108] 习近平：《以更大的政治勇气和智慧深化改革，朝着十八大指引的改革
开放方向前进》, 新华网, 2013 年 1 月 1 日。

[109] 习近平：《增强改革的系统性整体性协同性，做到改革不停顿开放不止
步》, 新华网, 2012 年 11 月 12 日, http：//news. xinhuanet. com/
politics/2012 - 12/11/c_ 113991112. htm。

[110] 习近平：《全面深化改革是一项复杂的系统工程》, 新华网, 2013 年 11 月
13 日, http：//news. xinhuanet. com/politics/2013 - 11/13/c_ 118130505.
htm。

[111] 习近平：《坚持实事求是的思想路线》, 中国新闻网, 2012 年 5 月 28
日, http：//www. chinanews. com/gn/2012/05 - 28/3919847. shtml。

[112] 温家宝：《政府工作报告》, 人民网, 2011 年 3 月 15 日, http：//politics.
people. com. cn/GB/1027/14148858. html。

[113] 习近平：《中国共产党第十八届中央委员会第三次全体会议公报》, 新
华网, 2013 年 11 月 14 日, http：//news. xinhuanet. com/politics/2013 -
11/12/c_ 118113455. htm。

[114] 习近平：《切实把思想统一到十八届三中全会上来》,《人民日报》2014
年 1 月 1 日。

[115] 习近平：《在广东省考察时的讲话》,《人民日报》2012 年 12 月 12 日。

[116] 习近平：《在十八届中央政治局第二次集体学习时的讲话》, 新华网,
2012 年 11 月 19 日, http：//news. xinhuanet. com/politics/2012 - 11/19/
c_ 123967017_ 3. htm。

[117] 习近平：《中共中央关于全面深化改革若干重要问题的决定》,《人民日
报》2013 年 10 月 9 日。

[118]《中国共产党章程》, 法律出版社, 2015, 第 1 页。

［119］ 人民日报评论员：《把握全面从严治党的新内涵新要求——四论学习贯彻习近平同志在十八届中央纪委六次全会讲话精神》，《人民日报》2016年1月18日。

［120］ 王炳林：《切实推进全面从严治党》，《光明日报》2015年4月12日。

［121］《列宁全集》（第6卷），人民出版社，1986，第24页。

［122］ 荆学民：《现代信仰学导引》，中国传媒大学出版社，2012，第3页。

［123］《现代汉语词典》，商务印书馆，1981，第1273页。

［124］ 郑冬芳：《大学生马克思主义理想信仰研究》，中国社会科学出版社，2015，第34页。

［125］ 习近平：《在中共中央政治局第十一次集体学习讲话》，文明网，2013年12月3日，http：//www. wenming. cn/djw/sy/jjq/zxdjxx/201603/t20160324_ 3234080. shtml。

［126］《毛泽东选集》（第3卷），人民出版社，1991，第1004页。

［127］ 冯契主编《哲学大辞典》，上海辞书出版社，1992，第866页。

［128］《中共中央关于加强和改进思想政治工作的若干意见》，新浪网，1999年11月8日，http：//news. sina. com. cn/china/1999－11－8/29852. html。

［129］《习近平在会见全国优秀县委书记时讲话》，新华网，2015年7月1日，http：//news. xinhuanet. com/mrdx/2015－07/01/c_ 134371611. htm。

［130］ 毛泽东：《关于农业问题》，1957年10月9日，http：//www. mzdbl. cn/maoxuan/wenji7/w7－44. html。

［131］《党政领导干部选拔任用工作条例》，中国经济网，2014年1月15日，http：//www. ce. cn/xwzx/gnsz/gdxw/201401/15/t20140115_ 2133425. shtml。

［132］ 王儒林：《党要管党　首先是管好干部》，《求是》2013年第17期。

［133］《习近平在十八届一中全会上的讲话》，新华网，2012年11月15日，http：//news. xinhuanet. com/politics/2014－07/29/c_ 126809987. htm。

［134］《习近平在十八届中央纪委二次全会上的讲话》，新华网，2013年1月22日，http：//news. xinhuanet. com/politics/2014－07/29/c_ 126809987. htm。

［135］《习近平在中央政治局第十六次集体学习时的讲话》，新华网，2014年6月30日，http：//news. xinhuanet. com/politics/2014－07/29/c_ 126809987. htm。

［136］ 杨健：《"替谁说话"与"为谁执政"》，《人民日报》2009年6月19日。

[137] 习近平:《认真学习党章 严格遵守党章》,新华网,http://news. xinhuanet. com/politics/2015 - 08/20/c_ 128148977. htm。

[138] 习近平:《在党的群众路线教育实践活动总结大会上的讲话》,人民网, http://theory. people. com. cn/n1/2016/0131/c40531 - 28098664. html。

[139]《八项规定三年:查处违规问题10万多起 处理近14万人》,新华网, http://news. xinhuanet. com/legal/2015 - 12/03/c_ 128494209. htm。

[140] 习近平:《在参加河北省委常委班子专题民主生活会时的讲话》,搜狐网, 2013年9月,http://news. sohu. com/20150112/n407728861. shtml。

[141] 习近平:《在党的群众路线教育实践活动工作会议上的讲话》,中央文献研究室网站,2014年7月31日,http://www. wxyjs. org. cn/xxgcxjpzs jxljhjszl/xjpzsjzylszb/qzlxlszb/qzlxwzlb/201407/t20140731_ 159829. html。

[142] 习近平:《在指导河南省兰考县委常委班子党的群众路线教育实践活动专题民主生活会时的讲话》,新华网,2014年5月9日,http:// news. xinhuanet. com/politics/2014 - 07/29/c_ 126809987. htm。

[143] 习近平:《在中共十八届二中全会第二次全体会议上讲话》,人民网, 2015年7月21日,http://cpc. people. com. cn/xuexi/n/2015/0721/ c397563 - 27338737. html。

[144]《中国特色社会主义法律体系白皮书》,http://news. xinhuanet. com/ 2011 - 10/27/c_ 111127507. htm。

[145] 习近平:《在庆祝全国人民代表大会成立60周年大会上的讲话》,人民网,2014年9月5日,http://theory. people. com. cn/n/2014/1017/ c40531 - 25852773. html。

[146]《荀子·君道篇第十二》。

[147]〔古希腊〕亚里士多德:《政治学》,吴寿彭译,商务印书馆,1965,第199页。

[148]《王安石全集》(下),吉林人民出版社,1996,第690页。

[149] 关保英:《科学立法科学性之解读》,《社会科学》2007年第3期。

[150] 郑永流:《安身立命,法学赖何?》,《法制日报》2001年1月14日。

[151]〔德〕卡尔·拉伦茨:《论作为科学的法学的不可或缺性》,《比较法研究》2005年第3期。

[152] 易有禄、武杨琦:《科学立法的内涵与诉求,——基于"法治建设新十六字方针"》,《江汉学术》2015年第2期。

[153] 李友根:《论法治国家建设中的科学立法——学习〈中共中央关于全面

推进依法治国若干重大问题的决定〉的一点思考》，《江苏社会科学》2015 年第 1 期。

[154] 李长喜：《立法质量检测标准研究》，载周旺生主编《立法研究》（第 2 卷），法律出版社，第 113～154 页。

[155] 《中共中央关于全面推进依法治国若干重大问题的决定》，http：//news. xinhuanet. com/ziliao/2014－10/30/c_ 127159908. htm。

[156] 邓雪妍主编《明史全鉴》（珍藏版），红旗出版社，2012，第 3160 页。

[157] 习近平：《在十八届中央政治局第四次集体学习时的讲话》，人民网，2013 年 2 月 23 日，http：//theory. people. com. cn/n/2015/0513/c4055 5－26993166. html。

[158]（唐）吴兢：《贞观政要·论公平》。

[159] 最高人民法院编写组：《人民法院审判理念读本》，人民法院出版社，2011，第 106 页。

[160]（东汉）许慎：《说文解字·廌部》。

[161]〔美〕约翰·罗尔斯：《正义论》，何怀宏、何包钢、廖申白译，中国社会科学出版社，1988，第 3 页。

[162]〔美〕伯尔曼：《法律与宗教》，梁治平译，中国政法大学出版社，2003，第 12 页。

[163]〔法〕卢梭：《社会契约论》（第 2 卷），何兆武译，商务印书馆，1980，第 1 版，第 73 页。

[164] 中美联合编审委员会：《简明不列颠百科全书》（第 8 卷），中国大百科全书出版社，1986，第 659 页。

[165] 许章润：《法律信仰：中国语境及其意义》（第 1 版），广西师范大学出版社，2003，第 8 页。

[166]《韩非子·有度》。

[167] 人民日报评论部：《让法治成为一种全民信仰——开创依法治国新局而之三》，2013 年 3 月 1 日，http：//opinionpeople. com. cn/n/2013/0301/c1003－20637570. html。

[168] 陈家刚：《协商民主》，上海三联书店，2004，第 1 页。

[169]《社会主义协商民主是我国人民民主的重要形式》，《光明日报》2013 年 9 月 10 日。

[170] 李广民、张怀勖：《选举民主与协商民主之比较》，《理论研究》2011 年第 1 期。

［171］ 马奔：《协商民主与选举民主：渊源、关系与未来发展》，《文史哲》2014 年第 3 期。

［172］ 龚群：《中国协商民主与西方协商民主的本质区别》，《红旗文稿》2011 年第 8 期。

［173］《协商民主 VS 代议民主》，北京周报网，2015 年 3 月 3 日，http：// www. beijingreview. com. cn/2009news/tegao/2015 – 03/03/content ＿ 672307. htm。

［174］ 高建：《两种不同的协商民主》，《山东社会科学》2014 年第 2 期。

［175］ 中央党史研究室：《中国共产党历史》（第 1 卷）上，中共党史出版社，2002，第 81 页。

［176］《周恩来选集》（上），人民出版社，1980，第 253 页。

［177］《周恩来统一战线文选》，人民出版社，1984，第 129 页。

［178］ 政协全国委员会研究室编《老一代革命家论人民政协》，中央文献出版社，1997，第 17 页。

［179］ 张献生：《发挥统一战线在协商民主中的重要作用》，紫光阁网，2015 年 1 月 19 日，http：//www. zgg. org. cn/tzhqg/tzql/jyxc/201501/t201501 19＿ 495559. html。

［180］《谢觉哉文集》，人民出版社，1989，第 750 页。

［181］《建国以来毛泽东文稿》（第 4 册），中央文献出版社，1990，第 635 页。

［182］《毛泽东文集》（第 7 卷），人民出版社，1999，第 178 页。

［183］ 张峰：《加强协商民主政治建设》，中国干部学习网，2015 年 4 月 12 日，http：//www. ccln. gov. cn/sixiang/sixiangx/shizhengjiangtan/121822. shtml。

［184］ 李金河：《如何正确认识社会主义协商民主》，《中央社会主义学院学报》2014 年第 1 期。

［185］ 中央文献研究室编《人民政协重要文献选编》（中），中央文献出版社，2009，第 206 页。

［186］ 中央文献研究室编《十四大以来重要文献选编》（上），人民出版社，1996，第 200 页。

［187］ 国务院新闻办公室：《中国的政党制度》，《人民日报》2007 年 11 月 16 日。

［188］《积极推进中国的协商民主建设》，新华网，2010 年 10 月 28 日，http：// news. xinhuanet. com/theory/2010 – 10/28/c＿ 12709613. htm。

[189] 习近平：《在庆祝中国人民政治协商会议成立65周年大会上的讲话》，《人民日报》2014年9月22日。

[190] 习近平：《干在实处，走在前列——推进浙江新发展的思考与实践》，中共中央党校出版社，2014，第295~296页。

[191] 习近平：《出席第三届核安全峰会并访问欧洲四国和联合国教科文组织总部、欧盟总部时的演讲》，人民出版社，2014，第32页。

[192] 《刘靖北：协商民主——党的群众路线在政治领域的重要体现》，中国共产党新闻网，2013年11月18日，http：//theory. people. com. cn/n/2013/1118/c40531－23574946. html。

[193] 刘世华：《协商民主广泛多层制度化发展面临的问题及对策论析》，《理论学刊》2014年第4期。

[194] 《学习贯彻党的十八届四中全会精神　运用法治思维和法治方式推进改革》，人民网，2014年10月28日，http：//politics. people. com. cn/n/2014/1028/c1024－25918747. html。

[195] 《发挥基层政协协商民主渠道作用实现公民有序政治参与》，中国人民政治协商会议常州市委员会网站，2014年10月22日，http：//www. czcpppcc. gov. cn/cms/a/team/llyj/2014/1102/5364. html。

[196] 《社会主义协商民主就是要让人民更好的当家做主》，央视网，2015年3月9日，http：//opinion. cntv. cn/2015/03/09/ARTI1425909884264615. shtml。

[197] 陈家刚：《当代中国的协商民主：比较的视野》，《新疆师范大学学报》（哲学社会科学版）2014年第1期。

[198] 朱勤军：《中国政治文明建设中的协商民主探析》，《政治学研究》2004年第3期。

[199] 《协商民主：当代民主政治发展的新路向》，光明网，2013年11月27日，http：//news. gmw. cn/2013－11/27/content_ 9613588_ 6. htm。

[200] 《十八大以来重要文献选编》（上），中央文献出版社，2014，第135页。

[201] 习近平：《之江新语》，浙江人民出版社，2007，第216页。

[202] 《习近平关于党风廉政建设和反腐败斗争论述摘编》，中国方正出版社，2015，第6页。

[203] 习近平：《领导干部要树立正确的世界观权力观事业观》，《中国党政干部论坛》2010年第9期。

[204] 习近平：《干在实处、走在前列：推进浙江新发展的思考与实践》，中共中央党校出版社，2006，第298、304页。

[205] 习近平：《领导干部要做尊法学法守法用法的模范、带动全党全国共同全面推进依法治国》，《人民日报》2015 年 2 月 3 日。

[206] 习近平：《深化改革巩固成果积极拓展、不断把反腐败斗争引向深入》，《人民日报》2015 年 1 月 14 日。

[207] 人民日报评论部：《习近平用典》，人民日报出版社，2015，第 269 页。

[208] 习近平：《把抓落实作为推进改革工作的重点、真抓实干踏疾步稳务求实效》，《人民日报》2014 年 3 月 1 日。

[209] 史晓红、窦祥铭：《中国经济"新常态"的理论逻辑与路径选择》，《商业经济研究》2015 年第 28 期。

[210] 吴恩远：《互联网＋时代，中国乡村社会并未失去活力》，新华网，2016 年 4 月 11 日，http：//www. gd. xinhuanet. com/newscenter/2016 – 04/11/c_ 1118580439. htm。

[211] 马克思：《资本论》（第 1 卷），人民出版社，2004，第 10、13 页。

[212] 《〈中国家庭发展报告 2015〉发布，家庭收入最高差距达 19 倍》，新华网，2015 年 5 月 14 日，http：//news. xinhuanet. com/house/xa/2015 – 05 – 14/c_ 1115276914. htm。

[213] 田洪星、林乐兴：《新常态背景下社会秩序的转换与重塑》，《学习论坛》2015 年第 10 期。

[214] 钟真、孔祥智：《经济新常态下的中国农业政策转型》，《教学与研究》2015 年第 12 期。

[215] 刘解龙：《经济新常态中的精准扶贫理论与机制创新》，《湖南社会科学》2015 年第 4 期。

[216] 王丽：《公共治理视域下乡村公共精神的缺失与重构》，《政治学研究》2015 年第 11 期。

[217] 贺雪峰：《村官贪腐空间有多大》，《人民论坛》2016 年第 3 期。

[218] 简新华：《中国新常态：实施三个新战略》，《财经科学》2015 年第 8 期。

[219] 《中央城市工作会议在北京举行》，《人民日报》2015 年 12 月 22 日。

[220] 沈东、杜玉华：《"社会治理"的三维向度及其当代实践——基于价值理念、制度设计与行动策略的分析》，《湖南师范大学社会科学学报》2016 年第 1 期。

[221] 李扬、张晓晶：《"新常态"：经济发展的逻辑与前景》，《经济研究》2015 年第 5 期。

［222］陈卫、聂真真、杨胜慧：《CGE 模型在新常态下人口红利研究中的应用——兼对人口红利三种经济学分析框架的比较》，《人口与经济》2015 年第 6 期。

［223］邓明、魏后凯：《公共支出结构偏向的经济波动效应研究——兼论新常态下的公共支出结构调整经济管理》，《公共管理》2015 年第 37 卷第 9 期。

［224］王思斌：《新常态下积极托底社会政策的建构》，《探索与争鸣》2015 年第 4 期。

［225］《国务院总理李克强会见中外记者　回答记者提问》，中国网，2014 年 3 月 13 日，http：//www. china. com. cn/guoqing/2014 – 03/13/content_ 31774750. htm。

［226］郁建兴：《走向社会治理的新常态》，《探索与争鸣》2015 年第 12 期。

［227］胡琦：《法治与自治：社会组织参与建构社会治理新常态的实现路径》，《探索》2015 年第 5 期。

［228］〔美〕詹姆斯·布坎南：《自由、市场和国家》，吴良健、桑伍、曾获译，北京经济学院出版社，1988，第 89 页。

［229］张九童：《中国经济新常态的公共性价值》，《东岳论丛》2015 年第 36 卷第 9 期。

［230］董武全：《经济"新常态"下完善我国社会保障制度的几点思考》，《理论导刊》2015 年第 9 期。

［231］张艳国，刘小钧：《十八大以来我国社区治理的新常态》，《社会主义研究》2015 年第 5 期。

［232］〔美〕道格拉斯·C. 诺思：《制度、制度变迁与经济绩效》，杭行译，格致出版社，2014，第 1 页。

［233］肖海鹰：《路径依赖理论视域下中华传统文化的时代价值研究》，《内蒙古社会科学》2014 年第 4 期。

［234］庞立生：《历史唯物主义与精神生活的现代性处境》，《哲学研究》2012 年第 2 期。

［235］邹广文：《论文化自觉的三重意蕴》，《中国特色社会主义研究》2012 年第 2 期。

［236］曹桂生、曹阳：《文化全球化语境下多元文化的碰撞与融合》，《西安交通大学学报》（社会科学版）2014 年第 6 期。

［237］程恩富、方兴起：《国企与民企要同舟共进》，《光明日报》2012 年 6

月 10 日。

[238] 宗寒：《坚持公有制为主体问题》，《河北经贸大学学报》2013 年第 2 期。

[239] 王宏波、陶惠敏：《中西国有企业的性质和功能比较》，《思想理论教育导刊》2015 年第 7 期。

[240] 吴强：《从国际金融危机看国有经济控制国家经济命脉的合理性》，《红旗文稿》2010 年第 6 期。

[241] 《央企高管降薪正式实施 涉及 72 家央企负责人》，新华网，2015 年 1 月 3 日，http：//news. xinhuanet. com/fortune/2015 – 01/03/c_ 111385 5111. htm。

[242] 王毅：《探索中国特色大国外交之路》，国务院新闻办公室编《解读中国外交新理念》，五洲传播出版社，2014，第 23 页。

[243] 习近平：《迈向命运共同体 开创亚洲新未来》，外交部，2015 年 3 月 28 日，http：//www. fmprc. gov. cn/web/ziliao_ 674904/zyjh_ 674906/t1249640. shtml。

[244] 陈琪、管传靖：《中国周边外交的政策调整与新理念》，《当代亚太》2014 年第 3 期。

[245] 《习近平总书记系列重要讲话读本》，学习出版社/人民出版社，2014，第 153 页。

[246] 杨洁篪：《新形势下中国外交理论和实践创新》，《求是》2013 年第 16 期。

[247] 习近平：《积极树立亚洲安全观 共创安全合作新局面》，2014 年 5 月 21 日，http：//www. fmprc. gov. cn/web/ziliao_ 674904/zyjh_ 674906/t1158070. shtml。

[248] 《中央国家安全委员会第一次会议召开 习近平发表重要讲话》，中国政府网，2014 年 4 月 15 日，http：//www. gov. cn/xinwen/2014 – 04/15/content_ 2659641. htm。

[249] 《习近平在和平共处五项原则发表 60 周年纪念大会上的讲话（全文）》，外交部，2014 年 6 月 29 日，http：//www. fmprc. gov. cn/web/ziliao_ 674904/zyjh_ 674906/t1169582. shtml。

[250] 《背景资料：中国——中亚天然气管道 D 线》，新华网，2014 年 9 月 14 日，http：//news. xinhuanet. com/2014 – 09/14/c_ 1112469349. htm。

[251] 《刘奇葆：扬帆海上丝路 实现共赢发展》，人民网，2015 年 2 月 13 日，

http：//world. people. com. cn/n/2015/0213/c1002 – 26562497. html。

[252]《前三季度中国与"一带一路"国家进出口值4.5万亿元》，中国经济网，2015年10月13日，http：//intl. ce. cn/specials/zxxx/201510/13/t20151013_ 6691352. shtml。

[253]《刘云山：深化丝路政党合作 共同开创美好未来——在亚洲政党丝绸之路专题会议上的主旨演讲》，新华网，2015年10月15日，http：//news. xinhuanet. com/politics/2015 – 10/15/c_ 128318674. htm。

[254] 中央党校中国特色社会主义理论体系研究中心：《中国周边战略新构建》，《求是》2015年第3期。

[255]《习近平会见出席〈亚洲基础设施投资银行协定〉签署仪式各国代表团团长》，新华网，2015年6月29日，http：//news. xinhuanet. com/politics/2015 – 06/29/c_ 1115756477. htm。

[256]《李克强在中南海紫光阁会见东盟十国经贸部长访华团》，人民网，2013年10月26日，http：//politics. people. com. cn/n/2013/1026/c1024 – 23336632. html。

[257]《国家主席习近平在莫斯科国际关系学院的演讲（全文）》，中国政府网，2013年3月24日，http：//www. gov. cn/ldhd/2013 – 03/24/content_ 2360829. htm。

[258]《习近平在亚非领导人会议上的讲话（全文）》，外交部，2015年4月22日，http：//www. fmprc. gov. cn/web/ziliao_ 674904/zyjh_ 674906/t1256933. shtml。

[259] David Rapkin & William R. Thompson. "Power Transition，Challenge and the（Re）Emergence of China"，International Interaction，2003，Vol. 29（4）.

[260] 孙学峰、黄宇兴：《中国崛起与东亚地区秩序演变》，《当代亚太》2011年第1期。

[261]〔美〕约翰·伊肯伯里：《地区秩序变革的四大核心议题》，《国际政治研究》2011年第1期。

[262] Rory Medcalf & Raoul Heinrichs. Crisis and Confidence：Major Powers and Maritime Security in Indo-Pacific Asia. Lowy Institute for International Policy，June 2011，p. 22.

[263] 刘丰：《国际体系转型与中国的角色定位》，《外交评论》2013年第2期。

[264] 文秀：《习近平的领导风格及特点》，《中国党政干部论坛》2013 年第 2 期。

[265] 严双伍、赵斌：《美欧气候政治的分歧与合作》，《国际论坛》2013 年第 3 期。

[266] 张志洲：《提升气候问题传播的话语质量》，《对外传播》2010 年第 9 期。

[267] 马建英：《全球气候外交的兴起》，《外交评论》2009 年第 6 期。

[268] 马建英：《国际气候制度在中国的内化》，《世界经济与政治》2011 年第 6 期。

[269] 庄贵阳：《后京都时代国际气候治理与中国的战略选择》，《世界经济与政治》2008 年第 8 期。

[270] Ricardo Meléndez-Oritiz, Joachim Monkelbaan and George Riddell, "China's Global and Domestic Governance of Climate Change, Trade and Sustainable Energy: Exploring China's interests in a global massive scale-up of renewable energies", Indiana University Research Center for Chinese Politics and Business (RCCPB) Working Paper, No. 24, March 2012.

[271] 苏长和：《和平共处五项原则与中国国际法理论体系的思索》，《世界经济与政治》2014 年第 6 期。

[272] 汪宁：《俄罗斯"东进"与新型当代国际关系的构建》，《国际观察》2014 年第 1 期。

[273] "Destabilizing Demographics: A New Type of Major-Power Relationship?", Georgetown Journal of International Affairs, Oct. 3, 2014, http://journal.georgetown.edu/spotlight – on – 15 – 2 – destabilizing – demographics – a – new – type – of – major – power – relationship – an – interview – with – cheng – li/.

[274] John Mearsheimer, The Tragedy of Great Power Politics, New York: Norton, 2001, pp. 172 – 190.

[275] Anthony Giddens, The Politics of Climate Change, Cambridge: Polity Press, 2009, p. 2.

[276] 严双伍、肖兰兰：《中国与 G77 在国际气候谈判中的分歧》，《现代国际关系》2010 年第 4 期。

[277] 赵斌：《全球气候政治中的美欧分歧及其动因分析》，《华中科技大学学报》(社会科学版) 2013 年第 4 期。

[278] 赵斌:《新兴大国气候政治群体化的形成机制——集体身份理论视角》,《当代亚太》2013 年第 5 期。

[279] Francis Fukuyama, "The End of History?", The National Interest, Summer 1989, https://ps321. community. uaf. edu/files/2012/10/Fukuyama - End - of - history - article. pdf.

[280] 赵汀阳:《天下体系——世界政治哲学导论》,中国人民大学出版社,2011,第 78 ~ 79 页。

[281] 赵汀阳:《哲学的政治学转向》,《吉林大学学报》(社会科学版) 2006 年第 2 期。

[282] 胡宗山:《博弈论与国际关系研究:历程、成就与限度》,《世界经济与政治》2006 年第 6 期。

[283] Kenneth Waltz, Realism and International Politics, New York: Routledge, 2008, pp. 232 - 233, 237 - 238.

[284] Samuel P. Huntington, "Political Development and Political Decay", World Politics, Vol. 17, No. 3, 1965, pp. 386 - 430; Francis Fukuyama, Political Order and Political Decay: From the Industrial Revolution to the Globalization of Democracy, New York: Farrar, Straus and Giroux, 2014, p. 455.

[285] See David Held et al., Global Transformation: Politics, Economics, and Culture, Stanford: Stanford University Press, 1999, p. 49.

[286] 谢来辉:《全球气候领导者的蜕变:加拿大的案例》,《当代亚太》2012 年第 1 期。

[287] Edward Samuel Miliband, "The Road from Copenhagen", Guardian, 2009 - 12 - 20, http://www. cfr. org/climate - change/guardian - road - copenhagen/p21030.

[288] Andrew S. Erickson and Adam P. Liff, "Not-So-Empty Talk: The Danger of China's 'New Type of Great-Power Relations' Slogan", Foreign Affairs, Oct 9, 2014, http://www. foreignaffairs. com/articles/142178/andrew - s - erickson - and - adam - p - liff/not - so - empty - talk.

[289] Peter Mattis, "Nothing New About China's New Concept", The National Interest, June7, 2013, http://national interest. org/commentary/nothing - new - about - chinas - new - concept - 8559? page = 2.

[290] Robert Keohane, After Hegemony: Cooperation and Discord in the World

Political Economy, New Jersey: Princeton University Press, 1984, pp. 53 – 54.

[291] Vivien Pertusot, "'Co-opetition' with Russia: can the EU do it?", European Leadership Network, Sept. 24 2014, http://www. europeanleadershipnet work. org/co – opetition – with – russia – can – the – eu – do – it _ 1931. html.

[292] James Sebenius, "Negotiation Arithmetic: Adding and Subtracting Issues and Parties", International Organization, Vol. 37, No. 2, 1983, p. 298.

[293] Robert Tollison and Thomas Willett, "An Economic Theory of Mutually Advantageous Issue Linkages in International Negotiations", International Organization, Vol. 33, No. 4, 1979, p. 426; H. Richard Friman, "Side-Payments Versus Security Cards: Domestic Bargaining Tactics in International Economic Negotiations", International Organization, Vol. 47, No. 3, 1993, p. 388.

[294] Ernst Haas, "Why Collaborate? Issue-Linkage and International Regimes", World Politics, Vol. 32, No. 3, 1980, pp. 371 – 373; 罗志刚、严双伍主编《欧洲一体化进程中的政治建设: 国家关系的新构建》, 人民出版社, 2009, 第 105、115 页。

[295] Vinod Aggrawal, ed., Institutional Designs for a Complex World: Bargaining, Linkages, and Nesting, New York: Cornell University Press, 1998, p. 16; Zara Steiner, The Lights That Failed: European International History, 1919 – 1933, New York: Oxford University Press, 2005, Chapter 1.

[296] 周舟:《中美关系中的议题联系与议题脱钩》,《外交评论》2011 年第 1 期。

[297] Paul Poast, "Does Issue Linkage Work? Evidence from European Alliance Negotiations, 1860 to 1945", International Organization, Vol. 66, No. 2, 2012, pp. 277 – 310.

[298] Adam Jaffe, "Economic Analysis of Research Spillovers Implications for the Advanced Technology Program", Dec 1996, http://www. atp. nist. gov/ eao/gcr708. htm.

[299] John McCormick, The European Union: Politics and Policies, Boulder: Westview Press, 1999, p. 13.

[300] Peter Wolf, "International Organization and Attitude Change: A Re-

examination of the Functionalist Approach", International Organization, Vol. 27, No. 3, 1973, pp. 347 - 371; Lawrence Ziring et al., The United Nations: International Organization and World Politics, Belmont, CA: Thomson Wadsworth, 2005, pp. 398 - 403.

[301] 严双伍、赵斌:《自反性与气候政治:一种批判理论的诠释》,《青海社会科学》2013 年第 2 期。

[302] 赵斌、高小升:《新兴大国气候政治的变化机制——以中国和印度为比较案例》,《南亚研究》2014 年第 1 期。

[303]《习近平会见俄罗斯汉学家、学习汉语的学生和媒体代表》,《人民日报》2015 年 1 月 12 日。

[304]《习近平在全国思想工作会议上的讲话》,《人民日报》2013 年 8 月 21 日。

[305]〔美〕布热津斯基:《大棋局》,上海人民出版社,中国国际问题研究所译,2007,第 22 页。

[306] Sidney Hook, Reason, Sacial Myths and Democracy the Humanities Press, New York, 1950.

[307]《中国大百科全书·社会学》,中国大百科全书出版社,1991,第 409 页。

[308] 习近平:《在新进中央委员会委员、候补委员学习贯彻党的十八大精神研讨班开班式上的讲话》,《人民日报》2013 年 3 月 4 日。

[309] 习近平:《在北京大学师生座谈会上的讲话》,《人民日报》2014 年 5 月 5 日。

[310] 习近平:《同各界优秀青年代表座谈时的讲话》,《人民日报》2013 年 5 月 5 日。

[311] 习近平:《建设社会主义文化强国,着力提高国家文化软实力》,《人民日报》2014 年 1 月 2 日。

[312] 海光:《中国文化的展望》,国立台湾大学出版中心,2009。

[313] 丁立群:《发展是什么?》,《求是学刊》1987 年第 1 期。

[314] 金碚:《中国经济发展新常态研究》,《中国工业经济》2015 年第 1 期。

[315] 窦坤、刘新科:《中国传统文化的当代价值及其传承》,《西北农林科技大学学报》(社会科学版)2010 年第 3 期。

[316] 冯友兰、涂又光:《中国哲学简史》,北京大学出版社,1985。

[317] 马克思:《关于费尔巴哈的提纲》,1995。

[318] 李志英:《弘扬中国传统"和"文化 构建社会主义和谐社会》,《学术论坛》2006 年第 7 期。

[319] 王志华：《日本政府促进传统文化保护和发展的措施及其对中国的启示》，长春工业大学硕士学位论文，2013。

[320] 杜维明：《中国传统文化的当代价值》，《江海学刊》2011 年第 2 期。

[321] 〔美〕塞缪尔·亨廷顿、劳伦斯·哈里森主编《文化的重要作用》，程克雄译，新华出版社，2002，第 1 页。

[322] 郑永年：《为中国辩护》，浙江人民出版社，2012，第 114 页。

[323] 李光耀：《李光耀 40 年政论选》，现代出版社，1991，第 395 页。

[324] 喻国明：《用互联网思维构建传媒"新常态"》，《传媒》2015 年第 6 期。

[325] 习近平：《习近平在全国宣传思想工作会议上强调　胸怀大局　把握大势　着眼大事　努力把宣传思想工作做得更好》，《人民日报》2013 年 8 月 21 日。

[326] 马克思、恩格斯：《马克思恩格斯文集》（第 8 卷），人民出版社，2009，第 170 页。

[327] 习近平：《习近平在党的新闻舆论工作座谈会上强调　坚持正确方向创新方法手段　提高新闻舆论传播力引导力》，《人民日报》2016 年 2 月 20 日。

[328] 熊澄宇，廖毅文：《新媒体——伊拉克战争中的达摩克利斯之剑》，《中国记者》2003 年第 5 期。

[329] 匡文波：《"新媒体"概念辨析》，《国际新闻界》2008 年第 6 期。

[330] 卢黎歌、吴欢：《社会主义核心价值观大众化探析》，《郑州大学学报》（哲学社会科学版）2015 年第 6 期。

[331] 喻国明：《解读新媒体的几个关键词》，《广告大观》（媒介版）2006 年第 5 期。

[332] 金民卿：《用社会主义核心价值体系引领新媒体文化的发展方向》，《党建》2011 年第 12 期。

[333] 粟迎春：《重视社会主义核心价值观的舆论引导》，《新疆日报》2013 年 5 月 2 日第 11 版。

[334] 郑洁：《网络媒体传播社会主义核心价值观的机制探析》，《社会科学家》2014 年第 1 期。

[335] 陈力丹：《习近平的宣传观和新闻观》，《新闻记者》2014 年第 3 期。

[336] 曹泳鑫：《关于当前社会主义意识形态面临的不利因素的思考》，《当代世界与社会主义》2013 年第 4 期。

［337］董德：《论美国对华意识形态输出途径的多样性》，《江海学刊》2012年第6期。

［338］冯留建：《社会主义核心价值观培育的路径探析》，《北京师范大学学报》（社会科学版）2013年第2期。

［339］丁柏铨：《论中国共产党对新闻传播规律的探索与认知》，《新闻大学》2011年第3期。

［340］陶富源：《实践主导论——哲学的前沿探索》，安徽人民出版社，2001，第222页。

［341］娄丽景、阎会茹：《社会主义核心价值观的媒体大众化策略》，《甘肃社会科学》2015年第2期。

［342］中共中央办公厅印发《关于培育和践行社会主义核心价值观的意见》，《光明日报》2013年12月24日。

［343］王宏波，张振：《社会治理是系统工程》，《西安交通大学学报》（社会科学版）2015年第3期。

［344］习近平：《习近平在中央统战工作会议上强调　巩固发展最广泛的爱国统一战线　为实现中国梦提供广泛力量支持》，《人民日报》2015年5月21日。

［345］习近平：《总体布局统筹各方创新发展　努力把我国建设成为网络强国》，《人民日报》2014年2月28日。

［346］夏德元：《媒体融合时代影响舆论引导效果的主因及对策》，《当代传播》2014年第6期。

［347］中国社会科学院中国特色社会主义理论体系研究中心：《从国际视域认识社会主义核心价值观》，《人民日报》2014年7月4日。

［348］《深入学习实践科学发展观　推进哲学社会科学繁荣发展》，《马克思主义研究》2008年第12期。

［349］习近平：《习近平总书记深情阐述"中国梦"》，《人民日报》2012年11月30日。

［350］习近平：《在第十二届全国人民代表大会第一次会议上的讲话》，《人民日报》2013年3月18日。

［351］马西恒：《全面建成小康社会与民族复兴的新征程》，《理论参考》2013年第3期。

［352］汪宗田、王雷灵茜：《中国梦的内涵及其辩证特征》，《江汉大学学报》（社会科学版）2014年第1期。

后　记

本书是西安交通大学基本科研业务费马克思主义专项项目"新常态与社会发展研究——习近平总书记系列讲话精神学习体会"的研究成果。

为了保证研究质量，在研究和写作过程中，西安交通大学马克思主义学院成立了研究和出版委员会，委员会成员由马克思主义学院长期从事相关研究的资深教授组成。委员会成员对研究和写作提出了许多宝贵的意见，对他们的辛苦付出表示感谢。

本书是分工协作的结果，主要分工如下。

前　言　王宏波　陆卫明　郑冬芳

第一编　经济新常态呼唤治理新思维

第一章　新常态对社会发展的影响（张振　孙宝玉）

第二章　习近平社会治理思想新内涵（李黎明　王桂芸）

第三章　习近平治国理政思想新特色（李永胜）

第四章　习近平发展理念新思想（梁晶晶）

第五章　国家治理现代化的社会工程思维特点（王宏波　李天姿）

第六章　党的十八大以来我国周边外交战略的改革创新（金新）

第七章　全球气候治理与新型国际关系建构（赵斌）

第八章　"中国梦"的科学内涵及实现路径（王宇颖）

第二编　"四个全面"战略布局

第九章　"四个全面"战略布局的内涵及系统结构（曹睿　宋永平）

第十章　"全面建成小康社会"的内涵及重点解决问题（郑冬芳）

第十一章　"全面深化改革"的历史唯物主义方法论（周延云　宋永平　李永胜）

第十二章　"全面深化改革"的主体动力方法论　（李天姿　伊景冰）

第十三章　在党的建设过程中实现"全面从严治党"（王静宜　郑冬芳）

第十四章　"全面推进依法治国"战略布局的着力点　（郑冬芳）

第三编　经济新常态与社会治理创新

第十五章　党的十八大以来协商民主的新发展（任培秦）

第十六章　法治反腐观的理论意蕴及实践意义　（韩锐　范高社）

第十七章　农村社会治理的问题及解决之道　（樊晓燕）

第十八章　新常态下的国有企业改革观　（陶惠敏　李勤）

第四编　经济新常态与文化建设创新

第十九章　十八大以来党的文化建设思想的现实基础和逻辑结构
　　　　　（田建军）

第二十章　发展中国传统文化的内涵及路径（袁欣）

第二十一章　习近平对社会主义核心价值观的新阐析（陆卫明　吕
　　　　　菲　曹芳）

第二十二章　社会主义核心价值观传播面临的挑战及应对（李明德
　　　　　高如）

第二十三章　社会主义核心价值观的实现路径（张科豪　王静宜）

在分工完成的基础上，由王宏波、陆卫明、郑冬芳统稿。

感谢王静宜同学在格式方面所做的工作，感谢马克思主义学院办公室高涛主任和其他同志为课题研究提供的服务。

感谢社会科学文献出版社皮书分社邓泳红社长、宋静编辑和其他人员为本书出版的辛勤付出。

对所引用的他人研究成果，我们尽最大可能予以标出，如有疏漏，敬请谅解。

作　者

2016 年 10 月

图书在版编目（CIP）数据

经济新常态下社会治理研究／陆卫明等著 . －－北京：
社会科学文献出版社，2017.9
　ISBN 978 - 7 - 5201 - 0685 - 6

　Ⅰ . ①经… 　Ⅱ . ①陆… 　Ⅲ . ①社会管理 - 研究 - 中国
Ⅳ . ①D63

　中国版本图书馆 CIP 数据核字（2017）第 081319 号

经济新常态下社会治理研究

著 　　者／陆卫明　郑冬芳　宋永平 等

出 版 人／谢寿光
项目统筹／邓泳红
责任编辑／宋　静

出 　　版／社会科学文献出版社·皮书出版分社 （010）59367127
　　　　　　地址：北京市北三环中路甲 29 号院华龙大厦　邮编：100029
　　　　　　网址：www. ssap. com. cn
发 　　行／市场营销中心 （010）59367081　59367018
印 　　装／北京季蜂印刷有限公司

规 　　格／开 本：787mm × 1092mm　1/16
　　　　　　印 张：26.75　字 数：484 千字
版 　　次／2017 年 9 月第 1 版　2017 年 9 月第 1 次印刷
书 　　号／ISBN 978 - 7 - 5201 - 0685 - 6
定 　　价／128.00 元